SOUVENIRS

DE

MADAME RÉCAMIER

PARIS. — IMPRIMERIE J. CLAYE
RUE SAINT-BENOIT, 7

SOUVENIRS

ET CORRESPONDANCE

TIRÉS DES PAPIERS

DE

MADAME RÉCAMIER

> Je regarde comme une chose bonne
> en soi que vous soyez aimée et appréciée
> lorsque vous ne serez plus.
> (Lettre de BALLANCHE, t. I, p. 312.)

DEUXIÈME ÉDITION

TOME SECOND

PARIS

MICHEL LÉVY FRÈRES, LIBRAIRES-ÉDITEURS

RUE VIVIENNE, 2 BIS

—

1860

Tous droits réservés

SOUVENIRS ET CORRESPONDANCE

TIRÉS DES PAPIERS DE

MADAME RÉCAMIER

LIVRE V

La mise à exécution des principes posés à Vérone par les souverains alliés, relativement à l'Italie et surtout à l'Espagne, amena dans le conseil des ministres à Paris un dissentiment profond. Le duc Mathieu de Montmorency voulait que la déclaration de la France fût conforme à celle des autres puissances, et insistait sur le rappel immédiat de notre ambassadeur à Madrid. M. de Villèle était d'avis d'appuyer, sans doute, par des remontrances énergiques les déclarations étrangères, mais il entendait que M. de Lagarde, notre ministre, restât encore en Espagne.

Nous ne prétendons pas, au point de vue de la

mémoire d'une femme, écrire l'histoire de la Restauration ; mais on a beaucoup discuté les motifs de la sortie du ministère de M. de Montmorency, et de l'entrée de M. de Chateaubriand aux affaires, et l'on a très-diversement apprécié la conduite des trois personnes les plus directement intéressées dans le débat. M. de Villèle a rencontré des apologistes ardents et exclusifs : nous ne saurions accepter, des éloges qu'il a reçus, que ce qui ne peut légitimement nuire aux deux amis de Mme Récamier, Mathieu de Montmorency et M. de Chateaubriand.

L'antagonisme même de ces deux hommes d'État s'explique sans qu'on soit obligé d'avoir recours à des interprétations malicieuses ou subalternes. Il est très-certain que M. de Villèle ne voulait auprès de lui aucun homme qu'une supériorité, de quelque espèce qu'elle fût, pût rendre prépondérant. L'importance que donnaient à M. de Montmorency son rang, son nom, la considération qu'inspirait son caractère, lui fit d'abord ombrage ; toutefois, lorsque M. de Montmorency partit pour Vienne afin d'y concerter l'action de la France avec celle des souverains alliés, il n'était nullement question de donner au ministre des finances la présidence du conseil. C'est en Autriche seulement que M. de Montmorency apprit cette marque éclatante de faveur accordée par le roi à M. de Villèle.

J'en trouve la preuve dans une lettre de M. de

Montmorency à la vicomtesse sa femme, en date de Vienne du 15 septembre 1822.

Il s'exprime ainsi :

« Chère amie, hier et aujourd'hui se sont passés
« très-bien au milieu d'une horrible presse d'affaires
« et d'une audience de l'empereur Alexandre dont
« j'ai été fort content.

« Voilà donc la nouvelle positive de la *présidence*
« qui m'est apportée par le duc de Rauzan. J'ai fait
« bonne mine, surtout vis-à-vis des étrangers. Mais
« j'en suis peu content, sans tomber dans les exagéra-
« tions auxquelles ma mère et d'autres se livreront.

« J'en écris en toute franchise à Villèle, à Sos-
« thènes dont j'ai huit pages d'explications, et j'ai
« même placé quelques mots respectueux au roi.
« On se doit à soi-même quelque chose. »

On le voit donc, lorsque le ministre des affaires étrangères revint du congrès à Paris, et qu'il s'éleva entre lui et le nouveau président du conseil un dissentiment politique, il existait déjà entre eux un refroidissement, résultat inévitable de l'impression que M. de Montmorency avait dû recevoir de la manière dont M. de Villèle avait profité de l'absence de son collègue pour se faire donner le premier rang dans le conseil.

J'ajoute, une fois pour toutes, que lorsque dans les lettres, soit de M. de Chateaubriand, soit de M. de Montmorency, il est question de *Sosthènes* ou de *Sosthènes et de ses amis*, cela doit presque constamment désigner l'influence de Mme du Cayla avec laquelle M. le vicomte Sosthènes de La Rochefoucauld était intimement lié, et dont M. de Villèle s'est beaucoup servi.

Mathieu de Montmorency, fidèle aux convictions de sa vie, n'hésitait pas à lier la politique de la France envers l'Espagne avec les intérêts des puissances qui avaient fait le congrès de Vérone. L'ascendant, facile à comprendre, qu'avait pris sur lui l'empereur Alexandre, donnait une couleur presque russe à ses projets.

M. de Villèle, entouré des gens d'affaires, étranger d'ailleurs aux grandes considérations de la politique générale, cédait à la mauvaise humeur du cabinet de Saint-James, et se maintenait sans scrupule dans une position favorable à l'Angleterre.

Le conseil fut plusieurs jours indécis entre ces deux opinions également animées. Enfin le 25 décembre, après une longue séance tenue malgré la solennité de la fête de Noël, le duc Mathieu de Montmorency, n'ayant pu amener à son sentiment la majorité du conseil, crut devoir se démettre du portefeuille des affaires étrangères.

M. de Chateaubriand, avec une supériorité de coup d'œil incontestable, avait entrevu entre les deux tendances opposées une direction française. De Vérone même, il écrivait à Mme Récamier : « J'ai

« bien souffert ici, mais j'ai triomphé. L'Italie sera
« libre, et j'ai pour l'Espagne une idée qui peut
« tout arranger, si elle est suivie. » Il trouvait bon
que l'on intervînt en Espagne, mais pour le compte
de la France, avec indifférence pour les menaces de
l'Angleterre, et avec fierté à l'égard des puissances
qui auraient voulu faire de notre pays l'instrument de
leurs résolutions.

Quand M. de Montmorency se fut retiré, il est
probable que M. de Villèle n'aperçut pas la vraie
nature des plans de M. de Chateaubriand; il se peut
que celui-ci n'ait pas jugé à propos de les lui faire
entièrement connaître. Mais après l'entrée de M. de
Chateaubriand dans le cabinet, la position réciproque des deux ministres s'éclaircit. M. de Villèle,
entraîné d'abord par l'ascendant de son collègue,
ne dut pas voir, sans un sentiment d'amertume, sa
propre perspicacité mise en défaut, et c'est cette
blessure secrète, trop aisément envenimée par la
répugnance constante du roi Louis XVIII pour M. de
Chateaubriand, qui explique surtout l'explosion fatale dont les conséquences préparèrent la chute de
la monarchie.

Il est facile de deviner combien les agitations
du conseil des ministres et la question de politique
générale, qui tenait alors l'opinion publique dans
l'attente, devaient donner d'anxiété à M⁽ᵐᵉ⁾ Récamier et
avait de gravité pour elle.

Les deux hommes dans la personne desquels les deux nuances du parti royaliste, unanimes dans leur but, rendre au roi d'Espagne sa liberté, s'étaient en quelque sorte incarnées, se trouvaient être l'un le plus ancien, le plus dévoué, le plus fidèle de ses amis, l'autre celui que l'admiration de Mᵐᵉ Récamier plaçait au premier rang. La rivalité de deux personnes aussi chères créait pour elle une situation hérissée de difficultés et de chagrins.

M. de Chateaubriand fut nommé ministre des affaires étrangères, le 28 décembre 1822.

M. Ballanche, témoin des angoisses de celle dont il connut et partagea toujours les inquiétudes ou les impressions, lui écrivait, le 29 décembre, à l'occasion de la sortie du ministère de M. de Montmorency :

« Si j'étais complétement égoïste, je voudrais avoir
« quelque grand revers pour être consolé par vous ;
« mais autant vos consolations sont douces à celui
« qui en est l'objet, autant elles sont amères pour
« vous-même. Je sais au reste que l'*abdication* pour
« laquelle vous avez un intérêt si vrai, si naïf et si
« touchant, vous la supporteriez bien mieux, s'il n'y
« avait en même temps une *élévation* qui trouble
« toutes vos sympathies généreuses. Au sein d'une
« telle perplexité et parmi de si vives émotions, savez-
« vous ce qu'il faut faire ? Il faut tourner quelques-
« unes de vos pensées vers cette pauvre France qui

« mérite bien aussi d'avoir un autel pieux dans votre
« noble cœur. Songez un peu qu'il s'agit de bien
« grandes destinées auprès desquelles toutes les des-
« tinées individuelles, même celles des rois, doivent
« inévitablement se briser.

« Aimez-moi, quoique je ne sois ni *détrôné* ni
« *exalté* contre votre gré. »

La correspondance datée de Londres, que nous
avons déjà citée, témoigne de la passion avec laquelle
M. de Chateaubriand avait désiré prendre part au
congrès de Vérone; je ne prétends pas dissimuler
davantage l'empressement qu'il mit à accepter à la
fin de 1822 le portefeuille des affaires étrangères,
pas plus que je ne veux nier le regret avec lequel
Mathieu de Montmorency abandonna les affaires.
Mais serait-il donc nécessaire de faire l'apologie de
l'ambition de ces deux hommes? Le génie de l'un,
le grand nom, la vertu de l'autre, ne les plaçaient-
ils pas tous deux trop haut dans l'estime et l'admiration des hommes pour qu'un ministère pût rien
ajouter à leur importance? Avec des caractères fort
dissemblables, ils avaient le même dédain des richesses, la même indifférence des honneurs. Mais
pour tous deux, il s'agissait de faire triompher une
conviction, et d'attacher son nom à un grand acte
public : n'est-ce point là un sentiment qui se puisse
avouer?

Cette lutte laissa entre M. de Montmorency et

M. de Chateaubriand de la froideur, mais nulle amertume. La suite de la correspondance qui sert de base aux souvenirs que nous retraçons, les bons offices que plus tard ils se rendirent, en donneront la preuve. On peut affirmer que l'intervention toujours adoucissante et toujours scrupuleusement sincère de Mme Récamier ne contribua pas médiocrement à ce résultat; comme le lui écrivait le bon Ballanche, c'était surtout pour elle que ces agitations étaient amères.

Le duc de Laval Montmorency, si étroitement uni d'affection, d'intérêts, de solidarité de race avec son cousin Mathieu, rend dans sa correspondance un témoignage très-affectueux à la conduite pleine de délicatesse de Mme Récamier dans ces circonstances pénibles. Après la retraite de M. de Montmorency et l'arrivée aux affaires de M. de Chateaubriand, il lui écrit, de Rome, où il remplissait les fonctions d'ambassadeur de France :

« 12 février 1823.

« Votre situation est sans doute une des plus
« complexes, des plus bizarres et des plus difficiles
« que je connaisse ; mais je suis sûr que vous vous
« tirez d'affaire avec un naturel admirable, enfin
« que votre amitié ne blesse personne, et que tout
« le monde est content de vous. »

Et dans une autre lettre du 26 mai :

« Quoique je ne sois pas encouragé par le retour,
« je vous écris encore quelques mots. On me dit que
« vous vous tirez admirablement de toutes vos dif-
« ficultés, que vous portez toutes les confidences,
« que tout le monde est content, et que personne
« n'est trahi. »

Mais il faut laisser la parole aux personnes intéressées dans ce débat. M. de Chateaubriand n'était
point revenu du congrès, et déjà les difficultés entre
M. de Villèle et le duc de Montmorency étaient fla-
grantes. Ce dernier écrivait à Mme Récamier :

LE DUC MATHIEU DE MONTMORENCY A Mme RÉCAMIER.

« Paris, ce 18 décembre.

« Vous croirez réellement, aimable amie, que
je veux vous tenir en charte privée, et hier soir
je n'ai pas même eu le bonheur d'en profiter. J'en
ai été désolé. Jusqu'à onze heures j'ai voulu conserver l'espérance d'aller à cette chère Abbaye. Je
veux m'en dédommager aujourd'hui entre quatre et
cinq heures.

« Votre second et très-second ami arrivera incessamment, demain ou après-demain au plus tard.

J'ai beaucoup à vous parler de ses dispositions qui pourraient me faire sourire, si la chose n'était beaucoup plus grave.

« Je vous renouvelle mes tendres hommages. »

LE VICOMTE DE CHATEAUBRIAND A Mme RÉCAMIER.

« Paris, 1822.

« J'ai vu Polignac. Je lui ai déclaré que la *chute* de Villèle était la *mienne*, et que j'avais lié mon sort au sien, par la raison que lui seul avait été franc et loyal pour moi. Vous voyez qu'il n'y a pas de quoi s'inquiéter. J'ai déclaré en même temps à Polignac que je n'étais point l'ennemi de M. de Montmorency, et que loin de désirer sa place et de rester à favoriser les ambitions et les partis, j'allais retourner à Londres.

« Quant à vous, je vous aime plus que ma vie. De quoi vous plaignez-vous? Je souffre horriblement, mais je suis à vous, peines et plaisirs, joies et douleurs. A demain.

LE MÊME.

« 26 décembre.

« Vous verrez par la lettre à Villèle, dont je vous envoie la copie, que Mathieu a donné sa démission hier au soir et que Villèle m'a proposé le portefeuille par ordre du roi. Je l'ai *refusé*. Mathieu ne valait pas ce sacrifice par la manière dont il a été avec moi, mais je devais cela à *vous* et à ma loyauté. Ne parlez pas de ma lettre à Mathieu. Il est singulier qu'il ne vous ait rien dit de ce qui s'est passé hier au soir. Se serait-il ravisé et aurait-il repris la démission? J'ai au moins fait preuve de sincérité. On ne dira plus que je suis ambitieux. J'aurais bien désiré vous voir un moment à une heure et demie. »

LE MÊME.

« Samedi matin.

« On est toujours bien agité. Il y a un tel cri de l'opinion pour me pousser dans le ministère qu'il est difficile que mes pauvres diables d'amis ne soient pas obligés de me recevoir parmi eux. Nous parlerons de tout cela à quatre heures. Je souffre horriblement. »

LE MÊME.

« Mardi matin.

« Je n'ai pas dormi. Ma pauvre tête, sans compter le cœur, est bien malade. Je suis bien dégoûté ce matin, et je voudrais qu'on n'eût jamais pensé à cela. J'espère encore que le *maître* refusera sa signature. Nous ne saurons rien aujourd'hui, et cette attente est bien pénible. Je vous verrai à notre heure. Vous me donnerez la force que je n'ai plus. »

LE MÊME.

« Samedi, 10 heures.

« J'ai refusé Villèle à midi. Le roi m'a envoyé chercher à quatre et m'a tenu une heure et demie à me prêcher, et moi résistant. Il m'a donné enfin l'*ordre* d'obéir. J'ai obéi. Me voilà resté auprès de vous. Mais je périrai dans le ministère. A vous ! »

LE DUC MATHIEU DE MONTMORENCY A Mme RÉCAMIER.

« Val-du-Loup, ce 31 décembre 1822.

« J'avais la confiance de recevoir une lettre de vous, aimable amie, quoique vous aimiez peu à écrire ; je ne vous en fais nullement le reproche : car c'était aussi à moi à vous prévenir, d'après la manière si bonne, si délicate dont vous avez été pour moi dans cette occasion. Mon cœur en garde un profond souvenir. Je vous plains réellement de vous trouver ainsi placée entre un ministre sortant et un ministre entrant à la même place : outre l'ennui des pétitions qui ne feront que changer d'adresse, nos rapports gâtés et nos deux dernières lettres en particulier vous causeront un sentiment pénible, que je voudrais adoucir. Vous me reprocherez peut-être d'avoir été un peu sec; il fallait l'être ou prendre la chose au sensible, ce qui était une véritable duperie.

« Je causerai de tout cela avec vous demain à huit heures ; c'est mon rendez-vous de bonne année auquel je tiens beaucoup.

« Le temps est triste, surtout depuis la neige, la solitude profonde; mais tout cela est très-supportable. Ce qui le serait moins, ce serait l'absence de mes amis.

« Adieu, adieu. Vous savez quelle place vous occupez. Hommages bien tendres. »

M. DE CHATEAUBRIAND A Mme RÉCAMIER.

« 1er janvier 1823.

« Combien de fois vous ai-je déjà souhaité la bonne année depuis que je vous aime? Cela fait frémir. Mais ma dernière année sera pour vous, comme aurait été la première, si je vous avais connue. J'ai encore couché rue de l'Université. C'est ce soir que je passe les ponts. J'irai ce soir vous présenter mes respects accoutumés. »

LE DUC MATHIEU DE MONTMORENCY A Mme RÉCAMIER.

« Paris, ce 2 janvier 1823.

« Je veux, aimable amie, vous donner tout de suite des nouvelles de la conversation qui vous inquiétait[1]. J'en sors. Je n'ai eu qu'à me défendre des empressements, des excuses, des protestations. Je crois y avoir répondu assez simplement, sans humeur, colère ni faiblesse, et j'ai passé promptement aux détails d'affaires que j'avais à *lui* donner et qu'*il* a très-bien reçus. Nous nous sommes quittés sur le terrain où nous devons rester et qui n'a rien d'embarrassant pour vous en particulier.

« Je vous renouvelle mes tendres hommages et mes regrets de ne pas aller vous les porter moi-même. Je vous demande des nouvelles de votre santé et le *Phédon* qui me nourrira de hautes pensées dans la retraite. »

LE VICOMTE DE CHATEAUBRIAND A Mme RÉCAMIER.

« Mardi matin.

« Je vais ce soir coucher dans ce lit de ministre, qui n'était pas fait pour moi, où l'on ne dort

1. Entre lui et M. de Chateaubriand.

guère, et où l'on reste peu. Il me semble qu'en passant les ponts je m'éloigne de vous, et que je vais faire un long voyage. Cela me crève le cœur. Mais je ferai mentir le pressentiment. Je vous verrai tous les jours, et à notre heure, dans votre petite cellule. Je vous écrirai tous les jours. Vous m'écrirez pour me consoler et me soutenir. J'en ai, je vous assure, grand besoin. Vous verrai-je aujourd'hui? Faites-le moi dire par un mot, à deux heures.

« A vous pour la vie. »

Benjamin Constant eut cette année-là deux procès de presse, l'un à l'occasion d'une *Lettre à M. Mangin, procureur général près la cour de Poitiers*, et l'autre pour une autre *Lettre adressée à M. de Carrère, sous-préfet de Saumur*. Ces deux procès furent jugés en appel le 6 et le 13 février 1823. Pour le premier, il avait été condamné à un mois de prison et cinq cents francs d'amende; pour le second, la peine était de six semaines et de cent francs.

Benjamin Constant ne venait plus qu'à de rares intervalles chez Mme Récamier, mais il était assuré de trouver en elle, sinon une sympathie absolue, du moins un intérêt fidèle, et il y eut recours. L'appui de M. de Chateaubriand lui fut très-utile dans la circonstance de cette double poursuite.

BENJAMIN CONSTANT A Mme RÉCAMIER.

« Le 5 février 1823.

« Pardon, Madame, de vous importuner encore. Heureusement que tout se décidera demain, et que vous n'en entendrez plus parler.

« J'apprends que ce sont les congrégations présidées par M. de Lavau, et surtout M. de Lavau lui-même, qui tiennent à ce que je sois condamné. Il y a eu chez lui une réunion où il a fortement recommandé à de jeunes conseillers, qui n'avaient pas coopéré au premier jugement, d'être à l'audience de demain pour prendre leur revanche. Je sais de vous, Madame, que M. de Chateaubriand n'approuve pas la marche et l'influence de ces congrégations. Si vous aviez donc le temps de lui faire savoir qu'il est probable qu'elles rendront ses bonnes intentions infructueuses, cela me servirait beaucoup. Mais il n'y a plus qu'aujourd'hui, puisque la chose se juge demain à dix heures.

« J'ajouterai qu'il sera bien plus scandaleux de me condamner pour une cause où j'ai été indignement insulté dans la personne de ma femme. J'en montrerai bien l'indignité dans ma plaidoirie, et il me semble qu'une telle condamnation serait une tache pour un ministère qui doit avoir quelque chose de chevaleresque.

« Adieu, Madame, faites pour moi ce que vous pourrez, et agréez mes tendres et respectueux hommages. »

LE MÊME.

« Le 6 février.

« Vous savez déjà, Madame, le résultat de la séance. J'ai le bonheur de rapporter à vous tout ce qu'il y a de bon, j'aime à mettre à vos pieds l'hommage de ma reconnaissance. Vous m'avez forcé à me réduire à ce sentiment ; aussi y placé-je tout ce que vous n'avez pas voulu tolérer dans un autre ; c'est bien la reconnaissance la plus vive qui ait jamais été, et pour peu qu'elle osât, elle s'appellerait autrement. Je ne bats pourtant encore que d'une aile : j'ai encore une affaire et une prison dont il faut que vous me tiriez. Mais j'y compte tellement que je n'ai plus aucune inquiétude.

« J'irai vous voir demain, si vous le permettez.

« Mille tendres et fidèles hommages.

« B. C.

« J'ai su que M. de Chateaubriand avait été parfait. Le talent est toujours une vertu. »

M. DE CHATEAUBRIAND A Mme RÉCAMIER.

« Paris, 5 février.

« J'ai vu le garde des sceaux. Il est très-bien pour M. de Constant, et j'espère que nous aurons commutation de peine, c'est-à-dire la simple amende[1].

« Je vais écrire pour M. Arnault. Le talent doit avoir des priviléges. C'est la plus vieille aristocratie et la plus sûre que je connaisse. »

LE MÊME.

« 8 février.

« Je suis sorti de la séance à sept heures. Je n'ai pas eu occasion de parler. Je suis seulement monté à la tribune pour répondre au général Foy qui m'avait interpellé. J'ai dit une douzaine de phrases très-bien, car j'étais en colère. J'ai eu beaucoup de *bravo!*

« Je saurai ce que c'est que vos deux hommes. A demain. Je m'habille pour ce maudit bal. Ne soyez pas découragée. »

---

1. Benjamin Constant fut en effet dispensé de la prison; mais la cour éleva le chiffre de l'amende dans les deux affaires.

LE MÊME.

« Dimanche, 23.

« Je n'ai pu vous voir hier, la Chambre des pairs a fini trop tard. Aujourd'hui je passerai la journée au conseil chez le roi et dans mon salon, et je travaillerai toute la nuit pour parler peut-être demain : mon discours n'est pas prêt [1]. Le *Constitutionnel* répète ce matin que j'ai lu le discours à l'Abbaye-au-Bois. Vous voyez comment vos amis vous servent et comment ils sont bien informés. Allons, faites des vœux pour moi comme j'en fais pour vous! Demain ou mardi sera un jour décisif dans ma carrière politique.

« Je vous aime et cela me soutient. Après le discours je serai plus libre et tout à vous! »

LE MÊME.

« Vendredi, 18.

« Plusieurs ambassadeurs étrangers sont venus me prier de répondre au discours de M. Canning [2]. Ils

---

1. Ce fut dans la séance du 23 février que M. le vicomte de Chateaubriand prononça son premier discours à la tribune de la Chambre élective; il y produisit une vive sensation.

2. Le discours que M. Canning prononça le 14 avril au soir en déposant sur le bureau de la Chambre des communes les documents relatifs aux négociations échangées avant, pendant et après le congrès de Vérone entre les cours d'Espagne, de France et d'Angleterre.

m'ont trouvé travaillant au discours qu'ils me demandaient. Vous sentez que pourtant cela a un peu réchauffé ma verve, en me promettant un succès en Europe. Je vais m'ensevelir dans mon travail et je vous le montrerai. Mais je ne pourrai vous voir aujourd'hui : voilà le contre-poids à ma joie politique. Pardonnez-moi et aimez-moi un peu pour ma gloire. A demain ! Salvandy a aujourd'hui vengé les *Débats*[1]. »

On se rappelle que Mme Joseph Bonaparte, après le mariage de sa fille, avait l'année précédente annoncé l'intention d'aller avec ses enfants rejoindre le comte de Survilliers en Amérique, et quel obligeant empressement elle avait trouvé dans M. de Montmorency, alors ministre des affaires étrangères, pour accorder une autorisation de prolongation de séjour à Bruxelles en faveur de son gendre ; elle ne rencontra pas une moindre bienveillance dans l'administration de M. de Chateaubriand : on le verra par les deux billets suivants.

LA REINE DE SUÈDE A Mme RÉCAMIER.

« Paris, le 20 mai 1823.

« Mme Joseph profitera de la permission qu'on

---

[1]. Dans un article qui contenait une noble réfutation du discours que lord Brougham avait prononcé contre l'intervention de la France dans les affaires espagnoles.

veut bien lui accorder de venir momentanément à Paris, si la circonstance l'exige, sous le nom de M"" la comtesse de Villeneufre sa sœur, afin de garder le plus grand incognito pendant le temps qu'elle y restera.

« Sa demeure actuelle est à Bruxelles, sous le nom de Mme la comtesse de Survilliers.

« Un mot que Son Excellence daignerait en dire à M. le baron de Fagel, pour en prévenir son gouvernement, éviterait toute difficulté pour le départ de Bruxelles. Je remercie la belle dame et la prie d'exprimer au plus obligeant et au plus aimable des ministres toute la reconnaissance dont je suis pénétrée.

« Desirée. »

M. DE CHATEAUBRIAND A Mme RÉCAMIER.

« Dimanche matin.

« J'ai écrit ce matin pour votre reine. Le conseil qui a lieu le mardi est avancé d'un jour et aura lieu demain lundi. C'est deux jours sans vous voir, en comptant celui-ci ; c'est bien long ! Demain je vous écrirai et surtout parce qu'hier vous étiez un peu en train d'être triste. Je ne souhaite que votre joie et tous les biens : ceux que j'ai et ceux que je n'ai pas ! »

M. DE CHATEAUBRIAND.

« 6 juin.

« Encore conseil ! les affaires me tueront, surtout si je suis longtemps sans vous voir, mais lundi sera le jour de ma délivrance. Demain pourtant, dût l'Europe aller au fond de l'eau, je vous verrai. A vous ! à vous ! »

LE MÊME.

« 5 heures.

« J'ai passé trois quarts d'heure seul dans la petite cellule, vous espérant, vous appelant, et pourtant heureux de me trouver au milieu de vos livres, de vos fleurs et de tout ce qui vit avec vous ! Il faut pourtant arranger notre vie autrement, car je ne sais que devenir sans vous. Si on avait laissé ce malheureux ministère rue du Bac, je serais à votre porte. Tâchez de m'écrire un petit mot. Comment avez-vous pu sortir à notre heure ? Ne pouviez-vous m'attendre un peu ? Il vous est bien facile de vous passer de moi. Moi, j'avais tout quitté pour venir à vous. »

LE MÊME.

« Dimanche, 5 heures.

« De grandes nouvelles et des courriers ont pris tout mon temps. Les cortès à Séville, avant d'emmener le roi, ont déclaré qu'il était fou, ont prononcé sa déchéance, et nommé une régence révolutionnaire. Ceci finit misérablement l'affaire. Les cortès ne sont plus qu'une faction sans autorité et qui va expirer[1]. »

LE MÊME.

« Chambre des députés, vendredi soir.

« Ne m'en voulez pas, je vous en supplie. Je suis dans un moment déplorable. Entre les deux Cham-

---

1. Le 11 juin, sur la proposition de MM. Galiano et Arguellès, les cortès, réunies à Séville, décidèrent qu'il serait envoyé sur-le-champ une députation au roi, chargée de lui représenter la nécessité de quitter Séville avec le gouvernement et les cortès. L'île de Léon serait le lieu de refuge, et le départ aurait lieu le lendemain 12 à midi.

Sur le refus du roi d'obtempérer volontairement à cette injonction, l'assemblée déclara, en effet, que S. M. serait regardée comme en état d'empêchement *moral*, cas prévu par l'article 187 de la constitution, et elle investit une régence provisoire de la plénitude du pouvoir exécutif. Le départ de la famille royale eut lieu, non sans violences, la 12 au soir.

bres où je cours, croyant toujours parler et ne parlant jamais, et les courriers, et les persécutions de l'Europe et de l'intérieur. J'espère que tout cela finira demain. Grâce, mille fois grâce. Plaignez-moi, ne m'en voulez pas, gardez-moi votre angélique bonté. A demain mon pardon, ou plutôt des consolations pour ce que je souffre. »

Aussitôt que M. de Chateaubriand eut connu Mme Récamier, il désira mettre sa femme en rapports avec elle, et il l'amena à l'Abbaye-au-Bois. Il se forma entre ces deux dames une relation qui, sans être intime, fut toujours gracieuse et obligeante.

Mme de Chateaubriand, qui avait une âme élevée, des affections vives et profondes, un dévouement réel et l'admiration la plus entière pour son mari, avait infiniment plus d'esprit et d'originalité que de prudence et de raison; sa tendresse, fort exigeante sur ce qui lui semblait dû à l'objet de son culte, avait trop souvent pour résultat d'agiter, d'inquiéter ou d'irriter M. de Chateaubriand. — Elle affichait la prétention de ne pas connaître les œuvres littéraires de l'homme dont elle était fière de porter le nom; mais cette prétention était très-mal fondée, et plus d'une fois on l'a surprise lisant quelque livre de son mari.

Mme de Chateaubriand contait agréablement; elle

avait une politesse parfaite, des manières extrêmement distinguées, mais l'humeur inégale. Ce qui ne variait point chez elle, c'était la charité : une charité active, entendue, qui savait organiser, et dans laquelle elle mettait de la constance et de la suite. — Elle était de taille moyenne, ses yeux étaient beaux ; son visage portait la trace visible de la petite vérole, et sa santé toujours chancelante la réduisait à une maigreur quasi diaphane. C'était, en un mot, une personne bonne et généreuse, mais impossible à prévoir, et peu commode à vivre.

On verra par la suite de cette correspondance combien elle comptait sur l'influence salutaire de Mme Récamier, et avec quelle confiance elle y recourait.

LA VICOMTESSE DE CHATEAUBRIAND A Mme RÉCAMIER.

« Septembre 1823.

« Vous êtes toujours, Madame, notre port dans la tempête. C'est donc encore à votre bonté que j'ai recours pour tâcher de pénétrer dans les secrets de notre *capricieux immortel*[1]. Notre chapelle est prête, elle est charmante, il n'y manque plus que le

---

[1]. Gérard venait de terminer son tableau de *Sainte Thérèse* qu'il donna à l'infirmerie de Marie-Thérèse.

tableau ; mais quand arrivera-t-il? M. Gérard me l'avait positivement promis pour le 1ᵉʳ octobre. Je n'ose lui rappeler sa promesse, dans la crainte d'en reculer encore l'exécution. Il n'y a donc que vous, Madame, qui, avec toutes vos séductions, puissiez l'amener à achever sa charité promptement et de bonne grâce. Dites-lui, si vous en trouvez l'occasion, que si *la niche* destinée à la sainte ne peut rien ajouter à un chef-d'œuvre, au moins elle ne le gâtera pas. Le *jour* est admirable, et la couleur du stuc telle qu'un peintre la pourrait choisir. M. Huyot m'avait conseillé de lui envoyer le cadre qui est très-beau ; mais peut-être préfère-t-il, comme il en avait l'intention, faire apporter son tableau à l'Infirmerie, avant qu'il soit achevé, et le faire placer dans l'endroit qui lui est destiné, afin de voir s'il n'y aurait point à donner quelques coups de pinceau, dépendant de la disposition du jour. Aurez-vous encore l'extrême bonté, Madame, de lui demander si cet arrangement lui convient, et quel jour il voudrait fixer ? Tout serait préparé pour qu'il n'y eût point d'importun ; ce qui serait trop aimable, ce serait de venir ce jour-là avec lui déjeuner à l'Infirmerie même, avec les œufs et le bon lait de la sœur *Sophie*.

« Je ne sais comment vous demander assez de pardons de toutes mes importunités ; mais votre indulgence est infatigable, lorsqu'il s'agit de coopérer à une bonne œuvre.

« Recevez, je vous prie, tous mes regrets de ne pouvoir aller vous présenter moi-même ma requête, et veuillez ne pas douter, Madame, de tous les sentiments qui m'attachent si tendrement et si inaltérablement à vous. »

« La Vicomtesse de Chateaubriand. »

M. CHATEAUBRIAND A Mme RÉCAMIER.

« Samedi matin.

« Je n'ai pu écrire hier matin. J'ai été obligé d'aller chez le roi. Nous sommes dans un moment d'où dépend notre avenir. Chaque dépêche télégraphique peut nous apprendre la plus grande nouvelle. Rien n'est arrivé, rien n'arrivera peut-être encore de quelques jours. Mais ces jours seront des jours de perplexité. Aurons-nous pris, ou aurons-nous manqué de prendre l'île de Léon ? Tout est là.

« Je suis accablé de conférences et de courriers. Pour comble de maux, je ne pourrai vous voir encore aujourd'hui, mais à quelque chose le malheur est bon, et cela me fera rompre la fatalité du dimanche. Demain à notre heure. J'irai vous conter tout. Vous êtes pourtant un ange cruel et vous ne méritez guère d'avoir un esclave aussi soumis.

« Ballanche a dîné chez moi hier. J'ai eu soin

d'écarter toute conversation politique. Cela m'a fait grand plaisir de voir chez moi le vieil ami. »

LE MÊME.

« Jeudi matin.

« Nous sommes bien tourmentés par une nouvelle télégraphique qui nous annonce, de Bayonne, que le roi d'Espagne est délivré, et pourtant nous ne croyons pas à cette nouvelle. Vous savez ce que c'est que des espérances dont on sent la fausseté et que pourtant on veut croire par faiblesse. Mais moi, ai-je l'espoir de vous voir samedi soir à sept heures ? »

LE MÊME.

« 5 heures.

« Une dépêche télégraphique annonce que le roi d'Espagne est libre et qu'il sera le 29 (jour de la naissance du duc de Bordeaux) au milieu de nos soldats. Je vous verrai à neuf heures un moment. »

Ce ne fut que le 1ᵉʳ octobre 1823, que le roi et la reine d'Espagne, rendus enfin à la liberté, s'embarquèrent à Cadix pour rejoindre à Port-Sainte-

Marie le duc d'Angoulême et l'armée française libératrice.

M. DE CHATEAUBRIAND A Mme RÉCAMIER.

« Mercredi, 2 heures du matin.

« Je suis sorti hier trop tard du conseil pour aller chez vous aujourd'hui. Je crains que ma correspondance d'Espagne ne me retienne au delà de notre heure. Je suis désolé des décrets de ce roi et je tâche de prévenir le mal. Je croyais être libre après la guerre d'Espagne, mais je vois que les affaires pèsent sur moi plus que jamais. Si je ne suis pas à l'Abbaye à six heures et demie, c'est que je n'aurai pu finir. Je dîne chez M. de Cossé, et après le dîner, je vais avec Mme de Chateaubriand chez le duc d'Orléans. Demain à huit heures du soir, si vous y consentez, j'irai à la petite cellule, quoique vous ayez été bien rude la dernière fois. A demain ! Je suis bien las et il me prend vingt fois par jour envie de planter tout là. »

LE MÊME.

« Dimanche matin.

« Je n'ai pu vous écrire hier. J'ai été presque malade, c'est-à-dire très-souffrant, et je le suis encore.

Je me suis acquitté de la commission de M. Gérard et, je vous assure, uniquement pour lui ; car si je m'oppose de toutes mes forces aux actes arbitraires, j'ai une grande répugnance à déranger le cours de la justice. J'insisterai pourtant. Le génie exerce sur moi la séduction que cette jeune femme, dites-vous, a exercée sur cet homme qui l'a enlevée, et quand vous venez mêler votre puissance à celle du talent, il faut bien que j'obéisse.

« A ce soir. »

LE MÊME.

« Paris, 7 octobre.

« Si le conseil finit de bonne heure, je vous verrai un moment. Je veux vous dire ce matin une chose qui me blesse. M. de Broglie, ou Mme de Broglie, a écrit à Paris que j'avais demandé l'expulsion de M. *Comte* de la Suisse et que c'était une vengeance du *Conservateur* sur le *Censeur*. C'est bien mal me connaître : je ne suis pas persécuteur de mon métier, et j'aime plus la liberté que ceux qui s'en font les champions exclusifs. J'ignorais même que M. *Comte* fût en Suisse, lorsqu'un *Monsieur* vint me dire qu'on allait le renvoyer de Lausanne et qu'il me demandait de m'intéresser à lui. Je lui répondis qu'apparemment M. *Comte* était renvoyé par mesure de police ; que je m'en informerais et que je verrais ce qu'il me serait possible de faire pour lui. J'en parlai effectivement à M. Franchet qui m'assura que M. Comte était à la tête de tous nos révolutionnaires en Suisse et qu'il y prêchait les principes les plus opposés au gouvernement des Bourbons. Voilà l'exacte vérité ; c'est tout ce que je sais de M. *Comte*. Je n'ai pas écrit un mot de lui à l'ambassadeur. Son nom ne s'est jamais présenté à mon esprit ni sous ma plume. Il est vrai que le *Monsieur*, son ami, m'a dit que ce M. *Comte* irait en Angleterre écrire des choses terribles contre moi : cette menace me tenta un moment, et j'eus la mauvaise pensée de faire donner à M. *Comte* la liberté d'aller écrire de si grandes choses, car je suis partisan décidé de la liberté de la presse ; mais je repoussai cette inspiration du diable, et j'oubliai M. *Comte* de nouveau, ou plutôt je ne songeai qu'à lui rendre service. Vous me connaissez assez pour savoir si je vous dis ici la pure vérité.

« Dans ce moment, on sollicite mon intérêt pour un bon régicide qui ne demande qu'à respirer l'innocence et la paix dans les vallées de la Suisse, et je vais m'occuper de cet honnête homme, et voir si je puis lui procurer le bonheur champêtre si bien fait pour son âme simple et naïve. Si j'en suis là, comment imaginer que je persécute M. *Comte* qui n'a d'autre tort à mes yeux que d'écrire lourdement et ennuyeusement, autant qu'il m'en souvient pour avoir lu un article de lui contre le roi, il y a sept ou huit ans? Défendez-moi auprès de vos injustes amis. »

L'importance des événements dont la correspondance de M. de Chateaubriand était remplie pendant les premiers mois de son ministère nous a décidé à donner ses lettres presque sans interruption.

Grâce à la résolution et à l'énergie qu'il sut imprimer à l'intervention de la France dans les affaires d'Espagne, Ferdinand était libre, la maison de Bourbon comptait une belle et vaillante armée, le prestige des succès militaires environnait la monarchie, et M. le Dauphin avait noblement pris sa part dans les fatigues et la gloire de la campagne. M. de Chateaubriand pouvait donc être fier d'un résultat auquel il avait puissamment contribué.

Mais tout en s'associant à la joie et au triomphe de son illustre ami, Mme Récamier n'en sentait pas moins avec tristesse les épines que l'arrivée de M. de Chateaubriand au pouvoir avait semées dans le cercle de ses affections les plus intimes. Les visites quotidiennes de M. de Chateaubriand à l'Abbaye-au-Bois étaient bien souvent dérangées, soit par les réunions du conseil, soit par les séances des Chambres ; et le trouble n'était pas seulement dans les habitudes : l'humeur de l'éminent écrivain n'avait pas résisté à la sorte d'enivrement que le succès, le bruit, le monde amènent facilement pour des imaginations ardentes et mobiles. Son empressement n'était pas moindre, son amitié n'était point attiédie, mais Mme Récamier n'y sentait plus cette nuance de respectueuse réserve qui appartient aux durables sentiments que seuls elle voulait inspirer : le souffle d'un monde frivole et adulateur avait passagèrement altéré cette pure affection. D'un autre côté, la blessure d'amour-propre de M. de Montmorency, que ses sentiments religieux ne tardèrent pas à faire disparaître, était encore toute vive dans ces premiers moments. Il mettait le soin le plus aimable et le plus tendre à ne pas exprimer son mécontentement, et s'appliquait à rendre, autant qu'il était en lui, la position de Mme Récamier moins pénible, entre son rival triomphant et lui-même; mais l'agitation était grande dans les âmes.

Au milieu de ces tristesses et de ces difficultés, la nièce de Mme Récamier, celle qu'elle traitait et aimait comme une fille, tomba gravement malade de la poitrine. Lorsque l'état aigu eut fait place à la convalescence, M. de Montmorency insista pour qu'on lui fît respirer l'air de la campagne, dans la solitude de la Vallée-aux-Loups, où presque chaque année Mme Récamier avait été chercher un doux et trop court repos. A l'automne, les médecins ne dissimulèrent point que la rigueur d'un hiver passé à

Paris pouvait être fort nuisible à une santé délicate après l'échec d'une maladie vive ; ils insistaient pour le séjour du midi. La tendresse inquiète de Mme Récamier la décida à partir pour l'Italie. Elle quitta Paris le 2 novembre 1823.

Le fidèle Ballanche, avec la simplicité de son absolu dévouement, partit en même temps que Mme Récamier, sans avoir même eu la pensée qu'il pût faire autrement ; M. Ampère demanda la permission de se joindre à la petite caravane qui devait voyager lentement, et Mathieu de Montmorency, en prenant congé de son amie, se promettait de lui faire, au milieu du carême, une visite dans la ville sainte, que sa piété lui donnait depuis longtemps un désir très-vif de connaître, et où la présence de son cousin le duc de Laval lui offrait un attrait de plus. Ce dernier projet, comme on le verra, ne se réalisa point.

Nous allons maintenant donner, sans les interrompre, les lettres adressées à Mme Récamier par M. de Chateaubriand et M. de Montmorency, dans les jours qui précédèrent et qui suivirent son départ, jusqu'au moment de son arrivée à Rome.

M. DE CHATEAUBRIAND A Mme RÉCAMIER.

« 25 octobre.

« Non, vous n'aurez pas dit adieu à toutes les joies de la terre ; si vous partez, vous reviendrez bientôt, et vous me retrouverez tel que j'ai été et tel que je serai toujours pour vous. Ne m'accusez pas de ce que vous faites vous-même. J'irai vous voir en sortant du conseil. J'ai mis les noms de Mme Thibaudeau et de M. Voutier à ma porte. Je vous aime de toute mon âme, et rien ne pourra m'empêcher de vous aimer, ni votre parti, ni votre injustice. »

LE MÊME.

« Mardi matin, 28 octobre.

« Vous voyez bien que vous vous êtes trompée. Ce voyage était très-inutile. Si vous partez, vous reviendrez au moins promptement, et vous me retrouverez à votre retour tel que vous m'aurez laissé, c'est-à-dire le plus tendrement, le plus sincèrement attaché à vous. Je suis bon à *l'user*; je ne me lasse jamais, et si j'avais plus d'années à vivre, mon dernier jour serait encore embelli et rempli de votre image.

« A quatre heures et demie, je serai dans la petite cellule qui sera la mienne pendant votre absence. »

LE MÊME.

« 2 novembre 1823.

« Craignant toujours de vous faire quelque peine, lorsque vous comptez pour rien les miennes, je vous écris ce mot sur les chemins, de peur de manquer votre passage à Lyon. Je serai jeudi à Paris et vous n'y serez plus : vous l'avez voulu. Me retrouverez-vous à votre retour? Apparemment, peu vous importe. Quand on a le courage, comme vous, de tout briser, qu'importe en effet l'avenir? Pourtant je vous attendrai ; si j'y suis, vous me retrouverez tel que vous m'avez laissé, plein de vous, et n'ayant pas cessé de vous aimer. Je vous écrirai à Turin et puis à Florence. »

LE MÊME.

« Paris, le 7 novembre 1823.

« Je vous écris ce petit mot à Lyon, à mon retour à Paris, en même temps que je vous écris à Turin. Je vous ai encore écrit à Lyon, en courant les chemins. Mettez sur le compte de mon exactitude ce qui est l'effet de mes sentiments, c'est votre coutume d'être injuste. Malgré tout cela, vous reviendrez; vous ne serez pas même longtemps. Vous reconnaîtrez que vous vous êtes trompée. Le billet de vous que j'ai trouvé ici en arrivant m'a fait voir que la joie d'Amélie vous faisait une sorte de plaisir, et que vous repreniez un peu à la *justice* et à l'espérance. Croyez-moi, rien n'est changé, et vous en conviendrez un jour.

« Souvenez-vous de tout ce que je vous ai dit sur le manuscrit. »

LE MÊME.

« Paris, le 7 novembre 1823.

« Vous avez passé les Alpes que je ne repasserai plus; vous êtes dans le beau pays où j'étais l'année dernière à la même époque. Vous vous éloignez de vos amis. Ces amis ne sont plus jeunes; le temps qu'ils perdent est irréparable. Vous avancez cette absence qui commence tôt et ne finit plus. Mais enfin vous l'avez voulu. Vous me direz, quand vous serez de retour, si vous avez vu l'Italie avec les mêmes yeux qu'autrefois; si les ruines vous ont dit la même chose, et si le changement, qui est survenu en vous, ne s'est point étendu à ce qui vous aura environnée.

Mais je ne veux point attrister votre voyage : avant tout, que vos peines ne vous viennent jamais de moi.

« Je ne vous parle point de politique. Vous êtes trop heureuse de n'entendre parler ni de chambres, ni de ministères, ni de journaux; tout cela vous reviendra assez dans votre cellule. Jouissez bien de votre liberté. Revenez le plus tôt possible. Je tâcherai de vivre jusqu'à votre retour. Je souffre cependant. »

LE MÊME.

« Paris, le 15 novembre 1823.

« Je vous ai écrit deux fois à Lyon, une fois à Turin, et vous ne m'avez pas répondu. J'ai su par le duc de Doudeauville que vous étiez arrivée à Lyon, et j'ai été réduit à apprendre de vos nouvelles par les autres. Je ne vous répéterai pas le lieu commun que ce sont ceux qui restent qui sont le plus à plaindre. Vous avez pris votre parti si vite, que vous avez sans doute été persuadée que vous seriez heureuse : peu importe le reste. Je vous le souhaite du fond de l'âme, ce bonheur que vous méritez, même lorsque vous affligez vos amis. Ma vie maintenant se déroule vite. Je ne descends plus, je tombe, et je ne puis, dans la rapidité de ma chute, que faire des vœux pour vous, que je laisse après moi sur la pente. Je me reproche de vous attrister peut-être au milieu du beau pays que vous parcourez. Saluez pour moi les montagnes, les riantes vallées que sans doute je ne reverrai plus. Je ne vous parle point de politique. Elle va bien, mais ce sont des conversations réservées pour la petite cellule; revenez-y. Horace, dont vous allez voir la retraite, disait qu'il faut renfermer dans un petit espace nos longues espérances. J'espère pourtant bientôt une lettre de vous. Je vous écrirai à Rome. Si mes lettres adressées à Turin et à Florence ne vous étaient pas parvenues, faites-vous les renvoyer à Rome. »

LE DUC MATHIEU DE MONTMORENCY A Mme RÉCAMIER.

« Paris, ce 29 novembre 1823.

« C'est à Dampierre, où j'ai été passer sept à huit jours d'adieux pour cette année, que j'ai reçu votre petite lettre datée du 18 novembre. Elle m'a fait grand plaisir, puisque voilà ce Mont Cenis passé ; vous avez atteint un plus beau soleil, un climat doux, pendant que nous sommes depuis une semaine dans les plus épais brouillards. — Amélie se trouve déjà mieux : c'est une vraie consolation et la seule que je puisse recevoir de votre absence. Vous savez quels tendres vœux vous accompagnent, et pour elle et pour vous-même. Je doute qu'une lettre puisse encore vous rejoindre à Florence que vous m'indiquez et où je projetais bien de vous faire trouver un petit mot chez M. de la Maisonfort [1], à qui vous ne pouvez pas échapper. Mais j'envoie toujours ceci à M. Récamier qui m'a fait prévenir d'une bonne et rapide occasion. — Nous sommes ici à peu près dans la même position, disputant sur la septennalité et la dissolution. — Un homme de vos amis [2] a pris la plume : c'est peut-être trop souvent. Je suis du reste, comme vous croyez, beaucoup moins au courant de ses nouvelles. Nous nous sommes rencontrés en bon lieu, et j'ai trouvé que ce qu'il y avait de plus simple, c'était de nous parler de vous. Il m'a dit n'avoir pas eu une seule fois de vos nouvelles : je trouvais moi-même que c'était trop peu, quoique je désire que vous ne vous fatiguiez pas trop surtout à *certaines* lettres ; j'ai cependant dit que je croyais être sûr que vous en aviez écrit une.

« Je pense, surtout pour les envier, aux amis qui vont avoir le bonheur de vous voir, de vous recevoir. J'ai reçu une très-aimable lettre de la duchesse [3], de Naples où elle a été voir les Clifford et son beau-fils. Adrien vous parlera peut-être d'un petit intérêt d'amour-propre sur lequel mon amitié ne veut pas

---

1. Ministre de France en Toscane.
2. M. de Chateaubriand.
3. Elisabeth Hervey, duchesse de Devonshire.

garder un silence affecté. Les journaux vous auront dit que j'avais eu la grand'croix de Saint-Charles[1]. Je voulais le trouver simple, puisque deux autres n'avaient pas été traités autrement. Mais on dit aujourd'hui qu'ils sont parvenus à se faire accorder mieux, et alors je pourrais être blessé du rapprochement. C'est assez misérable, et cela m'ennuie sans y ajouter trop d'importance.

« Adieu, aimable amie, parlez de moi à votre nièce, aux voyageurs qui vous auront sûrement rejointe. Vous savez ce qui manque chaque soir à ma journée.

« Adieu, adieu.

« Nous sommes dans l'attente de la réception de M. le duc d'Angoulême pour mardi prochain. »

M. DE CHATEAUBRIAND A Mme RÉCAMIER.

« Paris, le 29 novembre 1823.

« Je crains que ma lettre adressée à Turin ne vous soit pas arrivée, parce qu'elle n'était pas affranchie. J'ai peur aussi que vous n'ayez passé trop vite à Turin et à Florence, où je vous ai également écrit, pour avoir le temps de voir que vous n'étiez pas oubliée. J'espère que mes premières lettres vous rejoindront à Rome avec celle-ci.

« Depuis votre départ, mon travail s'est accru, et

---

[1]. C'est un ordre d'Espagne.

je n'ai trouvé que dans cette ennuyeuse occupation une triste distraction à votre absence. Je n'ai pas passé une seule fois auprès de l'Abbaye : j'attends votre retour. Je suis devenu poltron contre la peine : je suis trop vieux et j'ai trop souffert. Je dispute misérablement au chagrin quelques années qui me restent ; ce vieux lambeau de ma vie ne vaut guère le soin que je prends de lui. Vous êtes à Rome, à Rome que j'aimais tant et où j'aurais voulu vivre. M'y plairais-je encore ? Dites-moi bien ce que vous y aurez éprouvé. Ce que vous sentirez, je l'aurais senti. Comme pour vous, Rome aurait perdu ou gardé pour moi son intérêt et son charme. Il est malheureux de si bien s'entendre et d'être séparés par cinq cents lieues.

« Le temps marche, mais pas assez vite. Je compte, comme si j'avais vingt ans, les jours pour les franchir. Quand je trouve le bon duc de Doudeauville, je lui parle à l'instant de vous. C'est la seule personne que je voie qui vous connaisse, car je ne rencontre jamais Mathieu. Je n'avais pas un grand penchant pour le duc de Doudeauville ; mais il parle de vous si bien et avec une telle effusion de cœur que vous me l'avez fait aimer.

« J'ai reçu votre billet de Chambéry. Il m'a fait une cruelle peine. Le *Monsieur* m'a glacé. Vous reconnaîtrez que je ne l'ai pas mérité.

« Pour jamais à vous.

« J'écrirai régulièrement, souvent deux fois, mais toujours une fois par semaine à Rome. »

LE DUC MATHIEU DE MONTMORENCY A Mme RÉCAMIER.

« Paris, le 13 décembre 1823.

« J'allais vous écrire par la poste, aimable amie. lorsqu'est arrivé chez moi M. Lefebvre, m'annonçant son prompt et rapide voyage, et me disant qu'il avait voulu me voir pour vous donner plus directement de mes nouvelles. Ce serait bien le cas de profiter d'une occasion aussi sûre pour répondre à votre difficile question sur ce qui se passe d'intéressant pour vos amis. Vous en avez de tellement lancés dans les grandes aventures qu'il ne m'est pas facile à moi-même de les y suivre, et encore moins de vous en rendre compte par écrit. Le premier [1], auquel vous savez cependant que je ne cède point le pas, me paraît être toujours dans les mêmes rapports avec son confrère prédominant [2]. Il désirerait souvent que cela ne fût pas ainsi, mais plus souvent il en prend son parti comme le plus sûr; et les phrases habituelles de part et d'autre sont : « qu'ils sont contents réciproquement; » cela ne fait pas que cela soit toujours.

1. M. de Chateaubriand.
2. M. de Villèle.

« Vous êtes peut-être plus intriguée de ce dernier changement du ministère espagnol. Il serait curieux de savoir ce que vous en mandera M. de Chateaubriand, votre ami ministre, s'il en mande quelque chose. Lui et ses collègues peuvent prendre le parti de s'en arranger comme d'une chose faite; mais je suis sûr que la première impression a été le regret de n'y avoir pas eu une influence plus directe, et un peu de mécontentement et de dédain pour une chose très-imparfaite.

M. DE CHATEAUBRIAND A Mme RÉCAMIER.

« 4 janvier 1824.

« J'ai reçu non pas vos lettres, mais vos petits billets jusqu'au 24. Je voudrais vous écrire plus souvent, plus exactement, plus longuement, mais les derniers jours de l'année ont été si remplis d'affaires que je n'ai pas eu un seul moment à moi, et ce qui a achevé de m'accabler, Mme de Chateaubriand a été et est encore assez malade. Ainsi vous voyez que nous avons l'un et l'autre fini l'année tristement. En voilà une autre qui commence; ah! puisse-t-elle être plus heureuse! elle le sera, si vous revenez. Croyez-moi, moi vieux voyageur, il n'y a de bon que le repos, le coin du feu et quelques amis éprouvés par le temps.

« Je ne vous parlerai point de politique. Dans trois mois les chambres vont s'ouvrir. Si j'ai le bonheur de réussir à la tribune comme l'autre année et que nous obtenions (et j'en suis à peu près sûr) la septennalité, alors j'aurai rempli une carrière utile à mon pays tant à l'extérieur qu'à l'intérieur; le reste me sera indifférent. Mais revenez me conter tout ce que vous aurez vu dans cette Rome que je ne reverrai sans doute jamais.

« Je vois par mes affaires qu'il me sera impossible d'écrire régulièrement; mais je le ferai aussi souvent que je le pourrai. Le temps où je vous écrivais tous les jours n'est pas passé. Vous n'avez qu'à revenir dans votre cellule. »

Mme Récamier arriva pour la seconde fois à Rome dans les derniers jours de novembre; elle y fut accueillie par l'un des plus aimables et des plus fidèles amis de sa jeunesse, le duc de Laval, avec une joie si vive et si vraie qu'elle en fut profondément touchée. La duchesse de Devonshire lui avait choisi un appartement dans le voisinage de la place d'Espagne et du Pincio, où, grâce aux soins délicats de l'amitié, Mme Récamier et sa jeune compagne trouvèrent une exposition chaude, une distribution commode et, dans des conditions d'économie nécessaires, toute l'élégance que comporte un appartement loué meublé.

L'aspect que Rome présentait alors aux voyageurs était tout autre que celui dont Mᵐᵉ Récamier avait été frappée dix ans auparavant.

Pie VII n'existait plus ; ce saint pontife avait rendu son âme à Dieu le 20 août 1823, et le couronnement de son successeur, Léon XII, avait eu lieu le 5 octobre, avant même que Mᵐᵉ Récamier n'eût quitté Paris. De toutes les fêtes religieuses, de toutes les splendeurs qui se déploient à l'intronisation d'un pape, une seule cérémonie restait à accomplir et Mᵐᵉ Récamier y assista : c'était la prise de possession par le nouveau pontife de la basilique de Saint-Jean-de-Latran. Aucun spectacle au monde ne produit une impression plus vive, plus saisissante, n'émeut plus le cœur en charmant les regards, que celui d'une bénédiction pontificale donnée du haut de la loge de Saint-Pierre ; et cependant, j'oserai dire, que malgré la grandeur et la magnificence de l'édifice, les belles lignes de sa double colonnade, son obélisque, ses fontaines, tout ce luxe d'une splendide architecture est effacé par le coup d'œil que présente la même cérémonie de la bénédiction papale déployant sa pompe religieuse dans le cadre de la campagne de Rome vue de la basilique de Saint-Jean ; il semble que la bénédiction donnée à la ville et au monde prenne devant ces beaux horizons sa signification véritable.

Grâce à la circonstance d'un conclave et à la

proclamation d'un nouveau pape, Rome était donc en 1823 animée par un concours très-nombreux d'étrangers. Cette ville, qui en 1813, privée de son souverain, se voyait réduite à la condition de chef-lieu d'un département français, avait retrouvé, avec son indépendance, le mouvement politique et la vie que crée la présence d'une cour, même ecclésiastique. Les étrangers, pèlerins des arts ou pèlerins de la religion, abondaient dans ses murs; le corps diplomatique y donnait de brillantes fêtes.

Le duc de Laval y représentait noblement la France : bienveillant et gracieux pour les individus, il exerçait envers ses compatriotes la plus large hospitalité. L'urbanité de ses manières, la modération de son caractère étaient en parfaite harmonie avec l'esprit conciliant du gouvernement auprès duquel il était accrédité, et avec la mansuétude des princes qu'il représentait; aussi la famille Bonaparte jouissait-elle à Rome d'une sécurité et d'un calme absolus. Elle y était nombreuse. Le cardinal Fesch, Mme Lætitia, mère de Napoléon, la princesse Borghèse, Lucien Bonaparte, prince de Canino, et ses enfants, Jérôme, l'ancien roi de Westphalie, étaient fixés dans les États pontificaux et résidaient le plus habituellement à Rome.

Le duc de Laval mit, avec une charmante et parfaite amitié sa personne, sa maison, ses gens, ses chevaux à la disposition de Mme Récamier, et chaque soir, finissait ou commençait la soirée chez elle.

La France n'était pas seulement alors représentée à Rome de la façon la plus honorable par son ambassadeur ; la colonie de nos artistes comptait des noms illustres, et, ce qui vaut encore mieux, des hommes d'esprit et de nobles cœurs. Guérin était directeur de l'académie de France ; Schnetz, Léopold Robert, dans toute la force de la jeunesse et du talent, vivaient, travaillaient, s'inspiraient au sein de la ville qui sera toujours la vraie patrie des arts. C'était un emploi charmant de la matinée que de parcourir successivement les ateliers des artistes que je viens de nommer ; Mme Récamier y trouvait un très-vif intérêt et l'ambassadeur de France l'accompagnait souvent dans ces courses. Guérin, Schnetz et Robert venaient d'ailleurs assidûment chez elle.

Le premier, dont la santé avait toujours été délicate, semblait déjà assez sérieusement atteint dans sa constitution : il était de petite taille, ses traits avaient de la régularité et de l'agrément, ses manières étaient réservées, son esprit fin et aimable. Absorbé par les devoirs et par les minutieux détails de l'administration de l'Académie de France, Guérin ne peignait plus guère : il se plaignait souvent de l'impossibilité où il se trouvait de reprendre ses pinceaux, et annonçait toujours la prochaine résolution de peindre; mais il est permis de douter qu'avec plus de loisir il se fût remis au travail. Le charme de la société de Guérin était extrêmement apprécié dans le salon de Mme Récamier; on n'y témoignait pas moins d'empressement à Léopold Robert, quoique rien dans sa conversation ni dans sa personne ne pût faire deviner sa supériorité et la poésie de son talent.

Robert était très-timide; taciturne et gauche dans le monde, il fallait l'avoir vu souvent, l'avoir connu longtemps, avoir rassuré cette nature mélancolique et défiante d'elle-même, pour découvrir tout ce qu'il y avait de noble simplicité dans son cœur et d'élévation dans ses sentiments.

Une intimité étroite, et qui fut inaltérable, liait Robert à Victor Schnetz. Ces deux artistes présentaient entre eux un assez grand contraste de goûts, d'humeur, et n'en avaient que plus d'amitié l'un pour l'autre. Schnetz a l'esprit prompt, la repartie vive, il a toujours aimé le monde, et y porte des manières aisées, de la dignité et beaucoup d'entrain. Son pinceau, plein de vigueur et de vérité, excelle surtout à rendre les scènes populaires de la vie romaine; ses conseils et son influence furent certainement utiles au talent de Robert.

C'est aussi à Rome, et dans ce même hiver de 1823 à 1824, que Mme Récamier connut M. Delécluze. Un naturel plein de verve, un bon sens mordant, une bienveillance originale, de la bonhomie sans fadeur et un tour imprévu et vif qui s'efface un peu dans ses écrits, donnent à la conversation de M. Delécluze un agrément tout particulier.

Mme Récamier trouvait d'ailleurs dans la duchesse de Devonshire la douceur d'une société intime et les plus agréables sympathies de goût et d'humeur. La duchesse avait été remarquablement belle; en dépit d'une maigreur qui donnait à sa personne un faux air d'apparition, elle conservait des traits d'une régularité fine et noble, des yeux magnifiques et pleins de feu. Sa taille était droite, élevée; elle avait une démarche d'impératrice, et son teint blanc et mat achevait cet ensemble harmonieux et frappant. Ses beaux bras et ses belles mains, réduits pour ainsi dire à l'état de squelette, avaient la blancheur de l'ivoire; elle les couvrait de bracelets et de bagues. La grâce et la distinction de ses manières ne pouvaient être surpassées. Sa jeunesse n'avait pas été sans troubles, et les agitations de son âme, les circonstances romanesques de sa vie avaient laissé sur toute sa personne une empreinte de mélancolie et quelque chose de caressant.

Depuis longtemps fixée à Rome, la duchesse de Devonshire s'était liée d'une amitié sincère avec le cardinal Consalvi qui fut le premier ministre de Pie VII pendant tout son pontificat. Cette intimité d'une grande dame anglaise et protestante avec un cardinal secrétaire d'État du souverain pontife n'était pas le trait le moins singulier de la vie de la duchesse. Elle voyait sans cesse le duc de Laval, qu'elle avait connu en Angleterre pendant l'émigration; Adrien et Mathieu de Montmorency la nommaient toujours la *duchesse-cousine*, quoiqu'elle ne leur fût unie par aucun lien de parenté. Le duc de Laval en parlant d'elle écrivait à Mme Récamier au mois de mai 1823 :

« Je m'entends avec la duchesse pour vous admi-
« rer. Elle a quelques-unes de vos qualités, qui ont
« fait le succès de toute sa vie. C'est la plus liante
« de toutes les femmes, qui commande par la dou-
« ceur, et elle s'est fait constamment obéir; ce qu'elle
« a fait à Londres dans sa jeunesse, elle le recom-
« mence ici. Elle a tout Rome à sa disposition ; mi-
« nistres, cardinaux, peintres, sculpteurs, société,
« tout est à ses pieds. »

Cette aimable et généreuse personne menait en effet à Rome une existence princière, recevait les étrangers, et en particulier ses compatriotes, avec une affabilité parfaite, encourageait les arts, les cultivait elle-même avec goût, et s'intéressait aux lettres.

Deux monuments feront vivre le souvenir de la protection que la duchesse de Devonshire accordait aux artistes. Elle fit imprimer à ses frais, en 1816 et 1819, par les presses de De' Romanis, le texte et une traduction en vers italiens de la Ve satire d'Horace

(Voyage à Brindes), et la traduction de l'Énéide, d'Annibal Caro. Ces deux éditions in-folio, exécutées avec un grand luxe, sont ornées l'une et l'autre de nombreuses planches gravées au burin. La duchesse avait eu l'idée de joindre au texte antique la vue des lieux décrits par les deux poëtes latins, dans leur état actuel; elle demanda ces vues aux peintres et aux graveurs les plus habiles parmi les artistes fixés en Italie, à quelque nation qu'ils appartinssent : Camuccini, Catel, Chauvin, Boguet, Pomardi, Williams, Eastlake, Gmelin, Keisermann, ont fourni chacun une ou plusieurs compositions; la duchesse elle-même figure dans ce travail pour deux dessins qui n'en déparent pas l'ensemble.

Mais la mort de Pie VII, en ruinant la fortune politique du cardinal Consalvi, venait de porter atteinte à cette noble existence.

Le pape mourut le 20 août : la veille de ce jour, c'est-à-dire le 19, le duc de Laval écrivait à M*me* Récamier qui n'avait point encore quitté Paris :

« Nous sommes ici dans les plus tristes agitations.
« Le pape est expirant, et j'attends à chaque instant
« la nouvelle de son dernier soupir pour expédier
« mon courrier.

« La duchesse est revenue d'Albano abîmée, dé-
« solée de la douleur de son cher cardinal. Vous
« pensez s'il est malheureux; il perd son maître, un

« ami de vingt-quatre ans, et un pouvoir du même
« âge. »

Le cardinal Consalvi ne survécut guère au maître à la destinée duquel la sienne avait été si fidèlement attachée. Sa santé, déjà chancelante, reçut le dernier coup à la mort de Pie VII. On lui reprochait depuis longtemps ses tendances libérales, la faveur dont les étrangers avaient joui sous son gouvernement, et jusqu'à l'amitié hautement témoignée qui le liait à une Anglaise.

Le nouveau pape, lorsqu'il n'était encore que le cardinal della Genga, s'était trouvé ouvertement en désaccord avec le premier ministre de Pie VII. Un de ses premiers soins, en montant au trône pontifical, avait bien été de faire porter à ce représentant d'une politique qui n'était pas la sienne les assurances de la plus affectueuse bienveillance; mais il n'en était pas moins vrai que Consalvi, en perdant son vieux maître, voyait renverser le système qu'il avait fait prévaloir pendant près d'un quart de siècle, et cette réaction contre le long exercice de son pouvoir fut extrèmement dure pour lui.

Lorsque Mme Récamier arriva à Rome, à la fin de novembre, l'état du cardinal Consalvi commençait à donner de sérieuses inquiétudes; il mourut le 24 janvier suivant, sept mois presque jour pour jour après la mort de Pie VII.

Mme Récamier ne vit donc pas le cardinal Consalvi; mais elle fut pendant six semaines la confidente des inquiétudes, des espérances, des angoisses alternatives de la duchesse de Devonshire, et personne ne pouvait s'associer plus qu'elle à ces douleurs de l'amitié. Quand enfin le cardinal eut cessé de vivre, et que, selon le cérémonial en usage à Rome pour les personnages considérables, il fut exposé sur son lit de parade, la ville entière se ruait pour contempler mort cet homme d'État si longtemps tout-puissant. Mme Récamier, uniquement préoccupée du vide qui venait de se faire dans le cœur et dans les habitudes de son amie, instruite de l'empressement avec lequel la foule se portait au palais du cardinal, non-seulement n'eut pas l'idée d'aller curieusement se mêler à ce flot des indifférents, mais elle imagina que la duchesse de Devonshire devait être très-froissée de cette curiosité sans respect pour les restes d'une personne qu'elle avait tant aimée.

Mme Récamier dirigea ce jour-là sa promenade vers la villa Borghèse, bien sûre de la trouver déserte, les étrangers comme les Romains se portant tous à la chapelle ardente. La solitude était en effet complète, et Mme Récamier était descendue de voiture pour en jouir à son aise, quand elle aperçut de loin dans une allée la grande et élégante figure de la duchesse que le contraste de ses vêtements noirs avec la blancheur pâle de son teint faisait ressembler à une ombre. Son image m'est restée comme un type frappant de désespoir contenu. Les premières paroles qu'elle adressa à Mme Récamier furent pour lui demander d'aller, elle aussi, contempler le cardinal mort. Celle-ci, extrêmement surprise du désir qui lui était exprimé, voulut pourtant y condescendre, et, remontant en voiture, elle se fit conduire à l'instant même au palais de l'ancien ministre d'État. Ce palais était littéralement assiégé, et sans le valet de chambre de la duchesse, qui se trouva là par bonheur, on n'eut pu fendre la foule; mais cet homme conduisit Mme Récamier par un escalier intérieur, et l'introduisit dans la chambre où reposait la dépouille mortelle.

C'était l'heure où les chapelains qui, pendant l'exposition, étaient rangés aux deux côtés du lit de parade et devaient y prier, prenaient leur repas dans une salle voisine dont la porte était ouverte. L'entrée principale de l'appartement, par où les curieux étaient admis, avait été momentanément fermée, et on entendait derrière la porte les voix, les colloques et presque les cris d'une foule que l'attente impatientait; dans la salle des chapelains, le bruit des assiettes et des verres, et dans la chambre mortuaire, sur un lit très-élevé, le cardinal revêtu de la pourpre et dormant son dernier sommeil ; ses traits étaient beaux et calmes, mais sévères.

Mme Récamier et sa nièce s'agenouillèrent et prièrent un moment du fond du cœur pour le mort, et surtout pour la pauvre amie que les années avaient condamnée à l'isolement, en la faisant survivre à toutes les affections de sa jeunesse, et qui perdait, en perdant le cardinal, l'appui et le charme de ses dernières années.

L'arrivée de Mme Récamier à Rome fut troublée dans les premiers temps par une grave maladie de la femme de chambre qui l'accompagnait. Dans un moment où le danger semblait s'éloigner, elle écrivait la lettre suivante :

Mme RÉCAMIER A M. PAUL DAVID.

« Rome, 10 décembre 1823.

« Je suis bien sûre, mon bon Paul, que vous avez partagé tous nos ennuis ; ce n'est que depuis peu de jours que nous commençons à respirer. Amélie a été bonne et charmante au milieu de toutes nos contrariétés ; sa santé est bien, elle ne tousse pas, mais le mouvement du monde et de la conversation la fatigue facilement. Nous avions hier quelques personnes, elle s'amusait ; mais à la fin de la soirée elle était oppressée : il faut encore des soins pour remettre parfaitement sa santé. La mienne a été fort altérée, je tousse toujours et je dors mal ; mais je commence depuis quelques jours à reprendre du calme et à jouir de ce pays, dont je sens vivement le charme. Je m'inquiète seulement des choses que, dans la précipitation de mon départ, j'ai pu négliger. Je voudrais que vous me fissiez le plaisir d'aller chez mon notaire de ma part, et de vous éclaircir avec lui sur ce que, dans le trouble où j'étais, j'ai pu oublier; car vous savez que j'aime l'ordre dans les affaires, et je connais trop votre amitié pour craindre d'en abuser en vous occupant de mes intérêts. Vos lettres sont au rang de nos plus agréables distractions; nous attendons l'*Ecole des Vieillards*, dont nous nous faisons une fête. — Amélie écrit à son oncle. Chargez-vous de mes plus tendres souvenirs pour mon père, pour M. Simonard. Parlez de moi à Mme Pasquier, dont la bonté, j'en suis sûre, s'est associée à tous nos ennuis; parlez aussi de nous à Mme de Malartic, pour laquelle nous avons un attrait si vrai. Enfin, soignez-nous dans le souvenir de nos amis, et continuez de nous écrire.

« Vous pouvez adresser vos lettres chez le duc de Laval. Adieu, adieu ! »

La femme de chambre de Mme Récamier, qu'une rechute vint peu de jours après mettre dans le plus pressant danger, était une Suissesse protestante, mariée à un Français catholique, dont tous les enfants étaient également catholiques. L'état désespéré dans lequel se trouvait cette jeune femme, à laquelle Mme Récamier était fort attachée, excita un vif intérêt dans la société étrangère et particulièrement dans la société française de passage à Rome.

Le duc de Rohan-Chabot, que dix ans auparavant Mme Récamier avait connu à Rome chambellan de l'empereur, jeune, charmant et peut-être un peu frivole, devenu veuf par suite d'un horrible accident (sa femme, la princesse de Léon, avait péri brûlée), se trouvait de nouveau dans la capitale du monde chrétien, et il était prêtre. Il vint voir Mme Récamier; il lui exprima une compassion sincère pour la pauvre malade, et demanda à la voir. Elle avait toute sa connaissance, on lui transmit le désir de l'abbé de Rohan de causer avec elle; elle consentit à cet entretien avec empressement. Il lui parla longtemps, avec une charité vive; la grâce la toucha sans doute: car elle voulut, après avoir entendu l'abbé-duc, abjurer entre ses mains et mourir, disait-elle, dans la religion de son mari et de ses enfants. Après son abjuration, elle se trouva mieux, et Dieu lui fit la grâce de guérir et de vivre catholique.

Cependant M. de Montmorency, dont l'amitié s'associait si parfaitement et dans les moindres détails à tout ce qui touchait de près ou de loin au repos de son amie, lui écrivait en apprenant les inquiétudes qui l'avaient troublée :

LE DUC MATHIEU DE MONTMORENCY A Mme RÉCAMIER.

« Paris, ce 6 janvier 1824.

« Depuis cette lettre du 24 décembre qui me donnait de tristes nouvelles de Rome, nous attendons avec une vive impatience toutes celles qui doivent suivre. — Rotschild nous a dit avant-hier que le courrier qui lui arrivait de Naples avait laissé le pape mieux[1].

« Mais je ne sais rien de votre pauvre femme de chambre. Je m'associe à tout ce que vous avez dû éprouver de premier saisissement, et depuis de peines, d'inquiétudes. Il serait bien triste ensuite de n'avoir pour vous et pour Amélie aucune personne de confiance et accoutumée à votre service.

« Vous aurez passé une nuit de Noël bien agitée, au lieu de pouvoir assister, dans une belle et imposante église, à ces touchants mystères ! Dans ma modeste mais édifiante paroisse, j'ai pensé aussi à vous. Je ne ne me doutais pas que vous fussiez si tourmentée. Cruel effet d'une si longue distance ! Cependant je ne veux plus vous plaindre, quand vous me mandez les heureux effets qu'a produits le beau soleil d'Italie sur la santé d'Amélie. Faites-lui-en mes

---

1. Léon XII fut en effet malade à cette époque, mais se rétablit promptement.

tendres compliments. C'est une compensation que la bonne Providence a accordée aux sacrifices et aux regrets de l'amitié.

« Je suis touché des reproches que vous me faites sur la rareté de mes lettres ; je vous en ai cependant écrit plusieurs. J'aurais tant de choses, petites ou grandes, qu'il me serait plus commode de vous raconter chaque jour dans la petite chambre de l'Abbaye-au-Bois !

« Vous manquez certainement beaucoup à mes relations avec votre ami ; mais vous manquez pour des choses plus essentielles encore. J'ai été chez lui le dimanche avant le jour de l'an ; il a commencé le compliment, que je lui ai rendu immédiatement, sur une faveur commune, que d'autres personnes n'auraient pas voulu voir restreindre à nous deux [1]. Vous avez pu avoir sur cette petite et triste affaire des détails par un plus ancien ami [2]. On a parlé d'un peu de division, mais elle s'éteindra peut-être par la faveur semblable à celle d'il y a huit jours que nous apprend le *Moniteur* même de ce matin. Vous

---

[1]. L'empereur Alexandre avait envoyé le cordon de Saint-André à M. le duc Mathieu de Montmorency et à M. le vicomte de Chateaubriand. M. de Villèle fut excessivement blessé de n'être point compris par l'empereur de Russie dans la distribution de la même faveur, et il en garda de la rancune, ce qui prouve que les hommes d'imagination ne sont pas les seuls à attacher du prix à ces *hochets* dont la munificence des souverains dispose. Pour le consoler, le roi le nomma, le 8 janvier, chevalier de ses ordres.

[2]. Le duc de Doudeauville ; on trouvera plus loin sa lettre.

serez bien aise de ce qui regarde le duc de Doudeauville ; je partage ce sentiment, et je l'étends aussi au duc de Damas.

« Imaginez-vous que Sosthènes, dans l'excès de ce que j'appelle son rôle de *Brutus royaliste*, n'a pas cru pouvoir me faire compliment sur ce qui a accompagné une lettre[1] dont vous aurez eu connaissance. Heureusement j'ai pris le parti de mettre à part de tout cela nos relations de famille, pour ne pas altérer un bonheur qui m'est plus cher que le succès. Ma fille a été un peu souffrante.

« L'autre jour, votre ami, en me renvoyant une lettre de Rome que j'avais cru devoir lui communiquer, ajoutait des paroles affectueuses, et disait qu'il avait *deux billets* de vous (c'était pour me rassurer), et qu'il voudrait bien vous voir revenir.

« Adieu. Vous me permettrez de rire un peu du bon Ballanche lancé dans la plus grande société. Je crois qu'on la quitte souvent avec plaisir pour le modeste asile, où vous trouvez le moyen dans tous les lieux de porter et de conserver tant de charme ! Je ne puis pas blâmer votre vie si retirée, si réglée. N'oubliez ni la plus grande des affaires, là où tant de choses la rappellent, ni vos vrais amis, au souvenir desquels vous êtes rappelée par chaque instant de privation. »

1. La lettre de l'empereur Alexandre qui accompagnait l'envoi du cordon de Saint-André

M. de Chateaubriand écrivait de son côté :

M. DE CHATEAUBRIAND A Mme RÉCAMIER.

« Paris, ce 28 janvier 1824.

« Vous parlez de mes triomphes et de mon oubli. Ne croyez ni aux premiers ni au second. Si des succès politiques mêlés de travaux qui me tuent sont des triomphes ; si de perdre le reste de sa vie dans des occupations contraires à ses goûts sont des choses qui peuvent faire oublier les attachements et les charmes d'une autre espèce d'existence, du moins est-il vrai que ces succès et ces occupations n'ont pas ce caractère pour moi. Je ne vous écris pas autant que je le voudrais : tantôt les courriers me manquent, car je n'ose confier mes lettres à la poste ; tantôt les affaires surviennent avec une telle abondance que je suis obligé de passer les nuits. Je croyais être délivré après la guerre d'Espagne, et il s'est trouvé que les difficultés et les négociations ont commencé pour moi de ce moment. Que vous êtes heureuse d'être au milieu des ruines de Rome ! que je voudrais y être avec vous ! Quand retrouverai-je mon indépendance, et quand reviendrez-vous habiter la cellule ? Dites-moi tout cela ; écrivez-moi. Ne m'écrivez pas des billets si secs et si courts, et pensez que vous me faites du mal sans justice. C'est une double peine que de souffrir sans avoir mérité le mal qu'on vous fait. A vous, à vous pour la vie. »

Parmi les voyageurs français qui arrivèrent à Rome dans l'hiver de 1824 se trouva Dugas-Montbel, le traducteur d'Homère, l'intime ami de M. Ballanche et de M. Ampère, savant aimable et homme excellent, qui vint grossir le cercle dont Mme Récamier était l'âme et le centre. Mais Dugas-Montbel ne faisait en Italie qu'un rapide voyage ; il voulait, selon le programme que s'imposent tous les touristes, voir à Rome un carnaval et la semaine sainte, et passer quinze jours à Naples. Il parvint, à force d'instances, à entraîner avec lui le bon Ballanche ; ils partirent de Rome le 22 janvier, deux jours avant la mort du cardinal Consalvi. M. Ballanche, tout étonné de se trouver séparé de celle qui remplissait sa vie, lui écrivait de Naples :

« Vous avez le don de me faire changer de patrie,
« et maintenant c'est Rome qui est devenue ma pa-
« trie ; je ne vois les heures d'y retourner. »

Quelques jours après, il rendait ainsi compte de l'impression qu'il recevait des horizons de Naples :

M. BALLANCHE A Mme RÉCAMIER.

« Naples, ce 26 janvier 1824.

« Je savais déjà la mort du cardinal Consalvi ; j'avais compris tout ce que cet événement devait avoir de triste pour vous personnellement, à cause du chagrin profond que devait en éprouver la duchesse de Devonshire. Elle a été bien heureuse de vous avoir auprès d'elle, et j'ai regretté de ne pas m'être trouvé à Rome pour m'associer à cette douleur ; j'en aurais pris ma part, et le fardeau aurait peut-être été allégé d'autant. Dans ce temps-ci, les hommes se survivent à eux-mêmes, tant ils sont vite devancés par les événements ; aussi la postérité peut exister pour eux immédiatement après leur mort. Je crois que le jugement sera très-favorable au cardinal Consalvi ; ceci du moins sera une consolation pour ses amis. Il sait maintenant la vérité, et nous la verrons à notre tour.

« On nous dit qu'il est un peu trop tôt pour le voyage de Sicile ; on s'accorde en général à dire, de plus, qu'il faut pour ce voyage plus de temps que nous ne voudrions lui en consacrer. J'avoue que je suis terriblement combattu à ce sujet. La Grande-Grèce, et dans la Grande-Grèce on comprend la Sicile, me touche personnellement plus que toute autre contrée : tous ces souvenirs philosophiques et poétiques à la fois sont tout à fait dans la sphère de mes idées actuelles. Ce ne serait pas pour y chercher des inspirations, mais pour me confirmer dans celles que j'ai déjà reçues. Je voudrais savoir si j'ai deviné juste.

« La Grande-Grèce est la patrie primitive de cette philosophie poétique dont je crois être appelé à renouveler dans le monde le sentiment éteint. Il me semble à présent que j'ai une destinée à accomplir. Cette destinée, je l'avais déjà entrevue plusieurs fois en France. Depuis que je suis en Italie, elle m'apparaît d'une manière un peu moins confuse. La vieille Europe a besoin de quelques apôtres comme moi. Peut-être serai-je seul, comme ce juif dont parle Cazotte; mais dussé-je être seul, il faut que j'exprime ce que Dieu a mis en moi.

« Je ne sais si vous vous attendiez à des récits de notre voyage, si vous comptiez sur nos *impressions*, pour me servir de l'expression consacrée. Je suis un pauvre faiseur de récits. Je regarde sans appuyer le regard, sans chercher à me rendre compte à moi-même. Les impressions que je reçois s'associent toujours aux sentiments que j'ai déjà, aux pensées qui sont en moi. Ces ruines et ces paysages, cette mer et ce ciel, deviennent de la philosophie, une sorte de poésie : c'est la voix du passé, c'est la voix de l'avenir. Avec l'aspect de Venise, j'ai fait l'Égypte; avec l'aspect de Cumes, je ferai les antres de la Samothrace. Ce que je vois ici, ce que j'ai vu ailleurs, ce que sais, ce que je devine, c'est toujours l'ensemble et la suite des destinées humaines. Herculanum et Pompeï ont été détruites par le volcan, Cumes par un tremblement de terre, Pæstum par les Sarrazins, et l'*aria cattiva* poursuit les restes de ces populations échappées à trois fléaux si différents. Comment décrire des colonnes et des paysages? »

Dans une autre lettre, un peu postérieure, le bon Ballanche exprime de nouveau le *dépaysement* qu'il ressentait loin de Mme Récamier :

« Me voici donc, lui écrit-il, tout seul au coin de
« mon feu, voulant méditer sur l'ancienne histoire
« romaine, et ne pouvant toujours penser qu'à la
« Rome d'aujourd'hui. Ici, je me fais l'effet d'être
« un citoyen romain exilé, et ce n'est point vers
« Paris que je tends. Toutefois, je parcours, sans
« trop pouvoir m'en occuper, quelques livres que
« j'ai achetés ici. J'entrevois des choses qui éten-
« dront encore le champ de mes recherches. Je suis
« confondu d'étonnement lorsque je viens à penser
« qu'une histoire si souvent examinée, si souvent
« discutée, reste encore complétement à faire. Le
« véritable historien est donc, dans toute la force du

« terme, un prophète du passé. Le don de prophétie
« et de divination s'applique donc, en effet, au
« passé comme à l'avenir. Si vous étiez métaphysi-
« cienne, je vous dirais que, dans ce cas, la pro-
« phétie est une synthèse.

. . . .
. . . .

« Vous savez bien que vous êtes mon étoile, et que
« ma destinée dépend de la vôtre. Si vous veniez à
« entrer dans votre tombeau de marbre blanc, il
« faudrait bien vite me faire creuser une fosse où je
« ne tarderais pas d'entrer à mon tour. Que ferais-
« je sur la terre? Mais je ne crois pas que vous pas-
« siez la première; dans tous les cas, il me paraît
« impossible que je vous survive. »

M. Ballanche et M. Dugas-Montbel ne visitèrent
ni la Sicile, ni la Grande-Grèce, et au bout de trois
semaines, le fidèle Ballanche revint prendre sa place
au foyer de Mme Récamier.

Nous avons déjà dit que le carnaval fut très-brillant et très-animé à Rome. Le duc de Laval donna
plusieurs bals et quelques concerts magnifiques.
Cependant Mme Récamier ne fit qu'une seule fois
exception à la règle qu'elle s'était imposée de n'assister à aucune fête; ce fut à l'occasion d'un spectacle
organisé au palais de Venise, chez l'ambassadrice
d'Autriche, la comtesse Appony, que Mme Récamier

voyait souvent, et dont elle appréciait les rares et aimables qualités. Il s'agissait de célébrer la fête de la comtesse Appony, et Mme Récamier avait consenti à ce que sa nièce se chargeât d'un rôle dans une des deux pièces que l'on représentait.

Le petit succès que ne pouvait manquer de valoir à la jeune Amélie l'accent français qu'elle possédait seule au milieu d'acteurs tous Allemands, Polonais ou Russes, avait doucement flatté le cœur si maternel de Mme Récamier, et le lendemain de cette soirée elle en racontait les circonstances dans une lettre que nous nous excuserions de donner, si on ne devait pas y trouver une preuve touchante de la bonté parfaite et de la grâce indulgente qu'elle portait dans tous ses rapports.

Mme RÉCAMIER A M. PAUL DAVID.

« 6 février 1824.

« Je m'empresse, mon cher Paul, de vous rendre compte de la représentation. Je suis encore troublée, et d'avoir vu notre pauvre Amélie paraître sur ce théâtre au milieu de tout ce monde, et de la fatigue qu'elle en a éprouvée. Elle a joué son petit rôle avec une perfection, une grâce ravissante, une nuance de timidité qui ne nuisait point à son jeu et lui donnait un charme de plus ; et dans cet auditoire, com-

posé d'étrangers de toutes les nations, elle a été
louée dans toutes les langues; mais quand elle est
venue me rejoindre après la pièce, et que j'ai vu sa
pauvre figure si altérée, tout le plaisir de ce petit
succès s'est évanoui. Je l'ai ramenée chez moi; elle
s'est bien vite couchée. Elle est mieux ce matin;
mais elle a besoin de beaucoup de soins, et se réjouit
aujourd'hui de rentrer dans nos habitudes paisibles
et retirées. J'étais hier à cette comédie avec la duchesse de Devonshire. C'était la première fois qu'elle
se trouvait dans le monde depuis la mort du cardinal
Consalvi; elle était fort triste, et quand la salle reten-
tissait d'éclats de rire, elle me regardait tristement,
et me trouvait en sympathie avec elle. Adieu, mon
cher Paul. Continuez de nous écrire; mais ne mettez
pas d'abréviations dans vos lettres, nous ne savons
pas deviner. Croyez à notre bien tendre amitié. »

LE DUC MATHIEU DE MONTMORENCY A Mme RÉCAMIER.

« Paris, ce 28 février 1824.

« Je veux répondre depuis quelques jours, aimable
amie, à votre lettre du 6. Elle m'apportait le récit
de cette petite fête d'ambassadeur pour laquelle vous
avez fait une exception rare, et de tous les succès
d'Amélie. Je jouis de ceux-ci, sans en être étonné;
mais je suis fâché de la grande fatigue qu'elle en

a éprouvée. Cela vous aura rendues toutes les deux à vos paisibles habitudes, au milieu desquelles je voudrais trouver ma petite place du soir. Bien des regrets me reportent souvent vers cet hiver, que j'aurais pu passer à Rome, et que j'ai sacrifié réellement au désir prononcé de ma mère. Je ne sais vraiment si même, sous le rapport de la politique, mon séjour ici a été utile. Je suis sans doute plus au courant de beaucoup de choses qui ne s'écrivent pas, mais, sous un certain rapport qui excitait souvent votre intérêt ami, dans une situation à peu près pareille. Ces faveurs lointaines[1], que j'ai su apprécier sans exagération, et dont on s'est beaucoup trop troublé ici, seraient aussi bien venues me chercher là-bas; mais ce sont là de vaines pensées. C'en est une plus réelle que de vous demander si vous songez à fixer l'époque où vous viendrez recevoir, à votre paisible Abbaye, des visites dont vous voulez bien remarquer la privation. N'allez pas attendre cette époque de la belle saison où nécessairement après la chambre je fais des absences campagnardes.

« Je vous ai parlé de *chambre*, elle s'annonce excellente. Les premières élections d'arrondissement dépassent tout ce qu'on attendait : sur cinquante et quelques, il y avait seulement cinq libéraux, mais très-marquants, et un entre autres que vous connais-

---

1. Le cordon de Saint-André, dont il a été déjà question.

sez[1], et dont on aurait bien pu se passer. J'imagine que cela satisfera beaucoup celui de vos amis qui m'a envoyé votre dernière lettre. Il m'a dit en avoir reçu une; nous sommes dans les mêmes rapports gracieux et polis, mais sans intimité. J'ai été un quart d'heure au commencement de son bal, qui était très-beau, et dont on dit qu'il est lui-même ravi; ce n'est pas là ce que je lui envie.

« Je pars après-demain pour aller passer quelques jours chez mon beau-frère, qui est resté triste et solitaire à la campagne.

« Je vous écrirai à mon retour, et vous renouvelle, en attendant, tous mes tendres hommages et sentiments. »

La reine Hortense, que Mᵐᵉ Récamier n'avait point revue depuis l'époque des Cent-Jours, arriva à Rome vers la fin de février 1824. Ses deux fils, Napoléon et Louis-Napoléon, dont il sera plusieurs fois question dans ces *Souvenirs*, l'accompagnaient.

Mais ici nous retrouvons un fragment du manuscrit de Mᵐᵉ Récamier, et nous allons la laisser parler.

1. Benjamin Constant.

FRAGMENTS DES SOUVENIRS DE Mme RÉCAMIER.

LA DUCHESSE DE SAINT-LEU A ROME.

« Je m'étais rendue un jour de fête à l'église de
« Saint-Pierre, pour y entendre la musique religieuse
« si belle sous les voûtes de cet immense édifice.
« Là, appuyée contre un pilier, recueillie sous mon
« voile, je suivais de l'âme et de la pensée les notes
« solennelles qui se perdaient dans les profondeurs
« du dôme. Une femme d'une taille élégante, voilée
« comme moi, vint se placer près du même pilier;
« chaque fois qu'une émotion plus vive m'arrachait
« un mouvement involontaire, mes yeux rencontraient
« le visage de l'étrangère tourné vers moi. Elle sem-
« blait chercher à reconnaître mes traits; de mon
« côté, à travers l'obstacle de nos voiles, je croyais dis-
« tinguer des yeux bleus et des cheveux blonds qui ne
« m'étaient pas inconnus. — « Mme Récamier ! — C'est
« vous, Madame ! » dîmes-nous presque à la fois. —
« Que je suis heureuse de vous retrouver ! » continua
« la reine Hortense, car c'était elle ; « vous savez que
« je n'ai pas attendu ce moment pour chercher à me
« rapprocher de vous, mais vous m'avez toujours
« tenu rigueur, » ajouta-t-elle en souriant. — « Alors,
« Madame, répondis-je, mes amis étaient exilés et
« malheureux; vous étiez heureuse et brillante, ma

« place n'était point auprès de vous. — Si le mal-
« heur a le privilége de vous attirer, reprit la reine,
« vous conviendrez que mon tour est venu, et vous
« me permettrez de faire valoir mes droits. »

« J'éprouvai un peu d'embarras à lui répondre.
« Ma liaison avec le duc de Laval-Montmorency,
« notre ambassadeur à Rome, et avec tout ce qui
« tenait au gouvernement du roi à cette époque,
« était autant d'obstacles à ce que la reine me
« vînt voir chez moi ; il n'y en avait pas moins à ce
« que je me présentasse chez elle ; elle comprit mon
« silence. — « Je sais, dit-elle avec tristesse, que les
« inconvénients de la grandeur nous suivent encore
« alors même que ses prérogatives nous ont quit-
« tés. Ainsi la perte du rang que j'occupais ne m'a
« point acquis la liberté de suivre le penchant de
« mon cœur ; je ne puis même aujourd'hui goûter les
« douceurs d'une amitié de femme, et jouir paisi-
« blement d'une société agréable et chère. »

« Je m'inclinai avec émotion, mon regard attendri
« lui dit seul ce que j'éprouvais. — « Il faut cepen-
« dant que je vous parle, reprit la reine avec plus
« de vivacité ; j'ai tant de choses à vous dire !... Si
« nous ne pouvons nous voir l'une chez l'autre, rien
« ne nous empêche de nous rencontrer ailleurs ;
« nous nous donnerons des rendez-vous, cela sera
« charmant ! — Charmant en effet, Madame, ré-
« pondis-je en souriant, surtout pour moi ; mais

« comment fixer l'heure et le lieu de ces rendez-
« vous? — Ce serait à moi de vous le demander,
« car, grâce à la solitude qui est pour moi d'obli-
« gation, mon temps m'appartient tout entier; mais
« il n'en peut être de même du vôtre : recherchée
« comme vous l'êtes, sans doute vous allez beaucoup
« dans le monde. — Dieu m'en garde! Je mène au
« contraire une vie assez sauvage. Il serait absurde
« d'être venue à Rome pour y voir des salons et un
« monde qui se ressemblent partout; j'aime mieux
« visiter ce qui n'appartient qu'à elle, ses monuments
« et ses ruines. — Eh bien! voilà qui s'arrange à
« merveille. Si vous n'y voyez pas d'inconvénients,
« je serai de moitié dans vos excursions; vous me
« ferez part chaque jour de vos projets pour le len-
« demain, et nous nous rencontrerons *par hasard* au
« lieu que vous aurez choisi. »

« J'acceptai cette offre avec empressement. Je me
« faisais une fête de ces courses dans Rome antique,
« en compagnie d'une femme aimable et gracieuse,
« qui aimait et comprenait les arts; de son côté, la
« reine était heureuse de penser que je lui parlerais
« de la France, et, pour l'une comme pour l'autre, le
« petit air de mystère jeté sur ces entrevues n'était
« qu'un attrait de plus.

« — Où comptez-vous aller demain? me dit la
« reine. — Au Colisée. — Vous m'y trouverez cer-
« tainement. J'ai à causer longuement avec vous: je

« tiens à me justifier à vos yeux d'une imputation
« qui m'afflige. » La reine allait entrer dans des ex-
« plications, et l'entretien menaçait de se prolonger;
« je lui rappelai sans affectation que l'ambassadeur
« de France, qui m'avait conduite à Saint-Pierre,
« allait venir m'y reprendre : car je craignais que la
« rencontre ne fût embarrassante pour elle et pour
« lui. — « Vous avez raison, dit la reine, il ne faut
« pas qu'on nous surprenne : adieu donc, à demain,
« au Colisée. » Et nous nous séparâmes.

« Le lendemain, à l'heure de l'*Ave Maria*, j'étais
« au Colisée; j'aperçus la voiture de la reine Hor-
« tense, qui n'avait précédé la mienne que de
« quelques minutes. Nous entrâmes ensemble dans
« le cirque, en nous félicitant mutuellement de notre
« exactitude; nous parcourûmes ce monument im-
« mense au rayon du soleil couchant, au son loin-
« tain de toutes les cloches :

« Che paja il giorno pianger che si muore. »

« Nous nous assîmes ensuite sur les degrés de la
« croix au milieu de l'amphithéâtre. Le prince
« Charles Napoléon Bonaparte et M. Ampère, qui
« nous avaient suivies, se promenaient à quelque
« distance. — La nuit était venue, une nuit d'Ita-
« lie; la lune montait doucement dans les airs, der-
« rière les arcades ouvertes du Colisée, le vent du
« soir résonnait dans les galeries désertes. — Près

« de moi était cette femme, ruine vivante elle-
« même d'une si étonnante fortune. Une émotion
« confuse et indéfinissable me forçait au silence.
« La reine aussi semblait absorbée dans ses ré-
« flexions. — « Que d'événements n'a-t-il pas fallu,
« dit-elle enfin en se tournant vers moi, pour nous
« réunir ici! événements dont j'ai souvent été le
« jouet ou la victime, sans les avoir prévus ou pro-
« voqués! »

« Je ne pus m'empêcher de penser intérieurement
« que cette prétention au rôle de victime était un
« peu hasardée. J'étais alors persuadée qu'elle n'a-
« vait pas été étrangère au retour de l'île d'Elbe.
« La reine devina sans doute ce qui se passait dans
« mon esprit; d'ailleurs il ne m'est guère possi-
« ble de cacher mes sentiments; mon maintien, ma
« physionomie, les trahissent malgré moi. — « Je vois
« bien, dit-elle avec vivacité, que vous partagez une
« opinion qui m'a profondément blessée; c'est pour
« la détruire que j'ai voulu vous parler librement.
« Dorénavant vous me justifierez, je l'espère, car
« je tiens à me laver d'une ingratitude et d'une tra-
« hison qui m'aviliraient à mes propres yeux, si j'en
« étais coupable. »

« Elle se tut un instant, et reprit : — « En 1814,
« lors de l'abdication de Fontainebleau, je crus
« que l'empereur avait renoncé à tous ses droits au
« trône, et que sa famille devait l'imiter. Je dé-

« sirais rester en France, sous un titre qui ne don-
« nât point d'ombrage au nouveau gouvernement.
« Louis XVIII m'autorisa, sur la demande de l'em-
« pereur de Russie, à prendre celui de duchesse de
« Saint-Leu, et me confirma la possession de mes
« biens particuliers. Dans une audience que j'obtins
« pour l'en remercier, il avait montré pour moi de
« la grâce et de la bonté; j'en fus sincèrement re-
« connaissante, et après avoir accepté librement ses
« bienfaits, je ne pouvais avoir la pensée de conspi-
« rer contre lui. Je n'ai appris le débarquement de
« l'empereur que par la voix publique, et j'en éprou-
« vai bien plus de chagrin que de joie. Je connaissais
« trop l'empereur pour croire qu'il eût tenté une pa-
« reille entreprise sans avoir des raisons certaines d'en
« espérer le succès, mais la perspective d'une guerre
« civile m'affligeait profondément et j'étais persua-
« dée qu'on ne pouvait y échapper. L'arrivée rapide
« de l'empereur déconcerta toutes les prévisions; en
« apprenant le départ du roi, en me le représentant
« vieux, infirme, forcé de quitter encore une fois
« sa patrie, je me sentis vivement touchée. L'idée
« qu'il pouvait en ce moment m'accuser d'ingrati-
« tude et de trahison m'était insupportable, et, mal-
« gré tous les inconvénients qu'une pareille démarche
« pouvait avoir pour moi, je lui écrivis pour me dis-
« culper de toute participation aux événements qui
« venaient de se passer. Le 20 mars au soir, pré-

« venue par les anciens ministres, je me rendis aux
« Tuileries pour y attendre l'empereur. Je le vis
« arriver entouré, pressé, porté par une foule d'offi-
« ciers de tous grades. Au milieu de ce tumulte, je
« pus à peine aborder l'empereur; il m'accueillit
« froidement, ne me dit que quelques mots, et m'as-
« signa une heure pour le lendemain.

« L'empereur m'a toujours inspiré beaucoup de
« crainte, et le ton dont il me donna ce rendez-vous
« n'était pas fait pour me rassurer. Je m'y rendis ce-
« pendant avec la contenance la plus calme qu'il me
« fut possible de prendre. Je fus introduite dans son
« cabinet. A peine nous eut-on laissés seuls qu'il s'a-
« vança vers moi avec vivacité : — « Avez-vous donc si
« peu compris votre situation, me dit-il brusquement,
« que vous ayez pu renoncer à votre nom, au rang
« que vous teniez de moi, et accepter un titre donné
« par les Bourbons? Était-ce là votre devoir? — Mon
« devoir, Sire, repris-je en rassemblant tout mon
« courage pour lui répondre, était de penser à l'ave-
« nir de mes enfants, puisque l'abdication de Votre
« Majesté ne m'en laissait plus d'autre à remplir.
« — Vos enfants! s'écria l'empereur, vos enfants
« n'étaient-ils pas mes neveux avant d'être vos fils?
« L'avez-vous oublié? Vous croyez-vous le droit de
« les faire déchoir du rang qui leur appartenait? »
« Et comme je le regardais tout éperdue : — « Vous
« n'avez donc pas lu le Code? » ajouta-t-il avec une

« colère croissante. J'avouai mon ignorance, en me
« rappelant tout bas combien il eût autrefois trouvé
« mauvais qu'aucune femme, et surtout celles de sa
« famille, osassent afficher des connaissances en lé-
« gislation.

« Alors il m'expliqua avec volubilité l'article de
« la loi qui défend de changer l'état des mineurs
« et de faire en leur nom aucune renonciation.
« Tout en parlant, il arpentait à grands pas son
« cabinet, dont la fenêtre était ouverte aux pre-
« miers rayons d'un beau soleil de printemps. Je le
« suivais en m'efforçant de lui faire entendre que,
« ne connaissant pas les lois, je n'avais pensé qu'à
« l'intérêt de mes enfants, et pris conseil que de mon
« cœur. L'empereur s'arrêta tout à coup, et se tour-
« nant brusquement vers moi : — « Alors il aurait
« dû vous dire, Madame, que quand on a partagé
« les prospérités d'une famille, il faut savoir en subir
« les adversités. » A ces dernières paroles je fondis
« en larmes; mais en ce moment une bruyante
« clameur, qui me fit tressaillir, interrompit cet
« entretien.

« L'empereur, sans s'en apercevoir, s'était, tout
« en parlant, rapproché de la croisée qui donnait
« sur la terrasse des Tuileries, alors couverte de
« monde; toute cette foule, en le reconnaissant, fit
« retentir l'air d'acclamations frénétiques. L'empe-
« reur, accoutumé à se dominer, salua tranquille-

« ment le peuple électrisé par sa présence, et je me
« hâtai d'essuyer mes yeux. Mais on avait vu mes
« pleurs, sans toutefois en soupçonner la cause; car
« le lendemain tous les journaux répétèrent à l'envi
« que l'empereur s'était montré aux fenêtres des
« Tuileries, accompagné de la reine Hortense qu'il
« avait présentée au peuple, et que la reine avait
« été si émue de l'enthousiasme qui s'était manifesté
« à sa vue qu'elle n'avait pu retenir ses larmes. »

« Ce récit avait un caractère de bonne foi qui
« ébranla ma conviction, et les dispositions où je me
« sentais pour la reine y gagnèrent encore. De ce
« moment nos relations furent décidément établies.
« Chaque jour nous nous donnions rendez-vous,
« tantôt au temple de Vesta, tantôt aux thermes de
« Titus ou au tombeau de Cécilia Métella, d'autres
« fois à quelqu'une des nombreuses églises de la cité
« chrétienne, ou des riches galeries de ses palais, ou
« des belles *ville* de ses campagnes, et notre exac-
« titude était telle que presque toujours nos deux
« voitures arrivaient ensemble au lieu désigné.

« Ces mystérieuses promenades duraient depuis
« assez longtemps, quand on vint à parler d'un bal
« brillant qui devait avoir lieu chez Tortonia. Ce bal
« était masqué, ce qui fit venir à la reine la fantaisie
« d'y aller et de m'y donner rendez-vous. Nous con-
« vînmes de nous faire faire un costume semblable ;
« c'était un domino de satin blanc tout garni de den-

« telles. Ainsi vêtues, on pouvait facilement nous
« prendre l'une pour l'autre ; seulement, comme
« signe de reconnaissance, je portais une guirlande
« de roses, et la reine un bouquet des mêmes fleurs.

« J'arrivai au bal conduite par le duc de Laval-
« Montmorency ; au milieu de l'immense et brillante
« cohue qui remplissait les salons, je cherchais la
« reine des yeux et je l'aperçus enfin accompagnée
« du prince Jérôme Bonaparte. Tout en passant et
« repassant l'une près de l'autre, nous trouvâmes
« moyen de nous dire quelques mots et nous eûmes
« bientôt organisé un petit complot. Dans un mo-
« ment où la foule était excessive, je quitte tout à
« coup le duc de Laval, et, m'éloignant de quelque
« pas, je détache à la hâte ma guirlande; la reine,
« attentive à ce mouvement, me donne son bouquet
« en échange et va prendre ma place au bras de
« l'ambassadeur de Louis XVIII, tandis que j'oc-
« cupe la sienne sous la garde de l'ex-roi de West-
« phalie. Elle se vit bientôt entourée de tous les
« représentants des puissances étrangères, et moi,
« de tous les Bonaparte qui se trouvaient à Rome.
« Tandis qu'elle s'amusait des saluts diplomatiques
« que lui attirait la compagnie de l'ambassadeur,
« et dont quelques-uns sans doute n'étaient pas nou-
« veaux pour elle, je m'étonnais, à mon tour peut-
« être, à la révélation de regrets et d'espérances que
« d'ordinaire on ne dévoile que devant les siens.

« Avant qu'on ne pût soupçonner l'échange qui
« avait eu lieu, nous reprîmes nos premières places ;
« puis à une nouvelle rencontre nous les quittâmes en-
« core ; enfin, nous répétâmes ce jeu jusqu'à ce qu'il
« eût cessé de nous amuser, ce qui ne tarda guère,
« car tout ce qui amuse est de sa nature peu durable.

« Cependant cette ruse, dont on avait fini par
« se douter, avait mis le trouble dans nos sociétés
« respectives. Le bruit s'était répandu dans le bal
« que la reine Hortense et Mme Récamier por-
« taient le même déguisement, et l'embarras de
« ceux qui nous abordaient l'une ou l'autre, tant
« qu'ils n'avaient pas constaté notre identité, pro-
« longea quelque temps le plaisir que nous prîmes
« à cette plaisanterie. Tout le monde du reste s'y
« prêta de bonne grâce, à l'exception de la prin-
« cesse de Lieven que la politique n'abandonne ja-
« mais, même au bal, et qui trouva fort mauvais
« qu'on l'eût compromise avec *une Bonaparte !*

« Après cette soirée, nous reprîmes, la reine et moi,
« nos excursions journalières qui nous plaisaient de
« plus en plus. La reine apportait dans nos relations
« une grâce si coquette, elle avait pour les opinions
« qu'elle me connaissait des ménagements si déli-
« cats, que je ne pus m'empêcher de dire alors, en
« parlant d'elle, un mot qui fut répété, c'est que je
« ne lui connaissais que le défaut de n'être pas as-
« sez *bonapartiste.*

« Cependant malgré l'espèce d'intimité qui s'était
« établie entre nous, je m'étais toujours abstenue de
« lui rendre visite, lorsque arriva la nouvelle de la
« mort d'Eugène Beauharnais. La reine aimait ten-
« drement son frère. Je compris la douleur qu'elle
« devait éprouver, en perdant le plus proche parent
« et le meilleur ami qu'elle eût au monde. Mon parti
« fut bientôt pris : je me rendis sur-le-champ chez
« la reine que je trouvai dans la plus profonde afflic-
« tion. Autour d'elle était réunie toute la famille Bo-
« naparte ; mais je m'en inquiétai peu. En pareil
« cas, il m'est impossible de tenir compte des inté-
« rêts de parti ou d'opinion : on m'en a souvent blâ-
« mée, on m'en blâmera peut-être encore ; ce blâme,
« il faut bien me résigner à le subir, car je sens
« que je ne cesserai jamais de le mériter.

« Peu de temps après, je quittai Rome, mais, re-
« venue en France, je conservai des relations avec
« la reine alors établie en Suisse. J'allai même la
« voir plus tard à son château d'Arenenberg, accom-
« pagnée de M. de Chateaubriand qui a raconté
« cette visite dans ses *Mémoires* avec son éloquence
« accoutumée. La reine était déjà souffrante et af-
« faiblie. Après la malheureuse tentative du prince
« Louis, le chagrin, l'inquiétude, et peut-être la
« perte d'une dernière et secrète espérance, bri-
« sèrent le fil de cette vie si agitée et si peu faite
« pour l'être. La France, qui lui était fermée de son

« vivant, livra passage à son cercueil qui vint retrou-
« ver à Rueil celui de sa mère. Un service funèbre,
« auquel assistaient tous les débris de l'empire, fut
« célébré en son honneur dans l'église du village; la
« veuve de Murat, alors à Paris, se trouvait à cette cé-
« rémonie qui devait bientôt se renouveler pour elle.

« C'était l'hiver, une neige épaisse couvrait la
« terre; dans la campagne, tout était froid et muet
« comme la mort elle-même. Je donnai des larmes
« sincères à cette femme si gracieuse et si bienveil-
« lante; j'appris bientôt que j'étais nommée dans
« son testament. Ce n'est pas sans une profonde et
« religieuse émotion qu'on peut accueillir ces sou-
« venirs d'amis qui ne sont plus, ces gages d'af-
« fection qui vous arrivent pour ainsi dire à travers
« la tombe, comme pour vous assurer que votre pen-
« sée les a suivis jusque-là! Jugez donc si je fus
« touchée en recevant le legs qui m'était destiné, ce
« don élégant, léger, mystérieux, choisi pour me
« rappeler sans cesse le lien qui avait existé entre
« nous : c'était un voile de dentelles; celui-là même
« qu'elle portait le jour de notre rencontre dans
« l'église de Saint-Pierre. »

A ce récit j'ajoute une lettre du duc Mathieu de
Montmorency qui gronde doucement sa généreuse
amie de son goût pour les aventures et de son attrait pour les exilés.

LE DUC MATHIEU DE MONTMORENCY A Mme RÉCAMIER

« Paris, ce lundi soir 15 mars.

« Je reçois très à propos, aimable amie, une lettre de vous du 1er mars ; car M. de Chateaubriand me disait précisément hier aux Tuileries qu'il avait reçu la veille des nouvelles de Rome, et que le duc de Laval lui mandait que vous étiez très-souffrante. Enfin vous étiez bien lasse, et surtout pour Amélie, des folies du carnaval, et vous entriez de bon cœur dans le calme du carême. Ce n'est pas là ce que je blâmerai ; mais vous me faites une sorte de confession fort aimable de vos nouvelles et inconséquentes liaisons, qu'il m'est bien difficile d'approuver. Je vois à merveille comment les choses se sont arrangées avec vous. Un peu de romanesque qui vous plaît, même en amitié ; quelque mystère, quelques difficultés, soit dans la première rencontre, soit dans celles qui l'ont suivie ; et puis, survient un malheur à plaindre, à soigner, qui intéresse la générosité, et vous voilà engagée. Cela ne m'étonne pas beaucoup et je n'en rends pas moins justice au fond de vos sentiments ; mais des personnes qui vous connaissent moins en bavarderont, en écriront. Il est possible que, revenue ici, vous soyez importunée de quelques lettres, de quelque sollicitation à votre obligeance.

C'est en tout une sorte de liaison qu'il est plus aisé de ne pas commencer du tout que de rompre à temps, pour en éviter tous les inconvénients.

« Voilà mon sermon fait; vous ne me parlez pas de celui du duc de Laval pour qui vous avez bien senti que ce pourrait être plus embarrassant. Vous ne me dites pas si vous lui avez fait confidence entière. »

Je trouve dans les papiers de Mme Récamier ce billet écrit le jour même où la première nouvelle de la maladie du prince Eugène, duc de Leuchtemberg, parvenait à sa sœur.

LA REINE HORTENSE A Mme RÉCAMIER.

« Avril 1824.   Ce vendredi matin.

« Ma chère Madame, il semble qu'il soit attaché à ma destinée de ne pouvoir jouir de quelque plaisir, distraction, ou intérêt, que la douleur ne soit toujours là. J'ai reçu des nouvelles de mon frère; il a été souffrant, on m'assure bien qu'il était mieux au départ de la lettre, mais mon inquiétude est extrême : malgré moi, je le vois toujours comme dans sa dernière maladie, et je suis loin de lui ! J'espère en Dieu qu'il ne me privera pas du seul ami qui me reste, de l'homme le meilleur et le plus loyal qui existe. Je vais à Saint-Pierre prier; cela me calmera peut-être, car je suis inquiète même de mon inquiétude. L'on devient faible et superstitieux dans le malheur. Je ne puis donc aller me promener avec vous aujourd'hui; cependant je serais heureuse de vous voir, si vous vouliez venir me rejoindre à Saint-Pierre. Je sais que vous ne craignez pas ceux qui souffrent et vous devez leur porter bonheur.

« Vous désirer à présent, c'est assez vous prouver mes sentiments pour vous.

« HORTENSE. »

Enfin j'insère ici la lettre que Mme Récamier reçut de la reine Hortense, après qu'elle fut retournée à Arenenberg.

LA REINE HORTENSE A Mme RÉCAMIER.

« 10 juin 1824.

« Vous avez été assez aimable, Madame, pour désirer de mes nouvelles. Je ne puis pas dire que je suis bien, quand j'ai tout perdu sur cette terre; cependant ma santé n'est pas mauvaise. Je viens encore d'éprouver les impressions les plus déchirantes : j'ai revu tout ce qui tenait à mon frère. Je ne recule pas devant la douleur, et peut-être au milieu d'elle trouve-t-on quelque consolation.

« Cette vie si remplie de troubles n'agite plus ceux qu'on regrette. Je n'ai que des larmes, et sans doute il est heureux! Vous qui sentez si bien, vous devinerez tout ce que j'ai dû éprouver.

« Je suis à présent dans ma retraite. La nature est superbe. Malgré le beau ciel de l'Italie, j'ai encore trouvé Arenenberg bien beau; mais il faut toujours que des regrets me suivent : c'est sans doute là ma destinée. L'année dernière, je m'y étais trouvée si satisfaite! j'étais toute fière de ne rien regretter, de ne rien désirer dans ce monde : j'avais un bon frère, de bons enfants. Aujourd'hui! que j'ai besoin de me répéter qu'il me reste encore des liens auxquels je suis nécessaire!

« Mais je vous parle beaucoup de moi, et je n'ai rien à vous apprendre, si ce n'est que vous avez été pour moi d'une bien douce consolation, que je serai toujours heureuse de vous retrouver. Vous êtes de ces personnes auxquelles on n'a pas besoin de raconter sa vie, ses impressions; le cœur devine tout, et l'on se devient nécessaire quand on s'est deviné.

« Je ne vous demande pas vos projets, et cependant je suis intéressée à les savoir. Ne faites pas comme moi qui vis sans avenir, et qui compte rester où le sort me pose; car peut-être resterai-je à ma campagne cet hiver, si je puis faire chauffer toutes les chambres. Le vent semble quelquefois prêt à enlever la maison; la neige y est, dit-on, d'une épaisseur effroyable. Mais il faut bien peu de courage pour surmonter ces obstacles; au contraire, ces grands effets de la nature ne sont pas quelquefois sans charme.

« Adieu ; ne m'oubliez pas tout à fait ; croyez que votre amitié m'a fait du bien. Vous savez ce que c'est qu'une voix amie qui vous vient de la patrie dans le malheur et l'isolement. Veuillez me répéter que je suis injuste, si je me plains trop de la destinée, et qu'il me reste encore des amis.

« HORTENSE. »

Cependant Mme Récamier continuait à recevoir de Paris ses informations ordinaires.

M. DE CHATEAUBRIAND A Mme RÉCAMIER.

« Paris, ce 16 mars 1824.

« Le temps s'écoule, et bientôt j'espère vous revoir. M. de Montmorency m'a dit hier que vous deviez vous mettre en route à la fin du mois de mai. Vous me retrouverez tel que vous m'avez laissé, et vous vous repentirez d'avoir quitté votre cellule.

« Vous me dites qu'on peut toujours trouver un moment pour écrire. Cela est vrai, mais il n'y a pas toujours un courrier qui parte. J'ai une répugnance invincible pour la poste. Vous savez bien pourquoi, et l'incertitude des occasions, jointe à mon travail, vous explique l'irrégularité de ma correspondance.

« Je ne vous parle pas de nos prospérités ; la politique ne vous importe guère. Les chambres vont s'ouvrir, et nous aurons, à une immense majorité, cette septennalité dont vous avez vu M. de Montmorency si inquiet. La session durera quatre mois, de sorte que je serai libre à votre arrivée en France. Vous ne sauriez, sans la plus cruelle injustice, douter de la joie que me causera votre retour.

« Comment est votre santé? et celle de votre nièce? »

LE DUC MATHIEU DE MONTMORENCY A Mme RÉCAMIER.

« Paris, ce 1er avril 1824.

« Je suis aux regrets et aux remords de ne vous avoir pas écrit par le dernier courrier, aimable amie. J'avais à me réjouir de votre véritable convalescence printanière, après une indisposition beaucoup plus grave que je ne le croyais. Adrien a été bien aimable par son exactitude à me donner de vos nouvelles ; et vous avez eu ensuite la même perfection par votre bonne lettre qui me donnait des siennes, après cette effroyable aventure de cette charmante jeune anglaise[1]. Votre récit m'a bien touché.

---

1. Miss Bathurst qui, dans une promenade à cheval au bord du Tibre, avec une société brillante et nombreuse, fut précipitée dans le fleuve par un faux pas de son cheval et y périt. Elle avait dix-sept ans, et était remarquablement jolie.

Je conçois tout ce qui a bouleversé le cœur de mon pauvre cousin, et même ce reproche qu'il se faisait d'avoir indiqué le chemin, quoique ce fût bien innocent. Vous avez mis tout le charme que je connais si bien dans vos soins d'amitié, et il me mande qu'il les a bien appréciés.

« J'ai raconté cette triste histoire à Mme de Broglie, qui me demandait beaucoup de vos nouvelles et s'étonnait de n'avoir pas eu de réponse à sa lettre. Je n'avais plus le courage ou la fatuité de répondre que vous n'écriviez guères ; car vous m'avez traité cette fois avec une bonté dont mon cœur est vivement reconnaissant.

« J'ai dîné l'autre jour chez ce *rival* [1], à côté de lui. La conversation a été facile, même sur un sujet délicat, une brochure très-hostile faite par un homme qui m'a tenu de près, et dont Adrien pourrait peut-être vous donner des nouvelles, et vous dire en toute sincérité que j'avais voulu l'empêcher. Mais il n'y a plus jamais rien de bien expansif, et le sujet sur lequel nous le sommes le moins, c'est peut-être vous. Il a parlé de votre retour, et moi j'en parle aussi, et je dis que c'est aujourd'hui le 1er avril, et que, si aux premiers jours de mai, au plus tard, vous ne vous mettiez pas en route, l'amitié aura le droit de jeter les hauts cris.

« Adieu, adieu. »

1. M. de Chateaubriand.

M. DE CHATEAUBRIAND A Mme RÉCAMIER.

« Paris, ce 3 avril 1824.

« J'ai reçu vos deux lettres du 13 et 20 mars. Je m'avoue bien coupable. j'avais promis de vous écrire, et je n'ai point écrit. Vous devez sentir tout ce que j'ai d'affaires au moment de l'ouverture des chambres. Pardonnez-moi, et si vous souffrez, songez aussi que je souffre beaucoup.

« C'est déjà bien assez que l'on ne me reproche que ma *perfidie* envers Mathieu. Vous savez ce qu'il en est, et ce qu'il en pense lui-même; il a dîné hier chez moi à mes côtés. Mais un homme dans ma position devait être exposé à bien d'autres calomnies. On vous a dit que l'encens m'était monté à la tête : venez, et vous verrez; il m'aurait fait tout un autre effet. Mon grand défaut, c'est de n'être enivré de rien; je serais meilleur, si je pouvais prendre à quelque chose. Je ne suis pas insensible à voir la France dans un tel état de considération au dehors et de prospérité au dedans, et de penser que la gloire et le bonheur de ma patrie datent de mon entrée au ministère; mais, si vous m'ôtez cette satisfaction d'un honnête homme, il ne me reste qu'un profond ennui de ma place, de la lassitude de tout, du mépris pour les hommes beaucoup augmenté, et l'envie d'aller mourir loin du bruit, en paix et oublié dans quelque coin du monde : voilà l'*effet de l'encens* sur moi.

« La session sera paisible, nous emporterons toutes les lois que nous désirons, à une très-grande majorité. Il y a beaucoup de talents dans la gauche : tant mieux, cela nous empêchera de dormir. Je ne crois pas que Benjamin Constant soit exclu de la chambre. J'en serais fâché, dût-il m'appeler à la tribune. Vous rappelez-vous tout ce que je vous disais de l'avenir, et de la certitude de nos triomphes? Me suis-je trompé? Quand vous reviendrez, vous trouverez les derniers combats finis, la chambre des députés installée pour sept ans, et un long repos devant nous.

« J'ai heureusement appris votre guérison, en apprenant votre maladie; j'aurais été bien tourmenté.

« Mon neveu Christian est parti pour Rome. Je ne lui ai point donné de lettre pour vous, parce qu'il sera longtemps en chemin. Vous l'avez déjà vu au milieu des ruines, dans un temps où vous pensiez bien peu à moi. Cela me fait plaisir qu'un peu de mon sang et de mon nom soit auprès de vous.

« Revenez; c'est mon refrain. »

LE MÊME.

« Paris, ce 9 avril 1824.

« Je reçois votre petit billet. J'apprends vos nouveaux chagrins. Quittez cette Rome si triste, et revenez trouver vos amis. Voilà une lettre de Mathieu. »

Le séjour de Mᵐᵉ Récamier à Rome fut en effet marqué, à la fin du carême de 1824, par un véritable deuil d'amitié. La duchesse de Devonshire, que la mort du cardinal Consalvi avait atteinte au cœur, s'était, on l'a vu par une lettre de Mᵐᵉ Récamier, efforcée, malgré la douleur qu'elle éprouvait, de reprendre la vie et les habitudes que lui imposait son rang.

C'est une des tristesses qui accompagnent la perte d'un ami auquel on n'est pas lié par le sang, j'en ai été plusieurs fois témoin, que cette nécessité de rentrer presqu'immédiatement dans le train ordinaire de la vie, après une mort qui brise une affection vive et profonde. Ce qu'on appelle la *convenance* impose un temps de retraite et de deuil pour le plus indifférent des parents, mais elle n'autorise rien de semblable, s'il s'agit du plus cher, du plus précieux de nos amis. La duchesse de Devonshire, déjà usée par les émotions d'une vie brillante et romanesque, ne devait pas résister à cette dernière épreuve.

Le 30 mars 1824, après une maladie de quelques jours, cette personne si célèbre par ses agréments, si distinguée par tant de dons heureux, et par le don le plus heureux de tous, celui de plaire et de se faire aimer, s'éteignit doucement dans la patrie qu'elle s'était choisie.

De ses parents, le seul qui se trouvât en ce moment à Rome était son beau-fils, le duc de Devonshire. On a beaucoup dit, on a même publié que cet héritier d'une des plus énormes fortunes et d'un des plus grands noms de l'Angleterre était le fils, non point de l'épouse légitime, la première duchesse de Devonshire, Georgina Cavendish, mais de son amie la belle lady Élisabeth Hervey, mariée alors à M. Foster et dont le duc était en effet dès cette époque passionnément amoureux. D'après ce récit romanesque, la duchesse, accouchée d'une fille en même temps que son amie donnait le jour à un fils, aurait consenti à la substitution de ce fils à sa propre fille. On expliquait la persistance du jeune duc de Devonshire à garder le célibat dans lequel il est mort, en l'attribuant à un engagement pris envers les héritiers légitimes, ou à un scrupule de délicatesse qui ne lui permettait pas de perpétuer en se mariant cette usurpation d'état.

Quoi qu'il en fût de ces rumeurs de salon, les rapports de lady Élisabeth Foster, devenue duchesse de Devonshire, avec celui qui passait légalement pour son beau-fils, étaient affectueux, attentifs, mais sans expansion et empreints d'un peu de roideur.

Lorsqu'elle approcha de sa fin, elle fut, pendant les quelques jours que dura sa courte maladie, séquestrée de toute communication avec ses amis. C'était en vain que Mme Récamier, profondément émue de son dangereux état, insistait pour être admise auprès d'elle; les ordres du duc de Devonshire, de ne laisser pénétrer personne, étaient inflexiblement suivis. Cette exclusion, si cruelle pour des amis, choquait le duc de Laval autant pour Mme Récamier que pour lui-même. Dans la société de Rome on renouvelait, on se racontait l'histoire ou la fable de la substitution d'enfant, et l'on accusait le duc de Devonshire de séquestrer la mourante, dans la crainte qu'elle ne révélât quelque chose de ce secret.

Le duc de Devonshire crut devoir s'excuser auprès des amis de sa belle-mère; il adressa à Mme Récamier, le 29 mars au matin, le billet suivant :

« Ce 29 mars.

« Très-chère Madame Récamier,

« Je vous supplie de ne pas me croire dur, en vous
« priant de vous tranquilliser. Lorsque le moment

« où je voudrais la voir entourée de ses amis sera
« arrivé, vous serez la première à qui je penserai,
« et je vous enverrai chercher.

« Aujourd'hui on ne permet à personne, pas même
« à moi, d'entrer dans sa chambre. Croyez, je vous
« en prie, que je sais apprécier votre tendre amitié
« pour elle.

« Votre dévoué serviteur,

« Devonshire. »

Dans la nuit qui suivit, on apporta tout à coup à Mme Récamier ces quelques lignes :

« Venez, chère Madame, si vous avez la force
« de me promettre de ne pas entrer trop tôt dans sa
« chambre.

« Devonshire. »

Elle se rendit en toute hâte chez sa pauvre amie, et y rencontra le duc de Laval, qui, mandé comme elle, était venu comme elle avec le plus douloureux empressement. On les introduisit dans un salon qui précédait la chambre à coucher de la duchesse. Ce magnifique appartement, à peine éclairé par quelques bougies, avait un aspect lugubre. Des domestiques en pleurs allaient et venaient. Le duc de Devonshire et le médecin anglais de la duchesse, avertis de l'arrivée de Mme Récamier et du duc de

Laval, vinrent les recevoir. Quelques tristes et froides paroles s'échangèrent. Le médecin annonça que le moment suprême approchait, puis il retourna auprès de la malade ; le duc le suivit.

Après une assez longue attente, le duc revint ; il semblait fort ému, et engagea les deux amis à entrer chez la mourante.

La duchesse, à demi assise dans son lit et maintenue dans cette position par une pile d'oreillers, avait le visage un peu coloré et les yeux très-animés par la fièvre ; sa respiration était courte et oppressée, une de ses mains était étendue hors de son lit ; ses femmes tout en larmes l'entouraient et la soutenaient.

Mme Récamier se mit à genoux, prit la main de son amie, la baisa et resta ainsi sanglotant, la tête appuyée sur le bord de la couche. Le duc de Laval se mit à genoux de l'autre côté. La malade ne parlait plus ; elle parut reconnaître ses deux amis, et l'anxiété peinte sur son visage fit place un moment à un éclair de joie : elle serra faiblement la main de Mme Récamier. Le silence de cette agonie, interrompu par la respiration toujours plus difficile de la malade, devint absolu au bout d'un moment. La duchesse était morte[1].

L'impression de cette fin pompeuse, froide et

---

1. Elisabeth Hervey était fille de lord Hervey, comte de Bristol, évêque de Derry. Elle était née en 1759.

sans consolations religieuses, fut navrante pour
Mme Récamier. Elle crut, et le duc de Laval partagea sa conviction, que le duc de Devonshire,
qui connaissait les tendances catholiques de sa
belle-mère, avait redouté qu'au lit de mort elle
n'exprimât la volonté d'une abjuration, et qu'afin
d'éviter l'éclat, et, à ses yeux, le scandale d'une
semblable démarche, il n'avait consenti à laisser approcher d'elle l'ambassadeur de France et Mme Récamier que lorsqu'elle avait déjà perdu la parole.

Le lendemain, le duc de Devonshire envoya à
Mme Récamier une des bagues que sa belle-mère
portait encore au moment suprême, et qu'elle lui
avait léguée.

M. Mathieu de Montmorency, en apprenant cette
mort, écrivait à Mme Récamier :

« Ce 8 avril 1824.

« J'ai reçu hier, aimable amie, quelques mots
« seulement, comme si vous étiez tout près de moi, à
« l'Abbaye-au-Bois ; mais je pardonne cette brièveté
« à la peine que vous éprouvez et que je partage si
« profondément. Ce peu de mots m'ont été au cœur.
« Cette pauvre duchesse ! elle a donc été prise bien
« subitement ? Les lettres du 12 ne disaient rien de
« son mal, et celles du 24 en parlent comme d'une
« grande maladie. Quel supplice que cette distance

« de treize et quatorze jours! on en frémit dans la
« seule pensée d'inquiétudes encore plus vives; et
« puis je me désole qu'on l'ait séquestrée des soins
« de l'amitié, qui lui auraient été précieux sous plus
« d'un rapport. Je me figure d'abord les vôtres,
« comme une des plus douces consolations que la
« bonne Providence puisse ménager dans un tel mo-
« ment, et vous vous doutez bien aussi que ma
« pensée va au delà de ce monde qui finit si vite.
« Enfin, je veux espérer de plus d'une manière pour
« notre pauvre amie. Je conçois tous vos regrets;
« ils prouvent la bonté de votre cœur. Nous nous
« entretiendrons souvent de ce qui vous a laissé une
« impression plus profonde encore, par le souvenir
« du cruel spectacle dont vous avez été témoin. Mais
« je dis toujours : quand causerons-nous? Je compte
« les heures et les moments.

« Adieu; adieu. Je ne vous parlerai pas de poli-
« tique aujourd'hui. On ne parle pour le moment
« que de rentes; leur réduction ne vous atteint-elle
« pas aussi? Je suis curieux de savoir ce que M. Ré-
« camier et d'autres personnes qui vous tiennent de
« près pensent de ce hasardeux projet. — Je suis
« toujours avec un homme de votre connaissance
« sur le même pied : obligeance sans intimité ni
« confiance réciproque. »

On le voit, dans toutes ses lettres, M. de Montmorency insistait, ainsi que les autres amis de Mme Récamier, pour qu'elle fixât l'époque de son prochain retour en France. Les étrangers abandonnaient Rome; il devenait nécessaire de prendre un parti et de se résoudre, soit à partir promptement pour ne pas voyager pendant les chaleurs, soit à rester en Italie. Mme Récamier était très-combattue. Bien que la santé de sa nièce se fût raffermie, on lui disait, et elle-même était la première à se persuader qu'un second hiver passé dans les pays chauds consoliderait, d'une manière plus certaine, cette santé qui lui avait donné beaucoup d'inquiétude.

Mme Récamier redoutait d'ailleurs de retomber avec M. de Chateaubriand dans le rapport orageux qu'elle avait voulu fuir; c'est le sentiment qu'elle exprime dans une lettre écrite le 1er mai.

« . . . .
« Je n'ajouterai qu'un mot à ce que vous dit
« Amélie : si je retournais à présent à Paris, je re-
« trouverais les agitations qui m'ont fait partir. Si
« M. de Chateaubriand était mal pour moi, j'en
« aurais un vif chagrin, s'il était bien, un trouble
« que je suis résolue à éviter désormais. Je trouve
« ici dans les arts une distraction, et dans la reli-
« gion un appui qui me sauveront de tous ces orages.
« Il m'est triste de rester encore six mois éloignée
« de mes amis; mais il vaut mieux faire ce sacrifice,

« et je vous avoue que je le sens nécessaire. Amélie,
« qui a passé cet hiver très-agréablement et qui en
« a vivement joui, ne se fait pas moins une fête de
« se retrouver à l'Abbaye-au-Bois. Vous savez que
« cette pauvre duchesse de Devonshire m'a laissé
« une bague qu'elle a portée jusqu'au dernier mo-
« ment : cette mort m'a cruellement attristée. »

Aucun devoir impérieux ne réclamait la présence à Paris de Mme Récamier. Son père et son mari jouissaient, dans un âge avancé, d'une admirable constitution, et l'absence de la recluse de l'Abbaye-au-Bois ne dérangeait les habitudes ni de l'un ni de l'autre : on résolut donc de ne retourner en France qu'après l'ouverture de l'Année sainte. L'amitié de M. de Montmorency n'apprendrait sans doute qu'avec peine cette prolongation d'absence, mais les motifs en étaient trop purs pour qu'on ne fût pas d'avance assuré qu'il les approuverait. Quant à M. Ballanche, il avait dit à Mme Récamier comme Ruth à Noémi : « Votre pays sera mon pays, » et n'admettait jamais qu'il pût se séparer d'elle. Son sacrifice, d'ailleurs, eût plutôt consisté, cette année-là, à quitter Rome qu'à y prolonger son séjour. Sa pensée était tout entière absorbée par l'étude des origines romaines.

En parlant des personnes que Mme Récamier voyait le plus habituellement à Rome, je n'ai rien dit encore d'une Française qu'elle avait retrouvée dans cette ville, et avec laquelle elle se lia plus étroitement qu'elle ne l'avait été jusqu'alors.

M. Dumorey, consul de France à Civita-Vecchia, était depuis longues années en relation avec M. Récamier; il habitait Rome à peu près toute l'année. Sa fille, Mme Salvage de Faverolles, vivait chez lui ; séparée de son mari, elle n'avait jamais eu d'enfants, et, s'étant fixée en Italie, elle avait acheté à la porte de Rome une vigne sur les bords du Tibre avec un casin où elle donnait quelquefois des fêtes. M. Dumorey passait pour un royaliste exalté, et sa fille semblait avoir les mêmes opinions. C'était une grande femme dont la taille était belle, mais sans grâce, les manières roides, le visage dur, les traits disproportionnés. Le duc de Laval, qui redoutait les susceptibilités de Mme Salvage, disait : « Il faut beaucoup la ménager : car si on la fâchait, elle vous passerait son nez au travers du corps. » Mme Salvage avait de l'esprit, mais cet esprit ressemblait à sa personne : il était sans charme et sans agrément. Elle avait de l'instruction, de la générosité, une grande faculté de dévouement et la passion des célébrités. Elle se prit pour Mme Récamier d'un engouement très-vif qui devint de l'amitié. Pour peu que celle-ci se fût laissé faire, elle aurait disposé souverainement de Mme Salvage, qui, dépourvue de tout autre lien que celui de sa piété filiale, voulait se donner et cherchait un joug. Mais dans le cercle intime, parmi les amis de la femme devenue l'objet de son culte. Mme Salvage rencontrait peu de sympathie, et Mme Récamier elle-même, tout en rendant justice à ses qualités, n'éprouvait point d'attrait pour elle.

Un peu plus tard, Mme Salvage s'attacha avec le même entraînement, avec la même passion, à la duchesse de Saint-Leu que Mme Récamier lui avait fait connaître. La reine Hortense accepta son dévouement qui ne se démentit point jusqu'à sa mort. Mme Salvage l'accompagna dans les voyages que la reine fit à Paris après les affaires de Strasbourg et de Boulogne, l'entoura de soins admirables dans sa dernière maladie, et fut son exécuteur testamentaire.

A l'époque dont je parle, sous la restauration, on n'aurait pas deviné que cette femme, dont les opinions royalistes semblaient très-prononcées, deviendrait le partisan le plus ardent du prince Louis Napoléon. Il sera plusieurs fois question de Mme Salvage dans la suite de ces souvenirs, et dans les lettres de M. de Chateaubriand.

Cependant la situation des partis en France, dans les chambres et au sein même du conseil des ministres, était loin de se pacifier.

La division sourde qui existait depuis longtemps entre M. de Villèle, président du conseil, et le ministre des affaires étrangères, se marquait plus ouvertement. Le projet de loi pour la réduction des rentes, projet favori de M. de Villèle, qui préoccupait et passionnait les esprits, devait être l'occasion de la rupture définitive et éclatante. Le public considérait M. de Chateaubriand et ses amis comme les adversaires du projet, et M. de Montmorency écrivait à Mme Récamier, à la date du 24 avril, au moment où la loi allait être discutée à la chambre des pairs :

« Nous sommes en ce moment tout occupés des
« rentes, et presque uniquement des rentes. Un de
« vos amis est beaucoup moins favorable au projet
« qu'un de ses collègues; au moins si l'on en juge
« par ses amis à lui. — Moi, je crois juger assez im-
« partialement : je suis frappé de quelques objec-
« tions, mais je ne compte pas me mettre en avant et
« je crois en tout que je parlerai très-peu. »

La loi fut rejetée, sans que M. de Chateaubriand se fût levé pour la défendre; dès lors, on résolut de se délivrer d'un collègue incommode. On sait quelle fut la brutalité de ce renvoi. M. de Chateaubriand arrivait aux Tuileries le jour de la Pentecôte, 6 juin 1824, lorsqu'on lui remit un billet de M. de Villèle conçu en ces termes :

« Monsieur le vicomte,

« J'obéis aux ordres du roi, en transmettant de

« suite à Votre Excellence une ordonnance que Sa
« Majesté vient de rendre. »

Suivait l'ordonnance.

« Le sieur comte de Villèle, président de notre
« conseil, est chargé par intérim du portefeuille des
« affaires étrangères, en remplacement du sieur
« vicomte de Chateaubriand. »

Le ressentiment de l'homme ainsi outragé fut implacable. L'éloquence, la verve incomparable de polémique dont M. de Chateaubriand était doué, fut mise quatre ans au service de sa vengeance, et renversa enfin M. de Villèle ; mais elle n'avait pas atteint que lui. On peut dire que cette rupture avec M. de Chateaubriand fut une des grandes fautes et la perte de la restauration.

Le lendemain du renvoi de M. de Chateaubriand, on lisait dans le *Journal des Débats :*

« C'est pour la seconde fois que M. de Chateau-
« briand subit l'épreuve d'une destitution solen-
« nelle. Il fut destitué, en 1816, comme ministre
« d'État, pour avoir attaqué, dans son immortel ou-
« vrage de *la Monarchie selon la charte*, la fameuse
« ordonnance du 5 septembre qui prononçait la
« dissolution de la chambre *introuvable* de 1815.
« MM. de Villèle et Corbière étaient alors de sim-
« ples députés, chefs de l'opposition royaliste, et
« c'est pour avoir embrassé leur défense que M. de

« Chateaubriand devint la victime de la colère mi-
« nistérielle.

« En 1824, M. de Chateaubriand est encore des-
« titué, et c'est par MM. de Villèle et Corbière de-
« venus ministres qu'il est sacrifié. En 1816, il fut
« puni d'avoir parlé; en 1824 on le punit de s'être
« tu : son crime est d'avoir gardé le silence dans la
« discussion de la loi des rentes.

« Toutes les disgrâces ne sont pas des malheurs :
« l'opinion publique, juge suprême, nous apprendra
« dans quelle classe il faut placer M. de Chateau-
« briand; elle nous apprendra aussi à qui l'ordon-
« nance de ce jour aura été la plus fatale, ou du
« vainqueur ou du vaincu. »

La nouvelle de ce bouleversement de la fortune politique de son illustre ami arriva d'abord à Mme Récamier par une lettre de M. de Montmorency.

LE DUC MATHIEU DE MONTMORENCY A Mme RÉCAMIER.

« Paris, 8 juin 1824.

« Je voulais vous écrire depuis quelques jours, aimable amie. Je voulais répondre à cette lettre que j'ai
enfin reçue, et qui me révèle ces projets de voyage
contre lesquels j'ai protesté d'avance, mais qui paraissent déjà avoir subi quelques modifications ou incertitudes sans aucun profit pour l'amitié. Soit que

vous veniez à Lucques, ou que vous alliez faire une course à Naples, nous serons toujours privés du bonheur de vous voir; et nous passerons devant cette pauvre Abbaye pour pousser un gros soupir en voyant certaines fenêtres fermées.

« Mais, pendant ce temps-là, que de nouvelles agitations dans nos salons, dans les causeries du peuple, comme dans les nôtres, et même dans les chambres! La loi des rentes est rejetée par les pairs. Je ne sais pas ce qu'en pensaient les têtes financières de votre connaissance. Bien plus, une disgrâce politique en devient la suite, et elle tombe sur un de vos amis, qui depuis quelque temps se trouvait, dit-on, dans une situation fausse et vraiment intolérable. Je vous renvoie pour bien des détails à la *Quotidienne* d'aujourd'hui 8 juin, qu'il faut que vous vous procuriez, et aussi au *Journal des Débats* qui paraît se décider pour le parti généreux entre le vainqueur et le vaincu. J'imagine qu'*il* vous écrit lui-même. *Il* a un maintien simple, noble et courageux. *Il* vient de venir à la chambre même où je vous écris reprendre sa place et son ancien costume.

Ce qu'il m'importe le plus de savoir, et ce que je ne devine pas parfaitement, c'est votre impression à vous. Serez-vous fâchée pour son bonheur, et le vôtre en recevra-t-il la moindre atteinte? Cela peut-il influer sur votre retour plus ou moins prompt? Enfin tout ce qui tient au cœur, à l'amitié, est de mon ressort; et c'est pour cela que je suis si peiné de ce retard de votre retour. Je vois apparaître au mois d'octobre de nouveaux motifs tirés de la santé d'Amélie, et cette absence prolongée est un des plus pénibles sacrifices qui puissent m'être imposés.

Adieu, aimable amie; j'aurais tant aimé à vous réunir ici pendant l'été avec ce bon Adrien qui me mande des choses admirables de vos dispositions actuelles sous le rapport le plus essentiel. Pourquoi ne voulez-vous donc pas que j'en profite pour ma propre édification et pour mon bonheur? Je vous quitte et vous renouvelle mes tendres hommages. »

Le duc de Laval avait quitté Rome depuis quelques jours, avec un congé, pour aller passer trois mois en France, lorsque Mme Récamier reçut la lettre qu'on vient de lire, et ce fut pendant son voyage que l'ambassadeur de France à Rome apprit à son tour l'étrange et brusque révolution qui renversait M. de Chateaubriand. Il écrivit aussitôt à Mme Récamier pour lui exprimer son extrême étonnement :

LE DUC DE LAVAL MONTMORENCY A Mme RÉCAMIER

« Gênes, 19 juin 1824.

« Jugez de ma surprise, lorsque hier soir en arrivant ici j'apprends du consul la destitution si brusque, si singulière dans sa forme, du ministre de mon département. Et le ton si irrité, si menaçant du *Journal des Débats*, sans le moindre ménagement! Tout cela m'a confondu, et cette surprise vous la partagerez.

« Vous aurez reçu peut-être quelques indices par la correspondance du père[1] et du fils[2], qui sans doute ne sont pas restés inactifs dans ce drame. J'avais reçu une lettre de Mathieu qui me mandait franchement avoir voté contre la loi qui a causé la division, la rupture et l'éclat dont nous voyons les effets. Voilà vos pressentiments d'orage éclaircis. On demandait avec raison[3] à certaine personne de ne point se presser, parce qu'on prévoyait, on combinait déjà qu'à la première occasion il y aurait rupture; et on ne voulait pas que cette personne pût tempérer des passions dont on espère profiter pour son élévation.

« Des lettres particulières ont mandé ici que le duc de Doudeauville pourrait avoir le portefeuille vacant. Ce serait le conserver dans les mêmes mains où il est jusqu'à présent depuis la chute. Que je suis impatient d'en apprendre davantage! Le cousin se sera fort agité.

« De tout mon cœur, je suis tout à vous avec le plus entier et le plus tendre dévouement. »

---

1. Le duc de Doudeauville.
2. Le vicomte de Larochefoucauld.
3. Il s'agit évidemment du *père* et du *fils*.

Il est facile d'imaginer quels durent être les sentiments de Mme Récamier, lorsque l'indignité des procédés qui accompagnèrent la chute de M. de Chateaubriand lui fut connue; mais si elle s'associa au vif ressentiment de cette injure, elle eût pourtant désiré que son noble ami usât de plus de modération dans sa retraite. Il est indubitable, et les amis de M. de Villèle le savaient, que, si elle se fût trouvée auprès de lui dans ce moment critique, Mme Récamier fût parvenue à modérer l'âpreté qu'il porta dans sa vengeance. Malheureusement les personnes qui entouraient alors M. de Chateaubriand, peu capables elles-mêmes de prudence et de mesure, ne pouvaient que l'exciter dans le sens de sa passion.

M. de Chateaubriand avait conscience qu'il n'était pas complétement approuvé par la femme dont le jugement était si considérable à ses yeux, mais il ne voulait pas être apaisé, et sa correspondance avec Mme Récamier devint beaucoup moins fréquente à cette époque.

En outre, par un accident que je déplore, et que je ne puis m'expliquer que par la cécité dont Mme Récamier fut atteinte pendant les dernières années de sa vie, les lettres en petit nombre que M. de Chateaubriand lui adressa à cette époque si grave de sa vie publique manquent toutes à la collection.

Cette regrettable lacune nous oblige à nous contenter, sur l'événement le plus important de cette année, des détails et des informations que le duc Mathieu de Montmorency, son cousin le duc de Laval et le duc de Doudeauville transmettaient à Mme Récamier.

LE DUC DE DOUVEAUVILLE A Mme RÉCAMIER.

« Paris, ce 9 juin 1824.

« Vous aurez appris avec chagrin, Madame, l'éclat qui vient d'avoir lieu; depuis quelque temps je le craignais, car on assurait que M. de Chateaubriand et tout ce qui l'entourait travaillaient contre M. de Villèle. Je vous ai plus que jamais regrettée depuis ce temps : une amie comme vous n'est pas seulement agréable, elle est bien utile. Je suis persuadé que dans cette circonstance vous auriez rendu bien des services à celui qu'on accusait de viser à la place de président du conseil des ministres, et que votre douce sagesse aurait déjoué bien des intrigues.

« Il semble que votre amitié porte naturellement au ministère des affaires étrangères : M. de Montmorency l'a rempli, M. de Chateaubriand lui a succédé, et on a parlé de moi pour remplacer ce dernier. Mais depuis qu'il en a été question, j'ai intrigué à ma manière, c'est-à-dire contre moi. Je n'ai d'autre ambition que celle de faire quelque bien; j'en fais un peu où je suis[1], je n'en ferais peut-être pas ailleurs ; je ne veux donc pas changer : tel brille au second rang, qui s'éclipse au premier.

« Je ne ressemble pas beaucoup à César, comme vous voyez, mais je ressemble plus que lui à un honnête homme : je l'aime mieux.

« Vous devinez qu'il y a un peu d'agitation, du moins dans les salons ; mais M. de Villèle est plus fort que jamais. La manière dont la septennalité a passé hier à la Chambre des députés en est une grande preuve. Le désir de le dédommager du rejet de la loi des rentes par la Chambre des pairs a décidé bon nombre de députés à voter cette loi et à retirer eux-mêmes tous leurs amendements. Le roi et Monsieur sont mieux que jamais pour lui.

« On ne sait encore qui aura le portefeuille des affaires étrangères ; il y a des gens qui croient que M. de Villèle le gardera et se débarrassera d'une grande partie de celui des finances sur M. de Chabrol. Ce directeur général de l'enregistrement est un homme très-capable et très-estimable.

« On me dit que vous avez le projet d'aller aux bains de Lucques ; je m'en réjouirais, parce que ce serait un acheminement à votre retour en France. Je ne serais pas un de ceux qui en jouiraient le moins ; vous devez en être bien sûre, Madame, si

---

[1]. Le duc de Doudeauville était alors directeur général des postes, et il y marqua son passage par les plus utiles améliorations.

vous rendez justice à mon intérêt bien vif, à mon dévouement bien sincère et à mon désir de pouvoir vous en renouveler moi-même l'assurance. »

LE MÊME.

« Paris, 4 juillet 1824.

« Je viens, Madame, de recevoir votre bien bonne, bien aimable lettre du 12 juin, et je m'empresse d'y répondre. Je vois que la mienne ne vous était pas encore parvenue. Je vous avais écrit aussitôt après la chute de M. de Châteaubriand ; je devinais vos chagrins de tout genre sur ce sujet et je voulais être des premiers à y prendre part.

« Vous me demandez quelques détails ; je vais vous les donner, en pensant néanmoins que vous les savez vraisemblablement déjà.

« Bien des gens travaillaient à éloigner MM. de Villèle et de Chateaubriand, comme nous travaillions à les rapprocher ; car nous n'avions en vue que le bien général, et ils ne pensaient qu'à leur intérêt particulier. Il en résultait une disposition peu confiante et peu amicale entre les deux ministres. L'affaire des rentes est arrivée : M. de Chateaubriand s'est tu dans les chambres pendant la discussion de la loi, mais on assurait, à tort ou à raison, qu'il ne se taisait pas de même dans les salons, et qu'il y laissait voir son opposition. On ajoutait qu'il espérait, comme bien des ambitieux qui l'entouraient, renverser M. de Villèle par le rejet de sa loi favorite. Elle a été fort sottement refusée par nous: le président des ministres s'en est trouvé ébranlé, et on a jugé qu'il fallait que le roi lui donnât une nouvelle preuve de sa confiance et de sa bienveillance en éloignant son antagoniste. Je ne sais si ces inculpations étaient fondées et si le sacrifice était nécessaire, mais ce que je sais, c'est que je suis grand ennemi des changements, et que je les crois, en général, très-nuisibles ; ce que je sais encore, malheureusement, c'est que les articles du *Journal des Débats*, auxquels on croit que M. de Chateaubriand n'est pas étranger, lui font du tort, et qu'on remarque qu'il est le seul ministre depuis dix ans qui ait tenu cette conduite à sa sortie de place. On dit que M. de Montmorency, qui a été contre la loi, n'aurait pas été fâché non plus qu'elle entraînât son auteur ; mais il y met plus de noblesse, de mesure et de vertu.

« On parle encore dans le public de changements qui auraient lieu après la fin de la session. J'ignore si cela est fondé, mais à tout hasard je parle contre tant que je peux, et surtout contre l'élévation de celui dont vous connaissez le peu d'ambition, et qui, n'ayant vraiment que celle de faire quelque bien, désire uniquement rester à la place où l'on croit qu'il en fait un peu.

« Je suis charmé d'apprendre l'amélioration de la santé de votre intéressante compagne; veuillez bien l'en assurer, en la remerciant de son souvenir.

« J'ai bien parlé avec le duc de Laval de celle à qui j'aime toujours à réitérer l'assurance de mes sentiments bien sincères de dévouement, d'attachement et d'intérêt. »

LE DUC DE LAVAL MONTMORENCY A Mme RÉCAMIER.

« Paris, 5 juillet 1824.

« Mes premiers moments à Paris ont été tellement confus, troublés, agités par tant de sentiments, d'affaires et de préoccupations, qu'il m'a été impossible d'écrire une ligne.

« A présent, tout vous est connu, comme à toute l'Europe, sur la nature, la cause et la forme de la dernière destitution. Votre excellent esprit vous a déjà fait regretter le ton si violent, si démesuré, du journal défenseur du disgracié. Je crois qu'il eût été plus noble, plus digne, plus convenable à la réputation comme aux intérêts de garder le silence, et, sous ce rapport, la retraite du cousin a eu l'avantage sur celle-ci. Au lieu de cela, les déclamations continuent; et comme il y a beaucoup de talent dans ces attaques, et que le désespoir double les forces, cela me semble une guerre à mort, sans la perspective d'un traité de paix. Je ne vois pas de chance d'en sortir par la porte d'une ambassade.

« J'ai vu l'homme malheureux; c'était un procédé que je lui devais. Il s'est loué de ma visite, et s'en est expliqué vis-à-vis de son amie de la rue de Varennes [1]. Mais que peut-il faire, ruiné, abîmé de dettes comme il l'est?

« Je crois toujours que le parti de la modération et du silence eût été préférable.

« Mathieu est dans la même situation et n'a aucune chance d'activité. Sans avoir fait de bruit, encore moins d'intrigues (il en est incapable), il s'est déclaré adversaire dans la grande affaire des rentes, et cela suffit pour l'éloigner. Les plus augustes personnages le boudent.

« Hier, nous avons passé la journée à cette petite campagne [2] toute pleine de vos souvenirs. Nous avons beaucoup parlé de vos projets. Je lui ai lu l'article de votre lettre où vous le laissiez arbitre en quelque sorte du parti que vous aviez à prendre. Il est fort raisonnable. Il comprend les motifs de santé pour Amélie; il est encore plus frappé des raisons solides, des considérations religieuses qui vous font incliner à débuter dans l'Année sainte à Rome; en sorte que je puis vous assurer que son

---

1. La duchesse de Duras.
2. La Vallée-aux-Loups.

parti est pris. et sans humeur ni refroidissement aucun. J'oubliais de vous dire aussi que le duc de Doudeauville est entré dans vos raisonnements sur votre nièce et sur vous-même.

« Je me hâte de terminer ceci, afin de le faire partir par la poste. Mille et mille fois l'assurance du plus invariable, du plus inaltérable de tous les attachements. »

LE MÊME.

«Paris, 19 juillet 1824.

« Je suis indigne de vos éloges sur ma correspondance ; elle est sèche, elle est réservée, elle ne saurait vous instruire.

René [1] s'est fait un mal affreux, peut-être irréparable, par l'éclat inouï qu'il a mis dans l'expression de sa vengeance. Sans doute, il ne s'est pas fait de mal à lui seul, et plus d'une personne est blessée ; je ne suis pourtant pas de ceux qui croient que ces blessures soient mortelles. Il faut s'attendre à des mesures nouvelles aussitôt après la clôture des chambres. Elle aura lieu dans les premiers jours d'août ; les députés finiront cette semaine.

« Dans le public, on parle beaucoup du retour de celui [2] qui s'est trop précipité il y a dix-huit mois.

1. M. de Chateaubriand.
2. Le duc Mathieu de Montmorency.

Sa position est belle, sa considération immense et plane sur toutes les autres. Sous ce rapport, il a beaucoup grandi. On a rapproché sa conduite de la violence et des procédés de l'autre. Il est calme, il attend, il ne sera pas pressé ; il n'a pas d'ennemis, il a beaucoup d'admirateurs. Personne au monde n'a plus de loyauté dans la conduite et plus de dévouement à la chose publique, sans intérêt personnel. Ce que je dis là n'est que le rabâchage de ce qu'on entend dans toutes les conversations.

« Comme M. de Talaru revient de Madrid par congé, on parle de lui pour la place vacante ; je n'en suis pas persuadé. Ce qui me paraît le plus probable, c'est que d'ici à un mois, avant la Saint-Louis, le président fera quelques changements assez considérables dans la haute administration, pour reconquérir ce qu'il a perdu dans l'opinion publique. La majorité de la chambre des députés lui est encore dévouée, il a le cœur du roi et de Monsieur ; avec d'aussi grands avantages, on n'est pas mal dans ses affaires.

« Mme de Luynes est arrivée hier au soir de Dampierre, pour voir sa petite-belle-fille au lit de mort. Elle meurt de la poitrine, grosse de six mois ; quelle horreur ! Je ne vois que tristesses autour de moi. Je reste ferme dans mon dessein de partir à la fin de septembre ; je crois que je m'embarquerai à

Marseille, sur un petit bâtiment du roi que me donnera le ministre de la marine.

« Depuis vingt-quatre heures, les journaux semblent tendre à une espèce de conciliation entre M. de Chateaubriand et son ennemi. Cette querelle se terminera-t-elle encore par une ambassade?

« Vous recevrez des lettres plus instructives que les miennes.

« Mille et mille assurances d'un éternel attachement. »

LE DUC MATHIEU DE MONTMORENCY A Mme RÉCAMIER.

« Vallée-aux-Loups, ce 21 juillet 1824.

« Mon cœur me dit, aimable amie, qu'il y a bien longtemps que je ne vous ai écrit. Je n'ai pas besoin pour penser à vous de ce lieu que nous avons habité ensemble, et où j'aurais dû naturellement avoir le bonheur de vous revoir dans le cours de cette année. Mais, au lieu de cela, vous ne savez plus que voyager; vous ne pouvez plus vous détacher de Rome et de ses monuments pleins de souvenirs, et de ses belles cérémonies. Ce dernier motif et le sentiment qu'il suppose, et qu'Adrien m'a confirmé être le vôtre, ne peuvent que me toucher beaucoup; mais mon amitié, peut-être trop égoïste, voudrait que nous pussions nous édifier ensemble, et n'être pas séparés par ces terribles distances que la course à Naples augmente encore.

« Une pensée cruelle se rattache à ce séjour pour nous[1], surtout pour ce pauvre Adrien, que je retrouve d'un commerce bien doux et bien agréable, avec qui je n'ai jamais été plus parfaitement d'accord, sur vous en particulier, mais qui conserve toujours la profonde et naturelle impression d'une ineffaçable douleur.

« Il faut vous parler d'une autre à laquelle vous ne serez pas insensible, et qui vient d'accabler à quelques lieues d'ici ce pauvre de Gérando. Sa femme a succombé enfin à ses longues souffrances, à une maladie extraordinaire qui l'avait maigrie, réduite à rien, et séquestrée plus que jamais. Son âme, son cœur, pendant quelques instants de la journée, retrouvaient encore toute leur énergie; ou plutôt, celle qu'ils n'avaient jamais perdue s'épanchait par des lettres vraiment éloquentes, ou par des éclairs de conversation. Elle voulut en avoir une avec moi, il y a quelques semaines, avant de quitter Paris; elle fut vraiment touchante, religieuse, quelquefois sublime, quoique je m'efforçasse, suivant ce qu'on m'avait recommandé, d'écarter ce qu'elle voulait donner de solennel et de définitif à notre entretien. Elle me parla beaucoup de son mari, de ses enfants, de vous aussi

1. Henri de Montmorency, fils aîné du duc de Laval, était mort à Naples, en 1819.

et de votre nièce. On la porta peu de jours après à une petite campagne qu'elle désirait et que ce bon de Gérando chercha lui-même avec une occupation touchante, et acheta, peut-être même au delà de ses moyens, à Thiais près Choisy. Elle n'y est jamais sortie de sa chambre, à peine de son lit; elle leur a été enlevée vendredi dernier, 16 de ce mois.

« Les agitations d'affaires, de politique et de société n'ont jamais été plus vives. On dit que le ministère a perdu, et a besoin de se remonter. Il y a là quelque chose d'incontestable. On ajoute qu'il est question de conciliation, de rapprochement avec les ministres passés de diverses dates.

« Il y en a un qui peut vous dire, qu'il n'a reçu aucune communication, qu'il en doute, qu'il ne le désire pas, et même le craindrait, si la chose devait lui être uniquement personnelle et ne devait pas être accompagnée d'arrangements propres à parler à l'opinion.

« Il en est un autre au nom duquel je ne m'aviserai pas de vous parler. Vous m'aviez assez embarrassé, en me chargeant du premier compliment à lui faire : c'était vraiment peu convenable, et je ne savais quel ton prendre, quand vous m'avez mandé, heureusement, que vous lui écriviez. Nous sommes restés réciproquement obligeants et avec une nuance de plus d'attention et d'intérêt de ma part, tenant à sa position actuelle, mais sans aucune alliance ni intimité. J'ai désapprouvé en particulier, pour lui et pour l'avenir, le système trop violent qu'il a embrassé. Il est impossible que votre bon esprit ne se range pas à cet égard de notre côté.

« On prétend aujourd'hui qu'il veut se radoucir, et l'on parle de *place lointaine*. Peut-être en saurons-nous davantage, après le discours qu'il doit faire demain dans une discussion délicate, et dont la curiosité est fort préoccupée.

« Mon Dieu ! comme on aimerait mieux causer de tout cela avec une amie spirituelle qui entend à demi-mot, et qui occupait autrefois deux charmantes chambres embellies par elle, au troisième étage de l'Abbaye-au-Bois. Quand l'y reverrons-nous ? Je sais qu'il y a une Année sainte à attendre, une nièce souffrante à ménager ; je finis comme j'ai commencé, en disant qu'il faut se résigner, vous aimer toujours et répéter que cela est bien triste.

« Je ne vous ai pas parlé de certaines affaires de journaux qui m'ont bien peiné, surtout pour un homme qui me tient de près, et qui aurait peut-être entendu de votre part quelques paroles raisonnables, si vous aviez été présente. Je vous renouvelle mes bien tendres hommages. »

LE MÊME.

« Paris, ce 22 juillet 1824.

« C'est à M. de Chateaubriand, dans son loisir actuel, à vous entretenir désormais de ce qui le regarde, aimable amie. Nous avons augmenté d'un cran d'obligeance réciproque, mais voilà tout ; cela devait être. Je lui ai dit que je vous avais écrit, et que vous lui écririez. Le *Journal des Débats* s'en donne de dévouement personnel pour lui, et de colère contre les ministres restants. Je vous renvoie à lui. Je suis en ce moment un peu fatigué de la politique ; je vais passer dix jours à la campagne, puis je reviendrai attendre Adrien, que j'ai eu tant de bonheur à revoir. »

Pendant que toutes ces ambitions, que Mme Récamier suivait de loin avec la sollicitude et l'anxiété de l'amitié, s'agitaient à Paris, elle quittait Rome, et en compagnie de sa nièce, du bon et fidèle Ballanche et de M. Ampère, s'établissait à Naples, le 1er juillet. C'est sur les bords enchantés de ce beau golfe, éclairés par la resplendissante lumière d'un soleil d'été, que la suite de cette correspondance lui parvint. Nous allons continuer de donner les lettres qui lui furent adressées de Paris, afin d'épuiser les éclaircissements qu'elles fournissent sur l'incident si considérable de la rupture entre M. de Villèle et M. de Chateaubriand : ce procès-là eut des suites assez graves pour mériter d'être instruit. Nous reviendrons ensuite aux circonstances particulières du séjour que Mme Récamier fit à Naples.

LE DUC DE DOUDEAUVILLE A Mme RÉCAMIER.

« Paris, 27 juillet 1824.

« Je viens de recevoir votre lettre du 13, Madame, et je m'empresse de vous en remercier, en vous assurant du plaisir bien vrai que me font vos nouvelles, et entre autres celle de votre heureuse arrivée à Naples.

« Mais vous désirez que je vous parle de Paris, et c'est ce que je vais faire. Dans ce moment où il y a un ministre des affaires étrangères à nommer, d'autres peut-être à changer, du moins selon le dire et le désir de bien des gens, on ne parle d'autre chose. On porte le modeste directeur des postes tantôt à un ministère, tantôt à un autre, mais il témoigne constamment de sa répugnance pour tous. Il aimerait bien mieux cent fois que Mathieu ou Sosthènes, à qui cela plairait bien davantage, y arrivassent, mais il n'y a nulle apparence.

« En attendant, les passions, les ambitions s'agitent de toutes parts, et cela surtout contre M. de

Villèle. Mais il a pour lui son talent, son *indispensabilité*, la difficulté de le remplacer ; il a pour lui le roi, Monsieur, la Chambre des députés, les trois-quarts de la France, les royalistes raisonnables, les honnêtes libéraux, et même les ambassadeurs étrangers, qui ne le goûtaient pas beaucoup et qui sont très-contents depuis qu'ils traitent directement avec lui : on est bien fort avec tout cela, et on a bien des moyens de déjouer les intrigues de tout genre. M. Royer-Collard disait dernièrement à M. de Jessaint, qui est à Paris : « Je ne suis pas l'ami de M. de Villèle, il s'en faut, et pourtant je fais des vœux pour qu'il reste ; car s'il partait, je ne sais ce que nous deviendrions. » Si un demi-libéral, si un antagoniste de M. de Villèle en parle ainsi, que devons-nous en penser ?

« Vous avez su la mort de la jeune duchesse de Luynes, grosse de cinq mois. Je suis toujours affligé et presque choqué de voir la jeunesse passer ainsi avant des cheveux gris comme les miens ; c'est le seul passe-droit dont je serais tenté de me formaliser. »

LE DUC MATHIEU DE MONTMORENCY A Mme RÉCAMIER.

« Paris, 2 août 1824.

« Voici un courrier qui part pour Naples, aimable amie, et dont il faut profiter pour vous exprimer tous ses sentiments de fidèle souvenir. Ma dernière lettre était tout empreinte d'une tristesse trop justifiée par la mort de ma jeune nièce, grosse de six mois [1]. Ma belle-mère en a été affectée, surtout pour son petit-fils; ils sont tous à Dampierre où j'ai été passer quelques jours.

« Votre arrivée à Naples aura été suivie de très-près de la mort de notre ambassadeur [2], que nous avons apprise hier. Il me semble que vous n'aviez aucune relation avec lui. Vous croyez bien qu'on parle déjà de sa place à donner. Ceux qui ont la douce manie des conciliations prétendent qu'il faudrait la donner à M. de Chateaubriand. D'autres douteraient beaucoup qu'il en voulût. Si vous aviez été ici, vous le lui auriez peut-être persuadé. Je ne veux pas faire la mauvaise plaisanterie de dire que l'espoir de vous voir plus tôt, ou d'habiter cette Italie pour laquelle vous montrez tant de prédilection, le déterminerait. En définitive, je ne crois pas qu'il y aille. Mme de Chateaubriand est partie pour Neuchâtel, en Suisse. On dit que son mari ira l'y chercher dans quelques semaines. Le courrier qui va porter à Naples la nouvelle d'un sixième [3] gros enfant dont Mme la duchesse d'Orléans est accouchée

---

1. La duchesse de Luynes.
2. M. de Serre.
3. Antoine-Marie-Philippe-Louis d'Orléans, duc de Montpensier, né le 31 juillet 1824.

en quarante minutes ne pourra pas encore vous apprendre la nomination du ministre des affaires étrangères. On l'avait annoncée pour hier matin à Saint-Cloud ; mais ce sera pour la fin de la semaine après la clôture des chambres. Je crois encore à M. de Clermont-Tonnerre plus qu'à un autre.

« Adieu, aimable amie ; depuis quelques jours j'ai plus de certitude de ce que j'ai toujours cru, que je n'aurais pas même à délibérer sur aucune proposition, et que quelques autres circonstances donneraient même plus de convenance à une absence de quelques mois dans l'hiver. Vous savez où mon sentiment m'entraînerait, et je ne balancerais pas un moment, si ma mère voulait n'y mettre pas l'opposition de sa trop grande peine. Rapportez-vous-en à mon sentiment pour n'y pas renoncer sans nécessité absolue. Il serait doux, et peut-être trop doux, de commencer l'Année sainte avec vous. Adieu, adieu. »

Les changements qu'on attendait dans les régions élevées de l'administration eurent lieu en effet à la clôture de la session des chambres. Une ordonnance du 4 août reconstitua ainsi le cabinet : M. le baron de Damas devint ministre des affaires étrangères, M. de Clermont-Tonnerre eut la guerre, M. de Chabrol de Crouzol la marine, le duc de Doudeauville la maison du roi, l'évêque d'Hermopolis les affaires ecclésiastiques et l'instruction publique ; M. de Villèle conserva les finances avec la présidence du conseil.

Le témoignage de ces trois hommes, Mathieu de Montmorency, le duc de Laval et le duc de Doudeauville, si divers, si bien informés les uns et les autres, si haut placés, et dont aucun n'avait lié sa destinée politique à celle de M. de Chateaubriand, était important à recueillir. Le duc de Doudeauville, uni d'opinions et d'amitié avec M. de Villèle, et qui devait quelques semaines plus tard entrer dans le nouveau cabinet formé après l'expulsion de M. de Chateaubriand, représente fidèlement la pensée du président du conseil; les propos qu'il répète sont ceux de l'entourage intime, adoucis par la modération équitable de son caractère bienveillant ; la plupart des amis de M. de Villèle y mettaient plus d'amertume.

Il annonçait ainsi à Mme Récamier son entrée dans le cabinet reconstitué :

LE DUC DE DOUDEAUVILLE A Mme RÉCAMIER.

« Ce 1er septembre.

« Je reçois avec une extrême satisfaction, Madame, votre bonne lettre de Naples. Je suis vivement touché d'un intérêt que je sais apprécier, comme je sais apprécier celle qui me le témoigne, et c'est là ce qui peut donner à mes yeux de la valeur à ma place. J'avais tellement de répugnance pour l'accepter, et cette répugnance était si bien connue, que le roi, en me l'apprenant, m'a dit : « Mon cher duc, j'en « suis fâché, je vais vous contrarier. » Ce n'est pas ainsi qu'on annonce ordinairement des grâces, mais aussi ce n'est pas ordinairement ainsi qu'on intrigue. J'ai bien de la peine à me réjouir et presque à me consoler de mon succès, quoiqu'on ait bien voulu ne pas trop le désapprouver dans tous les rangs; car on me regrette dans mes Postes, de manière à me donner à moi-même bien des regrets de les avoir quittées. Mais c'est une chose convenue, qu'on ne peut pas être votre ami sans avoir un ministère; et, certes, à ce titre, j'en mérite un plus que personne.

« Je suis accablé d'affaires : car j'ai à organiser un ministère où il y a bien des abus à détruire et bien des réformes à faire. D'ailleurs, j'ai trouvé plus de vingt mille demandes, à la lettre, et presque rien à accorder. Jugez si le pauvre débutant est à plaindre.

« La santé du roi donne de l'inquiétude depuis quelque temps ; cependant il travaille comme à son ordinaire, reçoit comme de coutume, dit à chacun ce qui convient, enfin montre un courage et une présence d'esprit admirables. Son principe a toujours été qu'un roi pouvait mourir, mais qu'il ne devait jamais être malade; il y est parfaitement fidèle.

« La censure a déplu à bien du monde; mais, au point où l'on était, il était indispensable d'en venir à cette mesure. — On n'entend plus parler de M. de Chateaubriand; on le dit voyageant. Pourquoi n'a-t-il pas eu l'attitude noble et digne de M. de Montmorency? Vous devinez que je n'aurai pas de peine à prendre celle-là le jour de ma sortie du ministère. Une place dans le cœur de mes amis et dans l'estime des honnêtes gens est la seule dont je fasse cas, en attendant une là-haut.

« J'ai cédé une partie de mon ministère à mon fils. C'est celle que j'aimais le mieux assurément, celle des beaux-arts, qui seule faisait mon envie depuis quarante ans; mais que ne ferait-on pas pour les personnes qui nous sont chères? Il désire être rappelé à votre souvenir.

« Je m'empresse de vous renouveler l'assurance d'un attachement qui ne finira, soyez-en bien sûre, qu'avec ma vie. »

La supériorité de M. de Chateaubriand importunait M. de Villèle; il subit d'abord M. de Chateaubriand pour se délivrer de M. de Montmorency, et ne tarda pas à se repentir de l'avoir laissé entrer au conseil. J'ai déjà dit que, lorsque l'empereur Alexandre, voulant donner un témoignage de sa haute estime aux deux ministres qui avaient conçu et accompli l'œuvre de la délivrance du roi d'Espagne, envoya le cordon de Saint-André au duc Mathieu de Montmorency et au vicomte de Chateaubriand. M. de Villèle en éprouva un vif dépit, et ne sut pas dissimuler le sentiment qu'il éprouvait.

C'est encore une lettre du bon duc de Doudeauville qui nous en fournira la preuve : sa candeur reflète naïvement les impressions de son ami le ministre des finances, lorsqu'il écrit à Mᵐᵉ Récamier.

« Le 29 décembre 1822.

« Mathieu vient d'obtenir, ainsi que M. de Chateau-
« briand le grand ordre de Saint-André de Russie
« qui équivaut au cordon bleu. Cela fait grande ru-
« meur : car c'est, dit-on, indiquer le ministère que
« voudrait Alexandre, à l'exclusion de M. de Villèle
« qu'il exclut ainsi de ses faveurs. Vous concevez
« que les réflexions vont encore plus loin : qu'elles
« vont à persuader que l'ambassadeur de Russie et
« ces messieurs sont loin d'être étrangers à tout cet
« arrangement qui consisterait à mettre M. de Cha-
« teaubriand à la maison du roi, M. de Montmorency
« aux affaires étrangères et M. de Villèle..... à la
« porte, vraisemblablement. C'est vous dire combien
« les esprits s'agitent. Vous devinez si l'ami qui
« vous écrit est dans tous ces tripotages.

« M. de Villèle aura à vaincre plus d'un obstacle
« d'ici aux chambres, mais il les vaincra. Les

« chambres réunies, ce sera un grand moment, dé-
« cisif pour lui. Ou il triomphera, ce que je crois
« fermement, et il acquerra une puissance durable;
« ou il sera culbuté, et alors arrivera un ministère
« qui sera entraîné par l'exagération de la droite,
« et qui nous entraînera nous-mêmes dans le préci-
« pice. »

Il est vraiment curieux de voir les amis de M. de Villèle, tout en mêlant le nom de MM. de Montmorency et de Chateaubriand à des commérages sans portée, signaler la chance qui aurait pu rappeler ces deux hommes d'État au ministère comme un danger d'exagération pour l'opinion royaliste. On ne peut s'empêcher alors de se rappeler la faiblesse avec laquelle M. de Villèle laissa se produire successivement les projets de loi dont l'opposition exploitait avec le plus de succès la tendance. On a peine à croire que, dans une situation semblable, M. de Chateaubriand n'eût pas mieux résisté que lui.

Au reste, la répugnance que M. de Villèle éprouvait à avoir pour collègue l'auteur du *Génie du christianisme* datait de loin. Lors de la formation du cabinet où entrèrent en 1822 MM. de Montmorency, de Villèle et Corbière, l'ambassade de Londres fut offerte à M. de Chateaubriand et acceptée par lui. Personne ne sut alors qu'à cette époque M. de Montmorency avait insisté pour que l'entrée au conseil, et non point une ambassade, fût donnée à l'homme dont le talent et les efforts avaient amené les royalistes aux affaires. M. de Villèle ne voulut jamais en entendre parler. Ce fait fut révélé bien des années après l'événement par une lettre de la duchesse Mathieu de Montmorency à Mme Récamier, lettre communiquée selon son désir à M. de Chateaubriand. Cette pièce est assez curieuse pour que nous l'insérions ici :

LA DUCHESSE MATHIEU DE MONTMORENCY A Mme RÉCAMIER.

« Dampierre, ce lundi 5 mars 1838.

« En vous renvoyant, Madame, la moitié de ce que vous avez bien voulu me prêter, je demande avec instance de vos chères nouvelles.

« Je sais depuis quelques jours que votre ami doit bientôt faire paraître un ouvrage sur le congrès de Vérone. J'ai aussi entre mes mains un grand travail sur le même sujet, fait en entier par le plus véridique des hommes qui le termina longtemps avant sa mort. J'aimerais mieux que ce dépôt sacré et tant de douloureux souvenirs restassent à jamais où je les ai placés; mais si l'ouvrage annoncé ne se trouvait pas entièrement en harmonie avec ma pièce officielle, je me croirais obligée de la livrer à l'impression, étant sûre de l'exactitude des faits énoncés par le plus consciencieux des hommes.

« Votre ami a-t-il jamais bien su à quel point M. de Villèle avait été opposé à son entrée au conseil (même sans portefeuille) : jamais M. de Montmorency ne l'a pu obtenir du ministre prépondérant. Ses sollicitations à ce sujet étaient cependant d'autant plus pressantes qu'il a toujours regardé l'esprit et le talent de M. de Chateaubriand comme excessivement utiles dans les conseils du roi, et qu'il voyait clairement qu'aucune des plus belles ambassades ne le satisferait entièrement.

« Jugez de ma surprise lorsque ce même M. de Villèle, qui redoutait tant d'avoir votre ami pour collègue, le nomma ministre des affaires étrangères après le congrès. Certes, il fallait qu'il n'y eût pas une autre personne en France capable de remplir cette place, ou que le président du conseil ne sût à cette époque où donner de la tête. Je vous demande de communiquer ces détails à M. de Chateaubriand. M. de Montmorency ne parlait guère de ce qui pouvait le faire valoir, aussi je les crois peu connus.

« Pensez à moi, chère Madame, beaucoup à Dieu et aux mécomptes de cette triste vie, qui ne durera pas toujours. »

Enfin, et sans prétendre épuiser les lettres qui furent adressées à Mme Récamier à l'occasion de la sortie du ministère de son illustre ami, je citerai encore celle qu'elle reçut alors de la reine Hortense :

LA REINE HORTENSE A Mme RÉCAMIER.

« Arenenberg, ce 11 septembre 1824.

« J'attendais de vos nouvelles à votre retour de Naples ; je n'en ai pas, et je ne sais où vous trouver. Je vous supposais sur la route de Paris, parce que je suppose toujours qu'on va où le cœur mène et où l'on peut être utile à ses amis. Il est curieux de penser comme les liens de l'affection forment une chaîne. Comment ! moi-même, retirée du monde, étrangère à tout, est-ce que je n'ai pas été fâchée de voir un homme distingué éloigné des affaires! Est-ce l'intérêt que vous m'y avez fait prendre? ou bien est-ce, comme Française, que j'aime à trouver en honneur dans mon pays le mérite et la supériorité?

« Je ne suis plus si isolée en ce moment. J'ai avec moi ma cousine la grande-duchesse de Bade ; c'est bien la personne la plus distinguée qu'on puisse rencontrer. Le brillant de son imagination, la vivacité de son esprit, sa raison, et ce charme qui naît de l'accord de toutes les facultés, en font une femme charmante et remarquable ; elle anime ma retraite, adoucit ma profonde douleur. Nous parlons la langue de la patrie; c'est celle du cœur, et vous la connaissez, puisqu'à Rome nous nous entendions si bien. Aussi je réclame votre promesse de passer par Arenenberg. Il me sera toujours bien doux de vous revoir: je ne puis vous séparer d'une de mes plus vives douleurs; c'est vous dire que vous m'êtes chère et que je serai heureuse de retrouver l'occasion de vous assurer de tous mes sentiments.

« HORTENSE. »

LIVRE VI

Mme Récamier, en arrivant cette fois à Naples, n'y fut point accueillie, comme en 1813, par le gracieux empressement d'une reine française qui mettait à ses pieds sa cour et son royaume. Mais, à défaut de ces très-douces et royales attentions, elle rencontra dans une famille de compatriotes les soins de la plus cordiale amitié. M. Charles Lefebvre s'était établi à Naples avec les Français qui suivirent dans ces belles contrées la fortune du roi Joseph, lorsque Napoléon le fit momentanément asseoir sur ce trône, qu'il dut ensuite échanger contre celui de l'Espagne, pour obéir à la volonté du donneur de couronnes.

M. Lefebvre resta à Naples sous le roi Joachim et fut nommé receveur des finances pour la province de

Lecce. Doué d'une vive intelligence des affaires et de beaucoup d'activité, il avait en outre une force et une constance dans la volonté, peu communes au degré où il les possédait. Il acquit en peu d'années une fortune considérable et fonda à l'Isola di Sora une grande papeterie, la première de ce genre, et, je crois, la seule qu'ait jamais possédée le royaume de Naples. Cette papeterie est à présent aux mains de MM. Didot.

Le retour de Ferdinand I⁰ʳ fit disparaître à peu près toute la colonie française que la conquête avait amenée, parce qu'elle ne se composait guère que de fonctionnaires. Quant à M. Lefebvre, il trouva protection et faveur sous le régime des Bourbons comme il l'avait obtenue du gouvernement de Murat, et lorsque Mme Récamier le revit à Naples, il y jouissait d'une considération méritée. Sa maison était sous l'empire doux et trop limité d'une femme belle, bonne, qui lui avait donné de nombreux enfants, beaux comme leur mère; et cet intérieur eût été l'idéal d'une famille bien ordonnée, si un caractère plus facile et moins d'âpreté dans la volonté de son chef n'eussent fait sentir sans cesse une autorité devant laquelle tout devait plier.

Mme Lefebvre est morte la première, après avoir eu la douleur de survivre à un de ses fils et à ses deux filles, la marquise de Raigecourt et la princesse de Lequile. M. Lefebvre reçut de Ferdinand II le titre de comte de Balsorano. A l'époque de la constitution, il fut élevé au rang de pair du royaume, et il est mort l'année dernière, dans un âge très-avancé.

Ces deux époux, avec les nuances très-diverses de leurs caractères, rivalisèrent d'égards et de soins empressés pour Mme Récamier. A force d'instances, ils avaient obtenu qu'elle acceptât chez eux une élégante et affectueuse hospitalité.

Les voyageurs du nord visitent le plus habituellement les heureuses contrées du midi pendant la saison d'hiver; ils y vont chercher un climat plus doux et un ciel plus clément; ce n'est pourtant qu'en passant un été à Naples, en Sicile ou en Grèce, qu'on se rend compte de ce qu'est, sous ces latitudes favorisées, la splendeur du jour et la magie du soleil.

Mme Récamier en fit l'expérience : logée à Chiaja, ayant sous les fenêtres de son appartement la verdure, un peu maigre j'en conviens, de la Villa Reale, elle ne pouvait se lasser, non plus que les amis qui l'accompagnaient, du spectacle que leur offraient à toute heure ces rivages enchantés et cette île de Capri, qui pour eux fermaient l'horizon, baignés dans l'or d'une éclatante lumière. M. Ballanche, qui convenait lui-même n'être que faiblement touché par la vue du plus beau monument des arts, ne restait point insensible à ces magnificences de la nature. Pour M. Ampère, il préludait, par ce voyage accompli dans une société qui lui était chère, aux longs pèlerinages que son insatiable curiosité lui a fait depuis entreprendre ; il jouissait de tout, embrassait tout, s'intéressait à tout avec l'ardeur de son âge et de son caractère, et apportait dans la petite colonie un mouvement plein d'intérêt, en contraste piquant avec la contemplation méditative du philosophe Ballanche.

Cependant Mme Récamier, sous l'influence des chaleurs et de l'inquiétude que lui donnait la destinée de M. de Chateaubriand, avait presque perdu le sommeil; pour le lui faire recouvrer, il fallut pendant plusieurs semaines qu'elle allât chaque soir coucher sur les hauteurs de Naples, à Capo di Monte. Dans la disposition d'âme où elle se trouvait, sa plus agréable distraction, le plus sûr moyen de l'intéresser aux lieux qu'elle habitait ou aux sites qu'elle parcourait, c'était de les visiter en prenant pour guides les pages immortelles que ces lieux avaient inspirées à M. de Chateaubriand ou à Mme de Staël. On résolut de faire le tour du golfe, de visiter les Écoles de Virgile, Pouzzoles, Baja, et le cap Misène par mer.

Mme Lefebvre, qui était la plus entendue et la plus attentive des maîtresses de maison, prit la peine de combiner et d'ordonner tous les détails matériels de cette journée dont l'intérêt et le plaisir étaient loin de la séduire. On partit de grand matin dans une barque commode, avec de très-bons rameurs et une voilure solide. La prévoyance de Mme Lefebvre avait abondamment pourvu aux vivres; on établit Mme Récamier sur des coussins et des châles, et on vogua par un temps superbe, une mer bleue, un ciel sans nuages, en relisant les *Martyrs* et même en consultant Strabon dont M. Ballanche s'était muni. Au milieu des enchantements de ce voyage, on fut très-surpris, et je dois le dire, très-désappointé en débarquant au cap Misène. Ce cap est une langue de terre, plate et sans caractère; quelques tristes peupliers y élèvent leurs cimes, et si on dépouillait ce coin du rivage de Naples de la lumière qui prête à tout de la beauté, il n'y resterait rien. Assise au pied d'un arbre, Mme Récamier se fit relire l'improvisation au cap Misène, et on dut convenir unanimement que Mme de Staël n'avait sans doute pas visité ces lieux, avant de les donner pour cadre à la grande scène de son roman. De Misène, on n'aperçoit qu'à peine dans un lointain effacé la cime du Vésuve, et on loua Gérard de ne s'être pas cru obligé à une plus stricte exactitude. Le paysage dans lequel il a placé sa *Corinne* vaut mieux que la réalité.

Mme Récamier n'avait pu revoir ces beaux rivages de Naples, sans que le souvenir de Mme Murat ne revînt à sa pensée; aussi un de ses premiers soins avait-il été de lui écrire.

Après la catastrophe qui termina la vie de Murat

et la perte de son trône, la reine de Naples, sous le titre de comtesse de Lipona (anagramme du nom de la belle cité sur laquelle elle avait régné, *Napoli*), dépouillée de ses biens personnels que l'Angleterre pourtant lui avait garantis, habita plusieurs années le château de Raimbourg en Autriche. Dans cette résidence, très-rapprochée de Vienne, elle avait consacré tous ses soins à l'achèvement de l'éducation de ses quatre enfants. Malgré la protection constante qu'elle trouva dans le tout-puissant prince de Metternich, Mme Murat sollicita vainement la faveur accordée à presque tous ses proches de s'établir à Rome, qu'on trouvait sans doute trop rapprochée de Naples; mais on lui avait permis d'habiter Trieste, où Mme Récamier lui adressa sa lettre. En écrivant à la reine, elle lui annonça l'intention formelle où elle était de l'aller visiter à Trieste avant de rentrer en France; elle en reçut bientôt la réponse suivante :

LA COMTESSE DE LIPONA A Mme RÉCAMIER.

« Trieste, le 11 novembre 1824.

« En voyant la date de votre lettre, j'ai frémi; depuis dix ans un pareil *nom* ne m'était pas parvenu, et j'évitais de me le rappeler, non par indifférence, mais par la crainte de compromettre des personnes qui m'ont montré du dévouement et qui me sont chères. Jugez donc de ma joie, lorsque j'ai reconnu l'écriture de mon aimable Juliette. C'était le jour de ma fête, à mon réveil, que votre lettre m'est parvenue, et certes aucun bouquet ne pouvait être reçu avec plus de plaisir que les expressions de votre si bonne amitié. Vous avez donc pensé à moi? Vos tendres souvenirs ont réveillé les miens, et je me suis transportée au temps où je jouissais de votre société.

« Je voudrais encore retrouver le même plaisir; ce n'est qu'en vous voyant que je pourrai vous dire les persécutions qu'on me fait essuyer au nom du gouvernement français, et qui sont trop longues à expliquer par lettre. Par un arrêté du 6 juin, pris à Paris par les ministres étrangers, on décide que je ne puis habiter ni l'Italie, ni les Pays-Bas, ni la Suisse; on me permet l'Allemagne et l'Amérique. Par une injustice sans exemple, on me force à voyager, à changer à chaque instant de pays, et on retient en même temps mes biens particuliers de France et de Naples. Jugez dans quelle gêne je me trouve à Trieste! Vous voyez donc que je ne puis vous rien dire sur mon avenir. Je suis sûre que si je pouvais vous voir, vous parler, vous pourriez, à votre retour en France, vous occuper avec succès de mes justes réclamations.

« Ma position dans ce moment est bien triste; j'ai aussi le chagrin d'être séparée de mes deux fils. Les persécutions dont nous sommes l'objet les ont forcés à se rendre en Amérique. Achille y est depuis deux ans; mon second fils m'a quittée il y a quinze jours. Cette séparation a déchiré mon cœur; me voilà seule avec ma seconde fille qui ne tardera pas à s'établir. L'isolement dans lequel je me trouve devrait calmer toutes les inquiétudes et me donner le repos auquel j'aspire depuis si longtemps, et que je ne puis obtenir. Si on pouvait lire dans mes pensées les plus secrètes, on verrait que je ne demande que le calme; mais pourquoi me refuse-t-on ce que ma famille a obtenu si aisément? elle est tranquille à Rome, elle voyage et n'éprouve aucun désagrément... Je suis la seule persécutée.

« J'ai vu ma fille Létitia [1] qui vous trouve toujours aimable, belle, ce qui ne me cause aucun étonnement; ce qui me surprend, c'est d'apprendre que votre petite nièce qui était si délicate (et dont je regarde le portrait en vous écrivant) est devenue belle et fraîche. J'ai été touchée des compliments qu'elle m'envoie par ma fille; c'est d'autant plus aimable qu'elle était dans l'âge où l'on oublie les absents.

« J'ai été sensible au souvenir de l'abbé de Rohan; s'il ne se fait pas un *scrupule* de ma pensée, dites-lui que je me recommande à ses prières; faites par un homme aussi bon que lui, elles doivent être exaucées.

---

1. Mariée au marquis Pepoli à Bologne.

Sa vocation ne me surprend pas ; toute âme tendre est portée aux extrêmes.

« Croyez, ma chère Juliette, que si vous me donnez le plaisir de vous embrasser, ce sera le plus grand bonheur que j'aurai éprouvé depuis onze ans.

« Je passerai l'hiver à Trieste. Un mot de réponse qui me prouve que vous avez reçu ma lettre.

« Je vous embrasse, ma chère Juliette.

« CAROLINE. »

Nous ne suivrons pas Mme Récamier dans les courses qu'elle fit aux environs de Naples avec sa nièce et ses deux fidèles compagnons de voyage, cherchant à Linterne le tombeau de Scipion l'Africain, que personne n'y a jamais trouvé, visitant Pæstum et la Cava, ou assistant à la fête de la Madonna di Piè di Grotta ; mais nous rappellerons la joie avec laquelle l'amie dévouée de M. de Chateaubriand salua de loin sur la terre étrangère l'avénement du roi Charles X. qui lui semblait d'un heureux augure pour la pacification des rapports de l'illustre écrivain.

Toutefois il devait s'écouler bien du temps, et M. de Chateaubriand devait rendre bien des combats avant que l'adversaire auquel il avait déclaré une guerre à mort cédât la place à une plus libérale influence, et que M. de Chateaubriand consentît à désarmer. Cependant le ministre disgracié qui, après la clôture de la session des chambres, avait été rejoindre sa femme en Suisse, revint immédiatement à Paris sur le bruit de la maladie de Louis XVIII, et ce prince étant mort le 16 septembre, l'auteur de *Bonaparte et les Bourbons* fit paraître sa brochure ayant pour titre : *le Roi est mort, vive le Roi!*

La saison que Mme Récamier passa à Naples n'étant point, comme nous l'avons dit, celle où d'ordinaire ce beau pays est visité par les étrangers, elle y vécut presque uniquement dans le cercle des amis dévoués qui avaient suivi ses pas. Je dois pourtant nommer ici un patriote illustre et respecté, le général Filangieri, dont elle appréciait le caractère élevé et les opinions libérales. Le général était alors en disgrâce, presque en suspicion; il désapprouvait hautement la marche imprimée au gouvernement de son pays, et sa conversation, empreinte d'une généreuse tristesse, intéressait beaucoup Mme Récamier.

« Je consignerai aussi la première apparition dans sa société d'un jeune Français destiné à s'associer bientôt aux affections les plus intimes et les plus chères de Mme Récamier. M. Charles Lenormant, après avoir parcouru toute la péninsule, avait fait le voyage de Sicile, et, revenu à Naples, s'y sentait retenu par son goût pour les arts et sa passion pour l'étude de l'antiquité. Amené un soir chez Mme Lefebvre par un ami intime de son mari, le

marquis della Greca, M. Lenormant déjà connu de
M. Ballanche et de M. Ampère, les retrouva avec
grand plaisir dans cette maison. On le présenta à
Mme Récamier ; celle-ci adressa à ce jeune compa-
triote quelques questions bienveillantes sur ses projets, ses goûts d'étude, et apprenant de lui qu'il
devait passer l'hiver à Rome, elle l'engagea à venir
quelquefois chercher chez elle une société française
dont il serait toujours bien accueilli.

Quelques jours après, M. J.-J. Ampère, rappelé
en France auprès de son excellent et illustre père,
s'arrachait avec un grand effort à un pays où tout
parlait à sa vive et brillante imagination, où, grâce
à l'affection aimable et vraie d'une personne supérieure, il avait trouvé, sous le plus beau ciel, tout
le charme et la sécurité d'une vie de famille au milieu des jouissances de sérieux travaux. Son départ
laissa un vide bien senti dans le cercle de Mme Récamier.

Le duc Mathieu de Montmorency, au moment où
son cousin se disposait à retourner à son poste diplomatique, avait repris avec plus de vivacité au projet, toujours profondément enraciné dans son cœur,
de visiter la capitale du monde chrétien. L'ouverture
prochaine du jubilé était un motif de plus pour lui
d'aspirer à ce voyage, auquel les circonstances politiques elles-mêmes semblaient donner une convenance

Le duc de Doudeauville écrivait à propos de ce voyage :

« M. de Montmorency a envie d'aller vous faire
« une visite; je l'y pousse tant que je peux, et je lui
« conseille ce que je me conseillerais à moi-même
« en pareil cas. Sa position est embarrassante, elle
« le deviendra bien plus encore pendant les cham-
« bres. Beaucoup de gens le désirent au ministère;
« on dira qu'il les fait agir, et qu'il agit lui-même
« pour y parvenir; s'il vote contre quelque loi, le roi
« lui en saura très-mauvais gré. Il est plus noble, et
« j'ajouterai, plus adroit de s'éloigner, laissant les
« circonstances et ses amis le faire arriver.

« Le roi est très-décidé à ne pas changer ses mi-
« nistres; nous verrons si les chambres lui feront
« prendre un autre parti. Il me traite avec une
« extrême bonté, et cela me dédommage de bien des
« ennuis de ma très-belle place. J'ai un petit mérite
« pour la remplir : c'est une grande indépendance
« de caractère et de position, qui me met à même de
« résister aux prétentions d'hommes très-puissants;
« peu de gens peuvent et veulent soutenir cette lutte.

« Tout le monde est enchanté de notre nouveau
« monarque, et l'on est émerveillé de voir les libé-
« raux chanter les louanges de ce prince du pavil-
« lon Marsan qu'ils redoutaient et qu'ils attaquaient
« depuis dix ans si cruellement.

« Le sacre doit avoir lieu au printemps à Reims;
« ce sera un beau moment pour M. de Jessaint qui
« avait l'inquiétude qu'on ne mît quelque personne
« en faveur dans cette préfecture, fort enviée aujour-
« d'hui ; mais je l'ai bien rassuré. »

Mme Récamier, en retournant à Rome, se croyait donc certaine de l'arrivée prochaine du meilleur de ses amis.

Le duc de Laval lui écrivait à son tour au moment de quitter Paris :

LE DUC DE LAVAL MONTMORENCY A Mme RÉCAMIER.

« Paris, 23 octobre 1824.

« Vous savez ce que c'est que les derniers moments avant le départ. Tout est confusion, presse, et l'on ne trouve pas une minute de repos ; c'est ma situation. Ceci ne sera donc qu'un mot pour vous reprocher de ne plus m'écrire. Mais nous savons que vous devez arriver à Rome vers cette époque, que M. Ampère vous a quittée pour s'embarquer et rentrer en France. Quant à moi, je n'ai plus que quarante-huit heures à passer ici, et je compte sur quinze jours de route. Je vous écrirai de Turin un mot qui me précédera.

« Quant au cousin, son voyage est dans les incertitudes, les probabilités. L'envie est vraie, très-réelle de sa part, mais la décision n'appartient pas à lui seul.

« Quel charme n'y aurait-il pas de nous trouver tous trois, lorsqu'on ouvrira la porte sainte, tous trois amenés par des voies si diverses !

« *René* vient d'arriver, se tait en ce moment, mais se prépare au combat. Toutes les négociations ont échoué. Mille tendres assurances du plus inaltérable sentiment. »

Ce fut donc avec un vrai plaisir, et une espérance qui lui était fort douce, que Mme Récamier revint, avec sa nièce et le fidèle Ballanche, dans cette Rome dont le charme exerce sur tous ceux qui l'ont habitée un tel empire, qu'on ressent pour elle quelque chose de l'amour qu'on a pour sa patrie. Elle y précéda de peu de jours son ami l'ambassadeur de France, et s'établit cette fois au palais Sciarra dans le Corso, dans un appartement que lui louait meublé un Anglais, homme d'esprit et de bonne compagnie, lord Kinnaird.

Le duc de Laval, au milieu de toutes les nouvelles qu'il apportait de France, ne laissait pas beaucoup espérer la réalisation du projet de voyage du duc Mathieu; il était porteur d'une lettre du duc de Doudeauville conçue en ces termes :

LE DUC DE DOUDEAUVILLE A Mme RÉCAMIER.

« Ce 26 octobre.

« Je profite du duc de Laval pour vous porter ma réponse, Madame ; c'est une occasion plus sûre d'arriver, mais moins favorable pour être reçu, car le porteur sera bien plus intéressant à entendre que la missive à lire ; mais il ne vous dira que faiblement combien je suis toujours occupé de vous, combien je vous ai regrettée pour les affaires, combien je vous regrette pour moi-même et combien je serais tenté d'aller vous retrouver.

« Nous sommes toujours dans la même position : le roi vu avec enthousiasme par toute la France, et avec indulgence même par les libéraux; les ministres toujours attaqués avec violence (excepté votre serviteur que tous les partis ont bien voulu épargner jusqu'à présent), et trop soutenus par le roi pour avoir rien à craindre, même des chambres, du moins dans la session prochaine qui, à raison de l'indemnité des émigrés, doit plutôt leur être favorable ; M. de Chateaubriand étant entré ouvertement contre eux dans la lice, ainsi que vous l'avez vu, et ayant peu d'espoir, malgré son talent, dont il fait un mauvais usage dans son intérêt, de recouvrer la place dont il montre des regrets peu calculés.

« Mathieu aurait plus d'espérance par la manière noble dont il est sorti, et par la manière sage dont il s'est conduit depuis lors. Il est forcé de renoncer à son voyage d'Italie, par la tendresse déraisonnable et personnelle de sa mère. J'en suis fâché, c'était le moment le plus favorable d'exécuter ce projet; il vous trouvait à Rome ainsi que son cousin, il échappait ici à une position fausse et embarrassante : car il va être le but des espérances des uns, des inquiétudes des autres, enfin le point de mire de tous les partis; cette position sera surtout très-délicate vis-à-vis du roi. Je regrette donc beaucoup qu'il n'ait pu faire ce beau voyage, projeté et remis tant de fois.

« Mon fils est jusqu'au cou dans les affaires des arts et des spectacles que je lui ai abandonnés. Je regrette peu les derniers, vous vous en doutez; mais je regretterais beaucoup les autres, si ce n'était un autre moi-même qui en eût hérité.

« Quant à moi, je suis accablé d'affaires, car je travaille depuis six heures et demie du matin jusqu'au dîner, et je recommence à huit jusqu'à près de onze pour recevoir des rendez-vous.

« J'ai trouvé vingt mille pétitions, j'en ai reçu dix mille, et avec quelques centaines de mille francs à distribuer, j'ai depuis un an reçu pour cinquante-trois millions de demandes. Plaignez-moi d'avoir tant à refuser, quand j'aimerais tant à accorder. »

Si Mme Récamier avait pu garder encore quelque
illusion sur la possibilité du voyage de son saint
ami à Rome, elle l'eût vu s'évanouir à la lecture de
la lettre suivante.

LE DUC MATHIEU DE MONTMORENCY A Mme RÉCAMIER.

« La Vallée-aux-Loups, le 15 septembre 1824.

« Je vous écris quelques mots, aimable amie, de
mon vallon solitaire, où votre souvenir est présent
de bien des manières, et qu'il y a cinq jours encore
je croyais quitter pour plusieurs mois. Adrien vous
aura déjà appris ce dérangement de mes projets,
qui m'a été vraiment fort pénible. Il vous aura dit
que, mon plan de route déjà arrêté, les paquets à
demi faits, et lorsque mon cœur se fixait déjà sur la
pensée de ce jour où, arrivé dans la ville immortelle,
je n'aurais rien de plus pressé que de me faire conduire dans votre modeste et agréable retraite, tout
d'un coup ces douces espérances se sont évanouies.

« Le courage m'a manqué pour braver la peine
extrême et vraiment déraisonnable de ma mère,
pour la laisser un peu souffrante, attribuant son indisposition à l'effet de mon départ, et disant que je
ne la retrouverais pas, de ce ton sévère et maternel
qui m'aurait rendu le plus malheureux des hommes
si elle avait été vraiment malade en mon absence.

Je crois que vous en auriez fait autant à ma place.

« J'avais été fort contre les amis politiques qui insistaient en très-grande majorité contre ce voyage; j'ai été faible contre un sentiment qui, de l'aveu même de celle qui l'éprouvait, ne pouvait pas se combattre par des raisons. Mais l'image de Rome, et la vôtre surtout, et cette Année sainte, qui n'était pas assez mon motif pour que j'aie mérité que la bonne Providence écartât les obstacles que j'avais toujours prévus, tout cela m'apparaît sans cesse. Plaignez-moi.

« J'avais déjà prévenu Mme de Broglie de mon projet de passer par Coppet, pour me donner quelques heures d'une station chère et pénible tout à la fois, mais depuis longtemps désirée[1]. Elle consentait à m'attendre, et c'est par le dernier courrier que je l'ai remerciée de sa bonne volonté, en lui disant que je n'en profiterais pas.

« Je ne suis pas trop en train, aimable amie, de vous parler de la politique. Aurez-vous été trompée, comme tout Paris, par un article du *Journal des Débats*, où M. de Salvandy a osé imiter M. de Chateaubriand, et lui a attiré des compliments?

« Non, vous ne saurez jamais comme je regrette cet hiver passé avec vous, et cette initiation, faite sous vos aimables auspices, aux plus belles mer-

---

1. La dépouille mortelle de Mme de Staël est déposée à Coppet auprès de M. et de Mme Necker.

veilles des arts ! Plaignez-moi, rendez-moi justice, et croyez à un sentiment qui durera autant que moi.

« Avez-vous lu la dernière brochure d'un homme de vos amis[1]? Je ne crois pas qu'il ait pris la meilleure route. »

Lorsque Mme Récamier était arrivée à Rome l'année précédente, elle avait cherché avec empressement le frère de l'artiste illustre qui, dix ans auparavant, l'avait accueillie, exilée, avec une distinction si bienveillante, et qui lui avait ensuite et jusqu'à sa mort témoigné une véritable amitié. Elle trouva l'abbé Canova dans l'appartement qu'il habitait en 1813 avec son frère, entouré des mêmes serviteurs, menant la même vie, conservant encore les ateliers, *studj,* du grand sculpteur, que les étrangers visitaient toujours. Ils y admiraient une œuvre à peu près complète de Canova, dans une reproduction en plâtre de presque tous ses ouvrages, et quelques marbres en petit nombre dus à ce gracieux ciseau ; enfin, les praticiens y travaillaient à l'exécution de plusieurs figures en marbre, modelées par Canova et commandées par la Russie et l'Angleterre.

La promenade à l'atelier désert du grand artiste fut très-mélancolique ; Mme Récamier y revit le buste que Canova avait modelé d'après son souvenir, et

---

1. Une courte brochure intitulée : *De l'abolition de la censure.*

auquel, après y avoir ajouté un voile et une couronne, il avait, on doit se le rappeler, donné le nom de la *Béatrice du Dante*. Ce buste, exécuté en marbre, était une des dernières choses auxquelles l'artiste avait travaillé. En voyant avec quel attendrissement Mme Récamier le contemplait, le bon abbé eut l'idée de le lui offrir, et il le lui envoya en effet à l'Abbaye-au-Bois, aussitôt après qu'elle fut retournée en France. Cette communauté de regrets donnés à la mémoire de Canova devint un lien de plus entre son frère et Mme Récamier ; il trouvait en elle un auditeur toujours attentif lorsqu'il lui parlait du grand artiste.

On sait que Canova, né en terre ferme dans les États vénitiens, avait conservé un religieux attachement pour son village natal de Possagno : il y possédait une modeste maison, dans laquelle il allait souvent se reposer. C'est dans un de ces voyages à Possagno, où il projetait de faire élever une église monumentale, qu'il fut frappé par le mal dont il mourut en quelques jours à Venise au mois d'octobre 1822.

Son testament affectait à la construction de l'église de Possagno une notable partie de sa fortune, et il y exprimait le vœu d'être enterré dans le lieu obscur qui avait été son berceau. L'abbé poursuivait avec un zèle touchant l'œuvre de l'achèvement de l'église, et l'on verra Mme Récamier, dans sa route pour Trieste, se détourner pour accomplir un pèlerinage au lieu de naissance de l'ami qu'elle avait perdu.

Depuis la mort de Canova, le sceptre de la sculpture avait passé aux mains de Thorwaldsen ; cet artiste qui ne déploya pas moins d'esprit de conduite que de talent, avait su se faire accepter par les Italiens, tout en devenant l'objet de l'orgueil des peuples du nord. Ses compositions avaient de l'originalité, et son style n'était pas dépourvu de grandeur. Parmi les jeunes gens qui fréquentaient son atelier, il avait distingué de bonne heure le jeune Pietro Tenerani qui, aujourd'hui dans sa vieillesse, est sans contredit le premier sculpteur de l'Italie.

On n'a jamais su toutes les obligations que Thorwaldsen a pu avoir à la collaboration de Tenerani ; celui-ci, plein de reconnaissance envers son maître, et aussi distingué d'ailleurs par la délicatesse de ses sentiments que par son génie, s'est toujours attaché à repousser les insinuations qui lui attribuaient l'achèvement des plus beaux marbres de Thorwaldsen. Ce qui est certain c'est que, depuis la mort du statuaire danois, Tenerani a produit, presque dans tous les genres, des œuvres excellentes, remarquables sous le rapport de la pensée, et auxquelles une exécution, à la fois fine, noble et vraie, donne un prix tout particulier.

Mme Récamier, en visitant l'atelier de Thorwaldsen à la place Barberini, et celui que son élève favori, le doux et aimable Tenerani, occupait à la suite de ceux de son maître, avait l'imagination tout occupée du désir de faire consacrer par la sculpture une des créations poétiques de M. de Chateaubriand.

Il lui sembla que le talent chaste et délicat de Tenerani se prêterait mieux qu'aucun autre à la réalisation de cette pensée, et elle lui demanda de vouloir bien exécuter pour elle un bas-relief dont le sujet serait emprunté au poëme des *Martyrs*.

L'artiste accepta avec joie cette proposition et se mit promptement à l'œuvre. La composition une fois arrêtée, l'atelier de Tenerani devint le but fréquent des visites de Mme Récamier et de ses amis. Pour celle-ci, dans la sorte d'anxiété douloureuse que lui causait à distance la destinée brusquement troublée de son illustre ami, et dans l'impossibilité de travailler efficacement, soit à ramener le calme dans son esprit ulcéré, soit à raffermir son existence, elle trouvait beaucoup d'intérêt et de charme à suivre les progrès d'un monument fait pour honorer d'une façon durable un nom glorieux qui lui était cher, et qui devait survivre aux orages, aux ambitions, aux controverses au milieu desquelles ce nom se discutait dans le présent.

Le bas-relief représente le martyre d'Eudore et de Cymodocée, condamnés à être livrés aux bêtes dans le Colisée. Commencé dans l'hiver de 1824 [1], il fut terminé en 1828 pendant l'ambassade de M. de Chateaubriand à Rome, et on trouvera dans les lettres que l'auteur des *Martyrs* adressait à cette époque à Mme Récamier, la mention des visites qu'il allait faire à l'atelier de Tenerani pour y voir son bas-relief.

Cet admirable et, je crois, unique échantillon du talent de Tenerani en France, a été légué par Mme Récamier au musée de Saint-Malo.

Ce second hiver à Rome ne fut pas moins animé, mais le fut d'une manière tout autre que celui qui l'avait précédé. La prochaine ouverture du jubilé amenait un grand concours de voyageurs, et parmi eux, on vit arriver une colonie de Français du rang le plus élevé : le baron et la baronne de Montmorency, le duc de Noailles, récemment marié à Mlle de Mortemart, et sa jeune femme, que Mme Récamier rencontra chez l'ambassadeur de France, mais

---

[1]. Voici le texte même du traité par lequel Tenerani acceptait la commande de Mme Récamier :

« Dichiarasi da me infrascrittto aver ricevuto scudi trecento trenta della illustrissima signora Recamier; e questi sono in conto di luigi cento cinquanta (3,600 fr.) prezzo convenuto per un bassorilievo che per suo ordine eseguisco in marmo statuario di Carrara, conforme al modello già fatto; il di cui soggetto, tratto dai *Martiri* di Chateaubriand, esprime Eudoro e Cimodocea condannati a perire nell'anfiteatro Flavio, pasto di una tigre.

In fede.
            Pietro TENERANI.

« Roma, questo dì, 29 dicembre 1824. »

avec lesquels elle ne noua point encore la relation intime qui devait quelques années plus tard se former entre elle et ce couple si distingué, et qui faisait dire à Mme Récamier « que le duc de Noailles était le *dernier* et le plus jeune de ceux à qui elle avait accordé le titre de véritable ami; » la comtesse d'Hautefort, M. et Mme de Boissy, M. et Mme Anjorrand, le chevalier de Pinieu, etc.; et en outre, une colonie non moins nombreuse, non moins brillante, de Russes, parmi lesquels la comtesse de Nesselrode que Mme Récamier retrouva avec un plaisir réel, car c'était une personne à la fois spirituelle, naturelle et parfaitement originale; Mme Swetchine, dont elle apprécia vite l'âme élevée, l'intelligence supérieure et la bonté.

Mme Swetchine avait une conversation très-attachante, parfois éloquente, et la nature de son esprit, préoccupé surtout alors de spéculations philosophiques, avait un attrait tout particulier pour M. Ballanche. Il arrivait pourtant au bon Ballanche, si accoutumé à vivre par la pensée dans les régions les plus déliées de la métaphysique, de trouver des nuages ou trop de subtilités à son interlocutrice.

Mme Swetchine était arrivée à Rome l'esprit imbu de quelques préventions contre Mme Récamier, préventions qui tombèrent d'elles-mêmes, aussitôt qu'elle l'eut personnellement connue. Cette disposition défavorable fit place à un goût très-vif; on en voit l'expression dans une lettre qu'elle adressait à

Mme Récamier, pendant la course assez rapide qu'elle fit à Naples en compagnie de Mme de Nesselrode. Voici cette lettre : elle peut servir à faire connaître aux personnes qui n'ont point eu l'honneur de l'approcher la tournure d'esprit de cette grande dame russe.

Mme SWETCHINE A Mme RÉCAMIER.

« Samedi, 1825.

« Nous voici à Naples, heureusement échappées à des dangers qui, dans ce moment surtout, sont loin d'être chimériques. Le plus beau temps du moins a favorisé notre voyage; point d'inquiétudes, point de retards, enfin tout m'a paru bien, hors d'être partie en m'éloignant de Rome. A mesure que le ciel s'éclaircissait, que l'air devenait plus doux, je regrettais davantage de vous avoir empêchée de venir. C'était m'oublier complétement moi-même, et j'approuvais moins mon désintéressement, que ma tristesse n'en demandait compte. C'est comme cela cependant que je veux toujours faire avec vous; il me semble qu'un sacrifice volontaire nous rachète toujours quelque peu des peines que nous craignons davantage, et quand vous me trouverez généreuse, dites-vous que c'est un calcul presque superstitieux qui fait tout le secret de mon courage. Notre rapprochement, nos impressions si rapides, ma joie, ma peine, tout cela me paraît comme un rêve ; je sais seulement que je voudrais avoir toujours rêvé. Je me suis sentie liée avant de songer à m'en défendre ; j'ai cédé à ce charme pénétrant, indéfinissable, qui vous assujettit même ceux dont vous ne vous souciez pas. Si nous nous étions trompées toutes deux, je serais sans consolation, et ma raison ne serait pas sans reproche ; mais qu'importe d'avoir été prudent, quand on est bien malheureux ! Vous me manquez comme si nous avions passé beaucoup de temps ensemble, comme si nous avions beaucoup de souvenirs communs. Comment s'appauvrit-on à ce point de ce qu'on ne possédait pas hier? Ce serait inexplicable, s'il n'y avait pas un peu d'éternité dans certains sentiments. On dirait que les âmes, en se touchant, se dérobent à toutes les conditions de notre pauvre existence, et que plus libres et plus heureuses, elles obéissent déjà aux lois d'un monde meilleur.

« Nous sommes arrivées hier à la nuit tombante ; bientôt après la lune s'est levée sur cet admirable golfe ; aujourd'hui, j'ai vu lever le soleil, et c'est seulement pour vous écrire que je quitte ce ravissant spectacle. Mon Dieu, que vous avez dû souffrir ici ! Voilà ce que je me suis déjà dit cent fois ; ce qui satisfait pleinement en nous le sentiment du beau réveille aussi avec plus de force le besoin du bonheur qui ne s'éteint jamais qu'avec la fin du bonheur même. On a beau se demander par quel mystère d'ingratitude l'admiration ne nous suffit pas ; s'il faut posséder tout pour jouir de quelque chose, la souffrance seule répond peut-être. N'avez-vous pas senti cela comme moi ? Quelquefois les cœurs les plus semblables résonnent différemment aux mêmes influences. Vous avez été bien bonne pour moi, bien bonne d'accent et de paroles ; mais ce qui a pénétré le plus avant, ce sont ces éclairs d'une confiance que vous ne vouliez pas encore me donner.

« Quand vous me connaîtrez davantage, vous ne songerez même pas à me contester le droit de tout savoir. Ce ne sera alors qu'un acte de justice ; aujourd'hui c'est une grâce, et je suis comme bien des gens, j'aime mieux la recevoir que la mériter. Je donnerais déjà, et tout ce que j'ai, et tout ce qui me manque, pour vous savoir heureuse ; soyez-le sans moi, à la bonne heure ; mais pour vos peines, j'en réclame hautement le partage. Croyez-le, il n'est pas de titre mieux établi et que je sois plus décidée à faire valoir.

« Cette lettre, comme vous voyez, est simplement destinée à continuer notre dernière conversation qui m'a laissé une impression si douce et si triste à la fois. Je ne vous dirai pas autre chose, parce que je n'ai pu penser à autre chose, et vous n'exigerez pas que ce soit précisément pour vous écrire que je m'arrache à vous-même. Ce serait bien la peine, en vérité! on a trop de choses indifférentes pour les indifférents eux-mêmes.

« Rappelez-moi au duc de Laval que j'associe avec tant de reconnaissance aux sentiments que je lui dois; je compte tout à fait sur son intérêt, depuis qu'il a pour lui l'attrait et le souvenir d'une bonne action. »

Mme Récamier se plaignait d'être depuis quelques semaines sans nouvelles de M. de Montmorency. Aux reproches qu'elle lui avait adressés sur ce silence, il répondait :

LE DUC MATHIEU DE MONTMORENCY A Mme RÉCAMIER.

« Paris, ce 26 janvier 1825.

« J'ai reçu l'autre jour, aimable amie, votre lettre du 11, qui me désole, parce que vous êtes vous-même désolée. Mais vraiment vous n'êtes pas juste dans vos reproches sur mon indifférence prétendue, sur un oubli qui est si loin de mon cœur, sur tous les sacrifices que l'amitié fait à la politique et aux affaires et qui n'ont jamais été plus loin de moi que cette année. Je suis paisible sous ce rapport, je ne m'occupe des affaires de la chambre, ou d'autres, livrées à la discussion de la société, que dans la mesure que rend inévitable mon séjour à Paris. Cette dernière circonstance n'a pas dépendu de moi, du moins de ma volonté libre; en pouvez-vous douter, aimable amie, d'après mes lettres, qui n'ont pas été toutes des réponses, d'après ce que vous a dit Adrien de ma disposition d'âme? Je voudrais pouvoir vous faire lire au fond de cette âme, qui est souvent pénétrée de regrets, lorsque je pense à vous, lorsque vos lettres arrivent, même celles de reproches.

« J'ai fait votre commission auprès de votre ami *René*, qui avait reçu la lettre grecque. Vous me demandez pourquoi je n'ai pas influé sur lui? Je croyais que vous aviez une idée plus exacte de nos relations réciproques et de la manière dont il faut entendre ce qu'Adrien appelle notre *liaison*. Il n'y a rien d'intime ni de vraiment confiant; et cela ne peut être depuis notre ancienne rivalité et d'après ce que j'ai été à même d'apprécier de son amitié, même politique, pour moi. Il reste la volonté de ne pas se brouiller, la justice qu'on se rend mutuellement sur certaines qualités, le tout avec des phrases plus ou moins obligeantes ou gracieuses, suivant les diverses circonstances, — mais cela s'est plutôt refroidi depuis les dernières, — et une certaine analogie dans les positions, avec beaucoup de différences, que les gens qui ne l'aiment pas se plaisent trop à relever. Il ne m'a pas demandé l'ombre d'un conseil ni fait de confidence sur ses démarches mêmes. Dans ce dernier cas, il s'adressait à Adrien, dont ensuite il s'est donné pour peu content.

« J'ai fait vos commissions auprès des amis communs, et au duc père [1], dont vous ne dites pas plus de bien que je n'en pense, et au fils, avec qui je suis toujours bien en famille et plus que froid sur la politique.

« Ah! nos douces soirées, quand les reverrai-je? Quand pourrai-je me venger de votre injuste manière de me juger? Vous voyez que cela me tient au cœur. Il faut finir en vous offrant un modeste présent de collier et bracelets [2] un peu sombres, mais qui convient à votre deuil de Française et à votre sérieux de femme qui va faire son jubilé. Mille hommages tendres à Amélie, dont vous ne me parlez pas. »

Enfin la porte sainte s'ouvrit à Saint-Pierre sous le marteau du souverain pontife. Cette cérémonie, très-imposante par l'affluence et le recueillement des fidèles accourus de tous les points du globe; les visites aux basiliques, aux hospices encombrés de pèlerins pauvres, dont les plus grandes dames, et j'ajoute les plus belles personnes de Rome, agenouillées, lavaient et essuyaient les pieds; cet ensemble inouï de pompeuses cérémonies, de monu-

---

1. Le duc de Doudeauville.
2. Une parure de jais : on était en deuil du roi Louis XVIII.

ments admirables, de témoignages de foi et de piété, remplit les dernières semaines du séjour de Mme Récamier. Avant de quitter Rome, elle reçut encore une lettre de son fidèle et parfait ami.

LE DUC MATHIEU DE MONTMORENCY A Mme RÉCAMIER.

« Paris, ce 24 mars 1825.

« Je voulais vous écrire, aimable amie, avant-hier en même temps qu'à Adrien ; je fus trop pressé par l'heure fixée pour un courrier de Rothschild : il s'est trouvé que ce courrier n'est pas parti, que mes lettres portées aux Affaires étrangères y sont arrivées trop tard, et, selon toute apparence, celle-ci vous arrivera aussi tôt.

« J'éprouve une véritable émotion de penser que cette lettre est vraisemblablement la dernière qui vous rejoindra à Rome, et que, peu de temps après l'avoir reçue, vous vous mettrez en route pour vous rapprocher de nous. Il reste toujours le regret presque irréparable de n'avoir pas consacré à la religion, à l'amitié et à l'instruction d'un beau voyage, cet hiver qui vient de s'écouler ; mais enfin, nous marchons rapidement vers le moment où il n'y aura pas moyen de songer à des regrets.

« Tâchez de vous arranger pour arriver au moins dans les premiers jours de mai, que nous ayons le bonheur d'en passer quelques-uns avec vous avant le départ pour Compiègne et Reims, qui jusqu'à présent n'est pas retardé au delà du 8 ou 10, quoiqu'on ait parlé d'un ajournement de quelques semaines.

« J'ai rencontré l'autre jour sur le boulevard M. Récamier, que j'abordai, et qui me confirma ces aimables projets de retour. J'ai aussi parlé de vous avec Mme de Boigne, qui est mieux, et hier même avec Mme de Broglie, que vous trouverez, je le crains, un peu maigrie et changée, mais qui est toujours la même pour son charme de douceur et de bonté, au milieu d'opinions bien vives et plus prononcées que jamais.

« Je me plains, aimable amie, de ce qu'avec votre laconisme accoutumé vous ne m'avez rien dit de l'époque précise de votre jubilé, auquel j'aimerais beaucoup à m'unir. Je fais traduire le petit livre que m'a envoyé Adrien pour les prières de la sainte année. Vous êtes bien sûre de toutes les manières d'avoir une bonne place dans les miennes pendant cette semaine qui va commencer, qui nous rappelle de si imposants mystères, et dans laquelle on repasse naturellement sur les sentiments les plus intimes et sur toutes ses affections. La mienne est inaltérable ; l'absence n'a fait que me la faire mieux sentir, et il semble que les bonnes habitudes rapportées de Rome ne feront que lui imprimer un nouveau sceau.

« Est-il vrai que vous destiniez votre bel appartement à Mme Swetchine, dont on dit que vous êtes devenue inséparable?

« Vous aurez su l'indisposition du duc de Doudeauville, qui a été un moment grave, mais qui est devenue un simple catarrhe, de jour en jour plus civilisé. Je suis charmé que vous rendiez justice à ce bon duc, à qui chaque jour m'a fait m'attacher davantage, malgré ce qu'il y a eu de différences dans notre marche à tous deux. Vous plaignez sans doute beaucoup Mme de Bourgoing[1], dont la fille paraît se mourir. Adieu, aimable amie. Hommages tendres à Amélie et bien des tendres choses à l'ambassadeur; pour vous, tout ce que vous savez. »

Mme Récamier partit de Rome, avec sa nièce et M. Ballanche, dans la semaine de Quasimodo. En se rendant à Trieste, elle avait résolu de visiter Venise, et elle s'y arrêta huit jours.

Aucune description, si fidèle qu'elle soit, ne prépare à l'impression que produit l'apparition de Venise, surgissant tout à coup du milieu des eaux aux yeux du voyageur émerveillé; c'est un coup de théâtre qui tient de la magie.

---

1. La baronne de Bourgoing, cette même amie dont il a été question lorsque Mme Récamier s'établit à l'Abbaye-au-Bois; elle était, à la date de la lettre de M. de Montmorency, surintendante de la maison royale de la Légion d'honneur à Saint-Denis, et sa fille, la maréchale duchesse de Tarente, se mourait en effet.

On nous dit que Venise a repris depuis quelques années une sorte de vie ; mais au printemps de 1825, quand Mme Récamier parcourait ses lagunes, l'aspect morne et désert de cette orgueilleuse reine de l'Adriatique avait quelque chose de navrant.

Mme Récamier avait permis à M. Charles Lenormant, fiancé de sa nièce, qui devait reprendre peu de jours après elles la route de Paris, de les rejoindre à Venise. Il fut donc le guide de la petite caravane au milieu des magnificences de tous genres, palais, églises, tableaux, sculptures, dont Venise a le droit d'être fière ; et on se sépara de nouveau, avec la certitude de se retrouver prochainement en France.

De Padoue, Mme Récamier et les fidèles compagnons de sa vie, sa nièce Amélie et M. Ballanche, se rendirent à Bassano, où le bon abbé Canova les attendait avec ses chevaux et une calèche très-légère ; car la route de Bassano à Possagno était alors fort mauvaise, en voie de redressement sur un espace considérable, et une voiture de poste chargée ne se fût jamais tirée de certains horribles passages. Il pleuvait à verse, et il fallait un vrai désir de complaire à un ami, et tout l'intérêt qu'une illustre mémoire donnait à cette course, pour l'accomplir à travers les difficultés du temps et des chemins.

Le bourg de Possagno n'a rien qui le distingue des autres villages de la Vénétie. La maison du grand homme, religieusement maintenue dans sa modestie primitive, ressemblait tout à fait à un presbytère; on n'y avait ajouté que ce qui, dans nos arrangements modernes, accroît le bien-être et les douceurs des habitudes quotidiennes. On fit visiter à Mme Récamier la petite église de village que le monument élevé par les ordres de Canova devait bientôt remplacer; elle ne comptait guère d'autre ornement à sa nudité qu'un tableau de l'éminent sculpteur, placé au-dessus du maître-autel.

Après le dîner, l'abbé reconduisit à Bassano, avec les mêmes difficultés de chemin et sous les mêmes déluges de pluie, les voyageurs français, qu'il ne devait revoir que bien des années plus tard, à Paris. L'abbé Canova fit, en effet, un dernier voyage en France, dans l'année 1840; il avait alors terminé l'église où le corps de son glorieux frère est déposé, et il avait reçu du souverain pontife le titre d'évêque de Myndus.

Le voyage de Padoue à Trieste, en passant par Trévise, Conegliano et Udine, s'accomplit à travers une contrée admirable. La nature semble avoir particulièrement favorisé ces belles provinces : fertilité du sol, riche culture, paysages pittoresques, tout conspire à faire de ce trajet un enchantement.

Le 8 mai, assez tard dans la soirée, on atteignit Trieste, et Mme Récamier voulut se faire conduire immédiatement, et nonobstant l'heure avancée, chez la majesté déchue à laquelle son amitié apportait un hommage affectueux. Guidée par un domestique de l'auberge où elle était descendue et avec le bras du fidèle Ballanche, elle arriva chez Mme Murat. Il était bien onze heures du soir; la reine venait de se mettre au lit. On ne peut se figurer la joie qu'elle exprima, lorsqu'on introduisit auprès d'elle l'amie qu'elle avait tant désiré et si peu espéré de revoir.

La conversation se prolongea longtemps ; il fallut à Mme Murat un effort de raison pour qu'elle consentît à se séparer de Mme Récamier, qui avait grand besoin de repos. Pendant ce temps, M. Ballanche, oublié dans un corridor et plongé dans quelque noble et philanthropique méditation, se promenait en long et en large, sans même voir les valets qui ronflaient à ses côtés. Le lendemain, de grand matin, un message de la reine accompagnait un bouquet des fleurs les plus belles et les plus odoriférantes.

Voici son billet :

LA COMTESSE DE LIPONA A Mme RÉCAMIER.

« Trieste, ce lundi matin, 9 mai 1825.

« Je vous envoie, ma chère et bonne Juliette, des fleurs à votre réveil. Je désirerais pouvoir jouir du même plaisir tous les matins; vous allez partir, et le bonheur que j'éprouve sera passager, mais il me laissera de doux souvenirs.

« Dites, je vous prie, à votre aimable compagnon de voyage, ma peine de savoir qu'il a été durant une heure dans les corridors avec mes gens; mais il sait vous apprécier, et il doit facilement concevoir le plaisir que j'ai eu de vous revoir, et toute occupée de vous, il m'excusera d'avoir négligé une personne que je n'ai pas le plaisir de connaître.

« Quelle journée je vais passer, chère Juliette! Dites, je vous prie, à votre nièce l'impatience que j'ai de la revoir.

« Ma fille ne me pardonne pas de ne l'avoir pas fait éveiller; vous serez la cause de la première bouderie que nous aurons eue ensemble.

« Je vous embrasse, ma chère Juliette.

« CAROLINE.

« Dites à mon valet de chambre à quelle heure vous désirez la voiture et ce que vous voulez faire aujourd'hui. »

Après un déjeuner fait à l'auberge, et selon le rendez-vous indiqué le matin, on monta dans une voiture envoyée par Mme Murat, et on se rendit chez elle. Mme Récamier présenta alors à la reine son noble et modeste ami, M. Ballanche, et sa nièce que, dans d'autres temps, la reine avait accueillie enfant avec une si indulgente bonté. A son tour Mme Murat présenta à Mme Récamier sa seconde fille, la princesse Louise, qui devait quelques mois après épouser le comte Rasponi, et le général Macdonald. Après avoir été aide de camp du roi Joachim, ministre sous la régence de Caroline, le général Macdonald, seul ami et seul courtisan de l'adversité, ne s'était point séparé de la veuve et des enfants de son ancien maître.

Ces présentations achevées, on monta dans deux calèches découvertes, et on se rendit en traversant Trieste à une villa appartenant à la princesse Napoléon (depuis la comtesse Camerata), fille unique de Mme Élisa Bacciocchi, et par conséquent nièce de Mme Murat.

La villa, dont les propriétaires étaient absents, devenait pendant l'été l'habitation de la reine. Ce qu'on traversa de Trieste parut gai, propre et bien bâti; la route du casin, vers lequel on se dirigeait, côtoyait en s'élevant les bords de l'Adriatique, et c'était un panorama ravissant que celui dont on jouissait du casin lui-même : la mer, dans les flots de laquelle se mirait Trieste assise sur son rivage, et la ville elle-même couronnée par des collines bien boisées, bien cultivées, où l'œil découvrait de tous côtés d'élégantes habitations.

Mais la curiosité des voyageurs était beaucoup plus captivée par l'examen des personnes que par l'aspect des lieux.

La reine était encore singulièrement jolie : elle

conservait presque l'éclat de sa jeunesse, sa blancheur était celle du lis; elle avait pris beaucoup d'embonpoint, et comme elle n'était pas grande, sa tournure n'avait pas gagné en élégance. Elle avait une conversation vive, des manières caressantes, et on comprenait qu'elle devait, quand elle voulait plaire, exercer un grand empire de séduction.

Il régnait, entre sa fille et elle, le ton de la plus confiante tendresse; avec le général Macdonald, un sentiment affectueux mêlé à une nuance de domination; envers ses hôtes, et en particulier pour Mme Récamier, c'était une effusion, une reconnaissance très-aimables, mais qui prouvaient, hélas! combien peu de témoignages désintéressés la sympathie et la reconnaissance avaient offerts à cette royale infortune.

Au surplus, il faut dire qu'excepté pendant le dîner et durant les moments qui se passèrent en voiture, Mme Murat, qui calculait avec tristesse la brièveté du temps que Mme Récamier pouvait lui donner, s'arrangea pour se ménager avec elle un tête-à-tête de douze heures.

Le 10 mai, Mme Récamier reprenait en effet la route de Paris où de graves intérêts d'amitié et de famille lui donnaient le vif désir de rentrer. En y arrivant, elle trouva qu'elle y avait été précédée par une lettre de Mme Murat, qui lui exprimait encore son amitié et sa tendre reconnaissance.

Mme MURAT A Mme RÉCAMIER.

« Trieste, 11 mai 1825.

« Vous voilà bien loin de moi, ma chère Juliette, et je me demande si le bonheur que j'ai eu de vous embrasser n'est point un songe. Il s'est envolé bien vite, et il ne me reste que l'inquiétude de vous savoir en voyage et souffrante. Je crains que mon amitié n'ait pas assez calculé vos forces et que, ne voulant rien perdre des minutes que vous pouviez me donner, je n'aie aggravé votre indisposition. Vous avez eu à souffrir aussi l'extrême chaleur et la pluie; depuis votre départ, le temps est changé. L'hiver est revenu et vous sentirez la rigueur des frimas, en approchant du Simplon. Donnez-moi de vos nouvelles, chère et aimable Juliette. Qu'elles soient rassurantes sur votre santé. Louise m'a dit combien votre jolie nièce avait souffert, cette dernière journée, de cette soirée qui lui a paru si longue, et à moi si courte. J'espère que cette souffrance n'a pas eu de suite; dites-lui mes regrets et mon amitié. Ne m'oubliez pas non plus auprès de M. Ballanche. Adieu, ma chère Juliette, croyez à la constance de mon amitié. Je ne pourrai jamais oublier la preuve touchante que vous venez de me donner de la vôtre.

« CAROLINE. »

Mme Récamier revint d'Italie dans les derniers jours de mai 1825, après une absence de dix-huit mois. C'était le moment du sacre du roi Charles X; elle ne trouva donc à Paris ni M. de Chateaubriand, ni le duc Mathieu de Montmorency, qui, tous deux, étaient à Reims pour les cérémonies.

M. de Montmorency lui écrivait :

LE DUC MATHIEU DE MONTMORENCY A Mme RÉCAMIER.

« Compiègne, ce mercredi 1er juin 1825.

« J'ai appris hier à Reims, par la poste, que vous étiez enfin arrivée, aimable amie, dans ce Paris que vous avez quitté si longtemps et où je serai heureux de vous retrouver lundi. Convenez que nous ne nous arrangeons pas bien, ou du moins que les devoirs et les grandes occasions ne s'arrangent pas bien pour nous. Huit grands jours encore perdus pour prolonger notre séparation, outre les courses de campagne et d'été qu'il faut encore prévoir! Mon *successeur* aura été plus heureux : car je crois qu'il était parti dès avant-hier soir de Reims, et il pourra vous raconter que, dans la seconde grande cérémonie, qui l'intéressait personnellement, il a représenté côte à côte avec M. de Villèle; je vous raconterai cela et bien d'autres choses. Mais qu'il y a encore à attendre à mon gré!

« Je renvoie tout à nos conversations, au-devant desquelles mon cœur vole. J'espère bien lundi aller vous voir dès avant le dîner; mais je ne puis partir d'ici qu'après le roi, et j'espère que vous aurez été voir le magnifique cortége.

« Si vous aviez été bien aimable et moins paresseuse, vous m'auriez écrit quelques mots ici; vous m'auriez donné des nouvelles de la santé d'Amélie et de l'impression qu'elle reçoit de la France et de notre climat.

« Adieu, adieu. Soyez encore la bien arrivée et plaignez moi de ce retard.

« Mathieu. »

Voici comment M. de Chateaubriand raconte dans ses *Mémoires* la circonstance à laquelle M. de Montmorency fait allusion :

« A la cérémonie des chevaliers des ordres, je me
« trouvai à genoux aux pieds du roi dans le moment
« que M. de Villèle prêtait son serment. J'échangeai
« deux ou trois mots de politesse avec mon compa-
« gnon de chevalerie, à propos de quelques plumes
« détachées de mon chapeau. Nous quittâmes les
« genoux du prince, et tout fut fini.

« Le roi, ayant eu de la peine à ôter ses gants
« pour prendre mes mains dans les siennes, m'avait
« dit en riant : « Chat ganté ne prend point de

« souris. » On crut qu'il m'avait parlé longtemps.
« et le bruit de ma faveur renaissante s'était ré-
« pandu. »

M. de Chateaubriand revint en effet de Reims plusieurs jours avant le roi, et par conséquent avant le duc Mathieu de Montmorency. Celui-ci avait suivi la cour à Compiègne, où le roi s'était arrêté pour chasser. A la vive impatience de retrouver, après plus d'une année d'absence, une amie qui tenait le premier rang dans son cœur, se joignait un grand désir de savoir comment se serait passée la première entrevue avec M. de Chateaubriand. Aussi adressait-il de Compiègne ce billet à Mme Récamier :

LE DUC MATHIEU DE MONTMORENCY A Mme RÉCAMIER.

« Ce 2 juin 1825.

« Je reçois ce matin, aimable amie, une lettre d'Adrien pour vous, que je ne veux pas retarder. même de quelques jours, mais vous envoyer immédiatement, en profitant de l'occasion pour vous renouveler mes tendres et fidèles souvenirs. Cela vous rendra honteuse, si vous ne m'écrivez pas un mot d'ici à lundi. Moi, je compte un jour de moins avant le bonheur de vous revoir. Je vous écris ceci de la petite maison de ce pauvre Berthault[1], où vous avez habité quelquefois, et qui est devenue notre maison de plaisance. J'y suis venu lire et écrire pendant que le roi est à la chasse. Adieu, adieu ; des nouvelles d'Amélie. Je désire bien vivement que notre été lui fasse du bien.

« Vous me manderez, quand vous aurez vu pour la première fois le mélancolique René, comment cela se sera passé. »

Un mot de Mme Récamier apprit à M. de Chateaubriand qu'elle était rentrée dans la cellule de l'Abbaye-au-Bois. Il y accourut le jour même, à son heure accoutumée, comme s'il y fût venu la veille. Pas un mot d'explication ou de reproches ne fût échangé ; mais en voyant avec quelle joie profonde il reprenait les habitudes interrompues, quelle respectueuse tendresse, quelle parfaite confiance il lui témoignait, Mme Récamier comprit que le ciel avait béni le sacrifice qu'elle s'était imposé, et elle eut la douce certitude que désormais l'amitié de M. de Chateaubriand, exempte d'orages, serait ce qu'elle avait voulu qu'elle fût, inaltérable, parce qu'elle était calme comme la bonne conscience et pure comme la vertu.

---

1. Architecte qui avait arrangé pour Mme Récamier l'hôtel de la rue du Mont-Blanc ; il avait été chargé du château de Compiègne, et en cette qualité y avait un logement. Berthault mourut au mois d'août 1823.

M. Ballanche, dans le dévouement qui l'associait à toutes les impressions de Mme Récamier, ne devinait-il pas et n'annonçait-il pas ce résultat, lorsqu'il lui écrivait de Pise, le 12 mars précédent, pendant une absence de huit jours ?

« 12 mars 1825.

« Je me doutais bien que vos ressentiments ne « tiendraient pas ; il y a des choses trop antipathi- « ques à nos natures, et la vôtre est certainement « la mansuétude. La tristesse dont il[1] est obsédé ne « m'étonne point : la chose à laquelle il avait con- « sacré sa vie publique est accomplie. Il se survit, « et rien n'est plus triste que de se survivre ; pour « ne pas se survivre, il faut s'appuyer sur le senti- « ment moral.

« Ainsi donc votre douce compassion sera encore « son meilleur asile. J'espère que vous le convertirez « au sentiment moral ; vous lui ferez comprendre « que les plus belles facultés, la plus éclatante re- « nommée ne sont que de la poussière, si elles ne « reçoivent la fécondité du sentiment moral. »

La joie de se retrouver au milieu de sa famille et de ses amis fut profondément sentie par Mme Récamier. La Providence lui accordait un de ces moments de

1. M. de Chateaubriand.

félicité presque sans mélange, qui ne sont jamais que de bien passagère durée. Le temps semblait avoir respecté, pendant son absence, les trois vieillards dont elle protégeait l'existence et le repos. Satisfaite de ses rapports avec tous ses amis, Mme Récamier était à la veille d'assurer par un mariage selon son cœur, et sans se séparer d'elle, le bonheur et l'avenir de sa fille d'adoption. Une seule chose retardait la conclusion du mariage arrêté entre sa nièce et M. Lenormant : c'était que celui-ci eût une carrière certaine, et l'attente ne devait pas beaucoup se prolonger.

M. de Montmorency, au bout de quelques semaines, fut obligé de quitter Paris. Il allait faire sa tournée annuelle dans les diverses terres où l'appelaient des réunions de famille auxquelles il ne manquait jamais et où il portait, dans ses rapports de père, d'époux et de fils, le charme un peu austère qui ne l'abandonnait point.

Pendant cette absence, il écrivait à la recluse de l'Abbaye-au-Bois.

LE DUC MATHIEU DE MONTMORENCY A Mme RÉCAMIER.

« Esclymont, ce 3 juillet 1825.

« Voici déjà huit jours, aimable amie, que j'ai quitté Paris et la douce habitude de ne pas finir ma journée sans visiter le modeste asile de l'Abbaye-au-Bois. Il me semble que nous avions aussi fixé ce terme de huit jours comme le minimum de notre correspondance. Songez-vous à remplir cet engagement auquel j'attache tant de prix? ou attendez-vous que je remplisse un devoir doux et facile en vous écrivant le premier? Cependant que vous dirai-je, que vous ne sachiez d'avance, de mes regrets, d'un invariable sentiment auquel ne peuvent porter atteinte, ni les campagnes de quelques semaines, ni les terribles voyages de deux années? Vous intéresserai-je davantage en vous parlant de la vie paisible d'un vieux château où je réunis plusieurs objets de mes affections, où je lis et me promène plus qu'à Paris? mais je n'en pense pas moins à vous, et je regrette mes fins de soirées.

« Mais vous, aimable amie, que de choses n'avez-vous pas à me mander de cette capitale, siége de tant d'intérêts politiques, financiers, littéraires? En attendant que vous m'envoyiez le courrier que vous m'annoncez, préludez par quelques nouvelles de votre mélancolique ami, dont il me semble que les affaires n'avancent pas beaucoup, peut-être d'après ses dernières escapades qui auront déjoué les démarches d'une autre amie [1].

« Vous êtes plus paisible et plus incertaine, mal-

---

1. Mme la duchesse de Duras qui se flattait toujours d'opérer un rapprochement entre M. de Villèle et M. de Chateaubriand.

gré les rapprochements piquants et les conversations curieuses que vous favorisez dans votre jolie chambre. Il est un autre négociation à laquelle je tiens plus vivement et que je serais heureux d'avoir pu seulement ouvrir. Ma belle-mère m'en demandait ce matin même des nouvelles avec beaucoup d'intérêt ; elle serait d'avis que vous tentiez la grande audience dont vous me parliez une fois. Vous réfléchirez s'il faut se presser ou bien attendre notre retour ; parlez toujours de moi à M. Lenormant et, si vous me permettez le rapprochement, à Amélie, dont j'espère que la santé vous donne quelque satisfaction. »

LE MÊME.

« Bonnétable, ce 30 juillet 1825.

« Je voulais dès le dernier courrier, aimable amie, vous remercier de votre lettre du 11, qui m'a fait grand plaisir : vos regrets me vont au cœur, et je suis bien fâché de ne pouvoir y répondre par l'indication d'un retour prochain et fixe ; mais vous sentez qu'il m'est impossible de ne pas accorder quelques instants à deux terres qui sont à une quarantaine de lieues, et que par là même je visite peu et rarement. Cette chaleur même, dont j'ai peur que vous ne soyez bien fatiguée et incommodée dans une ville comme Paris, ne serait pas un motif pour abréger mon voyage ; car on voudrait attendre qu'elle fût un peu diminuée avant de quitter ce vieux château, qui nous offre au moins quelque défense par ses murs épais, et en fermant bien ses fenêtres assez rares.

« Je projetais une petite excursion et la visite d'une prison considérable en me rendant à l'autre séjour, qui est au moins connu de vous, qui a été habité par vous. C'est un grand avantage qu'il a sur celui-ci. J'ai relu, il y a quelques jours, ce que notre amie a dit, dans ses *Dix années d'exil*, de notre maison de La Forest.

« Notre amitié a eu à célébrer un triste anniversaire[1] depuis que je vous ai quittée. Comme elle parle bien aussi de vous ! Votre pensée vient sans cesse s'unir à mes éternels regrets ; et c'est tellement vrai, que je m'aperçois dans l'instant même de l'erreur[2] que je viens de commettre en plaçant votre présence, comme celle de notre amie, dans ma maison des bois. Vous étiez restée à Fossé, et je regrette beaucoup que vous ne connaissiez de nos habitations que la Vallée-aux-Loups, à laquelle vous

---

1. L'anniversaire de la mort de Mme de Staël, le 14 juillet, que jamais M. de Montmorency ne laissa passer inaperçu.

2. M. de Montmorency fait ici allusion à la course que Mme de Staël accomplit avec lui en 1810 à son château de La Forest. On n'a peut-être pas oublié les détails que nous avons donnés sur cet été qui réunit une dernière fois les amis de cette femme célèbre autour d'elle. Mme Récamier n'était point allée à La Forest ; elle n'était pas non plus restée à Fossé : elle avait repris la route de Paris et devait essayer de conjurer l'action de la censure qui fit supprimer l'ouvrage sur l'Allemagne.

seriez peut-être capable de joindre quelquefois une autre pensée que la mienne.

« Savez-vous qu'une des choses qui me déplaît de l'absence, c'est cette perpétuelle assiduité de l'ancien propriétaire; et s'il va avoir une veine d'indépendance généreuse, s'il va écrire quelques belles pages, comme il en est capable et comme on l'annonce, pour une cause intéressante, vous en serez peut-être prodigieusement touchée! J'ai la chance de quelque variation; enfin j'ai souri de quelques lignes qui ont suivi une certaine négociation. Ce que je trouve fort beau sous un rapport grave, mais que je n'aurais jamais deviné, c'est que sa femme vous plaise. Je lui accorde de l'estime, mais je n'en ai jamais reçu une autre impression.

« Quant à votre intéressant jeune homme, je traite ce sujet très-gravement. Je ne veux pas que vous désespériez, que vous voyiez en noir son avenir et celui de votre charmante nièce. Mon Dieu! comme je voudrais savoir et un peu adoucir les choses qui vous font de la peine et que vous renvoyez à nos premières conversations!

« Adieu, aimable amie, ne me négligez pas trop, et envoyez toujours vos lettres à l'hôtel de Luynes.

« Mille tendres hommages. »

Dans une lettre postérieure de quelques jours, et datée de Vendôme, M. de Montmorency ajoute :

« J'ai reçu et lu la brochure[1] qui avait beaucoup
« de droits à mon intérêt ; le sujet en inspire beau-
« coup. Le talent est toujours le même, quoiqu'il me
« semble un peu gêné par ce genre mitoyen entre
« une note politique et un morceau de sentiment ;
« ce n'est ni l'un ni l'autre. Je n'en ai pas moins
« trouvé pitoyables les critiques du *Journal de Paris*
« en particulier. Je n'avais pas besoin de cette lec-
« ture pour que vous fussiez contente de moi sur
« l'impression que m'ont faite les dernières nouvelles
« de la prise de Tripolitza ; ne sont-elles pas bien
« mauvaises pour les Grecs? »

L'opposition violente, mais si remarquable dans son énergique expression, que M. de Chateaubriand faisait depuis une année au ministère Villèle, ne s'était pas ralentie. Le talent prodigieux déployé dans cette lutte, en lui donnant un éclat inouï, rendait tout accommodement impossible. Aussi, tandis que d'autres amis de M. de Chateaubriand essayaient, dans des intentions bienveillantes, de négocier un rapprochement sans y parvenir jamais, Mᵐᵉ Récamier, tout en regrettant que le ton pris au début de la polémique eût été si peu mesuré, ne croyait-elle aucun rappro-

---

[1] *Note sur la Grèce*, brochure de trois feuilles, publiée à la fin de juillet. Cette brochure eut une seconde édition au mois de décembre de la même année; M. de Chateaubriand y avait ajouté un *Avant-propos*.

chement personnel praticable ni même honorable.

L'écrit auquel M. de Montmorency vient de faire allusion était du nombre de ceux que le noble auteur du *Génie du christianisme* consacrait à la cause de l'émancipation des chrétiens en Orient. Qu'on les relise, et on verra si la civilisation, la liberté et la religion, ont jamais parlé un plus beau langage !

Au surplus, nous aimons à constater, dans les lettres de M. de Montmorency, que toutes les nuances du parti royaliste prirent un intérêt vif et véritable à la cause de l'émancipation de la Grèce.

Charles X, par l'expédition de Morée, a lié, dans la reconnaissance des Grecs, le souvenir de la maison de Bourbon au glorieux souvenir de l'ère de leur indépendance.

Mme Récamier avait été des premières à se passionner pour la cause grecque. Le jeune Canaris, que le comité hellénique faisait élever à Paris, passait presque tous ses jours de sortie à l'Abbaye-au-Bois. On trouvera plus loin une lettre de M. de Chateaubriand adressée de Rome à cet enfant.

Le mois de septembre s'écoula pour Mme Récamier dans cette charmante retraite de la Vallée-aux-Loups, où, depuis plusieurs années déjà, elle allait chercher du repos et de la verdure, et à cette occasion M. de Montmorency lui disait : « Je suis charmé « que la présence de l'amitié consacre de temps en « temps ce vallon. »

M. Bigot de Préameneu étant venu à mourir à la même époque, on engagea M. de Montmorency à se mettre sur les rangs pour le remplacer à l'Académie française.

L'Académie s'est de tout temps associé un certain nombre de grands seigneurs; ils apportaient dans son sein une élégance de langage, une tradition de goût, un sentiment délicat des nuances et, pour employer une expression de M. Ballanche, *un parfum de la chambre des dames*, qui jusqu'à présent avait été un des traits caractéristiques des belles époques de notre littérature. M. de Montmorency, un des derniers, possédait ces traditions de la bonne compagnie, sa correspondance en a donné la preuve : on eut donc raison de vaincre les scrupules de sa modestie, et l'Académie fit un bon choix en le nommant le 3 novembre 1825.

Mais si ce succès fut prisé très-haut par M. de Montmorency, il le confirmait dans la résolution d'abandonner la pension littéraire attachée au fauteuil auquel on voulait bien l'appeler, pour en faire profiter un véritable homme de lettres. Il communiqua cette pensée à Mme Récamier, qui l'approuva vivement et qui promit de l'aider dans le choix de la personne à laquelle on offrirait cette pension.

Mme Récamier, si prompte et si ferme à la décision dans les circonstances importantes, aimait à consulter dans les petites. On *délibéra* donc à l'Abhaye-au-Bois sur l'abandon de la pension de M. de Montmorency, et chacun proposait et vantait son candidat.

Pendant les fréquents séjours que M⁽ᵐᵉ⁾ Récamier avait faits à Aulnay, dans la jolie vallée de M. de Chateaubriand et de M. de Montmorency, le hasard et le voisinage l'avaient mise en relation avec un littérateur d'un esprit rare et mordant, M. Henri de Latouche. Il possédait à Aulnay une maisonnette dont un rosier couvrait la façade, qu'entouraient quelques pouces de terrain garnis de fleurs, mais qui participait à la grâce riante de ce vallon, bien dépoétisé aujourd'hui, me dit-on, et charmant alors par le silence et la solitude.

M. de Latouche, éditeur d'André Chénier, poëte lui-même, auteur de romans et de comédies, libéral ardent et, tout homme d'esprit qu'il était, imbu de vulgaires et regrettables préjugés contre des choses et des personnes respectables, avait pourtant de sérieuses et nobles qualités. Capable d'une méchanceté, il était capable aussi d'une bonne et généreuse action; il professait une très-vive admiration pour M. de Chateaubriand, et pour M⁽ᵐᵉ⁾ Récamier un attachement plein de respect. M. Ballanche, malgré le contraste de sa douce et rêveuse nature avec cet esprit toujours armé en guerre, avait de l'amitié pour M. de Latouche et le voyait souvent.

En venant chez M⁽ᵐᵉ⁾ Récamier pendant son dernier séjour à la Vallée, M. de Latouche avait un jour apporté le volume de poésies de Mme Desbordes-Valmore. Ce recueil avait charmé : le sentiment poétique si vif et si naturel, la passion vraie, l'originalité qui caractérisait ce talent nouveau, firent desirer des détails et quelques renseignements sur la personne de l'auteur. M. de Latouche, en satisfaisant à ce désir, avait parlé avec effusion de Mme Desbordes, et fait un tableau frappant de la destinée précaire de cette muse, errant de ville en ville à la suite d'une troupe d'artistes dramatiques au nombre desquels était son mari. Il avait vanté la noblesse et la fière indépendance de son caractère, en un mot, il avait fortement intéressé Mme Récamier et ses amis au sort de cette femme dont le talent les avait émus. Le nom de Mme Desbordes devait se trouver un des premiers prononcés dans le petit conseil de l'Abbaye-au-Bois ; il fut résolu qu'il serait désigné au choix de M. de Montmorency, et M. de Latouche parut le négociateur indiqué pour la proposition à laquelle on voulait mettre toute la délicatesse possible. Il fut donc mandé chez Mme Récamier. La généreuse pensée de M. de Montmorency excita une vive reconnaissance, mais ne fut point acceptée.

En publiant ces souvenirs, nous nous sommes imposé la loi de ne faire usage d'aucune lettre de personnages vivants. Nous n'avons fait exception à cette règle que pour les souverains ou les personnes ayant porté la couronne.

Nous avons été bien tenté de l'enfreindre en mettant la couronne de poëte au même rang que les royautés politiques, et le public aurait beaucoup gagné à la communication des lettres de Mme Desbordes-Valmore à Mme Récamier. Mais il faut respecter la loi qu'on s'est donnée et se contenter, en faisant, selon la noble coutume des gouvernements libres, le dépôt de nos pièces diplomatiques, des lettres que M. de Latouche écrivit à cette époque, et qui eurent cette négociation pour objet.

M. H. DE LATOUCHE A Mme RÉCAMIER.

« Vendredi... 1825.

« Madame,

« Non, sûrement, on ne doit pas regretter une course d'Aulnay à Paris pour prendre part à une bonne action ; mais n'irait-on pas au bout du monde pour vous la voir accomplir avec tant de grâce et de simplicité ? Je suis bien profondément touché de votre bonté pour Mme Desbordes : je vais lui écrire pour lui conseiller très-fort de ne point refuser une faveur où votre intervention met tant de bon goût ; et, si elle vient du roi, notre poëte, qui est maintenant exilée à Bordeaux, s'empressera, j'ose en répondre, de témoigner toute sa reconnaissance.

« Mais, Madame, n'insistez pas pour que j'aille vous voir, j'ai peur de vous. Au lieu de moi, recevez, demain vers deux heures, M. Desbordes l'oncle, un vieillard qui a pour sa nièce une affection paternelle, un peintre assez habile, un ami du docteur Alibert, un royaliste en cheveux blancs ; il expliquera mieux que personne tout ce que vous voudrez savoir touchant votre protégée, et sa gratitude, à lui, s'adressera plutôt au bienfait qu'à la bienfaitrice.

« Moi, je ne puis échapper, du reste, à l'occasion de vous voir : M. Delécluze doit me montrer, ce soir ou demain, un dessin de votre retraite ; si votre portrait s'y trouve, vous ne m'empêcherez pas de lui dire tout ce que votre modestie refuserait d'entendre.

« Agréez, Madame, l'hommage de mon éternel dévouement.

« H. DE LATOUCHE. »

LE MÊME.

« Lundi 11... 1825.

« Madame,

« Serait-il juste que vous eussiez un moment de déplaisir à cause d'une bonne action de plus que vous avez voulu faire? Pardonneriez-vous au plus discret, mais au plus dévoué de vos admirateurs de vous déguiser une vérité fâcheuse? Cette pension que vous appelez ingénieusement *académique*, cette faveur que vous avez obligeamment rêvée pour Mme Valmore, elle sera refusée. Je n'ai encore reçu, ainsi que vous, et je n'ai pu même recevoir aucune nouvelle de Bordeaux; mais cependant je vous prédis et je vous certifie le refus: refus noble, simple, empreint de reconnaissance pour vous, mais enfin un refus. Prenez d'avance votre parti: on ne fait pas tout le bien qu'on veut faire! et prenez vos mesures pour faire tomber vos bontés en d'autres mains.

« Ne croyez pas tout le mal qu'on vous dira de moi, et permettez aux gens qui partagent l'opposition où je suis d'être aussi fiers de leurs ennemis que de leurs amis.

« H. de Latouche. »

Mme Récamier et M. de Montmorency ne se tinrent pas pour battus; le refus digne et simple de Mme Desbordes-Valmore, et les lettres dans lesquelles elle l'exprimait avec tant de délicatesse et de reconnaissance, furent un aiguillon de plus à l'intérêt qu'elle leur inspirait. Une pension de mille francs, sollicitée et obtenue par eux de la munificence royale, fut accordée à Mme Desbordes, dont les scrupules durent être vaincus. M. de Latouche en parlait en ces termes en écrivant à Mme Récamier :

M. DE LATOUCHE A Mme RÉCAMIER.

« Dimanche... 1825.

« Madame,

« Si je n'ai point répondu hier à la lettre que vous m'avez fait l'honneur de m'écrire, c'est que mon premier mouvement avait été d'aller vous porter moi-même l'hommage de ma profonde reconnaissance. J'ai réfléchi depuis qu'il ne fallait pas vous punir d'un bon sentiment par une importunité ; mais croyez que je sens bien vivement tout le prix de votre bonté, toute la grâce adorable de votre obligeance. Le souvenir en vivra autant que moi, et notre pauvre et humble exilée le perpétuera dans sa famille.

« Jouissez du bien que vous faites noblement. Il faudrait être ingrat pour ne pas aimer un peu vos amis, malgré leur fortune et leur puissance, quand vous servez si bien les nôtres. A défaut de pouvoir les obliger, nous écarterons du moins les désobligeances.

« Croyez, Madame, à mon éternel dévouement pour vous. »

LE MÊME.

« Madame,

« J'ai vu, il y a peu de jours, un bon et honnête vieillard qui s'afflige profondément de votre oubli. Il n'y a point de caractères et d'âges différents qui puissent échapper à cette peine-là. Il est si honorable et si doux d'avoir avec vous quelques rapports, que le sentiment de son chagrin est bien naturel. Vous comprenez, Madame, que je parle de M. Desbordes. Du reste, *Marcelline*, comme dit le respectable oncle, a enfin touché sa pension. Ses amis ont triomphé de ses scrupules. Elle viendra elle-même vous remercier au printemps prochain.

« Il n'y a pas jusqu'à ce petit village d'Aulnay, que vous avez si brusquement et si complétement abandonné, qui n'ait gardé de vous plus d'un souvenir.

« Je connais là un vieux laboureur qui est vêtu et nourri par vos soins. Il parle de vous avec reconnaissance. Avant que vous n'eussiez intéressé à son sort M. le vicaire de Sceaux, une oisiveté complète et peut-être aussi quelques mauvais traitements de ses enfants avaient fait croire à ce pauvre vieux homme qu'il ne vivait plus : c'est à la lettre, il se croyait mort. S'il avait pu se rendre compte de ses idées, il se serait cru dans une existence intermédiaire, dans une sorte de purgatoire. S'il racontait un fait, il disait toujours : « De mon vivant. Oh oui! « de mon vivant, le soleil était plus chaud, il y avait plus de fruits. » Cette bizarre persuasion n'est-elle pas touchante?

« Maintenant il s'exprime comme un autre; mais je suis sûr que si on lui parlait des anges, il croirait en connaître un.

« Agréez, Madame, l'hommage de mes sentiments inviolables.

« H. DE LATOUCHE. »

Cependant M. Lenormant avait été nommé inspecteur des beaux-arts dans l'administration placée sous les ordres de M. le vicomte de La Rochefoucauld, et Mme Récamier vit s'accomplir, le 1er février 1826, dans l'église de l'Abbaye-au-Bois, le mariage qui devait mettre le comble à ses vœux, en assurant le bonheur de sa fille adoptive.

Quelques jours auparavant, le 11 janvier, M. Mathieu de Montmorency en recevant le titre de gouverneur de Mgr le duc de Bordeaux, s'était senti récompensé du dévouement et des vertus de toute sa vie. L'opinion publique applaudit à ce choix; M. de Montmorency était profondément reconnaissant et flatté de cette marque insigne de confiance, et, sans s'effrayer de la responsabilité qui semblait devoir peser sur lui, il se préoccupait beaucoup de ses nouveaux devoirs. Il exprima noblement cette pensée dans son discours de réception à l'Académie française. Ce fut le comte Daru qui lui répondit au nom de la compagnie, et M. de Chateaubriand lut dans cette séance la première partie du Discours servant d'introduction à l'Histoire de France. La curiosité publique, toujours vivement excitée par ces séances, se montra pour celle-ci plus empressée encore que de coutume ; il est vrai que c'était la première fois, depuis sa sortie du ministère, que M. de Chateaubriand paraissait en public, et il avait voulu le faire pour donner plus d'intérêt à la séance et, en quelque sorte, pour orner le triomphe de celui dont il avait été le rival.

On le voit, s'il y eut un moment où les amis de M. de Montmorency eurent le droit de se dire satisfaits de la position qui lui était faite et des hommages rendus à son caractère, c'était bien celui-là. Sa santé semblait parfaite ; cependant il éprouva quelques légers malaises au commencement de la semaine sainte, mais il ne voulut pas qu'on y attachât d'importance, et ne se rendit pas moins, le vendredi saint, 24 mars, aux offices de Saint-Thomas-d'Aquin, sa paroisse.

Tandis qu'il était prosterné au pied du tombeau de son divin Sauveur, on vit tout à coup son noble front se baisser un peu plus profondément, comme dans un redoublement de ferveur; on craignit d'abord de troubler son pieux recueillement, mais bientôt on s'aperçut qu'il avait cessé de vivre. Avertie presqu'aussitôt de ce douloureux événement, Mme Récamier accourut auprès du corps inanimé de ce saint ami, et ses larmes s'unirent à celles de sa mère et de sa veuve.

Le lendemain, elle recevait de la duchesse de Broglie ces lignes si bien en harmonie avec sa douleur :

LA DUCHESSE DE BROGLIE A Mme RÉCAMIER.

« Samedi saint, 1826.

« Ah! mon Dieu, mon Dieu! chère amie, quel événement! Combien je vous plains! je pense à vous avec déchirement. Tout le passé s'est représenté à moi, j'ai cru voir la douleur de ma pauvre mère [1], et je pense à la vôtre, chère amie, qui doit être affreuse.

« Mais quelle belle mort! Ainsi lui-même l'aurait choisie, le lieu, le jour, l'heure. La main de Dieu, de ce Dieu sauveur dont il célébrait le sacrifice, est là! Il est à présent avec lui! Chère amie, faites-moi donner de vos nouvelles, dites-moi quand je pourrai

---

1. Mme de Staël.

vous voir : j'ai besoin de pleurer avec vous, pour vous. Je vous serre contre mon cœur, en vous recommandant à ce Dieu qui a rappelé à lui notre pauvre ami. »

Quelques jours plus tard lui parvenait cette lettre du parent qui, comme Mme Récamier elle-même, se voyait ravir, par cette mort, son meilleur ami et son guide.

LE DUC DE LAVAL MONTMORENCY A Mme RÉCAMIER.

« Palo, à 24 milles de Rome, ce 9 avril 1826.

« Je reçois dans la solitude, où ma douleur s'est réfugiée, votre lettre si pénétrante de la même douleur. Je vous remercie, chère amie, de m'avoir adressé vos peines, de m'avoir envoyé vos larmes, et si votre cœur est navré, est déchiré, a besoin de rencontrer des malheureux comme vous, pour la même cause que vous, vous avez raison de penser à moi.

« Vous connaissiez toutes les vertus de sa vie, comme vous connaissez toutes les faiblesses de la mienne, et vous aviez la confiance, le secret de cette amitié que j'ai portée dans mon cœur, depuis ses premiers battements jusqu'au dernier jour de la vie de notre ami.

« Y eut-il jamais un sentiment plus fraternel, plus

sympathique, plus inaltérable? Je le dis à vous, chère amie, je l'avoue sans fausse modestie : je n'ai eu quelque mérite, quelque honneur dans ma vie que dans les actions qui m'ont été communes avec mon angélique ami.

« Je relis encore votre lettre pleine de charme et de douleur, vous sentez toute l'étendue de votre perte. Vous et moi, nous en sentirons tous les jours une nouvelle, une plus vive, une plus désolante amertume.

« Je le pense bien sincèrement : depuis cinq à six jours que j'ai reçu cette fatale nouvelle, mon cœur se déchire, ouvre ses anciennes plaies ; c'est un état bien digne de pitié. Eh bien ! je suis convaincu que la réflexion, l'habitude de la douleur, mais la nécessité de la couvrir de l'indifférence du temps et de la distraction, nous rendent encore plus malheureux.

« Lui seul est heureux : il l'est, sans doute ; il voit du ciel nos pleurs, nos désolations, nos hommages ; il sera notre protecteur là-haut, comme il était notre ami, notre appui sur la terre.

« Nous nous reverrons probablement cet été pour quelques mois. C'est le plus grand effort, le plus grand sacrifice que je puisse faire à ce qui *me reste de famille*, que de retourner à Paris. Je me sens à cet égard la plus invincible répugnance. Paris ne se présente à mes yeux que comme le tombeau de toutes mes espérances, de mes consolations, et de toutes nos générations.

« Je vous offre mes plus tendres, mes plus sympathiques amitiés, et je vous prie de continuer à m'écrire. »

Une année après ce deuil qui ne devait point cesser, le duc Laval écrivait encore à Mme Récamier.

LE DUC DE LAVAL MONTMORENCY A Mme RÉCAMIER.

« Rome, 8 avril 1827.

« Je vous remercie bien amicalement de votre lettre du 16 mars : je ne vous adresserai point de reproches sur un silence que vous avez longtemps gardé. Nous sommes convenus que ce silence qui toujours blesse l'amitié, et souvent la tue, ne faisait aucun mal à la vôtre, par une exception qui n'appartient qu'à vous.

« Ainsi, je veux croire, et je le sens encore bien mieux que je ne le crois, que tant d'années de confiance, d'intimité et d'amitié entre nous ne seront jamais perdues. Les malheurs, les pertes qui nous ont accablés et surtout la dernière que nous avons si tendrement, si cruellement partagée, nous garantissent une inaltérable amitié ; elle s'est fortifiée, elle s'entretient par des regrets, par des souvenirs communs.

« Nous entrons dans une époque grave, dans une semaine sainte, qui nous ramène plus particulièrement aux souvenirs de cet angélique ami dont il aurait fallu, dont il faudrait encore imiter les exemples, pour mériter le prix céleste qu'il a obtenu. Ce que vous me mandez de cette pauvre veuve [1] qui s'est réfugiée à la campagne, qui fait du bien, dit-elle, sans attrait pour la charité, est quelque chose qui attriste, qui serre le cœur. Cette magnificence dans ses aumônes, qui s'allie avec tant de sécheresse, me confond et offre la composition du caractère le plus bizarre et le plus à plaindre. Cette douleur impitoyable, qui se rapporte à un unique objet, sans compassion pour les autres, sans besoin de communication, enfin tout ce que vous me faites entendre, à cet égard, me pénètre de mélancolie. A côté de cette douleur, est une autre douleur d'une tout autre nature, celle de la mère[2], de ma pauvre tante, toujours attrayante, toujours aimable et qui plaît avec toute l'insouciance du désespoir. Pauvre, malheureuse, presque anéantie famille que la mienne ! Voilà pourquoi les pays éloignés, la terre étrangère me conviennent. »

1. La duchesse Mathieu de Montmorency qui s'était fixée dans sa terre de Bonnétable.
2. La vicomtesse de Laval, mère du duc Mathieu.

Le vide que la mort de M. de Montmorency avait laissé dans le cœur et dans l'existence de Mme Récamier ne fut jamais rempli. Qui pouvait en effet remplacer cette affection à la fois si pure et si tendre, et ce sentiment ardent, cette passion du perfectionnement moral et du salut éternel de celle qu'il aimait?

Dans le besoin de s'entourer des souvenirs de l'ami qu'elle pleurait, Mme Récamier se trouva naturellement amenée à rechercher plus qu'elle ne l'avait fait jusqu'alors la société de la duchesse Mathieu de Montmorency : celle-ci trouvait une telle douceur dans les consolations qui lui étaient ainsi prodiguées qu'elle se prit pour elle d'une véritable tendresse. Elle voulut avoir une chambre à l'Abbaye-au-Bois, où pendant un an ou deux elle venait fréquemment s'enfermer, pour prier et pour voir plus librement celle qui seule savait adoucir ce que sa douleur avait d'âpre et de concentré.

La jeunesse de Mathieu de Montmorency, nous l'avons déjà dit, avait été livrée à une passion vive, et après la naissance de sa fille Élisa, depuis la vicomtesse de La Rochefoucauld, il s'était éloigné de sa femme. La catastrophe qui fit monter son frère sur l'échafaud fut pour lui l'occasion d'un terrible réveil et d'une éclatante conversion; mais il vécut encore bien des années sans liens intimes avec la personne qui portait son nom et que sa piété et ses vertus rendaient digne de tout son respect. La mort d'Henri de Montmorency, fils unique du duc de Laval, seul héritier du grand nom dont ils étaient tous si fiers, et l'espérance qu'un nouveau rejeton pourrait faire revivre cette noble maison prête à s'éteindre, rapprochèrent, en 1819, Mathieu de Montmorency de sa femme. L'héritier vivement désiré ne lui fut pas accordé, mais Mme de Montmorency, qui si longtemps avait vécu dans l'isolement, sentit redoubler l'affection qu'elle portait à son mari ; elle eut de sa mort une douleur presque farouche, elle n'y chercha de consolations qu'en redoublant de pratiques de piété, et fixée enfin irrévocablement dans sa terre de Bonnétable, elle se livra avec ardeur à la charité et aux bonnes œuvres. C'est là qu'elle a terminé, l'année dernière, dans un âge très-avancé, sa longue et édifiante carrière ; Mme Récamier alla la visiter deux fois à Bonnétable, et Mme de Montmorency lui écrivait fréquemment.

Après la mort de son mari, trouvant que la lecture et la vue même des lettres qu'elle en avait reçues, ne faisaient qu'irriter son chagrin, elle les avait données à Mme Récamier.

Nous citerons ici deux lettres prises au hasard dans la correspondance de Mme de Montmorency; elles serviront à faire apprécier la sorte de rapport qui s'était établi entre elle et la recluse de l'Abbaye-au-Bois.

LA DUCHESSE MATHIEU DE MONTMORENCY
A Mme RÉCAMIER.

« Bonnétable, ce 5 septembre 1827.

« C'est moi, Madame, qui serais bien *ingrate* si j'avais pu me servir d'une pareille expression en parlant de votre long silence. Vous ne me devez rien assurément; mais, à cette époque cruelle, vous m'aviez si bien comprise que j'éprouverais un chagrin de plus, en voyant s'éloigner ce complaisant intérêt qui s'allie si parfaitement à ma douleur extrême, et qui me permet de lui parler à cœur ouvert et de l'entretenir de ma peine.

« J'allais dire ma *peine éternelle* : mais non, car Dieu me permet d'espérer qu'elle ne durera pas au delà de ma triste existence. Comment celui qui, je l'espère, est heureux, ne prierait-il pas efficacement pour celle qu'il laisse si à plaindre, et dont l'unique étude est de travailler à mériter de le rejoindre le plus promptement possible? Tous mes établissements, mes travaux, mes occupations même, qui peuvent avoir l'air de distractions aux yeux de ce monde ingrat et si peu accoutumé aux sentiments légitimes et vrais, tendent à ce seul but.

« La fondation de mon hospice se fait. Avant la fin de l'année le bâtiment sera terminé et, le carême prochain, j'y établirai les malades ; je veux qu'ils y entrent le *vendredi saint* et que l'hospice soit consacré à la *Croix*. Je travaille pour l'éternité ; c'est un bon stimulant, n'est-ce pas?

« Je ne compte venir à Paris que pour pleurer avec Adrien[1]. Aussitôt que je le saurai arrivé, j'irai y passer trois ou quatre jours seulement. Je chercherai toujours à vous voir, n'en doutez pas, excepté dans le logement où vous êtes : je ne crois pas avoir jamais le courage de monter cet escalier dont il me parlait si souvent ; il allait si vite chez vous !

« Vous avez donc enfin examiné ces vers si touchants et ces précieuses lettres? il faut que vous m'ayez inspiré une grande confiance pour vous les avoir *donnés*. Vous avez pu entrevoir le bonheur dont j'ai dû jouir, et par conséquent ce que doit être maintenant ma douleur, ma privation, mon isolement.

« Mais adieu, chère Madame, je finis toujours par ressasser le même sujet : pardonnez-le-moi. Vous avez compris mes regrets et mes larmes : il vous aimait tant ! si je n'ose m'établir sur la même ligne, au moins ne doutez jamais de mon tendre et constant intérêt.

« Quand je vois votre nom dans les journaux et dans d'autres ouvrages, je jouis des sentiments bien-

---

1. Le duc de Laval Montmorency.

veillants qui sont toujours exprimés en votre faveur, ils vont droit à mon cœur. Ah! Madame, travaillez encore davantage pour tâcher de joindre au ciel celui qui a si bien mérité d'y entrer tout droit! »

LA MÊME.

« Ce dimanche... 1827.

« Vous êtes triste et affligée, j'en suis sûre, Madame, de la mort de M. de Staël. Je le conçois, et, moi aussi, je suis loin d'y être indifférente. Je l'ai tant vu! il était du même mois et de la même année que ma fille, il était aimé de celui qui n'est plus. Et puis, tant de choses à redouter dans cette mort! Ah! c'est là un malheur inouï, que de craindre pour le salut de ceux qui nous sont chers! Je vous le dirai franchement, Madame, vous ne sauriez croire à quel point je m'intéresse à vous pour cette vie, mais bien plus encore pour cette éternité. Ce mot dit tout. Vous êtes si bonne pour moi, il vous aimait tant, et vous l'aimiez aussi. Que de titres qui vont droit à la place où était mon cœur, ce cœur si déchiré, qui ne respirait que pour lui! Je ne sais si j'en ai encore! Je le crois cependant, quand je pense à vous. »

Après la mort de M. Mathieu de Montmorency, M. de Chateaubriand, voulant s'associer à la douleur de Mme Récamier, composa pour elle une prière qu'on nous saura quelque gré d'insérer ici. Le titre est au pluriel dans l'original, ce qui laisse supposer le projet d'autres compositions analogues ; mais nous croyons être sûr que cette pièce a été la seule de ce genre que M. de Chateaubriand ait écrite.

PRIÈRES CHRÉTIENNES
POUR QUELQUES AFFLICTIONS DE LA VIE

POUR LA PERTE D'UNE PERSONNE QUI NOUS ÉTAIT CHÈRE.

« J'ai senti que mon âme s'ennuyait de ma vie, parce qu'il s'y est formé un grand vide, et que la créature qui remplissait mes jours a passé.

« Mon Dieu! pourquoi m'avez-vous enlevé *celui* ou *celle* qui m'était si chère?

« Heureux celui qui n'est jamais né, car il n'a point connu les brisements du cœur et les défaillances de l'âme. Que vous ai-je fait, ô Seigneur! pour me traiter ainsi? Notre amitié, nos entretiens, l'échange mutuel de nos cœurs, n'étaient-ils pas pleins d'innocence? Et pourquoi appesantir ainsi votre main puissante sur un vermisseau? O mon Dieu! pardonnez à ma douleur insensée! Je sens que je me plains injustement de votre rigueur. Ne vous avais-je pas oublié pendant le cours de cette amitié trompeuse; ne portais-je pas à la créature un amour qui n'est dû qu'au créateur? Votre colère s'est animée en me voyant épris d'une poussière périssable ; vous avez vu que j'avais embarqué mon cœur sur les flots, que les flots, en s'écoulant, le déposeraient au fond de l'abîme.

« Être éternel, objet qui ne finit point et devant qui tout s'écroule, seule réalité permanente et stable, vous seul méritez qu'on s'attache à vous; vous seul comblez les insatiables désirs de l'homme que vous portez dans vos mains. En vous aimant, plus d'inquiétudes, plus de crainte de perdre ce qu'on a choisi. Cet amour réunit l'ardeur, la force, la douceur et une espérance infinie. En vous contemplant, ô beauté divine! on sent avec transport que la mort n'étendra jamais ses horribles ombres sur vos traits divins.

« Mais, ô miracle de bonté! je retrouverai dans votre sein l'ami vertueux que j'ai perdu! Je l'aimerai de nouveau par vous et en vous, et mon âme entière, en se donnant, se retrouvera unie à celle de mon ami. Notre attachement divin partagera alors votre éternité. »

Mme de Chateaubriand, dont la santé toujours délicate avait été fort ébranlée par le trouble apporté dans l'existence de son mari, était partie pour le midi de la France; elle écrivait de là à Mme Récamier pour lui recommander sa *chère infirmerie*, la fondation de son habile et active charité.

Mme DE CHATEAUBRIAND A Mme RÉCAMIER.

« La Seyne près Toulon (Var), ce 2 mars 1826.

« Je ne veux pas laisser partir le courrier, Madame, sans vous parler de mes regrets et de ma reconnaissance. M. de Chateaubriand me mande que vous êtes toujours dans les mêmes sentiments charitables pour l'Infirmerie; je vous la recommande. Madame, c'est une enfant pour laquelle j'ai un grand faible, et que je me trouve heureuse de savoir entre vos mains. La pauvre sœur Reine se trouve aussi moins malheureuse de l'assurance qu'elle n'aurait affaire qu'à vous et à Mlle D'Acosta; je doute qu'elle eût supporté la présence d'une autre personne.

« Recevez, Madame, de nouveau tous mes sincères remercîments, et l'expression de tous les sentiments dont je vous prie de vouloir bien agréer l'assurance.

« La V^tesse DE CHATEAUBRIAND. »

LA MÊME.

« La Seyne près Toulon (Var), ce 7 mars 1826.

« Voici encore, Madame, une importunité; mais c'est une justice à rendre et un grand plaisir à me faire. J'espère bien que vous ne me refuserez pas vos bons offices auprès de M. le duc de Doudeauville en faveur d'une pauvre dame de ce pays, qui se trouve dans un âge très-avancé, réduite, par suite de la révolution, à la plus affreuse indigence, et qui a plus de droits que personne à réclamer les bontés du roi. Elle est fort infirme et jouit ici de toute la considération due à sa piété et à la parfaite résignation avec laquelle elle supporte ses malheurs. Elle a eu l'honneur d'écrire, au mois de janvier 1825, à M. de Doudeauville, qui a eu la bonté de lui répondre, sans lui ôter l'espérance ; mais, pour qu'elle soit réalisée, il nous faut votre protection. Je joins ici, Madame, l'envoi de la petite note que cette bonne dame m'a remise.

« Si M. le duc de Doudeauville veut avoir la bonté de se faire représenter les pièces justificatives restées dans les bureaux depuis 1819, il pourra s'assurer de la justice de la cause de ma pauvre protégée.

« J'apprends chaque jour vos nouvelles bontés pour l'Infirmerie. Il paraît, Madame, que le bon Dieu ne veut pas que cette œuvre tombe, puisqu'elle est remise en vos charitables mains. Notre pauvre sœur Reine est bien heureuse de vous avoir trouvée ; déjà si accoutumée à vous, elle qui redoutait tant les nouvelles figures et les *faiseuses !* J'espère cependant que l'on songera bientôt à vous relever de soins qui doivent être très-fatigants pour vous, et que M{{gr}} l'archevêque ne tardera pas à faire administrer cet établissement sous un autre nom que le mien.

« Je serais bien fâchée que votre complaisance vous empêchât de réaliser l'espérance que vous nous avez donnée, de venir passer quelques moments avec nous à Lausanne.

« Recevez de nouveau, Madame, l'expression de ma reconnaissance et, je vous prie, celle de mes bien tendres sentiments.

« LA V{{tesse}} DE CHATEAUBRIAND.

« Je n'écris pas aujourd'hui à M. de Chateaubriand ; si vous le voyez, soyez assez bonne pour lui donner de mes nouvelles. »

LA MÊME.

« Lausanne, 20 mai 1826.

« En sortant d'une maladie violente, je m'empresse, Madame, de vous remercier mille fois de toutes vos bontés. Vous avez fait le bonheur d'une famille entière et des plus honnêtes gens du monde, en obtenant une pension pour ma pauvre protégée, M{{me}} Jonquère. C'est une sainte et qui priera Dieu pour vous. Voulez-vous bien, Madame, être mon interprète auprès de M. le duc de Doudeauville, et lui faire agréer l'expression de ma reconnaissance?

« C'est encore vous qui avez eu la complaisance de me choisir un chapeau ; il faut que M. de Chateaubriand compte bien sur votre bonté pour vous avoir laissé cet ennui. Pour mettre le comble à toutes vos bonnes œuvres, Mlle D'Acosta m'écrit que vous avez porté des trésors à l'Infirmerie ; pour cette dernière. c'est Dieu qui vous récompensera, mais je n'en bénis pas moins une charité dans laquelle je trouve si bien mon compte.

« Agréez de nouveau, Madame, l'expression de tous les sentiments que je vous ai voués et dont j'ai l'honneur de vous offrir l'assurance.

« La V^tesse DE CHATEAUBRIAND.

« *P. S.* Avez-vous donc renoncé tout à fait au voyage de Lausanne? C'est nous priver d'un grand plaisir, ainsi que beaucoup d'amis que vous avez laissés dans ce pays. »

Mme de Chateaubriand revint à Paris dans le courant de ce même été ; la situation du ministère était toujours la même : entraîné par l'exagération de son propre parti, il inquiétait et irritait l'opinion par la présentation des projets de lois les plus en opposition avec l'esprit public. Le nouveau projet *sur la police de la presse* fut le signal d'un redoublement d'attaques contre le gouvernement ; c'est cette loi que l'ironie publique avait qualifiée de *loi d'amour* et que M. de Chateaubriand appelait une *loi vandale*.

M™ de Chateaubriand, voulant donner à une fête de son Infirmerie un éclat qui servît de stimulant aux souscriptions, eut encore recours à l'obligeance de celle dont on ne pouvait lasser la bonté.

Mme DE CHATEAUBRIAND A Mme RÉCAMIER.

« Ce jeudi 15 mars 1827.

« Comme M. de Chateaubriand aimerait mieux voler que demander, je crains, Madame, qu'il ne s'acquitte mal de la commission dont je l'ai chargé auprès de vous. Il est question de faire une bonne œuvre, vous y êtes toujours disposée ; ensuite de me rendre un service, et je suis accoutumée à vos bontés. Voici donc de quoi il s'agit : nous voudrions avoir, à défaut d'un bon prédicateur, un peu de bonne musique pour notre fête du 27. On dit des merveilles de celle de Choron, et il paraît que votre recommandation est toute-puissante auprès de lui. Veuillez donc être assez bonne pour lui demander ce jour-là ses *bambins* — mais en petit nombre, car je me rappelle un jour qu'ils sont venus à l'Infirmerie une véritable armée. — S'il accepte, comme je n'en doute pas, il faudrait que je pusse causer de suite avec lui, et qu'il vînt chez moi, parce que je ne puis sortir.

« Il est nécessaire que nous convenions des morceaux qu'il devra chanter, qu'il a déjà fait chanter mille fois et dont j'ai du reste la musique, que je pourrai lui donner.

« Mille pardons de tant d'importunités ; mais voilà comme sont les *dames à bonnes œuvres* : je ne connais rien de plus tracassier, de plus ennuyeux, de plus entêté et de plus inutile.

« D'avance recevez, Madame, tous mes remercîments sincères et l'expression de mes bien tendres sentiments.

« La V^{tesse} DE CHATEAUBRIAND. »

L'année 1827, signalée par une irritation toujours croissante contre le ministère, y vit mettre le comble par la mesure aussi maladroite qu'impopulaire de la dissolution de la garde nationale.

Le dévouement du duc de Doudeauville à la politique de M. de Villèle était absolu, et ce sentiment entraînait loin de sa modération accoutumée cet homme de bien, si doux et si mesuré à l'ordinaire dans son langage, lorsqu'il écrivait à Mme Récamier, le 17 mars 1826 : « Quant à votre ami, il « s'est fait gazetier, et gazetier bien violent ; aussi « s'est-il nui dans tous les partis. » Mais cet enivrement ne devait pas durer. Dès le mois de mars 1827, lors du scandale qui se produisit aux obsèques de son cousin, le duc de Larochefoucauld-Liancourt, M. de Doudeauville avait commencé à se séparer de M. de Villèle.

Trop honnête homme pour rester dans le cabinet après l'adoption d'une mesure qu'il avait vainement combattue devant le roi, le duc de Doudeauville donna sa démission le 30 mai, le lendemain de ce licenciement, dont l'effet fut si fâcheux.

Les fautes du ministère et l'opposition de M. de Chateaubriand devaient enfin porter leur fruit, et le 5 janvier 1828, le ministère de M. de Martignac remplaçait l'administration de M. de Villèle.

Il fallait faire une place à l'homme dont le redoutable talent avait amené ce résultat. L'entrée de M. de Chateaubriand au ministère n'étant pas possible, on lui proposa le poste le plus capable de le tenter et celui où ses goûts, sa renommée, les services éminents rendus par lui à la religion, l'appelaient naturellement à défaut d'un ministère : c'était l'ambassade de France à Rome. Mais cet arrangement enlevait au duc de Laval une résidence qui lui était très-agréable, où il avait parfaitement réussi, et cette fois encore Mme Récamier se trouva placée entre les intérêts opposés et les prétentions rivales de deux de ses amis.

Il ne manqua pas de gens empressés à aigrir ce

conflit; mais, comme à l'ordinaire, Mme Récamier parvint, par son influence, à apaiser les amours-propres. Le duc de Laval instruit des nouvelles combinaisons qui menaçaient de l'envoyer de Rome à Vienne, tout en regrettant vivement un séjour qui lui plaisait et où son succès n'était pas douteux, finit par acquiescer aux nécessités de la politique. Il écrivait à Mme Récamier le 27 janvier 1828 :

« Un mot, un seul mot, chère toujours chère, en
« réplique à votre petite lettre du 3, retardée dans
« son voyage; mais elle est si complétement aima-
« ble envers notre amitié, si remplie de citations in-
« téressantes que je ne puis laisser languir ma
« réponse. Certes, le langage que vous faites tenir
« à votre ami, les propres termes que vous citez,
« sont bien différents de ce que le public lui attri-
« bue, et des sentiments et des desseins qu'on lui
« suppose avec tant d'assurance et d'opiniâtreté.

« Malgré les apparences, c'est vous qui devez
« avoir raison; c'est vous qui connaissez plus pro-
« fondément qu'aucune autre le fond de cette pen-
« sée, et pénétrez jusque dans les replis les plus
« secrets de cet esprit. »

Au milieu de ces difficultés, Mme Récamier fut frappée par un grand chagrin : elle perdit son père. Le duc de Laval, témoin depuis tant d'années de sa piété filiale, lui écrivait à cette occasion :

« Rome, 5 avril 1828.

« M. de Givré m'apprend à l'instant cette bien
« triste nouvelle qui a dû porter dans votre cœur
« filial une douleur profonde. Je romps le silence
« qui convenait, j'espère, plus à votre habitude qu'à
« votre amitié, pour vous offrir le bien sincère té-
« moignage de mon intérêt. Soyez sûre, et le doute
« ne vous est pas permis, soyez certaine qu'il ne peut
« pas vous arriver un malheur qui ne soit aussi un
« malheur pour moi. Que vous ne répondiez pas
« à cette expression amicale, comme vous n'avez
« pas répondu l'année dernière à ma lettre d'Albano,
« n'importe : c'est toujours vous ; c'est toujours une
« amie de vingt-cinq ans, une personne pleine d'un
« charme dont j'ai senti la puissance et goûté les
« intimes sentiments pendant la meilleure partie de
« ma vie.

« Ma pauvre tante de Suresnes [1] me donne quel-
« quefois de vos nouvelles. Elle vous aime par un
« lien qui ne peut se rompre. Hortense [2] aussi, avec
« laquelle vous aviez si peu d'affinités, vous adore.
« C'est votre talisman que cette manière d'attirer
« si puissamment et involontairement à vous.

1. La vicomtesse de Laval, mère de Mathieu de Montmorency.
2. La duchesse Mathieu.

« Mes amitiés à M. Ballanche, à Mᵐᵉ Amélie, à
« son mari et quelques autres que, dans votre cabi-
« net bleu, j'ai entendus si souvent prononcer mon
« nom sans peine. Adieu, et tout à vous de cœur.

« ADRIEN.

« Je donnerais bien quelque chose pour connaître
« votre opinion sur les personnes et les choses du
« temps. Les confidences vous arrivent. »

M. de Chateaubriand, nommé à l'ambassade de
Rome, adressa au comte de La Ferronnays, ministre
des affaires étrangères, la lettre suivante :

M. DE CHATEAUBRIAND A M. LE COMTE DE LA FERRONNAYS.

« Lundi 26 mai 1828.

« Noble comte, en relisant votre lettre, j'ai vu que
le duc de Laval éprouvait de vifs regrets de quitter
Rome. J'ai su d'une autre part qu'il avait manifesté
les mêmes regrets à ses parents et à ses amis.

« Pour rien au monde, je ne voudrais troubler la
destinée d'un homme, et à plus forte raison d'un
homme qui, comme le duc de Laval, n'a jamais eu
que de bons procédés envers moi. Le roi n'a pas de
meilleur, de plus fidèle et de plus noble serviteur
que son ambassadeur actuel auprès du saint-siège.

« Dans cette position, qu'il me soit permis de m'adresser plus à l'ami qu'au ministre. Je ne pourrais accepter la haute mission dont il plairait à S. M. de m'honorer, que dans le cas où le duc de Laval croirait devoir lever lui-même mes scrupules. Jamais je n'occuperai sa place que de son aveu. C'est lui qui doit trancher la question.

« Pardonnez, noble comte, ces importunités et ces petits intérêts personnels, bien ennuyeux dans l'ensemble des grandes affaires générales. Vous savez que je ne demande rien que d'être passif dans tous ces arrangements. Je n'ai d'autre désir que d'entretenir entre nous tous la bonne harmonie, et d'apporter au gouvernement du roi le peu de force que l'opinion publique veut bien attacher à mon nom. Mais ce n'est pas vous, mon noble ami, qui trouverez mauvais que je sois arrêté par un sentiment de délicatesse. J'aime beaucoup les libertés nouvelles de la France, mais je ne veux point les séparer du vieil honneur français.

« Voyez, je vous prie, le duc de Laval avant le conseil, afin que vous n'ayez à porter au roi que l'accord, la soumission et la respectueuse reconnaissance de toutes les parties intéressées.

« Mille compliments et dévouements, etc. »

Les susceptibilités enfin aplanies entre les deux concurrents par des procédés honorables, le duc de

Laval partit pour Vienne et M. de Chateaubriand pour Rome.

Pendant la durée de son absence, c'est-à-dire pendant dix-huit mois. du 14 septembre 1828 au 27 mai 1829. on comprend que tout l'intérêt se concentra pour M™° Récamier dans la correspondance de son illustre ami. Nous croyons donc devoir donner presque sans interruption la suite de ces lettres, et nous nous bornerons à éclaircir par des notes tout ce qui. dans cet échange quotidien de pensées qui continuait à lier l'ami absent à l'Abbaye-au-Bois. aurait besoin de quelques explications.

Quelque temps avant le départ de l'illustre ambassadeur auprès du saint-siége. un génie d'un autre ordre, mais. lui aussi. une des gloires de la France, un conquérant dans le domaine des sciences historiques. Champollion, s'embarquait à Toulon. le 31 juillet, à la tête d'une nouvelle expédition scientifique, et allait demander leur secret aux monuments de l'Égypte ; cette fois, il interrogeait le Sphinx à coup sûr.

M. Lenormant, l'élève et l'admirateur de Champollion, aujourd'hui son successeur dans la chaire du Collége de France, obtint de l'administration des beaux-arts un congé et l'autorisation de se joindre à l'expédition. Il sera plusieurs fois question de ce voyage dans les lettres de M. de Chateaubriand.

LIVRE VII

M. DE CHATEAUBRIAND A Mme RÉCAMIER.

« Paris, dimanche matin, le 14 septembre.

« Voici ma première lettre : elle vous appelle à Rome, ou me ramène à Paris. Croyez que rien dans la vie ne pourra plus me distraire et me séparer de vous. Je ne veux point vous dire ce que je souffre, parce que vous souffrez. Songez qu'avant que j'arrive à Rome, un mois sera déjà écoulé, et je serai d'un mois plus près de vous. Il dépendra de vous d'avancer de quelques jours votre voyage. Tous les torts, si vous ne venez pas, seront de votre côté; car je vous aimerai tant, mes lettres vous le diront tant, je vous appellerai à moi avec tant de constance, que vous n'aurez aucun prétexte de m'abandonner.

« Songez qu'il faut que nous achevions nos jours ensemble. Je vous fais un triste présent que de vous donner le reste de ma vie; mais prenez-le, et si j'ai perdu des jours, j'ai de quoi rendre meilleurs ceux qui seront tous pour vous.

« Je vous écrirai ce soir un petit mot de Fontainebleau, ensuite de Villeneuve, et puis de Dijon, et puis en passant la frontière, et puis de Lausanne, et puis du Simplon. Faites que je trouve quelques lignes de vous, poste restante, à Milan. A bientôt! Je vais préparer votre logement et prendre en votre nom possession des ruines de Rome. Mon bon ange, protégez-moi.

« Ballanche m'a fait grand plaisir : il vous avait vue; il m'apportait quelque chose de vous. Bonjour jusqu'à ce soir. Je me ravise, écrivez-moi un mot à Lausanne, là où je trouverai votre souvenir, et puis à Milan. Il faut affranchir les lettres.

« Hyacinthe vous verra. Il m'apportera de vos nouvelles demain à Villeneuve. »

LE MÊME.

« Fontainebleau, dimanche soir 14 septembre.

« J'ai traversé une partie de cette belle et triste forêt. Le ciel était aussi bien triste. Je vous écris maintenant d'une petite chambre d'auberge, seul et occupé de vous. Vous voilà bien vengée, si vous aviez besoin de l'être. Je vais à cette Italie le cœur aussi plein et aussi malade que vous l'aviez quelques années plus tôt. Je n'ai qu'un désir, je ne forme qu'un vœu, c'est que vous veniez vite me faire supporter l'absence au delà des monts. Les grands chemins ne me font plus de joie. Je me vois toujours vieux voyageur, lassé et délaissé, arrivant à mon dernier gîte. Si vous ne venez pas, j'aurai perdu mon appui. Venez donc et apprenez enfin que votre pouvoir est tout entier et sans bornes.

« Il y a bien des choses dans ce Fontainebleau, mais je ne puis penser qu'à ce que j'ai perdu. Demain un autre petit mot de Villeneuve. Ici je suis sans souvenir autre que le vôtre; à Villeneuve, j'aurai celui de ce pauvre Joubert. Je m'efforce de me dire qu'en m'éloignant, je me rapproche. Je voudrais le croire, et pourtant vous n'êtes pas là! »

LE MÊME.

« Villeneuve-sur-Yonne, mardi matin 16 septembre.

« Je ne sais si je pourrai vous écrire jamais sur ce papier qu'on me donne à l'auberge. Je suis bien triste ici. J'ai vu en arrivant le château qu'avait habité Mme de Beaumont pendant les années de la révolution. Le pauvre ami Joubert me montrait souvent un chemin de sable qu'on aperçoit sur une colline au milieu des bois, et par où il allait voir la voisine fugitive. Quand il me racontait cela, Mme de Beaumont n'était déjà plus; nous la regrettions ensemble. Joubert a disparu à son tour; le château a changé de maître; toute la famille de Scrilly est dispersée. Si vous ne me restiez pas, que deviendrais-je?

« Je ne veux pas vous attrister aujourd'hui, j'aime mieux finir ici ma lettre. Qu'avez-vous besoin de mes souvenirs d'un passé que vous n'avez pas connu? N'avez-vous pas aussi le vôtre? Arrangeons notre avenir, le mien est tout à vous. Mais ne vais-je pas dès à présent vous accabler de mes lettres? J'ai peur de réparer trop bien mes anciens torts. Quand aurai-je un mot de vous? Je voudrais bien savoir comment vous supportez l'absence. Aurai-je un mot de vous, poste restante, à Lausanne et un autre à Milan? Dites-moi si vous êtes contente de moi? J'écrirai après-demain de Dijon.

« Ma santé va mieux, et la route fait aussi du bien à Mme de Chateaubriand. N'oubliez pas de partir aussitôt que vous le pourrez. Avez-vous quitté la petite chambre? A bientôt! »

LE MÊME.

« Vendredi 19 septembre.

« Au moment de passer la frontière, je vous écris, dans une méchante chaumière, pour vous dire qu'en France et hors de France, de l'autre côté comme de ce côté-ci des Alpes, je vis pour vous et je vous attends. »

LE MÊME.

« Lausanne, ce lundi 22 septembre 1828.

« Avant-hier, en arrivant ici, j'ai été bien triste de ne pas trouver un petit mot de vous ; mais le mot est arrivé hier, et m'a fait une joie que je ne puis vous dire. Vous reconnaissez enfin tout ce que vous êtes pour moi. Vous voyez que le temps et les distances n'y font rien. Mes lettres successives de Villeneuve, de Dijon[1], de Pontarlier et de Lausanne vous auront prouvé que mes regrets ont augmenté en m'éloignant : il en sera ainsi jusqu'au jour où je serai revenu à Paris, ou jusqu'au moment où vous arriverez à Rome.

« Voici des détails du voyage : Mme de Chateaubriand a supporté assez bien la route, mais elle s'est

---

1. La lettre datée de Dijon ne s'est point retrouvée.

trouvée très-souffrante en arrivant ici. Cela nous force à y rester un jour de plus. Nous n'en partirons donc qu'après-demain, mercredi 24. Nous mettrons trois jours à nous rendre au pied du Simplon, que nous passerons samedi 27. Dimanche prochain, nous entrerons donc en Italie. Là commencera une nouvelle destinée pour moi. Si vous venez à Rome, si vous voulez y rester, nous y finirons nos jours; sinon, je reviens en France pour mourir auprès de vous.

« Selon moi, le grand événement politique du moment est dans la campagne que font les Russes[1] : s'ils ne sont pas heureux, la France se trouvera singulièrement engagée, et toutes les destinées particulières des hommes attachés au gouvernement seront livrées à la force des événements et aux chances de la fortune. Si l'on veut faire tête à l'orage, il faudra serrer les rangs et appeler tout ce qui peut être utile. Le fera-t-on? J'en doute, et c'est ce qui rend l'avenir si incertain pour tous.

« Vous ne sauriez croire comment, en un moment, on devient étranger à tout ce qui se passe dans le monde en voyageant. Je ne sais pas un mot de ce

---

1. La guerre entre les Russes et la Porte Ottomane avait éclaté au printemps de 1828. Diebitsch y fut d'abord employé comme major général sous les ordres du comte de Wittgenstein; mais cette campagne fut moins heureuse que son début ne donnait le droit de s'y attendre. En 1829 seulement, et lorsque Diebitsch eut été chargé du commandement en chef, les Russes s'emparèrent de Silistrie, dont le siège avait duré près d'une année, et leur armée franchit les Balkans.

qui existe; depuis huit jours, je n'ai entendu parler de personne. Ici, j'ai retrouvé quelques bonnes gens qui ne nous ont parlé que de nous et du plaisir de nous revoir. Et toute l'Angleterre qui va cette année à Rome! cela m'a fait trembler. Vous savez que je suis fort peu du goût du duc de Laval. »

« Mardi, 23 septembre.

« Le *Journal des Débats* annonce ce matin ici l'acceptation du traité du 6 juillet. Si la nouvelle est vraie, c'est une grande nouvelle : la Grèce serait délivrée; les affaires se décompliqueraient, et un traité de paix pourrait suivre. Je ne vous parle de cela qu'à cause de l'influence de ces événements sur mon sort. Notre avenir deviendrait plus facile à apercevoir et à atteindre. Je vais fermer cette longue lettre. Nous partons demain; je vous écrirai de Brigg, au pied du Simplon. Votre nièce est-elle revenue[1]? Enfin les jours s'écoulent, même ceux de l'absence, et vous allez bientôt songer à vos préparatifs de voyage. C'est le bonhomme Henri qui vous portera cette lettre. A vous tant que je vivrai! Je vais chercher votre lettre à Milan. »

1. Mme Lenormant avait accompagné à Toulon son mari qui partait pour l'Égypte.

LE MÊME.

« Brigg, au pied du Simplon, jeudi 25 septembre 1828.

« Je viens d'avoir deux jours bien tristes : depuis Lausanne jusqu'ici, j'ai continuellement marché sur les traces de deux pauvres femmes : l'une, Mme de Custine, est venue expirer à Bex; l'autre, Mme de Duras, est allée mourir à Nice. Comme tout fuit! Sion, où j'ai passé, était le royaume que m'avait destiné Bonaparte : c'est ce royaume que la mort du duc d'Enghien m'a fait abdiquer. J'ai rencontré des religieux du mont Saint-Bernard. Il n'en reste plus que deux qui aient été témoins du fameux passage de l'armée française.

« Savez-vous pourquoi tout cela pèse tant sur moi? C'est que je vais franchir les Alpes, qu'elles vont s'élever entre vous et moi. Demain, je serai en Italie; il me semble que je me sépare une autre fois de vous. Venez vite faire cesser cette fatalité. Passez ces mêmes montagnes que je vois sur ma tête. Je sens qu'il faut maintenant que ma vie soit environnée : je n'ai plus retrouvé en moi l'ancien voyageur; je ne songe qu'à ce que j'ai quitté, et les changements de scène m'importunent. Venez donc vite. »

LE MÊME.

« Milan, ce 29 septembre 1828.

« Me voici à Milan pour la sixième fois dans ma vie : j'y suis arrivé hier au soir. Je vous ai écrit de Brigg le 25. Je ne suis pas plus heureux, ni plus gai, de ce côté-ci des Alpes, que je l'étais de l'autre. J'ai pourtant revu un ciel enchanté à Arona, au bord du Lac Majeur, où j'ai couché samedi ; mais j'ai bien peur, à en juger par le premier effet, que la belle Italie ait perdu pour moi tous ses charmes : je n'ai plus besoin que de ce qui tient maintenant toute la place, dans une vie dont le temps a déjà emporté la plus grande partie ; vous savez qui tient cette place.

« Nous continuons demain notre voyage. Mme de Chateaubriand est très-bien ; j'ai eu quelque retour de mon mal de Paris. C'est à Bologne que j'entrerai dans les États de Sa Sainteté. Je ne puis dire encore quel jour je serai à Rome ; je vous écrirai d'Ancône. Je vous en conjure, ne tardez pas à venir ; vous ne sauriez croire à quel point je suis isolé et malheureux.

« On est allé voir à la poste ; s'il y a un mot de vous, je vous le dirai avant de fermer cette lettre. J'ignore absolument ce qui se passe dans le monde : arrivé à l'auberge, je me couche, et je ne me lève que pour partir. Je ne veux rien voir; je n'ai qu'une pensée, celle de vous revoir bientôt. Vous voyez que j'espère votre voyage.

« Point de lettre. Vous avez peut-être oublié de faire affranchir? Si vous avez écrit, le consul de France ici se chargera de me renvoyer vos lettres à Rome. »

LE MÊME.

« Rome, ce 11 octobre 1828.

« Vous devez être contente, je vous ai écrit de tous les points de l'Italie où je me suis arrêté. J'ai traversé cette belle contrée, remplie de votre souvenir; il me consolait, sans pourtant m'ôter ma tristesse de tous les autres souvenirs, que je rencontrais à chaque pas. J'ai revu cette mer Adriatique que j'avais traversée il y a plus de vingt ans, dans quelle disposition d'âme! A Terni, je m'étais arrêté avec une pauvre expirante. Enfin, Rome m'a laissé froid : ses monuments, après ceux d'Athènes, comme je le craignais, m'ont paru grossiers. Ma mémoire des lieux, qui est étonnante et cruelle à la fois, ne m'avait pas laissé oublier une seule pierre. J'ai parcouru seul et à pied cette grande ville délabrée, n'aspirant qu'à en sortir, ne pensant qu'à me retrouver à l'Abbaye et dans la rue d'Enfer.

« Je n'ai vu personne, excepté le secrétaire d'État. Je vais avoir mon audience du pape. Pour trouver à qui parler, j'ai été chercher Guérin[1] hier au coucher du soleil. Je l'ai trouvé seul, charmé de ma visite. Nous avons ouvert une fenêtre sur Rome, et

---

1. Pierre Guérin, peintre d'histoire, élève de Regnault, né à Paris en 1774. Il obtint au début de sa carrière, en 1797, un des trois grands prix que, pour cette fois, par extraordinaire et attendu la force du concours, l'Académie crut devoir distribuer. Avant de partir pour Rome, Guérin exposa son tableau *Marcus Sextus ou le Retour du proscrit*, qui excita un véritable enthousiasme. Ce tableau, noblement conçu, exécuté avec beaucoup de sentiment, reste une belle composition que la gravure a reproduite, et qui eût été admirée en tout temps. Mais le sujet choisi par le peintre, au sortir de nos troubles civils, alors que les émigrés revoyaient avec transport le pays natal, devait toucher fortement les âmes. On a de Pierre Guérin *Phèdre et Hippolyte*, une *Offrande à Esculape*, *Orphée au tombeau d'Eurydice*, *Céphale et l'Aurore*, *Napoléon pardonnant aux révoltés du Caire*, *Didon écoutant les récits d'Énée*, *Égisthe et Clytemnestre*; quelques admirables portraits, parmi lesquels il faut citer surtout ceux d'Henri de Larochejacquelein et de Lescure : toute la poésie et toute la foi de la Vendée animent ces deux belles toiles.

Nommé directeur de l'Académie de France en 1816, Guérin n'avait pas accepté ces fonctions. Appelé de nouveau à ce poste en 1822, il se rendit à sa destination. Mme Récamier l'avait trouvé à Rome en 1823 à la tête de l'Académie de France, et M. de Chateaubriand le retrouva en 1828 à la Villa Medicis, gouvernant avec un zèle fort dévoué et une grande intelligence ce noble établissement. Guérin, dont la santé toujours délicate s'altérait de plus en plus, revint en France, où il ne fit qu'un séjour de courte durée; il retourna en Italie en 1833, et mourut à Rome le 6 juillet de la même année. Homme de mœurs extrêmement douces, d'esprit fin et cultivé, sa société avait beaucoup d'attrait; artiste plein de sensibilité, de goût et de grâce, sa peinture a plus de charme encore que de science.

Ary Scheffer et Eugène Delacroix furent ses élèves.

nous avons admiré ensemble l'horizon romain, éclairé des derniers rayons du jour : c'est la seule chose qui soit restée pour moi telle que je l'avais vue. Mes yeux ou les objets ont changé, peut-être les uns et les autres. Le pauvre Guérin, qui déteste Rome, était si ravi de me trouver dans les mêmes dispositions que lui, qu'il en pleurait presque. Voilà exactement mon histoire.

« Mme de Chateaubriand n'est pas plus contente. Jetée seule dans une grande maison, n'ayant pas rencontré un chat qui lui dît : « Dieu vous bénisse, » trouvant tout assez ridiculement ordonné dans ce logement de garçon, de grands plâtres nus, des *boudoirs à l'anglaise* dans un palais *romain*, elle maudit le jour qui lui a mis dans la tête de venir ici. Peut-être s'arrangera-t-elle mieux de sa nouvelle situation, quand on commencera à l'entourer. Je ne doute pas qu'elle n'y ait un succès réel ; mais sa santé sera toujours un obstacle à une vie de représentation. Voilà la pure vérité.

« J'ai été, au reste, très-noblement accueilli par toutes les *autorités* sur la route, à Bologne, à Ancône, à Lorette. On savait bien que je n'étais pas tout à fait un homme comme un autre, mais on ne savait pas trop pourquoi. Était-ce un ami ? Était-ce un ennemi ? En Égypte, les gens politiques et bien instruits me prenaient pour un grand général de Bonaparte, déguisé en savant.

« La conclusion de tout cela est qu'il faut que vous veniez sur-le-champ à mon secours, ou que j'aille dans peu vous rejoindre. Je n'ai pas reçu un seul mot de vous, excepté le mot adressé à Lausanne. Rien à Milan, rien à Rome. La poste arrive ce matin : aurai-je quelque chose ?

« Midi.

« Oui, j'ai quelque chose : c'est deux lignes en réponse à mon billet en passant la frontière. C'est bien retardé, mais cela m'a fait un bien extrême. Je vous l'ai dit, vous êtes bien vengée : mes tristesses en Italie expient les vôtres. Écrivez-moi longuement, et surtout venez.

« J'ai reçu une lettre de Taylor, qui me demande *Moïse*. Je vais lui répondre de s'entendre avec vous. Si vous croyez tous les deux qu'il faut risquer l'aventure, je fournirai l'argent.

« Écrivez-moi vite, écrivez et venez, mais surtout que je revienne vite auprès de vous. Qu'ai-je besoin de tout ceci ? »

LE MÊME.

« Rome, le 14 octobre 1828.

« Point de lettre encore de vous par le courrier d'hier. Ne m'auriez-vous point écrit ? Alors vous vous vengez trop. Serait-il arrivé quelque accident à vos lettres ? Je ne vous répéterai pas ce que je vous ai déjà dit dans toutes les miennes. Vous y verrez ma disposition d'esprit et de cœur. Venez vite, ou trouvez le moyen de me rappeler vite.

« J'ai vu le pape : c'est le plus beau prince et le plus vénérable prêtre du monde. Il a causé avec moi longtemps ; il est plein de noblesse, de douceur, de connaissance du monde et des affaires ; j'en suis enchanté. Le secrétaire d'État est un homme de beaucoup d'esprit. On m'a comblé d'honneurs sur toute la route, et ici j'ai été reçu à merveille. Vous aurez vu dans les journaux que M. Lasagni a terminé l'affaire des évêques : je n'ai absolument plus rien à faire ici. La *Quotidienne* et la *Gazette* sont dans de grandes erreurs sur la cour de Rome : ici on n'exagère rien, et on déteste le bruit.

« Quant à la société, je n'en sais rien du tout. J'en suis aux visites par cartes. Je n'ai vu que M. de Celles[1], homme très-habile en affaires et très-distingué par l'esprit et les manières. J'y trouverai Mme de Valence.

« Venez donc, je vous en supplie ; venez vite et écrivez. Mme de Chateaubriand est très-souffrante. Je prévois qu'elle est au moment du succès que *vous lui avez prédit*. Sa Sainteté m'a parlé d'elle. Venez. Je suppose qu'il n'y a plus que vous à Paris qui vous souveniez de moi. »

---

1. Ambassadeur du roi des Pays-Bas, et gendre de la comtesse de Valence, fille elle-même de Mme de Genlis.

LE MÊME.

« Rome, ce 18 octobre 1828.

« Je commence cette lettre ce matin samedi, jour de poste. M'apportera-t-elle, cette poste, une lettre de vous? Je n'ose l'espérer après tous les retards qu'ont sans doute éprouvés jusqu'ici vos lettres, car certainement vous m'avez écrit. Mes dispositions d'âme ne changent point. Hier, j'ai été me promener à la villa Borghèse pour la première fois. Je dois aller chez Tenerani vous *voir* dans *Cymodocée*; mais Givré[1], qui devait m'y conduire, n'a pu venir.

« La *villa* m'a fait plus de plaisir que tout le reste de Rome; ces vieux arbres, ces monuments délabrés, le souvenir de mes promenades solitaires dans ce lieu, m'ont ému; et quand j'ai pensé que je pourrais dans quelques mois me promener là avec vous, j'ai été presque réconcilié avec mon sort. Mais il est clair pourtant que je ne prends plus à rien, que tout m'ennuie loin de vous et de ma retraite de la rue d'Enfer; c'est là qu'il faut que je rentre le plus tôt possible. Mme de Chateaubriand est comme

---

1. M. Desmousseaux de Givré, secrétaire d'ambassade à Rome, député sous le gouvernement du roi Louis-Philippe; homme d'un esprit peu commun, d'une âme droite et élevée, d'un caractère un peu bizarre.

moi ; elle n'aspire qu'à se retrouver au milieu de ses malades et de ses vieux amis.

« Au reste, je n'ai à me plaindre de personne. On ne peut avoir été mieux accueilli, et j'ai trouvé partout une modération de sentiments politiques que nos dévots devraient bien prendre pour exemple. Quant à la société proprement dite, je n'en sais rien encore. Tout le monde est absent ; mais on va rentrer à Rome pour la Toussaint. Les Anglais commencent à arriver. Je reçois demain en cérémonie tous les Français. Nous dînons lundi chez Mᵐᵉ de Celles avec Mᵐᵉ de Valence.

« Midi.

« Enfin je reçois une lettre de vous du 3. Jugez du bonheur qu'elle me donne ! Je ne puis ajouter qu'un mot à la lettre. Des deux Français prétendus arrêtés, l'un l'a été en effet et a été remis presque aussitôt en liberté, l'autre n'a jamais subi la moindre détention. Tout cela s'est passé avant mon arrivée. Vous me parlez de l'Irlande ? Je ne puis vous en parler, mais je puis vous assurer qu'on n'approuve ici rien de violent. J'attends les voyageurs que vous m'annoncez ; le mariage serait une chose singulière ! Mais c'est vous qui êtes pour moi le seul voyageur auquel je m'intéresse. D'ici au 1ᵉʳ janvier, nous saurons positivement si c'est moi ou vous qui devons nous mettre en chemin. Vous demandez mes impressions ; maintenant vous avez reçu de moi une foule de lettres qui vous disent toutes la même chose : *Je suis bien triste. Venez.*

« Je viens de lire *le Globe* du 4, qui est tout à fait trompé sur l'affaire des deux jeunes gens. Celui qui a été arrêté n'appartenait point du tout à l'Académie de France. *Le Globe* devrait éviter des dénonciations qui ne sont pas dignes de son impartialité ; les détails qu'il donne sont de toute fausseté.

« Je vous ai écrit au sujet de *Moïse* que M. Taylor me demande. Je l'ai renvoyé à vous, et vous ordonnerez comme il vous plaira. Je paierai, s'il le faut et je préviendrai Ladvocat. »

LE MÊME.

« Rome, ce 21 octobre 1828.

« Quoique je ne m'attendisse pas à recevoir une lettre de vous hier, puisque j'en avais eu une par le précédent courrier, et que vous ne prodiguez pas vos lettres, cela m'a fait une grande peine quand je n'ai rien vu de vous.

« Toujours même disposition de ma part : de l'ennui de la solitude, je suis tombé dans celui des dîners et des visites. Définitivement, il est clair que je ne puis plus supporter la vie du monde : elle m'était en tout temps odieuse, mais mes cinq années de retraite ont achevé de me rendre incapable des devoirs de la société. Je me demande sans cesse à quoi bon cette perte de temps, cette nécessité de voir des gens avec lesquels on n'a aucun rapport, cette nécessité de livrer les dernières années de ma vie aux bêtes et aux caquetages de la médiocrité ; et tout cela pourquoi ? Pour un but que je ne veux point atteindre, puisque je n'ai aucune ambition et que je n'aspire qu'à me retirer.

« Vous voyez donc que, ne trouvant plus dans les arts et les sciences que des sujets de tristesse, et dans le monde que des objets d'ennui, il faut que je rentre le plus tôt possible dans mon gîte. C'est auprès de vous que je retrouverai tout ce qui me manque ici. »

LE MÊME.

« Rome, ce jeudi 23 octobre 1828.

« J'en suis toujours à mes petits billets de chaque courrier, et c'est toute ma vie. Je suis allé chez *Tenerani ;* j'ai vu le bas-relief : il est admirable. Vous êtes une personne encore plus admirable mille fois. Vous étiez si malheureuse et vous pensiez pourtant à me faire vivre. Tenerani était vivement ému de ce que je lui disais ; il viendra dîner chez moi lundi prochain. Il m'a dit que son petit chef-d'œuvre était à ma disposition. J'ai une envie extrême de l'avoir chez moi ; mais je ne sais que faire, parce que j'ignore où vous en êtes avec lui. Je voudrais bien que cela ne vous ruinât pas, et que vous me missiez de moitié avec vous.

« Je vais essayer de reprendre mes travaux historiques, pour tuer le temps qui me tue. Avez-vous entendu parler de Thierry? *L'intendant général* n'a pas répondu à ma lettre; je projette de lui en écrire une seconde, mais il est probable que je ne réussirai pas mieux. Mme de Chateaubriand a été malade; elle ne se lève pas encore. C'est le jour de la Toussaint, si elle se porte bien, qu'elle aura son audience du pape.

« Point d'étrangers encore ici, si ce n'est Mme Merlin que je n'ai point vue. Elle est malade et repart pour la France dans quelques jours. Je tiens ces détails des attachés.

« Tout ceci est écrit avant l'arrivée de la poste. Hélas! je n'espère rien de vous. Tâchez donc de me faire revenir. Avez-vous des nouvelles du voyageur en Égypte[1]? Pensez-vous qu'il ne serait pas bon de faire l'affaire de Taylor pendant mon absence? Vous connaissez mon idée sur les chœurs. Je les voudrais surtout *déclamés* avec quelques morceaux d'ensemble chantés. On supprimerait ce qui serait trop long à la représentation, mais on aurait soin de faire imprimer et connaître les chœurs entiers au public, en

---

1. M. Lenormant, qui accompagnait Champollion dans son exploration en Égypte.

pubiiant la pièce le lendemain même de la représentation.

« Midi.

« Mon espérance n'a pas été trompée. Rien de vous. Rappelez-vous le temps où vous faisiez cette réflexion les jours de courrier. Samedi, après demain, vous aurez une autre lettre de moi.

« Nous sommes dans la plus grande ignorance de toute nouvelle politique, tant intérieure qu'extérieure.

« Voici qu'il m'arrive des dépêches d'Ancône, et que je suis obligé d'expédier un secrétaire en courrier. Il part à l'instant, vous recevrez cette lettre à huit ou neuf jours de date, et vous pourrez faire rechercher, par M. Henri, toutes celles qui pourraient être encombrées aux affaires étrangères. Depuis que je suis à Rome, je vous ai écrit tous les courriers, c'est-à-dire, *trois fois* par semaine, et toujours pour vous dire que je me meurs ici sans vous, et qu'il faut ou que vous veniez, ou que j'aille vous retrouver; mais rappelez-moi plutôt. J'ai le mal du pays. »

De son côté, le duc de Laval écrivait à Mᵐᵉ Récamier, en arrivant à Vienne.

LE DUC DE LAVAL MONTMORENCY A Mme RÉCAMIER.

« Vienne, 11 octobre 1828.

« Je voudrais par quelques mots de ma vieille et inaltérable amitié me rappeler sensiblement à votre pensée.

« Je suis ici depuis deux jours ; la mélancolie m'accable et me paraît un poids insurmontable dans une situation si nouvelle. La France et l'Italie sont incessamment présentes à mon esprit. On se sent isolé comme dans un désert au milieu de tant de nouveautés. Maison, personnes, langue étrangère, tout m'est inconnu, et toutes ces nouveautés me jettent dans la plus étrange confusion d'idées.

« Il me sera doux de recevoir un mot de vous, de voir une écriture amie, de savoir que notre dernier entretien ne vous a pas laissé d'impressions pénibles. Enfin soyez bonne, généreuse, bienveillante envers le plus ancien de vos amis.

« Mandez-moi si votre solitude et vos regrets ne vous ont pas fait changer de résolution ; si vous avez vu ma tante[1], mon aimable tante dont le charme domine encore tous les chagrins, enfin si vous restez à l'Abbaye.

---

1. La vicomtesse de Laval.

« Soyez indulgente pour ce billet si insignifiant qui n'a de valeur que par son intention de vous prouver que dans mes ennuis, mes embarras de toute sorte, je songe à la plus ancienne de mes amies.

« Je désire être rappelé au souvenir de votre fidèle Ballanche, avec lequel j'ai toujours sympathisé. »

LE MÊME.

« Vienne, 12 novembre 1828.

« Je veux profiter de mon premier courrier à Paris, pour vous faire porter un témoignage de mon souvenir.

« J'envoie la même bagatelle à ma tante que vous aimez et qui aime votre cœur, votre esprit et surtout vos regrets pour l'ange qui n'est plus avec nous. Ce serait bien à cet excellent ami, à cet autre moi-même que j'aimerais à écrire, à confier tous mes intérêts qu'il protégeait, qu'il défendait si bien. Enfin, je vous fais mes coquetteries du Danube à la Seine. Je préférerais bien le Tibre, et je songe tous les jours à ce que j'appelle mon *abdication*.

« Je vous ai écrit il y a quelques jours un misérable petit billet. J'étais profondément mélancolique. Je commence à me faire à ma nouvelle vie. Votre ami René m'a certainement enlevé la meilleure situation. Puisse-t-il en jouir, et me la rendre lorsque l'ambition, le dégoût, ou sa fortune, ou peut-être plus encore son inconstance l'appelleront ailleurs !

« Ici je suis plein d'ardeur et d'application, je vous l'atteste. Je voudrais très-bien faire, contenter absolument, afin de justifier ma prétention de choisir entre deux autres missions, lorsqu'elles viendront à vaquer. Vous savez mes vœux, nous en avons assez causé.

« Je ne sais pourquoi vous persistez dans cette répugnance d'écrire ; car, en vérité, votre style est charmant et d'un goût exquis.

« Rien n'est plus gracieux que votre manière de citer les impressions mélancoliques de votre pauvre ami absent. Ses paroles sont pleines de sentiment pour vous. N'est-ce pas une manière pour vous entraîner là où il est ? Mon opinion est que vous ne résisterez pas, s'il continue sur ce langage ; et puis, si vous alliez demander les avis de ma tante[1], rue Royale, elle ne vous détournerait pas de cette faiblesse. Elle dit, non sans raison, et surtout non sans séduction, qu'il vaut mieux contenter son cœur dans de certaines circonstances de la vie, que de contenter des indifférents.

« Adieu avec tout mon cœur. »

1. La vicomtesse de Laval.

M. DE CHATEAUBRIAND A Mme RÉCAMIER.

« Rome, samedi 25 octobre 1828.

« Je suis bien fâché que le courrier extraordinaire, que j'ai expédié à Paris avant hier, m'ait surpris, car la lettre qu'il vous porte aurait été plus détaillée, et j'avais sur ma position et sur mes affaires en France plusieurs choses à vous dire.

« J'ai presque fini mes visites aux artistes. Ils veulent bien en paraître contents. Vous savez qu'on élève par souscription un monument à votre grand ami Le Tasse. Je vais souscrire, mais je voudrais bien que le roi de France souscrivît. L'empereur d'Autriche vient de donner deux cents sequins, et on en fait grand bruit. J'ai déjà mis *votre idée* en train pour le tombeau du Poussin; nous verrons plus tard pour celui de Claude Lorrain. Vous voyez que je cherche à tromper mes ennuis, en m'occupant de tout *ce qui vous occupait*. Je vous retrouve partout et pour tout.

« M. de Forbin est arrivé hier. Il est venu à l'ambassade. Je ne l'ai pas vu; on le dit fort changé. Je vais aller lui rendre sa visite aujourd'hui. En allant chez tous les peintres, je suis allé chez celui qui a subi un emprisonnement. Il est, du reste, très-peu intéressant. Je vais lui acheter deux petits tableaux; il a grand besoin d'argent.

« Midi.

« Voilà le courrier et une très-longue et très-bonne lettre de vous, du 12. Jugez de ma joie ; et ce qu'il y a de plus heureux, c'est que j'ai fait tout ce que vous me recommandez de faire.

« 1° J'ai écrit mes impressions ;

« 2° J'ai écrit toutes les postes ;

« 3° J'ai dit de s'entendre avec Taylor.

« Eh bien ! ne vous devinai-je pas ? Adieu aujourd'hui, mais seulement jusqu'à lundi prochain. »

LE MÊME.

Rome, ce mardi 28 octobre 1828.

« Au moment où je vous écris, M. de La Ferronnays doit être arrivé, et la question de la reprise de son portefeuille doit être décidée ; d'un autre côté, vous avez dû recevoir à peu près toutes mes lettres. Vous connaissez tous mes sentiments, ce que m'a fait cette Italie, ce que j'y pense, ce que je désire. Vous aurez aussi vu Taylor, de sorte que toute ma destinée du moment est accomplie, et que c'est de ce moment qu'il nous faut partir pour arranger l'avenir. Je fais ce que je puis, et bien au delà de ma paresse et de mes goûts, pour plaire un peu aux personnes qui m'environnent. Mais ce soin que je prends de la bienveillance d'un monde si divers, serait bien mieux entre vos mains que dans les miennes, et ces visites éternelles et ces compliments sans fin augmentent en moi le mal du pays dont je suis tourmenté.

« J'ai vu M. de Forbin ; je le trouve bien changé et il me fait de la peine. Mᵐᵉ de Valence ne parle que de sa pauvre fille, et je l'aime d'être aussi triste que moi. Nous avons le prince royal de Prusse qui viendra peut-être à la Saint-Charles, 4 novembre, passer la soirée chez moi. Ce jour-là nous entr'ouvrirons notre porte pour la refermer après. J'attends avec impatience Mᵐᵉ Salvage qui est à Milan, et avec laquelle je pourrai parler de vous. Mᵐᵉ de Valence m'a demandé si vous veniez, et j'ai dit hardiment qu'oui, si je ne retournais pas moi-même en France. Me gronderez-vous ? Je ne serai un peu tranquille que quand vous m'aurez dit que vous avez reçu toutes mes lettres, et que vous êtes contente de moi. A jeudi. »

LE MÊME.

« Rome, ce jeudi 30 octobre 1828.

« Je reçois ce matin une lettre de Paris du 21 de ce mois, à neuf jours de date, et je pourrais avoir de vos nouvelles à cette date, et il n'y a rien de vous ! Prenons patience. On me mande que M. de La Ferronnays devait revenir le 24 ou le 25, et qu'il reprenaît le portefeuille. Ainsi, nous voilà en paix de ce côté ; restent les ennuis de l'absence et tous les sentiments dont je vous entretiens trois fois par semaine. Je ne serai un peu plus heureux, ou un peu moins triste, que quand vous aurez écrit souvent et longuement, et que vous m'annoncerez ou mon rappel ou votre arrivée.

« Je vois dans tous les journaux des nouvelles de l'expédition d'Égypte : vous êtes en paix sur M. Lenormant ; mais si vous ne venez au-devant de lui qu'au mois de mars, quel long espace à parcourir et à attendre !

« Vous occupez-vous de *Moïse* dans l'intervalle ? L'occasion est peut-être bonne, et je vous ai fait maîtresse de son sort.

« S'il ne s'agit pourtant pour venir que de le jeter au feu, brûlez-le vite.

« Mme de Chateaubriand est dans son lit. J'ai donné hier à dîner à M. de Forbin : il n'a été question que des regrets de la France et de vous. »

LE MÊME.

« Samedi, Rome, 1er novembre 1828.

« Le courrier qui m'a apporté jeudi dernier une lettre de Paris à neuf jours de date m'apprenait le retour de M. de La Ferronnays qui a dû reprendre son portefeuille : depuis nous avons reçu par estafette la nouvelle de la prise de Varna. Ainsi, tout ce qui pouvait amener un mouvement politique en France, et rendre incertaines les destinées particulières, paraît dans ce moment écarté, et c'est à nous à faire nous-mêmes nos destinées. Quant aux miennes, elles dépendent de vous et elles sont décidées : ou vous viendrez passer quelque temps avec nous, et nous nous en retournons tous ensemble; ou je vais vous retrouver au printemps.

« C'est ce matin même, et dans deux heures, que Mme de Chateaubriand est présentée au pape dans la chapelle Sixtine. Je ne sais comment elle supportera la cérémonie; elle est extrêmement souffrante. Le 4, nous avons la Saint-Charles; le pape viendra à Saint-Louis le matin, et le soir le prince royal de Prusse viendra chez moi. Nous n'aurons qu'une petite fête, n'ayant rien encore. Je vous quitte pour m'habiller. Je présente Mme de Chateaubriand en revenant du Vatican.

« Mme Salvage sera peut-être ici pour la Saint-Charles. Quel bonheur de parler de vous !

« Une heure.

« Mme de Chateaubriand a soutenu la cérémonie sans trop de fatigue. Le pape a été fort gracieux. Mais le courrier de Florence a manqué, et par conséquent, point de lettre de vous.

« Celui d'Ancône apporte le *Constitutionnel* du 21,

où est un long article sur la probabilité de la nomination de M. de La Ferronnays à la présidence du conseil. Je n'y crois pas, mais je le désirerais : cela ferait le dénoûment naturel de mon affaire. »

LE MÊME

« Rome, 5 novembre 1828.

« Nous avons eu hier, au dire des secrétaires, une *très*-belle journée. Pas un membre du corps diplomatique n'a manqué à la Saint-Charles, ce qui ne s'était jamais vu; le pape y est venu et j'avais fait venir *Davidde* pour le chant, de sorte que l'église était pleine.

« Le soir nous avons eu un petit *ricevimento*, censé tout français, parce que je n'ai encore rien, mais où sont venues toutes les grandes dames romaines, russes et anglaises, les cardinaux et le prince royal de Prusse. J'ai tâché de n'oublier aucun artiste tant français qu'étranger. J'ai voulu qu'on priât le *commerce*, ce que mes prédécesseurs n'avaient jamais fait : aussi paraissaient-ils tous contents. On a fait de la musique. J'avais Davidde et Mme Boccabadati, c'est-à-dire ce qu'il y avait de mieux : car je m'étais souvenu de ce que vous m'aviez dit des mauvais concerts. Mme Merlin a chanté — elle est partie ce matin pour la France. — Enfin je crois que le début a été bien.

J'espère que ce début sera la fin : vous n'étiez pas là.

« Que fais-je ici? Je puis sans doute arriver à cette vie de représentation comme un autre, mais est-ce là ma vraie vie? N'ai-je rien de mieux à faire dans ce monde? N'est-ce pas pitié, si j'ai quelque chose, qu'il ne soit pas mis plus à profit pour mon pays, ou plutôt, le temps ne me donne-t-il pas ma retraite? Je ne suis plus qu'un de ses vieux pensionnaires qui cessera bientôt d'être à charge à son trésor.

« Voilà le récit de ma première fête. J'ai tâché d'être poli, mais j'avais une tristesse profonde dans l'âme, et je crains bien qu'on ne l'ait vue.

« Mme Merlin est une belle femme qui mène avec elle une fille de seize à dix-sept ans, très-timide et très-jolie. Je n'ai vu ces dames que deux fois : une fois à l'ambassade d'Autriche où Mme Merlin a refusé de chanter, et hier chez moi où elle a eu la bonne grâce de chanter pour le roi. L'ambassadrice d'Autriche est agréable et chante aussi : elle ressemble à la pauvre Mme de Mouchy, aussi ne puis-je la regarder sans une vraie peine.

« Tenerani était chez moi. Je me suis mis dans un coin avec lui pour parler de vous. La princesse Doria était malade et Mme *Dodwell*[1] absente. Ces dé-

---

1. Mme Dodwell née Giraud (d'une famille noble de Rome), mariée alors en premières noces à l'antiquaire anglais Dodwell, auteur d'un ouvrage intitulé : *Classical tour in Greece*. Elle est à présent la femme

tails m'ennuient plus à vous donner qu'ils ne vous ennuieront à les lire. Mais si je les avais supprimés, vous auriez appris tôt ou tard qu'il y avait eu une Saint-Charles, et vous auriez cru à des mystères. Mon secret sera toujours le vôtre désormais.

* LE MÊME[1].

« Rome, samedi 8 novembre 1828.

« Toutes les fois qu'il m'arrive un courrier extraordinaire, je me désole. Un courrier donc m'a apporté cette nuit une dépêche de M. de La Ferronnays qui m'annonce la reprise de son portefeuille. Cette dépêche est du 30 du mois dernier. Ainsi, si vous

---

du comte de Spaur, ancien ministre de Bavière à Rome. Le ciel, qui l'a douée d'une beauté rare et charmante, lui a encore accordé l'insigne bonheur de contribuer à faire sortir de Rome, en 1848, le pontife Pie IX, prisonnier aux mains de sujets rebelles.

Mme de Spaur a donné de cette évasion du pape un récit simple et attachant.

1. M. de Chateaubriand, dans le huitième volume de ses Mémoires, arrivé à l'époque de son ambassade à Rome, a publié quelques-unes des lettres qu'il adressa de cette ville à Mme Récamier; il les a arrangées pour les faire figurer dans son récit : nous avons cru devoir les reproduire ici dans leur intégrité, d'après les originaux que nous possédons. On pourra les comparer aux lettres insérées dans les Mémoires: c'est une étude intéressante à faire et où le premier jet d'une pensée, tracée sans aucune préoccupation de publicité, ne paraîtra pas quelquefois inférieur à ce qui a été substitué dans cette vue.

Nous marquerons d'une astérique chacune des lettres, en petit nombre, publiées ainsi et toujours modifiées.

m'aviez écrit, je saurais aujourd'hui ce que vous pensiez il y a huit jours. M. de **La Ferronnays** m'apprend la reddition de Varna que je savais. Je crois vous avoir dit autrefois que toute la question me semblait dans la chute de cette place, et que le Grand Turc ne songerait à la paix, que quand les Russes auraient fait ce qu'ils n'avaient pas fait dans leurs guerres précédentes.

« Nos journaux ont été bien misérablement turcs dans ces derniers temps. Comment ont-ils pu jamais oublier la noble cause de la Grèce, et tomber en admiration devant des barbares qui répandent, sur la patrie des grands hommes et la plus belle partie de l'Europe, l'esclavage et la peste? Voilà comme nous sommes nous autres Français : un peu de mécontentement personnel nous fait oublier nos principes et les sentiments les plus généreux. Les Turcs battus me feront peut-être quelque pitié ; les Turcs vainqueurs me feraient horreur.

« Voilà mon ami resté au pouvoir. Je me flatte que ma détermination de le suivre a éloigné les concurrents à son portefeuille. Mais enfin il faudra que je sorte d'ici ; je n'aspire plus qu'à rentrer pour jamais dans ma solitude, et à quitter la carrière politique. J'ai soif d'indépendance pour mes dernières années. Les générations nouvelles sont élevées ; elles trouveront établies les libertés publiques pour lesquelles j'ai tant combattu : qu'elles s'emparent donc et qu'elles ne mésusent pas de mon héritage, et que j'aille mourir en paix auprès de vous! Je suis allé avant hier me promener à la villa Panfili : quelle admirable solitude!

« Une heure.

« Voilà enfin une lettre de vous par le courrier ordinaire, elle est du 25 octobre. Elle m'annonce que vous avez reçu mon petit mot d'Ancône, et ma première lettre de Rome. Vous aurez été depuis ce temps accablée de mes *trois lettres par semaine,* et j'espère que vous en êtes au vif repentir.

« Je suis pour laisser faire Taylor. L'occasion est admirable et ne se représentera plus. Si nous *tombons,* je n'y suis pour rien : comme lord Byron absent, je me lave les mains de ma pièce ; si nous réussissons, un succès de plus ne gâte rien. Attendre le silence politique? Quand l'aurons-nous? Les événements s'enchaînent et nous entraînent avec eux. Arrangez donc cela. Envoyez chercher Taylor, s'il n'a pas paru. L'argent se prendra chez M. Hérard, mon banquier.

« Nous savons les nouvelles de la pauvre Sœur. Mme de Chateaubriand est bien inquiète et bien malheureuse. Outre l'attachement qu'elle a pour la Sœur, elle craint que sa mort ne désorganise et ne fasse tomber l'Infirmerie.

« Envoyez maintenant vos lettres aux affaires étrangères. J'ai monté la correspondance. M. Denoys se charge de tout, et j'aurai à présent un courrier extraordinaire toutes les semaines. Au lieu d'attendre vos lettres douze à treize jours, elles me parviendront le huitième.

« Vous me dites de parler de vous à telle et telle personne : j'en parle à tout le monde, encore hier au soir à *Visconti*. Je vous annonce pour Pâques et *on est ravi*. Viendrez-vous, ou irai-je? J'aime mieux aller.

« J'ai donné l'ordre à M. Hérard, banquier, rue Saint-Honoré, 372, de compter la somme de 15,000 fr. à M. Taylor, s'il venait la lui demander de ma part ou de la vôtre. J'ai donné votre nom et votre adresse. »

LE MÊME.

« Rome, 11 novembre 1828.

« Mme Salvage est arrivée hier, et j'ai reçu hier aussi une bonne petite lettre de vous qui m'annonce que vous en avez reçu deux de moi. L'homme avec lequel vous avez été dîner nous écrivait des lettres étranges au comité grec; je le crois un brave soldat, mais une pauvre tête. Nous sommes ici dans l'attente de la mort de cette pauvre Sœur. Cela désole Mme de Chateaubriand, et moi aussi. Il résulterait de cette mort un double mal; si on ne pouvait bien la remplacer à l'Infirmerie, Mme de Chateaubriand appréhenderait d'y revenir, et c'est pourtant là que je veux dans quelques mois aller finir mes jours.

« Je vous ai tout dit sur Rome; le temps n'y fait rien. Je n'ai à me plaindre de rien; je suis aussi bien accueilli qu'on peut l'être; mais je ne puis prendre à cette vie, l'ennui me tue. Il ne me faut plus que vous et ma petite solitude, et j'espère ces biens au printemps.

« *Moïse* est une chose décidée, je vous l'ai écrit; mettez la chose en train, quinze mille francs sont chez Hérard, faites jouer le plus tôt possible. Cette occasion de mon absence, et cette propriété de mon libraire-éditeur, arrangent toutes les convenances, et m'empêchent d'être meurtri de la chute. Je vous ai expliqué ce que je voulais pour les chœurs : peu de chants, beaucoup de déclamation. Des harpes, des tambourins et des trompettes pour soutenir les voix. Les deux musiques dans le troisième acte, l'une lointaine et gaie dans le camp perverti, l'autre prochaine et solennelle chez les lévites, et se répondant l'une à l'autre, etc.

« Enfin, faites comme il vous plaira avec Taylor, et surtout faites vite.

« Ma santé n'est pas trop bonne, je suis à peu près comme vous m'avez vu avec mes souffrances accoutumées. Quel bonheur quand je rentrerai pour toujours dans ma solitude, quand je ferai bâtir au bas du jardin cette maison où vous aurez deux ou trois chambres pour vous, quand enfin je vous verrai tous les jours ! C'est un parti pris, je veux renoncer à toute carrière politique et me retirer enfin pour mourir. Dites-moi que vous êtes contente de moi. »

LE MÊME.

« Rome, jeudi 13 novembre 1828.

« La poste qui arrive, et qui ne me laisse qu'un moment pour écrire, ne m'a rien apporté de vous. Je me console un peu avec votre lettre venue par le dernier courrier ; mais j'apprends la nouvelle de la mort de la pauvre Sœur [1]. Vous jugez de la peine de Mme de Chateaubriand. Vous vouliez aussi faire faire son portrait. Mille remerciements de votre touchante attention ; vous êtes la meilleure des amies. Aussi vous voyez comme je vous aime. »

* LE MÊME.

« Rome, ce samedi 15 novembre 1828.

« Aussitôt Mme Salvage arrivée, j'ai couru chez

---

[1]. La sœur Reine qui dirigeait l'infirmerie de Marie-Thérèse qu'elle avait établie avec Mme de Chateaubriand. C'était une sainte fille, pleine d'esprit et d'activité, et douée, comme il arrive souvent aux filles de Saint-Vincent de Paul, d'un très-rare talent d'administration.

elle avec Mme de Chateaubriand, pour savoir de vos nouvelles et voir une personne qui vous avait *vue*. Soit qu'elle ait été malade ou qu'elle n'ait pu sortir par quelque raison inconnue, elle n'est pas encore venue nous trouver. Il y a eu un premier bal chez Tortonia. J'y ai rencontré tous les Anglais de la terre ; je me croyais encore ambassadeur à Londres. Les Anglaises ont l'air de figurantes de ballets engagées pour danser l'hiver à Paris, à Milan, à Rome, à Naples, et qui retournent à Londres après leur engagement expiré au printemps. Les sautillements sur les ruines du Capitole, les mœurs uniformes que la *grande* société porte partout, sont des choses bien étranges. Si j'avais encore la ressource de me sauver dans les déserts de Rome! mais ces déserts ne me parlent plus, et je ne fais que passer d'ennui en ennui.

« Aurai-je aujourd'hui une lettre de vous ? Je l'espère presque. Vous voyez ma fidélité à vous écrire. Quand serai-je rentré dans mon infirmerie, et quand vous verrai-je tous les jours? Voilà toutes mes prédictions sur la guerre d'Orient qui s'accomplissent ; j'ai annoncé que si *Varna* tombait nous aurions la paix, et j'espère que cela arrivera. On dit *Silistrie* prise. C'est moi qui vous ai envoyé le courrier, porteur des bonnes nouvelles de la Morée. Cette pauvre Grèce sera enfin libre. Les ministres doivent être contents ; cela change leur position, et j'espère qu'en me retirant à présent, je n'aurai pas l'air de les abandonner dans le péril. Faites jouer *Moïse*, ce sera ma dernière ambition et ma dernière vue de ce monde qui se retire devant moi.

« Midi.

« Le courrier de France manque encore aujourd'hui ! Cela est odieux. Rien n'est plus mal monté que ces postes italiennes. A lundi donc ! »

LE MÊME.

« Rome, ce mardi 18 novembre 1828.

« Jugez de mon impatience : je vous ai écrit samedi que le courrier n'était pas arrivé ; hier lundi, il devait au moins apporter les lettres en retard, et nous voilà au mardi, jour du départ de la poste, et il n'y a rien d'arrivé. On dit que nous aurons nos paquets à midi ; il est onze heures, et il faut que nos réponses soient parties à deux. J'écris toujours en attendant.

« Aussitôt que le courrier sera expédié, nous partons pour Tivoli ; Mme de Chateaubriand désire voir la cascade avant que la mauvaise saison se déclare ; il fait encore un temps superbe. Nous allons, Mme de Chateaubriand et moi ensemble, dans une calèche ; les secrétaires et les attachés veulent venir, les uns à cheval, les autres en voiture; nous coucherons à Tivoli et nous serons de retour demain pour dîner. Vous savez quelle triste visite je fis à cette cascade, il y a vingt-cinq ans. Celle-ci ne sera pas plus gaie.

« Je commence mes promenades solitaires autour de Rome. Hier, j'ai marché deux heures dans la campagne; j'ai dirigé ma course du côté de la France où sont toutes mes pensées. J'ai dicté quelques mots à Hyacinthe qui les a écrits au crayon en marchant; mais je ne suis guère en train d'écrire. J'ai des maux de tête continuels, et j'ai l'âme trop préoccupée de regrets; je ne me retrouverai qu'auprès de vous.

« M°°° Salvage est venue hier au soir nous voir; elle est toute singulière. »

LE MÊME.

«Jeudi, Rome le 20 novembre 1828.

« Je perds la moitié de mes lettres à vous parler de postes et de courriers. J'ai reçu enfin une lettre de vous du 3 de ce mois par le courrier retardé, jugez quel bonheur! mais en même temps quel chagrin! Un courrier extraordinaire m'arrive le même jour des affaires étrangères, porteur de dépêches du 10, et rien de vous! Souvenez-vous qu'il part maintenant un courrier chaque semaine de la rue des Capucines, et que ce courrier fait la route dans sept jours. L'humble Henri Hildebrand ira vous avertir et prendre vos ordres. Quand vous n'auriez que le temps d'écrire devant lui ces deux mots : *je me porte bien et je vous aime,* cela me suffirait. Bien entendu que vous ne négligerez pas la poste ordinaire. Parlons maintenant de votre lettre.

« Elle est bien aimable : j'ai ri de vos recommandations. Ne craignez rien : je suis cuirassé. Je vous reviendrai et promptement, j'espère, comme je suis parti. Nous achèverons nos jours dans cette petite retraite, à l'abri des grands arbres du boulevard solitaire où je ne cesse de me souhaiter auprès de vous. Vous convenez que vous avez eu dernièrement des torts ; moi je réparerai tous les miens.

« Votre dîner chez M⁽ᵐᵉ⁾ de Boigne ne m'a point étonné : les lettres de Fabvier au comité grec m'avaient appris à juger ce que c'était.

« Reste *Moïse;* me voilà comme vous, mourant d'envie qu'il subisse son destin. Je vous ai tout dit à cet égard : le banquier est prévenu ; c'est, comme je vous l'ai dit, Hérard, rue Saint-Honoré n° 372. M. Taylor peut s'y présenter en mon nom, et moyennant son reçu, on lui comptera 15,000 francs. Le reste, c'est à vous de le faire et de le conduire. Comme le carnaval est long cette année, il est possible que le tout soit appris, monté et joué dans la saison de la foule et des plaisirs de l'hiver.

« Je vais aller, d'après vos ordres, prendre le bas-relief chez Tenerani. Je suis dans la joie de l'avoir chez moi : c'est quelque chose de vous. Il faudra bien mettre Ladvocat dans votre secret : il est propriétaire de *Moïse;* mais, comme vous, il pense que l'absence est une occasion unique pour risquer l'aventure.

« J'ai déjà annoncé à M. de La Ferronnays que je demanderais un congé pour Pâques, mais l'usage de ce congé sera toujours subordonné à votre volonté et à vos projets. Vous me donnerez vos ordres, et j'obéirai.

« Ma santé continue à n'être guère bonne. Je me suis mis au lait d'ânesse : cela me désennuie un peu. Écrivez-moi tout simplement par la poste. C'est le plus sûr et le plus prompt, sans négliger toutefois les courriers extraordinaires.....

« J'en étais là de ma lettre, quand en fouillant dans tous les paquets du courrier, pour voir s'il n'y aurait d'oublié, je trouve une longue lettre de vous du 10. Jugez de ma joie et de mes remords! Vous me donnez sur *Moïse* tous les détails que je vous demande, et vous m'annoncez cette visite de M. Villemain dont vous me rendez compte dans votre lettre du 16. Vous êtes la plus aimable des amies. Choisissez vous-même Arzane[1] : entre la beauté et le talent, le choix est difficile; je m'en rapporte entièrement à vous.

---

1. Personnage de *Moïse.*

« Je n'ai point de nombreuses correspondances ; vous savez, ou plutôt vous *saviez* que j'écris très-peu. Je réponds seulement aux lettres qu'on m'écrit. J'ai écrit *une fois* à MM. Bertin, Pasquier, Villemain, de Barante, de Laborde, à Mme d'Aguesseau, à Mme de Montcalm et à Clara, parce qu'ils *m'avaient écrit*. Toutes mes lettres contiennent ceci : qu'on me traite très-bien à Rome, que le gouvernement est très-éclairé, mais que je ne suis à Rome que parce que M. de La Ferronnays est ministre, et que mon seul vœu est de quitter les affaires et de rentrer pour jamais dans mon *infirmerie*; que, quand on est vieux, il ne faut plus voir de ruines et ne plus voyager.

« Voilà le texte de ma très-peu nombreuse correspondance. Je défie qu'on cite un mot de plus ou de moins : vous me connaissez assez pour croire que je vous dis toute la vérité. Je ne sais si Mme Salvage est contente de nous, mais je ne crains pas son *journal*. »

LE MÊME.

« Rome, samedi 22 novembre 1828.

« Le courrier encore non arrivé ! Et ce qui me fait le plus enrager, c'est qu'apparemment vous éprouvez les mêmes retards, et vous vous perdez dans mille *injustices*. Je vous l'ai dit et répété : je vous écris trois fois par semaine, et mes lettres doivent vous arriver par paquets. Jeudi dernier, 20, je vous ai parlé de *Moïse* et de Taylor, approuvant tout ce que vous avez fait et ferez. J'attends à présent la nouvelle de la lecture au comité.

« Je continue dans la disposition où vous me trouvez dans toutes mes lettres. Plus je vais, plus je suis déterminé à finir ma carrière politique. Il est temps que je disparaisse de la scène du monde; c'est auprès de vous que je trouverai, pour le peu de jours qui me restent, le repos et le bonheur que, jusqu'à présent, j'ai en vain demandés au ciel. Je ne fais presque rien ici. J'ai jeté sur le papier quelques idées pour mes Mémoires. J'ai fait quelques dépouillements historiques. Je viens d'achever, sur l'état actuel des affaires en Europe, une note assez longue que La Ferronnays me demandait.

« Je suis toujours extrêmement content du gouvernement romain; il vient encore de m'accorder la liberté d'un Français, du reste assez coupable, condamné à cinq ans de détention. Le cardinal Bernetti est tout à fait un homme d'État, et la modération du souverain pontife est admirable. Mais enfin, je ne suis ici que par accident; ma présence y est tout à fait inutile au service du roi; tout autre que moi, et surtout l'excellent duc de Laval, fera, et beaucoup mieux que moi, ce que j'ai à faire à Rome. Par mon absence, j'ai donné la paix au ministère; par mon retour dans mon *infirmerie*, je ne troublerai point cette paix. Je ne demande rien que la retraite et l'oubli. Il est facile de s'entendre avec un homme aussi accommodant. A vous pour la vie. »

LE MÊME.

« Rome, le mardi 25 novembre 1828.

« Ce malheureux courrier arriéré du samedi (22) doit arriver ce matin : mais arrivera-t-il avant le départ de la poste, qui a lieu à deux heures, et m'apportera-t-il quelque chose de vous? J'espère cette semaine un courrier extraordinaire qui me dédommagera de toutes mes espérances trompées.

« Je connais toutes les nominations au conseil d'État : j'en suis charmé parce qu'elles m'acquittent envers mes amis politiques; on m'a tenu parole : Bertin de Vaux, Villemain, Agier, Pressac, sont placés. Maintenant je puis me retirer en paix, et c'est à quoi vont tendre tous mes efforts. Je veux rentrer pour toujours dans la retraite et vivre pour vous et pour moi. Je ne veux faire la guerre à personne : soit ministre qui voudra, qui pourra, il ne me rencontrera plus sur sa route, hors le seul cas d'une attaque au trône ou aux libertés publiques.

« Dans le peu de temps que je demeurerai à Rome, je tâcherai de ne blesser personne. Le clergé de ce pays n'a pas fait la faute du clergé de France : il ne s'est pas avisé de me regarder comme un ennemi. Aussi, dans les rangs élevés, a-t-il beaucoup plus de lumières et de tolérance. *Les chefs d'ordre* surtout sont des hommes très-distingués, et qui se sont souvenus de ce que j'avais dit des religieux dans le *Génie du christianisme*. Quant aux artistes, je les soigne de mon mieux. J'ai déjà eu le bonheur de rendre quelques services à des malheureux. La société trouve Mme de Chateaubriand polie et mes diners bons. Je tâcherai de conduire ainsi les choses jusqu'au printemps.

« Notre affaire de *Moïse* (et c'est la grande affaire) doit être maintenant en pleine activité entre vos mains. Je brûle d'en savoir des détails. Mais ce que j'ai bien plus à cœur que tout cela, c'est de rentrer dans mon *infirmerie*, d'aller vous chercher tous les jours à l'Abbaye, de me promener avec vous, et de vous bâtir une maison dans mon jardin, digne de vous recevoir et de devenir votre maison de campagne pendant l'été. »

LE MÊME.

« Rome, le jeudi 27 novembre 1828.

« Tout mon bonheur est de causer avec vous, et de penser que quelques-unes de mes pensées vous arrivent à travers l'espace qui nous sépare. Je me suis promené hier avec le pauvre Guérin dans la campagne. Dois-je le plaindre, tout malade qu'il est, puisqu'il va bientôt retourner aux lieux que vous habitez? H. Vernet m'a écrit pour m'annoncer son départ vers le milieu du mois prochain. Il arrivera dans le courant du mois de janvier. Mais alors notre sort sera décidé; *Moïse* sera mort ou vivra d'une longue vie; vous serez prête à vous mettre en route, ou moi prêt à aller vous rejoindre.

« Je vous remercie d'avoir écrit à Mme Salvage que vous *viendriez au printemps*. Mais, sans compter tous les autres événements de la vie, il est probable que, vu la désorganisation complète de *l'Infirmerie*, Mme de Chateaubriand voudra faire un voyage en France au mois d'avril, et j'obtiendrai facilement un congé pour l'accompagner. Alors, si la chose arrive ainsi, nous arrangerons ensemble l'avenir à Paris; mais que de chances dans quelques mois! C'est aujourd'hui jour de poste ordinaire, et j'attends de plus à chaque moment un courrier des affaires étrangères. J'ai donc l'espoir d'avoir quelques lignes de vous avant de fermer cette lettre.

« Midi.

« Je reçois par le courrier ordinaire une lettre de vous du 18. Vous êtes contente de moi. Dieu soit loué! vous venez au mois de mars; c'est encore mieux, à moins que je n'aille vous chercher! Vous avez vu M. de La Rochefoucauld : il consent à donner les chœurs ; ainsi tout cède à votre douce et irrésistible influence. Votre lettre précédente était du 6 ; vous annonciez que Taylor lirait au comité le mercredi suivant, et qu'il vous rendrait compte le jeudi ; ce jeudi tombait le 13 ; c'est donc par vos lettres après le 13, qui me viendront peut-être par M. de Ganay, que je saurai ce qu'a dit le comité. Vous savez que vous serez dans la nécessité de dire un mot à Ladvocat, mais lui-même poussait fort à la chose. Je m'entendrai avec lui pour l'impression et la préface. Mon papier finit, il faut finir avec lui ; jusqu'à-après demain samedi 29. »

LE MÊME.

« Rome, ce samedi 29 novembre 1828.

« Ce M. de Ganay me joue un bien mauvais tour; toujours partant de Paris et ne partant point, les courriers arrivent et se succèdent sans lettres de vous; car je suppose que toutes *vos lettres* sont entre les mains de M. de Ganay. Dieu veuille qu'il arrive ces jours-ci ! Depuis jeudi que j'ai mis pour vous ma dernière lettre à la poste, j'ai bien souffert de mon rhumatisme. Rien de nouveau entre jeudi et samedi ; car vous dire combien je suis triste loin de vous, n'est pas chose nouvelle. J'attends tous vos détails sur *Moïse*. J'ai vu hier au soir Mme Salvage ; c'est une très-bonne femme. Demain tout le corps diplomatique dîne chez moi ; le 9 du mois prochain, j'ai mon *ricerimento*. Voilà où j'en suis. Le printemps viendra me consoler. Je vous verrai, et toutes les peines seront oubliées ! A lundi ; je ne puis plus écrire, ayant un grand mal de tête que je vais aller promener, pour le dissiper, si je puis, le long du Tibre. A lundi et à toujours ! »

LE MÊME.

« Rome, le mardi 2 décembre 1828.

« Voilà enfin M. de Ganay, il m'apporte trois lettres de vous ; l'une du 11, l'autre du 18, la troisième du 21 novembre. Je vous remercie mille fois. Soyez bien tranquille sur mes sentiments pour vous, rien ne peut les arracher de mon cœur, ils dureront autant que ma vie. Je ne vous parlerai plus de ma vieillesse ; je vous trouverai jeune à cent ans.

« Laissez dire les amis au sujet de *Moïse*. Bertin m'écrit aussi à ce sujet ; ce qui l'inquiète, lui, c'est la médiocrité des acteurs. Ce qui anime Mme d'Ag., c'est une certaine antipathie des succès arrivés ou à craindre qui lui est naturelle. Laissons faire le temps. Il faut accomplir son sort ; il faut que *Moïse* soit joué. S'il tombe, peu m'importe ; s'il réussit en dépit de tous les obstacles, une couronne va bien, et l'on se range du côté du *pouvoir*. Fermez donc l'oreille à tous ces bruits, ou plutôt ne les écoutez pas. Ayez le même courage que moi.

« On m'écrit de Paris mille rabâchages de ministère ; je ne veux plus entendre parler de tout cela; je ne veux plus rien que mourir auprès de vous à Rome ou à l'Infirmerie. Je ne prends donc à rien de ce qu'on me dit. Je n'ai qu'un moment pour mettre cette lettre à la poste avant le départ du courrier. Jeudi je reviendrai sur vos lettres. C'est aujourd'hui un simple *accusé de réception*. Je suis inébranlable sur *Moïse :* allez en avant, et n'écoutez rien.

« Quel désastre dans cette pauvre infirmerie ! A vous, à vous.

« Dites, je vous prie, à M. de Barante, que je lui répondrai (il m'écrit), et remerciez-le de son obligeante mention à l'Académie.

« Je reçois des dépêches de Morée. Peut-être expédierai-je cette nuit un courrier extraordinaire à Paris. Autre occasion de vous écrire et de recevoir par le retour de ce courrier des lettres de vous. »

LE MÊME.

« Rome, ce 2 décembre 1828.

« Je vous ai écrit il y a trois ou quatre heures par le courrier ordinaire, je vous écris maintenant par le courrier extraordinaire que j'expédie ce soir à Paris, et je reprends une à une vos trois lettres que m'a apportées ce matin même M. de Ganay.

« Votre lettre du 11 contient un passage admirable de Mme Cottin. Mais quel est cet homme qui *vient, qui remplit tout le monde*[1]? N'est-ce pas M. de Vaine? C'est bien dommage! Je ne serais pas digne de pareils hommages, mais j'aimerais qu'ils me fussent adressés par vous.

« Je ne comprends rien à la lettre de M. de La Rochefoucauld. Je ne sais de quel article il parle. Je ne lis plus dans les journaux que *les nouvelles de l'armée*. Loin de me mêler des articles politiques et de les *influencer*, j'ignore jusqu'à leur existence et je n'y prends pas le plus petit intérêt. Je dois dire pourtant que, quel que soit un article, c'est y attacher beaucoup trop d'importance que de croire qu'il va renverser un État. C'est notre défaut d'habitude du gouvernement représentatif qui nous fait tomber

---

1. Mme Récamier avait copié ce passage dans un manuscrit inédit de Mme Cottin; il s'agissait de M. Azaïs.

dans ces exagérations. M. de La Rochefoucauld sait-il aujourd'hui lui-même de quel article il parlait? Eh bien! le public vraisemblablement ne s'en souvient pas plus que lui. Dites bien à M. de La Rochefoucauld que je suis très-content de mon sort, que je ne veux rien; que je suis fort attaché au ministère actuel, et que je regarde mon rôle politique dans la vie comme entièrement fini.

« Je n'ai plus qu'une *ambition*, c'est celle de faire applaudir ou siffler *Moïse*. Je ne vous mettrai point en rapport avec Bertin : je sais combien il est *noir* : il vous remplirait la tête de mille complots tramés contre moi. Tout lui paraît ennemi. Je crois qu'il ne faut aussi entrer avec les journaux dans aucune explication : on joue *Moïse*, parce qu'on le joue, voilà tout. L'explication est dans sa chute ou dans son succès. Un mois avant la représentation, j'enverrai Hyacinthe à Paris avec des notes pour Bertin, une préface pour Ladvocat, des instructions pour l'impression des chœurs dans les journaux, — car je suppose qu'on les raccourcira pour la scène, — etc.

« Votre lettre du 18 me parle de mon petit *ricerimento*. Soyez tranquille sur tous les points. La ressemblance n'est pas du tout parfaite, et quand elle le serait, elle ne me rappellerait que des peines et le bonheur dont vous les avez effacées.

« Enfin votre lettre du 21 m'apprend la lecture et son effet. Laissons dire les *amis* et les *ennemis*.

Moïse sera joué; n'écoutez personne; j'ai pris mon parti ferme; la couronne de Sophocle sur mes cheveux blancs ne m'ira pas trop mal. Si je ne l'obtiens pas, j'en suis tout consolé; si par hasard je l'obtiens, peut-être vous plairai-je davantage; cela me suffit pour affronter le péril.

« On me mande toutes sortes de ragots de ministère; on suppose toujours que je veux être.ministre et que je le serai, bon gré, mal gré. Rien n'est plus loin de ma pensée. Je ne veux rien. Je suis réellement effrayé du peu d'années qui me restent, et, comme un avare surpris de sa dépense, je ne veux faire part désormais qu'à vous seule de mon trésor prêt à s'épuiser.

« Croyez, croyez bien que toute ma vie est à vous.

« C'est M. de Mesnard, un de mes attachés, que j'envoie en courrier extraordinaire à Paris. C'est un excellent jeune homme dont je suis fort content, et qui me reviendra le plus vite possible. Il m'apportera vos lettres.

« C'est mardi prochain 9, mon grand *ricevimento*. Je vais faire faire le tombeau de Poussin; le bas-relief du tombeau représentera une des compositions de ce grand peintre. C'est mon idée; l'approuvez-vous? J'ai fait mettre en liberté quelques Français; j'aide les autres de ma bourse. Enfin je fais du mieux que je puis. Je souffre toujours de la tête et de mon rhumatisme.

« Mille tendres hommages. Que je suis heureux de vous aimer ! »

LE MÊME.

« Rome, ce jeudi 4 décembre 1828.

« Le courrier ordinaire d'avant-hier et mon courrier extraordinaire, M. de Mesnard, qui ira vous voir, vous portent des lettres de moi en réponse aux vôtres apportées par M. de Ganay.

« J'ai épuisé le sujet de *Moïse*; je n'ai plus rien à vous en dire, que de presser la représentation. Pour les chœurs, vous connaissez mes idées; je voudrais une innovation heureuse : je désirerais que beaucoup de strophes fussent simplement déclamées; il n'y aurait presque de chants que dans les *refrains*, et seulement, dans les intervalles des strophes, quelques traits pour annoncer les motifs légers ou pathétiques ou graves. Des harpes, des tambourins et des trompettes doivent être presque les seuls instruments. La double musique du troisième acte, l'une lointaine et gaie, l'autre rapprochée et triste, se répondant par échos, doit produire, ce me semble, un grand effet. Le chœur groupé sur la montagne au quatrième acte présentera, je crois, un beau spectacle.

« Je vous ai dit que je vous enverrais Hyacinthe dans les premiers jours de février; il restera auprès de vous jusqu'à l'époque fatale ; vous l'emploierez dans des courses, et vous me l'enverrez en courrier, pour m'apprendre la mort ou la résurrection du prophète.

« Voici un plan que je vous soumets encore. J'ignore ma destinée et mon avenir. Si rien ne m'arrive cet hiver, l'*Infirmerie* exigera absolument que je fasse un voyage en France au printemps. Je demanderais donc un congé ; j'arriverais vers la fin d'avril à Paris ; j'y passerais trois mois avec vous ; j'irais prendre les eaux ensuite, dont j'ai un extrême besoin. Nous nous donnerions rendez-vous au commencement de septembre sur la frontière d'Italie, et nous reviendrions ensemble à Rome. Que dites-vous de ce projet ? vous voyez que je n'ai d'autre idée que vous.

« C'est aujourd'hui jour de poste, mais elle ne m'apportera rien de vous, parce qu'elle sera d'une date plus ancienne que le départ de M. de Ganay. A samedi donc.

« La poste arrive et justifie ma prévision. Vous n'êtes pas femme à écrire si souvent. »

LE MÊME.

« Rome, samedi 6 décembre 1828.

« Je suis réduit à vous répéter ce que je vous dis à chaque poste, que je suis bien malheureux ici sans vous. Me voilà dans toutes les horreurs du *grand ricevimento* qui a lieu mardi prochain. Les *gentilshommes* ont fait des sottises : ils ont *mal prié* les cardinaux. Grande rumeur; il a fallu réparer ce crime d'étiquette. Vous sentez comme tout cela me va, et quelle occupation pour moi ! Enfin il faut subir son sort. Samedi 13, je serai transformé en chanoine. Cela enchantait le duc de Laval, et moi je suis au supplice. De fête en fête, j'arriverai, j'espère, à la bonne, à la véritable : je vous retrouverai. Cette espérance m'empêche de mourir sous le poids de mes honneurs.

« Je viens de terminer un assez long mémoire sur les affaires de l'Orient, et j'attends un courrier sûr pour le faire passer à M. de La Ferronnays. Je crois y avoir tracé convenablement la route à suivre, pour les intérêts généraux de la civilisation et les intérêts particuliers de la France. La Ferronnays m'avait demandé mes idées, je les lui communique. Le conseil et le roi sauront du moins que je suis bon à quelque chose, et que j'entends le métier que je fais.

« *Moïse* est une autre affaire, elle est entre vos mains. Elle prospérera, parce que tout va bien, quand vous vous en mêlez. Il me tarde de savoir comment la chose marche, si l'on apprend les rôles, si la musique est en train, si les décorations se peignent. Hérard, comme je vous l'ai dit, comptera les quinze mille francs. Encore fermer une lettre, sans en avoir reçu de vous ! »

LE MÊME.

« Rome, ce mardi 9 décembre 1828.

« Jugez du plaisir que m'a fait le courrier extraordinaire qui m'a apporté votre lettre du 28 du mois dernier ! J'y ai cependant vu vos injustices, vos soupçons, démentis bientôt par mes deux lettres arrivées à la fois. Vous déferez-vous jamais de cette mauvaise habitude ?

« Voilà donc le pauvre *Moïse* arrêté par une querelle ! Mais je n'entends pas railler sur ce point : que Taylor reste ou parte, il faut que le prophète reparaisse dans ce bas monde, pour y vivre ou pour y mourir. J'aimerais mieux que Taylor assistât à son apparition, parce qu'il l'a pris à gré, qu'il est intelligent, et que nos arrangements d'argent sont faits ; mais enfin, si cela était impossible, arrangez, je vous prie, l'affaire avec le nouveau venu et M. de La Rochefoucauld.

« Vous me dites que je ne dois rien craindre. Je vous assure que je ne crains rien. Je me sens de force à braver la chute. Mais quelle que soit la bonne volonté du public, il y a dans ses mouvements quelque chose d'inexplicable ; et, quoi qu'on fasse, l'envie et l'inimitié ont leurs droits imprescriptibles.

Quant aux *convenances*, je ne m'en soucie pas du tout. et je m'élève très-au-dessus des susceptibilités des vieux salons.

« Voyez comme nous nous entendons : vous me dites qu'il faut demander un congé au printemps. et moi. je vous mandais que, si rien n'arrivait. j'irais au mois d'avril en France, que je passerais trois mois à Paris avec vous. que j'irais ensuite aux eaux, et que de là nous nous donnerions rendez-vous sur la frontière de l'Italie pour revenir à Rome ensemble. Cela vous plaît-il?

« Je vous ai dit aussi que j'enverrais Hyacinthe un mois avant l'apparition de *Moïse*, pour faire vos courses, porter une préface à Ladvocat et s'occuper des journaux.

« Hier, je suis allé à l'*Académie Tibérine*, dont j'ai l'honneur d'être membre. J'ai entendu des discours fort spirituels et de très-beaux vers. Que d'intelligence perdue! Ce soir j'ai mon grand *ricevimento*. J'en suis consterné en vous écrivant.

« J'ai ri de la grande occupation dont vous êtes de moi avec M. de Barante. Votre attachement et vos illusions appellent cela *le monde*. Vous me ressuscitez. Je n'en suis pas moins mort; il faut s'en aller. Vous quitter. voilà mon seul et douloureux regret. J'ai bien de la peine à cesser de vous écrire. comment cesserais-je de vous aimer et de vous voir? A jeudi. »

* LE MÊME

« Jeudi, Rome, ce 11 décembre 1828.

« Eh! bien le *ricerimento* s'est passé à merveilles. Mme de Chateaubriand est ravie, parce qu'elle a eu tous les cardinaux de la terre, et que de mémoire d'homme on n'avait jamais vu de *ricerimento* plus nombreux et plus brillant. En effet, toute l'Europe à Rome était là avec Rome. Je vous dirai que, puisque je suis condamné pour quelques jours à ce métier, j'aime mieux le faire aussi bien qu'un autre ambassadeur. Les ennemis n'aiment aucune espèce de succès, même les plus misérables, et c'est les punir que de réussir dans un genre où ils se croient eux-mêmes sans égaux. Samedi prochain, je me transforme en chanoine de Saint-Jean-de-Latran, et dimanche je donne à dîner à mes confrères. Une réunion plus de mon goût est celle qui a lieu aujourd'hui : je dîne chez Guérin avec tous les artistes, et nous allons arrêter *votre* monument du Poussin. Un jeune élève plein de talent, *Desprez*, fera le bas-relief, pris d'un tableau du grand peintre, et *Lemoine* fera le buste ; il ne faut ici que des artistes français.

« Pour compléter mon histoire de Rome, Mme de Castries est arrivée. Hélas! c'est encore une de ces petites filles que j'ai fait sauter sur mes genoux, comme Césarine. Cette pauvre femme est changée à faire de la peine. Ses yeux sont remplis de larmes, quand je lui rappelle son enfance à Lormois. Quelle vie désormais que la sienne, car il me semble que l'enchantement n'y est plus; quel isolement! et pour qui, grand Dieu! Voyez-vous, ce qu'il y a de mieux, c'est de vous aimer toujours davantage, c'est d'aller vous retrouver le plus tôt possible. Si mon *Moïse* descend bien de la montagne, je lui emprunterai un de ses rayons, pour reparaître à vos yeux tout brillant et tout rajeuni. »

* LE MÊME.

« Rome, le samedi 13 décembre 1828.

« Jugez de mon chagrin, je reviens de ma cérémonie de Saint-Jean-de-Latran, mourant de froid, bien fatigué, mais espérant trouver le courrier arrivé avec une lettre de vous. Point de courrier; il manque aujourd'hui : les Apennins sont couverts de neige. Je n'ai que le temps d'écrire ces deux ou trois mots, pour ne pas manquer moi-même le courrier. Je vous ai écrit heureusement tous ces jours-ci de longues lettres. Mon dîner chez Guérin s'est passé à merveille. Tous les jeunes gens étaient dans la joie. C'était la première fois qu'un ambassadeur dinaît *chez eux*. Je leur ai annoncé le monument de Poussin : c'était comme si j'honorais déjà leurs cendres. Je vais aussi souscrire au monument qu'on élève au Tasse, votre ami. Je suis obligé de vous quitter jusqu'à lundi.

« Soignez *Moïse*. A vous à jamais ! »

LE MÊME.

« Ce mardi 16 décembre 1828.

« Je reçois votre petite lettre du 29 novembre, et votre plus longue lettre du 1ᵉʳ décembre. Que je vous remercie ! Vous êtes pourtant un peu trop fière : vous me vantez votre sacrifice ; vous me dites que vous avez *en horreur d'écrire*. Et moi donc ? et pourtant m'écrivez-vous, comme je vous écris, *trois fois par semaine ?* La vérité est que vous avez métamorphosé ma nature, et que je ne me reconnais plus.

« J'écris par ce même courrier à Hérard de vous compter les 15,000 francs ; prenez-les chez vous, et faites entrer le successeur de ce pauvre Taylor dans nos intérêts. Je suppose que nous serons retardés d'un mois, et qu'au lieu de courir l'aventure à la fin de février, cela nous mènera à la fin de mars. Vous savez que c'est toujours dans la semaine sainte que mes grandes catastrophes m'arrivent.

« Vous dites que mes projets de retraite forment

un grand contraste avec les vœux du public. D'abord votre amitié vous aveugle sur ces vœux, et enfin il est très-vrai, très-arrêté dans mon esprit que je veux avoir complétement à moi, et pour vous, mes dernières années. Tout m'avertit ici qu'il faut me retirer : ma santé, le caractère de mes idées, la fatigue et l'ennui de tout. Je tiendrai dans ma place un temps raisonnable, pour n'avoir pas l'air d'agir avec légèreté, mais certainement, quand je vous verrai au printemps, nous fixerons l'époque de ma retraite. Je vous écris au sortir d'un accès de fièvre qui m'a duré toute la nuit ; ce n'est rien, mais je suis bien las, et ma tête est bien douloureuse. Je ne me sens plus absolument qu'une fantaisie, qui est peut-être un radotage de mon âge, c'est de voir *Moïse* sifflé ou triomphant.

« Je lis dans *le Globe* les lettres de M. Lenormant ; elles me font un grand plaisir. Je vous en veux pourtant d'avoir remplacé, par une page de sa prose, une page de la vôtre. Cousin me plaît toujours par un certain abandon de style. Quant à sa philosophie, elle ne me fait rien du tout. Il y a ici un père Ventura, qui vient de me dédier un ouvrage latin, homme violent et de principes absolus, mais c'est bien une autre tête métaphysique que celle de Cousin. J'ai écrit deux fois à M. de Barante.

« Je suis découragé, quand je songe qu'il faut attendre un mois pour avoir réponse à une lettre. Mille choses seront arrivées quand cette lettre vous parviendra. Vous-même, vous ne serez plus dans le mouvement de celle que vous m'avez écrite, et à laquelle je réponds aujourd'hui. Je vous ai mandé ce que je voulais faire au printemps, aller vous chercher. Si M. Lenormant va en Grèce, ce ne peut être à présent qu'au mois de mars ou d'avril. Nous nous entendrons pour faire ce que vous préférerez. J'attends mille choses de vous par M. de Mesnard; je ne suppose pas qu'il revienne avant le 10 janvier. »

* LE MÊME.

« Rome, ce jeudi 18 décembre 1828.

« Au lieu de perdre mon temps et le vôtre à vous raconter les faits et gestes de ma vie, j'aime mieux vous les envoyer tous consignés dans le journal de Rome. Il n'y a de bon dans tout cela que notre monument du Poussin. Hélas! voilà encore une année tombée sur ma tête. Quand me reposerai-je auprès de vous? Quand cesserai-je de perdre sur les grands chemins les jours qui m'étaient prêtés pour en faire un meilleur usage? J'ai dépensé sans regarder tant que j'ai été riche; je croyais le trésor inépuisable. Maintenant, quand je vois combien il est diminué, et combien peu de temps il me reste pour vous aimer, il me prend un grand serrement de cœur.

« Mais n'y a-t-il pas de longues années après celles de la terre? Si j'avais la philosophie de Cousin, je vous ferais la description de ce ciel où je vous attendrai, où vous me retrouverez plein de grâce, de beauté et de jeunesse. Pauvre et humble chrétien, je tremble devant le jugement dernier de Michel-Ange. Je ne sais où j'irai, mais partout où vous ne serez pas, je serai bien malheureux. Je vous ai cent fois mandé tous mes projets et tout mon avenir; la rue d'Enfer auprès de vous, voilà tous les souhaits de bonne année que je me fais. Ruines, années, santé, perte de toute illusion, tout me dit : « Va-t'en, retire-toi, finis. » Je ne retrouve au bout de ma journée que vous, et, dans un coin de mon imagination, *Moïse*. Encore, pour peu qu'on le voulût, je le jetterais très-bien au feu.

« Vous avez désiré que je marquasse mon passage à Rome, c'est fait : le tombeau du Poussin restera; il portera cette inscription : *F. A. de Ch. à Nicolas Poussin, pour la gloire des arts et l'honneur de la France.* Qu'ai-je maintenant à faire ici ? Rien, surtout après avoir souscrit pour la somme de cent ducats au monument de l'homme que vous aimez le plus, dites-vous, *après moi*, le Tasse.

« Grand merci de votre petit mot du 3 qui m'arrive à l'instant. Je n'ai pas besoin de cette porcelaine[1] pour

---

1. L'envoi d'un service de porcelaine de Sèvres donné par le roi.

penser à vous, et franchement, je ne sais si jamais j'en ferai usage à Rome. Soyez aussi victorieuse pour *Moïse*, auprès de ce M. de La Rochefoucauld qui me semble un fier lion. Cet Assuérus briserait mon fragile ouvrage comme une saucière. A samedi. »

LE MÊME.

« Rome, samedi 20 décembre 1828.

« Je reprends l'histoire de la porcelaine. Le service n'est pas, grâce à M. de La Bouillerie, un présent complet du roi ; j'en paie une partie. Ce service, vu le retard, ne peut guère m'arriver qu'à la fin de janvier ; s'il n'est pas noyé au passage, il ne paraîtra pas trois fois sur ma table avant mon départ pour Paris. Il y a des gens qui seraient retenus dans leurs projets par la considération d'une belle assiette ; mon principe, à moi, est de s'arranger toujours dans une place comme si on devait y rester, et de s'en aller une heure après, s'il le faut.

« A propos de M. de La Bouillerie, je n'ai point répondu à ce que vous me disiez du pauvre Thierry. Où est-il ? Je n'ai reçu ni lettre ni ouvrage de lui ; mais M. de Mesnard a l'ordre de m'apporter les nouvelles éditions. Je voudrais lui écrire, et reprendre son affaire auprès de la Maison du roi.

« Je vous parle de toutes choses qui seront hors

de votre souvenir, quand vous recevrez cette lettre. Tout mesure ainsi pour moi la distance qui me sépare de vous. La santé de Mme de Chateaubriand n'est pas bonne ; la mienne n'est guère meilleure. Ma retraite des affaires pour toujours est devenue dans ma tête une idée fixe ; je la porte dans le monde et à la promenade. Je m'amuse à parer en pensée ma petite solitude auprès de vous. Je me représente ne faisant plus rien, n'écrivant plus rien, hors quelques pages de mes *Mémoires*, et appelant de toutes mes forces l'oubli, comme jadis j'ai appelé le bruit et l'éclat.

« La France restera libre et me devra sa liberté constitutionnelle presque tout entière. Les affaires extérieures suivront leur cours. Elles sont menées en Europe par de bien pauvres gens, par des gens qui ont discipliné la barbarie, et qui se réjouissent du danger où ils ont mis, par leur manque de vue, la civilisation chrétienne. La France, bien conduite, peut sauver le monde, un jour, par ses armes et par ses lois ; tout cela n'est plus de moi. Je me réjouirai dans mon tombeau, et, en attendant, c'est auprès de vous que je dois aller passer le reste de ma courte vie.

« Vous avez mieux aimé, dans votre dernière lettre du 3, me parler de porcelaine que de *Moïse*, mais vous m'annoncez que vous me parlerez de celui-ci dans votre prochaine lettre. La chute de

Taylor retardera bien notre affaire. Son successeur
y mettra-t-il la même chaleur, entrera-t-il dans les
mêmes arrangements, la musique sera-t-elle faite
et apprise à temps, etc? Et puis le terrible Sosthènes! que suis-je, moi, pauvre créature, auprès de
tout cela? Mais vous me sauverez. »

LE MÊME.

« Rome, ce samedi 27 décembre 1823.

« Six heures après le départ du courrier de jeudi
dernier 25, un courrier extraordinaire m'apporte
enfin une petite lettre de vous en date du 16.

« Cette très-petite lettre est tout ce que vous dai-
gnez m'accorder en réponse à une douzaine de longues lettres de moi : c'est sans doute plus que je
mérite; mais, quand on est si loin, de bonnes longues
lettres feraient tant de bien!

« Cette lettre du 16 dit deux choses : que Villemain est allé vous parler de *Moïse*, et que M. Pasquier veut être ministre. Je suppose que le premier
était allé, au nom de tous ses amis, vous montrer les
craintes les plus vives sur *Moïse* : point d'acteurs,
chute probable, inconvenance, etc., etc. Laissez
dire. Si nous réussissons, si nous tombons, peu importe, je n'en serai nullement affligé. Lord Byron,
en Italie, s'est bien consolé d'avoir été sifflé à Lon-

dres, et pourtant il était poëte! et moi, vil prosateur, qu'ai-je à perdre? Allons donc intrépidement en avant. Ne vous laissez pas ébranler.

« Vous avez l'air de vouloir me rassurer sur la nomination de M. Pasquier? Vous me jugez mal; vous ne me croyez peut-être pas sincère dans mon désir de tout quitter et de mourir dans un gîte oublié : vous auriez tort. Or, dans cette disposition d'âme, je bénirais l'entrée de M. Pasquier au ministère des Affaires étrangères, parce qu'elle m'ouvrirait une porte pour sortir d'ici. J'ai déclaré mille fois que je ne pourrais rester ambassadeur qu'autant que mon ami La Ferronnays serait ministre. Je donnerais donc à l'instant ma démission avec une joie extrême. Faites des vœux pour M. Pasquier.

« Midi.

« Voilà M. de Mesnard avec votre lettre du 19. On ne peut avoir fait plus de diligence. Croiriez-vous que votre lettre m'afflige? Premièrement, quant aux ministères faits ou à faire, je regarde tout cela comme des rêves et des agitations d'ambition sans fondement et sans réalité, et enfin, je ne veux pour rien être *ministre*; qu'on me raie de toutes les listes. Je ne veux plus que mon *Infirmerie* pour m'y cacher et pour y mourir.

« MM. Pasquier, de Barante, Villemain, m'écrivent aussi par M. de Mesnard; remerciez les deux derniers. Les deux Bertin, Agier et Villemain m'écrivent à leur tour pour me conjurer de ne pas laisser jouer *Moïse*. Leur raison est que les acteurs sont déplorables, qu'on n'aime plus la tragédie, et surtout une tragédie religieuse, et qu'enfin cela m'empêcherait d'être *ministre*.

« Cette dernière raison est nulle pour moi, parce que, fussé-je aussi près du ministère que j'en suis loin, je ne veux plus rien être absolument en politique. Quant aux autres raisons, bonnes ou mauvaises, je dois y céder dans ce moment. Je ne veux pas qu'on dise que j'aie été un obstacle à la formation d'un ministère dont même je ne ferais pas partie, si ce ministère peut être utile à la France. Je ne veux pas qu'on me dise : « Si vous n'aviez pas fait une « *scène* littéraire, nous étions ministres demain. » Retirez donc ce pauvre *Moïse*. Dites que *j'ariserai*, et qu'il faut remettre la partie à l'hiver prochain. S'il y a des frais faits, payez-les avec l'argent que vous pourrez prendre chez Hérard. Empêchez les distributions de rôles et la répétition, et retirez le manuscrit. Je reste convaincu d'une chose, c'est que mes *amis* auraient été affligés d'un *succès* autant que mes ennemis, et que, d'une autre part, une chute leur aurait fait du mal, politiquement parlant. Voilà le double secret de leur intérêt si vif. Satisfaisons-les. Ils ne m'auront, ni pour collègue au ministère, ni pour auteur sifflé ou triomphant. C'est le ciel ouvert pour eux.

« C'est un courrier extraordinaire arrivant de Naples et se rendant à Paris qui va vous porter cette lettre. Notre correspondance va vite.

« J'envoie par ce courrier mon Mémoire sur les affaires d'Orient à M. de La Ferronnays. Les succès des Turcs me font horreur. Sébastiani ne vous a dit que ce que les autres m'ont écrit. »

LE MÊME.

« Rome, mardi ce 30 décembre 1828.

« Eh bien, ce pauvre *Moïse!* Le courrier extraordinaire, parti samedi 27, vous porte l'*ordre* de le retirer. C'était la dernière fantaisie de ma vie, le radotage d'un homme qui s'en va, mais enfin je désirais vivement le voir réussir ou tomber. Mon sacrifice est d'autant plus grand, que je n'ai plus guère de joies, et que mes *amis*, qui ont exigé ce sacrifice, l'ont voulu, disent-ils, pour que j'arrive au ministère, et *je ne veux point être ministre*. De sorte que je renonce à la *couronne de Sophocle* pour une couronne de Périclès que personne ne m'offre, et que je refuserais, si on me l'offrait; j'abandonne tout pour rien. Mais être aimé de vous, n'est-ce pas une assez belle couronne? J'ai dû céder à mes *amis*: ils ont associé leur vie à la mienne. S'ils n'obtenaient pas les places qu'ils désirent, et que *Moïse* fût joué, succès ou non, ils me diraient que je les ai perdus, parce qu'ils s'étaient attachés à ma destinée; ils me rendraient responsables de leurs propres mécomptes. Je me résigne donc. Ce n'est pas la première fois qu'en voyant ce qu'il fallait faire j'ai suivi ceux qui m'obligeaient de prendre la mauvaise voie. Toutes les fois qu'on ne m'a demandé que de m'immoler aux intérêts des autres, on m'a trouvé toujours prêt.

« Mais ne peut-on pas reprendre un jour notre projet? Quand ces messieurs seront montés où ils veulent monter, quand ma retraite à l'Infirmerie annoncera que réellement je ne veux rien être, alors ne serai-je pas libre d'agir comme il me plaira? Oui, sans doute. Mais d'abord il faut vivre, et c'est là une grande difficulté pour moi. Ensuite les événements, les accidents, que sais-je, permettront-ils de nous occuper de *Moïse?* Nous-mêmes nous en soucierons-nous? Nos idées n'auront-elles point changé? Je pourrais encore dire de moi aujourd'hui :

> « Quelquefois un peu de verdure
> « Rit sur la glace de nos champs;
> « Elle console la nature,
> « Mais elle sèche en peu de temps. »

« Mais il n'y aura pas même bientôt un peu de verdure sur ma glace, et rien ne me consolera que vous. Laissons ce triste sujet.

« Je crois vous avoir dit que j'avais envoyé par

le dernier courrier, à M. de La Ferronnays, mon gros Mémoire sur les affaires de l'Orient. Il ne me manquait plus, pour achever de me dégoûter de la politique, que de voir le triomphe de la peste, de l'esclavage et de la barbarie *disciplinés*, et des esprits assez bornés pour applaudir à ce triomphe, pour n'en pas découvrir les conséquences, même prochaines, sur les libertés des peuples et sur la civilisation !

« Sept heures du soir.

« Je reçois vos lettres du 9 et du 11 ; elles sont pleines de cajoleries. Ne vous donnez pas tant de peine pour me séduire : vous êtes sûre de votre succès. Suspendez donc simplement *Moïse*; j'y consens. Quant au *ministère*, vous voyez que ma lettre entre parfaitement dans vos idées. Tant que M. de La Ferronnays est en *nom*, rien n'est changé dans ma position par un *intérim*. Je ne ferai donc absolument rien. J'attendrai. Je serai tout comme j'étais, lorsque M. de Rayneval avait l'*intérim*.

« J'ai dans l'espace de quelques mois consolidé les affaires de Rome. Je crois que Sa Sainteté est contente de moi; je pense que les arts n'en sont pas mécontents. Ce court voyage a quelque gravité, je ne veux pas la lui faire perdre par de la précipitation et de l'impatience. J'ai mis quelque coquetterie à faire de mon mieux sur un petit théâtre. Je n'ai paru rien dédaigner, pas même les bals. Maintenant j'irai, quand il en sera temps, vous retrouver avec des transports de joie. Avant tout, mon repos à présent.

« Quant à ce ministère des arts dont votre imagination s'amuse, nous n'en sommes pas encore à un ministère. Attendons. Et ne croyez pas surtout que je me croie *Sophocle et Périclès*. Je suis trop vieux pour être si fat. A vous, à vous. »

LE MÊME.

« Rome, 1ᵉʳ janvier 1829.

« 1829 ! J'étais éveillé ; je pensais tristement et tendrement à vous, lorsque ma montre a marqué minuit. On devrait se sentir plus léger à mesure que le temps nous enlève des années; c'est tout le contraire : ce qu'il nous ôte est un poids dont il nous accable. Soyez heureuse, vivez longtemps ; ne m'oubliez jamais, même lorsque je ne serai plus. Un jour il faudra que je vous quitte : j'irai vous attendre. Peut-être aurai-je plus de patience dans l'autre vie que dans celle-ci, où je trouve trois mois sans vous d'une longueur démesurée.

« Je reçois ce matin tous les Français. Mᵐᵉ Salvage dîne pour la première fois à l'ambassade. J'aime cette femme, parce qu'elle me parle de vous. J'ai pris aussi en amitié Visconti, parce qu'il me demande toujours quand vous arrivez. Il a découvert un endroit excellent pour faire une fouille; nous allons la commencer. Si je trouve quelque chose, je le partagerai avec vous. Voilà le premier plaisir que j'aurai à Rome. Je me fais une espèce de fête d'assister au premier coup de bêche. Si j'allais voir sortir quelque chef-d'œuvre de la terre; c'est là, par exemple, un genre d'intérêt que peuvent seules offrir l'Italie et la Grèce.

« Je vous ai écrit deux fois de retirer *Moïse*. Conservez le manuscrit; c'est le seul que j'aie avec les dernières corrections. J'ai encore le cœur bien gros de cette affaire. On sacrifie difficilement les dernières illusions de la vie ; cela m'apprend de plus en plus à me détacher de tout, excepté de vous. Je vous quitte pour m'habiller. Vous devez penser au supplice de cette existence pour moi. Bonne année! Elle sera bonne, puisque dans quelques mois je serai avec vous. »

* LE MÊME.

« Rome, le samedi 3 janvier 1829.

« Je recommence mes souhaits de bonne année : que le ciel vous accorde santé et longue vie. Aimez-moi surtout, et ne m'oubliez pas, quand je ne serai plus. J'ai bonne espérance, car vous vous souvenez bien de M. de Montmorency et de Mᵐᵉ de Staël. Vous avez la mémoire aussi bonne que le cœur. Je disais avant-hier à Mme Salvage que je ne connaissais rien dans le monde d'aussi beau et de meilleur que vous.

« J'ai passé hier une heure avec le pape. Nous avons parlé de tout et des sujets les plus hauts et les plus graves. C'est un homme très-distingué et très-éclairé, et un prince plein de dignité et de grâce. Il ne manquait aux aventures de ma vie politique que d'être en relation avec un souverain pontife ; cela complète ma carrière.

« Voulez-vous savoir comment je passe la journée et exactement ce que je fais? Je me lève à six heures et demie ; je déjeune à sept heures et demie avec une tasse de chocolat, dans la chambre de Mme de Chateaubriand ; à huit heures, je reviens dans mon cabinet ; je vous écris ou je fais quelques affaires, quand il y en a ; les détails pour les établissements français, et les pauvres français sont assez grands. A midi, je m'habille ; à une heure, je prends une grande tasse de lait d'ânesse qui me fait un bien infini ; ensuite je vais me promener deux heures avec Hyacinthe dans la campagne romaine. Quelquefois je fais une visite obligée, avant ou après la promenade. A quatre heures, je rentre ; je me rhabille pour la soirée. Je dîne à cinq heures ; à sept heures et demie je vais à une soirée avec Mme de Chateaubriand, ou je reçois quelques personnes chez moi.

Entre dix et onze heures, je me couche, et toujours je pense à vous. Les Romains sont déjà si accoutumés à ma vie *méthodique,* que je leur sers d'*heures* pour marquer le temps, comme j'en servais à vos voisins de l'Abbaye. Voilà, n'est-il pas vrai? un bien ennuyeux ambassadeur, et bien différent de M. le duc de Laval! Jamais on n'a tant vu d'étrangers à Rome que cette année. Mardi dernier, le monde entier était dans mon salon.

« Comment! le courrier arrive et m'apporte une lettre de vous du 20 décembre, du lendemain du départ de M. de Mesnard! j'en crois à peine mes yeux; vous voulez donc me tourner la tête? Vous avez vu Bertin, tant pis pour vous; il vous noircira bientôt l'imagination. Cousin ne veut pas que j'abdique, mais je ne règne pas; ainsi je n'ai rien à déposer. Aujourd'hui même, 3 janvier, le courrier extraordinaire a dû vous porter les *pouvoirs* pour retirer *Moïse.* Le sacrifice est fait, mais je ne le pardonnerai jamais aux bons *amis.*

« J'espère que vous avez maintenant le manuscrit bien serré avec les autres. Je vous ai fait le récit du grand *ricevimento.* Soyez sans *peur* comme vous êtes sans reproche. »

LE MÊME.

« Rome, mardi 6 janvier 1829.

« En ouvrant les journaux arrivés hier, j'ai trouvé mon nom à toutes les pages, tantôt pour une chose, tantôt pour une autre. Vous devriez imprimer les lettres que je vous écris ; ce serait un contraste piquant avec les desseins que l'on me suppose. On verrait un pauvre songe-creux qui ne pense d'abord qu'à vous, qui n'a ensuite dans la tête que de se retirer dans quelque trou pour finir ses jours, et qui s'occupe si peu de politique qu'il pleure *Moïse* qu'on ne jouera pas. Voilà pourtant à la lettre la vérité. Le public me traite comme on traite ici le Tasse, ce qui me fait trop d'honneur. On veut remuer ma poussière ; je commençais à dormir si bien.

« J'en suis toujours à notre tombeau du Poussin, et à la fouille projetée. Visconti promet merveilles. Au fond, je ne cherche qu'à me tromper ; je ne vis point où je suis ; j'habite au-delà des Alpes auprès de vous. Cependant les jours s'écoulent ; je puis à présent être à peu près certain du moment où je vous reverrai, et cela me fait un bien que je ne puis dire.

« Mes travaux littéraires sont suspendus. Je fais seulement quelques lectures pour mon Histoire de

France. Je suis un peu inquiet de Ladvocat dont je n'entends plus parler; ferait-il banqueroute? J'espère que non, mais pourtant je suis tout consolé d'avance : j'aurais une raison légitime pour faire attendre au public les deux volumes que je lui dois encore; vous voyez que je tire parti de tout.

« Mes travaux diplomatiques se bornent à peu de chose. Cependant, je n'ai pas trop mal arrangé ici les affaires du roi, et j'ai envoyé sur la guerre d'Orient un Mémoire de quelque importance ; j'ai de plus entre les mains une dépêche faite et assez curieuse, pour laquelle j'attends un courrier. J'ai vu le pape ces jours derniers. Je suis toujours enchanté de la grâce, de la dignité, de la modération du prince des chrétiens.

« A jeudi. »

* LE MÊME.

« Rome, jeudi 8 janvier 1829.

« Je suis bien malheureux ; du plus beau temps du monde nous sommes passés à la pluie, de sorte que je ne puis plus faire mes promenades solitaires. C'était pourtant là le seul bon moment de ma journée. J'allais pensant à vous dans ces campagnes désertes; elles lisaient dans mes sentiments l'avenir et le passé, car autrefois je faisais aussi les mêmes promenades, et c'est le souvenir le plus agréable qui me soit resté de Rome. Je vais une ou deux fois la semaine à l'endroit où l'Anglaise[1] s'est noyée. Qui se souvient aujourd'hui de cette pauvre jeune femme? ses compatriotes galopent le long du fleuve sans penser à elle. Le Tibre, qui a vu bien d'autres choses, ne s'en embarrasse pas du tout; d'ailleurs, ses flots se sont renouvelés : ils sont tout aussi pâles et aussi tranquilles que quand ils ont passé sur cette créature pleine d'espérance, de beauté et de vie, mais ce ne sont plus les mêmes flots. Quel abîme de néant que tout ce monde, et qui jamais arrêtera cette fuite?

« Me voilà guindé bien haut sans m'en être aperçu : pardonnez à un pauvre lièvre retenu et mouillé dans son gîte par la pluie. Il faut que je vous raconte une petite historiette de mon dernier *mardi*. Il y avait à l'ambassade une foule immense. J'étais le dos appuyé contre une table de marbre, saluant les personnes qui entraient et qui sortaient. Une Anglaise, que je ne connaissais ni de nom ni de visage, s'est approchée de moi, m'a regardé entre les deux yeux, et m'a dit avec cet accent que vous savez : « Monsieur de Chateaubriand, vous êtes bien « malheureux! » Étonné de l'apostrophe et de cette

---

1. Miss Bathurst, une jeune et belle personne qui fut engloutie dans le Tibre, en 1824; il a été question de cette triste aventure dans une lettre du duc Mathieu de Montmorency.

manière d'entrer en conversation, je lui ai demandé ce qu'elle voulait dire. Elle m'a répondu : « Je veux « dire que je vous plains. » En disant cela, elle a accroché le bras d'une autre Anglaise, s'est perdue dans la foule, et je ne l'ai pas revue du reste de la soirée. Ne vous inquiétez pas : cette bizarre étrangère n'était ni jeune ni jolie. Je lui sais gré, pourtant, de ces paroles mystérieuses qui sont en intelligence avec ce que je vous écris et ma position.

« Vos journaux continuent de rabâcher de moi. Je ne sais quelle mouche les pique ; je devais me croire oublié autant que je le désire.

« J'écris par ce courrier à Thierry. Il est à Hyères, bien malade. Pas un mot de réponse de M. de La Bouillerie.

« Le courrier d'aujourd'hui manque ; cela va maintenant arriver souvent, parce que les rivières et les torrents vont déborder. Souvenez-vous de cela, pour ne pas vous creuser l'imagination, si mes lettres retardent. Seulement, vous serez quinze jours sans en recevoir, puis il vous en arrivera cinq et six à la fois. A samedi. »

LE MÊME.

« Rome, samedi, 10 janvier 1829.

« Le pauvre Guérin fait ses paquets ; cela me fait beaucoup de peine. Je m'y étais fort attaché. Il m'avait reçu à mon arrivée, et nous avions regardé tristement Rome ensemble du haut de la villa *Médicis*. Il restera encore quelque temps après l'arrivée d'Horace. Je voulais lui donner une retraite à l'ambassade, il ne l'a pas voulu. Au lieu de cela, je lui donnerai un grand dîner avec Horace et tous les élèves; après quoi, plus heureux que moi, il ira vous voir et vous conter ma vie.

« Le plan du tombeau du Poussin est tout à fait arrêté; il est très-bien. Il ne s'agit plus que de faire déloger un confessionnal, dont il nous faut la place, à *San Lorenzo in Lucina*, et c'est une grande affaire.

« J'ai été avant-hier passer une heure tête à tête avec Mme Salvage, pour parler de vous. Je lui ai dit que vous viendriez nous rejoindre au printemps, ou que j'irais vous chercher, ce que je dis au reste à tout le monde. A mesure que l'on approche du carnaval, la foule augmente dans les salons; ce ne sont plus que de grandes réunions publiques, où l'on ne trouve pas même à placer un mot. Dans les premières semaines de carême, j'irai montrer Naples à Mme de Chateaubriand, je reviendrai pour la semaine sainte, et à Pâques, je partirai avec le congé que j'espère obtenir.

« Je répète tous ces calculs que je vous ai faits cent fois, parce qu'ils trompent un peu la peine où je suis de votre absence; il me semble qu'en comptant les jours, je les fais disparaître, comme lorsqu'on compte de l'or pour payer une dette : on n'a plus le moment d'après la somme que l'on a prise dans son *magot*. Hélas! mon pauvre magot est bien diminué et j'en aperçois le dernier écu. Aurai-je une lettre de vous ce matin? »

LE MÊME.

« Rome, lundi 12 janvier 1829.

« Encore un courrier extraordinaire; je passerai pour l'homme le plus occupé de l'Europe. J'envoie à Paris un autre attaché, M. du Viviers : il porte le récit d'une longue conversation que j'ai eue avec le saint-père. Il était essentiel que le gouvernement connût cette conversation avant l'ouverture des chambres, pour le discours de la couronne, et cette dépêche, même chiffrée, n'aurait pu être mise à la poste.

« Mais la grande affaire est de vous écrire, de de vous dire à mon aise combien je vous aime et combien je suis malheureux sans vous. Le reste n'est rien pour moi.

« Voyez et admirez l'enchaînement des destinées. Si on nous avait laissé faire, vous et moi, nous aurions donné *Moïse; Moïse* aurait été alors imprimé avec une grande préface; cela aurait fait prendre patience aux libraires et aux souscripteurs, qui auraient attendu en paix la publication de l'histoire. Au lieu de cela, pour me faire courir après une place imaginaire, et que je refuserais si elle m'était offerte, on m'empêche d'ajouter peut-être quelque chose à une innocente couronne littéraire, et l'on m'expose à des procès avec des entrepreneurs de livres. Que ne nous laissait-on suivre notre instinct! il nous aurait mieux servi. Vous avez été faible par une *fausse ambition* pour moi. Si vous m'aviez dit : *ne cédez pas*, je n'aurais pas cédé; mais vous avez vu ma fortune où elle n'était pas. Vous vous êtes laissé prendre à des conversations animées; vous avez cru à quelques articles de journaux. Il était clair, et je vous l'ai toujours dit, que le ministère ne changerait pas. Mais enfin, vous l'avez voulu; votre volonté est ma règle, et, après tout, j'ai cédé à un sentiment généreux, puisque mes *amis* voyaient *leur* fortune bien plus compromise que la *mienne* par la représentation de *Moïse.*

« Mes lettres, dont je vous accable, sont la peinture fidèle de l'état de mon âme ici. J'ai tout ce qu'on peut désirer en succès, en prévenances, en bon accueil; mais je sens de plus en plus que ma vie sociale et politique est finie. C'est vous et la retraite la plus profonde qu'il me faut aujourd'hui. Je ne m'occupe que d'une chose, c'est de ma santé; car j'ai une envie extrême de vivre encore quelque temps pour vous. Le lait d'ânesse et la promenade me font merveilles, et au printemps qui approche j'espère que vous me trouverez tout ressuscité. Les soirées seules dérangent mon régime et me donnent un tel ennui, que je suis prêt à me jeter par la fenêtre. Je fais pourtant bonne contenance, car je mets de la taquinerie, pour mes ennemis, à les forcer de convenir que je suis bien reçu partout où je vais.

« Je viens d'avoir un petit succès sur l'ambassade de Naples: j'ai obtenu que les courriers pour la Morée ne fussent plus envoyés dans les Calabres, mais à Ancône où j'établirais un de mes secrétaires de légation, pour diriger la correspondance. Par ce moyen, l'ambassade de Rome domine toutes les affaires de l'Italie, et les attachés et secrétaires sont dans la joie. M. de Blacas, qui attirait tout à lui, perd sa puissance, et M. de Vitrolles, à Florence, aura moins de matière pour les *notes secrètes*. Quelles misères que ces triomphes! Ne parlez pas de tout cela.

« Le Poussin voit élever son monument; j'ai souscrit pour celui du Tasse; la fouille commencera peut-être à la fin de la semaine; avez-vous encore quelque chose à m'ordonner? moi, je vous supplie de m'écrire plus souvent, et *tout simplement par la poste*. Vos lettres me donnent seules le courage d'attendre le mois d'avril, ne me les refusez pas. Je suppose qu'on me renverra du Viviers à la fin du mois; vous profiterez de son départ, ainsi que des courriers qui pourront m'être envoyés à Ancône.

« Cette fois, je n'écris à personne qu'à vous, hors un mot à Bertin, que je redoute toujours pour vous. J'ai acquitté ces jours derniers toutes mes dettes, et répondu à toutes les personnes à qui je devais des lettres, Pasquier, Villemain, Thierry, etc. C'est de vous que j'attends des nouvelles. Je ne crois point à des changements de ministère ; je suis persuadé que les ministres auront une grande majorité. J'aurai mieux jugé de loin que vous tous, qui étiez trop près pour bien voir.

« J'oubliais de vous dire que, si l'on était obligé d'en venir à une rupture avec Ladvocat, le contrat de vente est entre les mains de M. Lemoine ou du bonhomme Henri. A propos de ce dernier, j'ai appris que vous aviez l'indulgence de le recevoir ; vous êtes admirable ! »

* LE MÊME.

« Rome, mardi 13 janvier 1829.

« Hier au soir, je vous écrivais à huit heures la lettre que M. du Viviers vous porte ; ce matin, à mon réveil, je vous écris encore par le courrier ordinaire, qui part à midi. Voici une petite histoire. Vous connaissez les pauvres Dames de Saint-Denis : elles sont bien abandonnées, depuis l'arrivée des grandes Dames de la Trinité-du-Mont. Sans être l'ennemi de celles-ci, je me suis rangé avec Mme de Chateaubriand du côté du faible. Depuis un mois, les Dames de Saint-Denis voulaient donner une fête à *M. l'ambassadeur et à Mme l'ambassadrice :* elle a eu lieu hier à une heure après midi.

« Figurez-vous un théâtre arrangé dans une espèce de sacristie qui avait une tribune sur l'église : pour acteurs, une douzaine de petites filles, depuis l'âge de huit ans jusqu'à quatorze ans, jouant les *Machabées*. Elles s'étaient fait elles-mêmes leurs casques et leurs manteaux ; elles déclamaient leurs vers français avec une verve et un accent italien le plus drôle du monde ; elles tapaient du pied dans les moments énergiques. Il y avait une nièce de Pie VII, une fille de Thorwaldsen et une autre fille de Chauvin le peintre. Elles étaient jolies incroyablement dans leur parure de papier. Celle qui jouait le grand prêtre avait une grande barbe noire qui la charmait, mais qui la piquait, et qu'elle était obligée d'arranger continuellement avec une petite main blanche de treize ans.

« Pour spectateurs, nous, quelques mères, les religieuses, Mme Salvage, deux ou trois abbés, et une autre vingtaine de petites pensionnaires, toutes en blanc avec des voiles. Nous avions fait apporter de l'ambassade des gâteaux et des glaces. On jouait du piano dans les entr'actes. Jugez des espérances et des joies qui ont dû précéder cette fête dans le couvent, et des souvenirs qui la suivront! Le tout a fini par un *Virat in œternum* chanté par trois religieuses dans l'église. C'est pour vous que je voudrais éternellement vivre. Je finis. Vous devez être lasse de mes lettres et de mes fadeurs.

« J'ai vu dans les journaux mon dîner chez Guérin et l'histoire de notre tombeau du Poussin.

« Adieu jusqu'à jeudi. »

* LE MÊME.

« Rome, jeudi 15 janvier 1829.

« A vous encore. Cette nuit nous avons eu du vent et de la pluie comme en France ; je me figurais qu'ils battaient votre petite fenêtre, je me trouvais transporté dans votre petite chambre, je voyais votre harpe, votre piano. vos oiseaux. vous me jouiez mon air favori ou celui de Shakespeare ; et j'étais à Rome, loin de vous, dans un grand palais; quatre cents lieues et les Alpes nous séparaient! Quand cela finira-t-il? J'ai reçu une lettre de cette dame spirituelle qui venait quelquefois me voir au ministère. Jugez comme elle me fait bien la cour : elle est Turque enragée. Mahmoud est un grand homme qui a devancé sa nation, etc. Le fait est que tous les bonapartistes détestent les Russes contre lesquels la puissance de leur maître est venue se briser. Par un instinct de despotisme, ils aiment encore les Turcs, et n'aiment point la mémoire d'Alexandre qui a tant contribué à faire donner à la France ses institutions actuelles. Ils voient, dans cette canaille esclave de Constantinople, les vengeurs de la retraite de Moscou et les ennemis de la Charte ; sur ce dernier point, ils sont d'accord secrètement avec *la Quotidienne*. Ils ne prêchent la Charte aujourd'hui que comme un instrument de dommage contre la légitimité ; mais ils y seront pris : la Charte sauvera tout, et ils auront, en dépit d'eux, la liberté et les Bourbons.

« Cette Rome, au milieu de laquelle je suis, devrait m'apprendre à mépriser la politique. Ici la liberté et la tyrannie ont également péri ; je vois les ruines confondues de la république romaine et de l'empire de Tibère : qu'est-ce aujourd'hui que tout cela dans la même poussière ? et le capucin qui balaie, en passant, cette poussière, ne semble-t-il pas rendre plus sensible encore la vanité de tant de vanités ? Cependant je reviens, malgré moi, aux destinées de ma pauvre patrie ; je lui voudrais religion, gloire et liberté, sans songer à mon impuissance pour la couronner de cette triple auréole.

« Je tiens une petite lettre de vous du 2 janvier. Vous avez été malade et vous l'êtes peut-être encore. Voilà tout ce que je vois ; je vais compter les minutes jusqu'à ce que j'aie une autre lettre de vous. Je serais désolé que M. de La Ferronnays quittât le ministère, et surtout qu'il fût gravement malade; c'est un homme excellent et tout loyal. Sa retraite, au surplus, changerait ma position. Car j'ai dit et répété à qui a voulu l'entendre, que je ne serais ambassadeur sous aucun ministre remplaçant mon noble ami. Il faut mettre cette lettre à la poste qui part.

« C'est du 20 au 22 que vous recevrez mon autre attaché, du Viviers. »

LE MÊME.

« Rome, samedi 17 janvier 1829.

« Les journaux m'ont un peu rassuré sur La Ferronnays. Je viens de lui écrire pour le conjurer de rester; sa retraite ferait beaucoup de mal à la France. M. Pasquier, en entrant seul, diviserait tout; et quant à moi, je suis hors de la question. Si pourtant La Ferronnays était forcé de se retirer, cela amènerait, comme je vous l'ai déjà dit, le dénoûment naturel de ma position.

« On sait que je ne reste ambassadeur que parce qu'il est ministre; je l'ai déclaré cent fois, et c'est même cette déclaration connue qui a tant gêné les prétendants; car que faire de moi? Quel maudit homme je suis! Vous savez, en cas de retraite, quelles sont les prétentions de Mme de Chateaubriand. Quoi qu'il en soit, le résultat de tout cela serait de me ramener auprès de vous; c'est tout ce que je désire dans le monde.

« Un M. Prin, recommandé par Charles Nodier, m'a écrit pour me prier de le charger de la poursuite de mes *droits d'auteur*; je lui ai répondu qu'on ne jouerait pas *Moïse*. Vous avez maintenant toutes mes réponses par le courrier extraordinaire de Naples et par M. du Viviers; l'un a dû arriver le 4, et l'autre le 21 janvier. Je vais ce matin présenter une troupe de Français au pape; à mon retour, je trouverai peut-être une lettre de vous arrivée, et je fermerai la mienne.

« La poste est arrivée, et elle n'a rien de vous. Je vois que La Ferronnays va mieux et qu'il a travaillé avec le roi. Dieu soit loué!

« Il faut vous quitter jusqu'à lundi.

« Sa Sainteté a été pour moi la plus gracieuse du monde, et cela devant dix-sept témoins. »

LE MÊME.

« Rome, mardi 20 janvier 1829.

« J'ai reçu hier votre lettre du 5. Le conseil que nous donne notre ami est le plus mauvais de tous: demander un congé en ce moment, ce serait me donner l'air de l'ambition et de l'intrigue, et je suis bien loin de l'une et de l'autre. Il faut que le parti soit pris à Paris avant que je prenne le mien, il faut que tout soit terminé; alors, selon ce qui aura été fait, j'agirai. Je crois que c'est là ce qu'il y a de plus digne et de plus grave.

« Ma position est, au surplus, la plus simple du monde, parce qu'elle n'est pas le résultat du moment. Tout le monde sait que je n'ai accepté une ambassade que par amour de la paix, pour donner la majorité au ministère dans un temps difficile, en attachant mon nom au pouvoir, et en brisant ainsi la redoutable opposition que j'avais formée. Mais tout le monde sait aussi que je n'ai consenti à m'éloigner de la France qu'à cause de l'amitié qui me lie à M. de La Ferronnays, qui avait été ambassadeur sous moi et qui était entré dans toutes mes vues politiques pour l'extérieur. J'ai dit et écrit dès le premier moment qu'à l'instant où M. de La Ferronnays cesserait d'être ministre, toutes les conditions de mon traité seraient accomplies, et que je cesserais d'être ambassadeur. Ainsi donc mon affaire se réduit à un seul point : M. de La Ferronnays est-il où n'est-il pas ministre des Affaires étrangères? S'il ne l'est plus, la question de son successeur n'est rien pour moi : que ce soit M. Pasquier, M. de Rayneval, M. de Mortemart, peu importe; je me retire.

« Je veux me retirer sans bruit et sans éclat. Je n'enverrai point ma démission, quand j'apprendrai la nomination du successeur de La Ferronnays ; c'est trop dur. Je demanderai simplement un congé. j'irai à Paris arranger mes affaires et mettre mes raisons aux pieds du roi. M°™ de Chateaubriand restera ici, et ne quittera Rome qu'après Pâques. lorsqu'elle saura à quoi s'en tenir sur mon avenir.

« Le rôle d'un ministre des Affaires étrangères sera difficile cette année dans les chambres. L'état actuel de l'Europe l'appellera souvent à la tribune, et les points d'attaque sont visibles et nombreux. Que penser de gens qui vous parlent de la balance de l'Europe, dérangée, disent-ils, par les succès des Russes en Orient (s'ils avaient eu des succès!) et qui ne s'aperçoivent pas que, depuis les derniers traités, cette balance n'existe plus pour la France, que toutes les puissances se trouvent agrandies, tandis que, nous, nous avons perdu nos colonies et jusqu'à une partie du vieux territoire français?

« Tous les *amis* m'ont écrit sur la position du ministère. J'ai une grande lettre assez curieuse de M. Pasquier. Mon opinion est que le ministère tiendra. On n'a rien à lui reprocher contre les libertés publiques, et quand on ne peut appuyer *l'opposition* à la tribune sur de bonnes raisons, on n'obtient pas la majorité. Mais je crois seulement que le ministère pourrait être mis en danger par les affaires extérieures. Quelques pas rétrogrades, dans la noble carrière qu'il a suivie jusqu'ici pour l'indépendance de la Grèce.

le perdraient. Pour rester ministre en France désormais, il ne faut blesser ni la *liberté*, ni l'*honneur* de la France. Ce sont là toutes les affaires *intérieures* et *extérieures* de notre pays.

« On m'a parlé de deux articles de journaux, l'un de *la Quotidienne*, l'autre de la *Gazette*. La première dit que je suis devenu jésuite; la seconde assure que j'arrive, et que je l'ai écrit, pour faire un dix-huit Brumaire. Cela me fait rire, et prouve du moins que l'on s'occupe de moi. Vous savez que j'ai pour principe de ne jamais répondre aux journaux.

« Nous sommes maintenant à Rome dans les concerts; bientôt nous serons dans les bals. Quand toutes ces calamités seront passées, viendra le carême, et puis Pâques, qui me ramènera auprès de vous. Je vis par cette seule espérance; elle m'aide à supporter le poids des jours, qui sont pour moi bien pesants. Villemain m'a donné des nouvelles du pauvre Thierry : je vais lui écrire. Voilà, je pense, une assez longue lettre. Convenez que je suis bien changé. A vous, à vous.

« M. de La Rochefoucauld m'a écrit au sujet de la porcelaine ; je le remercie par le courrier. J'oubliais de vous dire qu'il n'y aura vraisemblablement point de commission des arts envoyée en Morée, puisque notre expédition revient. Ainsi M. Lenormant débarquera tout simplement à Toulon ou à

Marseille : cela s'accordera mieux avec les affaires de votre nièce, et mon congé à Pâques.

« Soignez bien surtout votre santé. Vivez longues et longues années, pour qu'il y ait quelqu'un dans le monde qui se souvienne de moi. »

* LE MÊME

« Rome, jeudi 22 janvier 1829.

« Tandis qu'on a la bonté de s'occuper de moi à Paris, s'il faut en juger par les journaux, et qu'on me croit sans doute fort agité, savez-vous ce que je fais ici ? Je me promène paisiblement, avec une canne ou un fusil, dans la campagne romaine, et si je forme quelque projet politique, c'est celui de me retirer pour toujours des affaires. Il y a loin de là à ce que l'on imagine vraisemblablement. Ayant tout à fait pris mon parti sur l'événement qui se prépare, je suis de la tranquillité la plus profonde, comme il arrive toujours lorsqu'on a un parti pris. Je désire vivement que M. de La Ferronnays reste, ou que du moins il y ait un *intérim* pendant lequel son nom restera en titre. S'il ne reste pas, le choix ne tombera ni sur M. Pasquier, ni sur moi : on prendra M. de Mortemart au milieu, croyant tout arranger. Peu m'importe, je demanderai un congé, et j'irai porter moi-même aux pieds du roi ma démission et les désirs de Mme de Chateaubriand, bien plus que les miens.

« Je suis donc sans curiosité aucune sur la poste d'aujourd'hui, car elle ne m'apportera pas une lettre de vous. Vous n'écrivez pas deux fois de suite, même dans des circonstances intéressantes; les journaux et les lettres des autres ne me font rien du tout. Au surplus, pourquoi vous parlé-je de tout cela? quand vous recevrez cette lettre, il y aura longtemps que l'événement sera accompli ; il faut bien qu'il ait lieu avant la session ; or les chambres ouvrent le 27, et nous sommes au 22. Voilà avec quel dédain ce temps qui a entraîné Rome, traite Pasquier, moi, et tout ce petit troupeau d'ambitieux vulgaires qui se disputent l'hôtel de la rue des Capucines. Cela fait grand' pitié !

« Je vous dirai que je suis au désespoir de notre retour de Morée. Pauvre Grèce ! Que de millions dépensés pour rien ! Ah ! si j'étais encore dans l'opposition !

« Je fermerai ma lettre après l'arrivée du courrier.

« Le courrier est arrivé, et n'a, comme je le prévoyais, apporté rien de vous. Il faut vous prendre comme vous êtes ; mais convenez que vous me laissez tous les avantages de l'attachement?

« Je vois dans les journaux de grands articles où l'on pèse consciencieusement mes mérites et mes démérites ; on se donne trop de peine. Je cherchais ce que je devais penser réellement de la santé de M. de La Ferronnays, je ne le vois pas ; c'est sur ce point qu'un petit mot de vous m'eût fait plaisir. Adieu donc, jusqu'à samedi 24.

« *Le Constitutionnel* du 11 arrive ; il m'apprend que c'est M. de Rayneval et M. le garde des sceaux qui ont le portefeuille par *intérim;* cela annonce un dénoûment prochain. Ma résolution est inébranlable : *Je sors avec M. de La Ferronnays;* j'y mettrai seulement de la mesure et de la gravité. »

LE MÊME.

« Rome, samedi 24 janvier 1829.

« Vous n'avez pas su, ou vous n'avez pas pu profiter du départ d'un courrier extraordinaire parti de Paris le 14 au soir, et qui m'a apporté hier la nouvelle officielle du congé de trois mois accordé à M. de La Ferronnays, et du portefeuille donné par *intérim* à M. Portalis. Cela m'arrange fort ; car cela me donne le temps de regarder autour de moi, de ne rien précipiter et de mieux préparer l'avenir.

« Cet arrangement des ministres est celui d'hommes qui craignent de prendre un parti : c'est seulement reculer la difficulté. Je vous prie de bien rétablir les faits autour de vous ; les voici encore : je n'ai jamais songé ni pu songer à revenir *sans congé*, pas plus qu'un soldat ne peut quitter son poste sans avoir été relevé par son officier. J'ai écrit à M. de La Ferronnays que je demanderais un congé pour mes affaires, après Pâques, époque où on en donne à tout le monde, et qui ne m'amènerait guère à Paris qu'à la fin de la session. Quant à l'ambassade elle-même, j'ai déclaré en tout temps que je ne resterais ambassadeur qu'autant que mon ami M. de La Ferronnays resterait ministre : c'est la seule et unique condition de mon traité; je me retirerai donc s'il se retire, quel que soit son successeur. Mais je ne demande qu'à m'ensevelir dans ma retraite, et j'espère que le roi voudra bien m'accorder cette faveur.

« Ami, rends moi mon nom ! la faveur n'est pas grande;
« Ce n'est que pour mourir que je te le demande. »

« Ce matin la poste ordinaire m'apportera peut-être une lettre de vous, mais comme elle sera antérieure de date à mes nouvelles, elle ne m'apprendra rien quant à la politique.

« Je voudrais bien, je vous assure, vous parler de toute autre chose que de cette triste politique, remplir mes lettres du récit de mes promenades solitaires à Rome et de mon attachement pour vous. C'est malgré moi que je reviens à un sujet qui occupe malheureusement ma vie, mais enfin cela finira.

« Mon *Mémoire sur les affaires d'Orient* était arrivé au ministère au moment même de l'accident de M. de La Ferronnays, et je ne sais s'il aura été mis sous les yeux du conseil, ainsi que ma grande dépêche portée depuis par M. du Viviers. C'est un grand malheur que cet accident de M. de La Ferronnays, je le déplore sincèrement. J'espère encore que, dans trois mois, il pourra reprendre son portefeuille; mais je conçois difficilement comment M. Portalis pourra garder ce portefeuille à la tribune des Chambres pendant trois mois. Je vois que Bertin a donné un démenti à la *Gazette* dans son journal; il est trop bon : je n'ai pas besoin d'être défendu contre la *Gazette*. »

LE MÊME.

« Rome, jeudi 29 janvier 1829.

« Mardi 27, jour où je vous ai écrit, vous entendiez le discours du roi, et moi je donnais mon premier bal de l'hiver. Encore deux autres, et ma porte sera fermée, et j'approcherai de l'époque où je vous reverrai. Je vous ai tant parlé politique dans mes dernières lettres, que je ne vous en dirai rien dans celle-ci. Ma tête est d'ailleurs si malade ce matin, que j'aurais de la peine à en tirer une idée. Mais mon cœur se porte bien; il est plein de vous et peut toujours vous dire combien il souffre de votre absence. J'ai repris mon *Histoire de France* pour en finir : en revoyant les manuscrits, je me suis convaincu que je pourrai livrer les deux volumes que j'ai promis à Pourrat, dans la lettre dont je vous ai envoyé copie.

« Avez-vous des nouvelles de M. Lenormant? Revient-il? Va-t-il en Morée? si toutefois les savants vont remplacer les soldats, ce qui me paraît un peu fou. Cela m'intéresse, à cause de lui et de votre nièce, mais surtout à cause de vous dont les déterminations seront un peu liées à ce retour et à ces projets.

« Si je souffre déjà tant du climat pendant l'hiver, que sera-ce quand le soleil aura reparu? A présent, il est noyé dans la pluie. Le jour de mon bal, c'était le déluge ; pourtant il y avait foule, et on a dansé et soupé, comme si j'eusse été M. de Laval. Il y a ici une foule de Français qui se succèdent. J'ai remarqué, entre les femmes, Mme Beugnot et Mme de Montesquiou : c'est un vrai bonheur de retrouver les idées et le langage de la patrie.

« Au surplus, cette représentation me ruine ; et je n'ai pas reçu, comme Blacas en revenant de Gand, le prix du vin que j'ai le bonheur de faire boire à la santé du roi. C'est lundi que je commence une humble et petite fouille dans un coin. Je voudrais bien trouver quelque petite chose pour vous ; je ne suis pas heureux. »

« Le 31.

« Votre dernière petite lettre était bien injuste, comme je vous l'ai déjà dit ; mais vous me priez de ne pas vous *rudoyer*, et je ne l'ai pas fait. Pouvez-vous maintenant douter de moi, et n'ai-je pas réparé depuis trois mois toute la peine que j'avais eu le malheur de vous faire dans ma vie? Quand je vous entretiens de mes tristesses, c'est malgré moi ; ma santé est fort altérée, et il est possible que cela me porte à des prévoyances d'avenir prochain qui sont trop sombres : j'aurais tant de peine à vous quitter!

« La dernière crise politique a agi aussi sur mon esprit ; j'ai vu, d'un côté, des amis qui, ne connaissant et ne voulant pas connaître mes dispositions d'âme, se sont effarouchés d'une fantaisie littéraire, comme s'il y allait de leur destinée et de la mienne ; de l'autre, des hommes qui, ne me jugeant pas mieux, ont cru que je voulais être ministre à tout prix, et ont laissé éclater, malgré eux, leur répugnance invincible à m'admettre.

« J'ai vu exalter le commun et rabaisser tout ce qui s'élevait un peu ; ce n'était pas la peine de se démasquer ainsi. Vous savez si je demandais, si je désirais quelque chose. Il est résulté pour moi de cette double épreuve un peu d'amertume de cœur et de l'indécision.

« J'ai reçu une lettre de Ladvocat qui me dit que ses affaires sont plus florissantes que jamais. Je travaille un peu à mon histoire, quand ma santé et les bals du carnaval me laissent un moment. Je suis toujours incrédule pour l'expédition scientifique de Morée; je ne puis comprendre qu'on envoie des savants quand on retire des soldats.

« Nous attendons ici le discours du roi; j'en suis très-peu curieux, car je pourrais, sans l'avoir vu, dire d'avance ce qu'il contient : paix avec l'Europe, brillante expédition dans cette Morée où le Grand Turc se gardera bien d'entrer quand nous n'y serons plus; finances prospères; regrets sur l'absence d'un ministre habile et fidèle, adoré de tous les partis, et qui reviendra bientôt, etc.. etc. N'est-ce pas cela? Et les Chambres répondront à l'avenant.

« Je vois par les journaux du 21 que la guerre recommence au ministère, et qu'on a eu peur de M. de Polignac. Je me lave les mains de tout cela. Embrassez Canaris pour moi. Je lui répondrai. A vous, pour le reste de ma misérable vie. »

* LE MÊME.

« Rome, jeudi 5 février 1829.

« *Torre Vergata* est un bien de moines, situé à une lieue à peu près du *Tombeau de Néron*, sur la gauche en venant à Rome, dans l'endroit le plus beau et le plus désert; là, est une immense quantité de ruines à fleur de terre, recouvertes d'herbes et de chardons. J'ai commencé une fouille avant-hier, mardi, en cessant de vous écrire. J'étais accompagné seulement de Visconti, qui dirige la fouille, et d'Hyacinthe. Il faisait le plus beau temps du monde ; cette douzaine d'hommes armés de bêches et de pioches, qui déterraient des tombeaux et des décombres de maisons et de palais dans une profonde solitude, offrait un spectacle digne de vous. Je faisais un seul vœu, c'est que vous fussiez là. Je consentirais volontiers à vivre avec vous sous une tente, au milieu de ces débris. J'ai mis moi-même la main à l'œuvre, j'ai découvert des fragments de marbre. Les indices sont excellents, et j'espère trouver quelque chose qui me dédommagera de l'argent perdu à cette loterie des morts. J'ai déjà un bloc de marbre grec assez considérable pour faire le buste du Poussin.

« Cette fouille va devenir le but de mes promenades ; je vais aller m'asseoir tous les jours au milieu de ces débris. A quel siècle, à quels hommes appartiennent-ils? Nous remuons peut-être la poussière la plus illustre sans le savoir. Une inscription viendra peut-être éclairer quelque fait historique, détruire quelque erreur, établir quelque vérité ; et puis, quand je serai parti avec mes douze paysans demi-nus, tout retombera dans l'oubli et le silence.

« Vous représentez-vous toutes les passions, tous

les intérêts qui s'agitaient autrefois dans ces lieux abandonnés? Il y avait des esclaves et des maîtres, des heureux et des malheureux, de belles personnes qu'on aimait, des ambitieux qui voulaient être ministres; il y reste quelques oiseaux et moi, encore pour un temps fort court; nous nous envolerons bientôt. Dites-moi, croyez-vous que cela vaille la peine d'être membre du conseil d'un petit roi des Gaules, moi barbare de l'Armorique, voyageur chez des sauvages d'un monde inconnu des Romains, et ambassadeur auprès d'un de ces prêtres qu'on jetait aux lions?

« Quand j'appelai Léonidas à Lacédémone, il ne répondit pas. Le bruit de mes pas à *Torre Vergata* n'aura réveillé personne, et quand je serai à mon tour dans mon tombeau, je n'entendrai pas même le son de votre voix. Il faut donc que je me hâte de me rapprocher de vous, et de mettre fin à toutes ces chimères de la vie des hommes. Il n'y a de bon que la retraite, et de vrai qu'un attachement comme le vôtre.

« Voilà les *Débats* du 23 qui disent qu'il y aura un ministre des affaires étrangères nommé le dimanche suivant; et le dimanche était le 25 : c'est donc fini, Dieu soit loué! et rien de vous!... »

LE MÊME.

« Rome, le 7 février 1820.

« La poste va m'apporter ce matin la solution du problème. Est-ce la continuation de l'*intérim* (ce que je crois) ? Est-ce la nomination de Rayneval ou d'un autre ministre de cette sorte? Ce qu'il y a de certain, c'est qu'il n'y a rien d'important, parce que, dans ce dernier cas, j'aurais déjà reçu la nouvelle par courrier extraordinaire.

« Je suis allé encore hier causer de vous avec Mme Salvage. Nous avons dit que vos dernières lettres étaient tristes. J'en ai trouvé la raison dans le désappointement de *Moïse*, le calme plat qui a suivi les projets de ministère et le voyage projeté de votre nièce[1]. J'espère toujours que ce voyage n'aura pas lieu, encore moins le vôtre; il serait insensé. Faire des fouilles, où ? puisque Athènes est entre les mains des Turcs, et que, dans tout le Péloponèse, il n'y a qu'Olympie qui offre quelques chances; encore les monuments d'Olympie étaient presque tous de bronze, et l'on sait que les Goths les firent fondre, dans leur seconde invasion de la Grèce. J'ai reçu

---

1. M. Lenormant était alors en Morée au nombre des membres de l'expédition scientifique. Mme Récamier et sa nièce formaient le projet de le rejoindre. Ce voyage n'eut pas lieu.

une longue lettre du général Guilleminot ; il me fait un récit lamentable de ce qu'il a souffert dans ses courses sur les côtes de la Grèce : or, pourtant, Guilleminot était ambassadeur, il avait de grands vaisseaux et une armée à ses ordres. Aller, après le départ de nos soldats, dans un pays où il ne reste pas une maison et un champ de blé, parmi quelques hommes épars, forcés à devenirs brigands par la misère, ce n'est pas, pour une femme, un projet possible, après trois ans de mariage.

« Je vais aller ce matin à ma fouille : hier nous avons trouvé le squelette d'un soldat goth et le bras d'une statue de femme. C'était rencontrer le destructeur avec la ruine qu'il avait faite ; nous avons une grande espérance de retrouver ce matin la statue. Rome est toute réveillée par ma fouille, et en général on me souhaite bonheur. Si les ruines d'architecture que je découvre en valent la peine, je ne les renverserai pas, pour en vendre les briques, comme on fait ordinairement ; je les laisserai debout, et elles porteront mon nom. Elles sont du temps de Domitien, nous avons une inscription qui nous l'indique : c'est le beau temps des arts romains.

« Je reviens de la fouille. Je trouve, à mon retour, votre petite lettre du 23. Vous voyez où j'étais, tandis qu'on me supposait aux portes de Paris. Je n'ai reçu de courrier de personne. Je suis le plus tranquille homme du monde. Voilà l'*intérim* continué entre les mains de M. Portalis, comme vous voyez que je l'avais prévu. Tant mieux ; cela me laisse le temps de me préparer aux événements, et de bien juger de ce que j'aurai à faire au moment de la catastrophe. Mais guérissez-vous surtout : voilà ce qu'il faut pour que je sois un peu heureux. A vous. »

LE MÊME.

« Rome, lundi soir 9 février 1829.

« Le pape est très-malade. J'expédie un courrier extraordinaire jusqu'à Lyon, pour transmettre une dépêche télégraphique au gouvernement. Ces deux lignes seront jetées à la poste à Lyon.

« J'ai reçu ce matin votre lettre du 27, où vous me dites que vous avez *Moïse*.

« 10 février, 9 heures du matin.

« Le pape vient d'expirer. N'est-il pas singulier que Pie VII soit mort tandis que j'étais ministre des affaires étrangères, et que Léon XII meure lorsque je suis ambassadeur à Rome ? Voilà ma position politique encore changée pour le moment, et mon rôle ici va prendre de l'importance. C'est une perte immense que celle de ce souverain pontife pour les hommes modérés.

« Ce soir partira un attaché avec une longue lettre pour vous. »

* LE MÊME.

« Rome, mardi 10 février 1829, 11 heures du soir.

« Je voulais vous écrire une longue lettre, mais la longue dépêche que j'ai été obligé d'écrire de ma propre main, et la fatigue de ces derniers jours, m'ont épuisé.

« Je regrette le pape. J'avais obtenu toute sa confiance. Me voilà maintenant chargé d'une grande mission. Il m'est impossible de savoir quel en sera le résultat, et quelle influence elle aura sur ma destinée.

« Les conclaves durent ordinairement deux mois, ce qui me laissera toujours libre pour Pâques. Je vous parlerai bientôt à fond de tout cela.

« Imaginez-vous qu'on a trouvé ce pauvre pape, jeudi dernier, avant qu'il fût malade, écrivant son épitaphe. On a voulu le détourner de ces tristes idées : « Non, non, a-t-il dit, cela sera fini dans
« peu de jours. »

« Pour m'achever, Mᵐᵉ de Chateaubriand est assez malade et dans son lit depuis trois jours. Toutes les joies du carnaval, grâces à Dieu, sont finies. Plus de dîners, de bals, etc. Les Anglais partent et vont danser à Naples et à Florence.

« Je vais avoir maintenant une multitude de courriers. J'en profiterai ; profitez-en à votre tour.

« Je vous prie de faire venir Bertin et de lui lire quelque chose de cette lettre, en lui disant qu'il m'a été impossible, dans les embarras où je suis, d'écrire à personne. Recommandez-lui de ma part l'éloge du pape et de Bernetti. Il n'y avait rien de plus tolérant et de plus modéré, témoin leur conduite pour les ordonnances, et la confiance et l'estime que le pape me témoignait en toute occasion. Bernetti est tout à fait un homme d'État.

« À bientôt. »

* LE MÊME.

« Rome, jeudi 12 février 1829.

« Aujourd'hui je veux seulement vous répéter que, le conclave devant, selon toutes les vraisemblances, finir son élection avant Pâques, rien n'est changé dans mes mouvements, ni rien dans vos projets. Je ne saurais prévoir les chances politiques nouvelles que cet événement inattendu peut faire naître dans ma vie. Je les examinerai avec vous dans une prochaine lettre.

« Je lis vos journaux, ils me font souvent de la peine. Je vois dans le *Globe* que M. le comte Portalis est, selon ce journal, mon ennemi déclaré. Pourquoi ? Est-ce que je demande sa place ? Il se donne trop de peine; je ne pense point à lui. Je lui souhaite toutes les prospérités possibles; mais pourtant, s'il était vrai qu'il voulût la guerre, il me trouverait tout prêt. On me semble déraisonner sur tout, et sur l'*immortel Mahmoud*, et sur l'évacuation de la Morée.

Dans les chances les plus probables, cette évacuation remettra la Grèce sous le joug des Turcs, avec la perte pour nous de notre honneur et de quarante millions. Il y a prodigieusement d'esprit en France, mais on manque de tête et de bon sens : deux phrases nous enivrent, on nous mène avec des mots; et ce qu'il y a de pis, c'est que nous sommes toujours prêts à dénigrer nos amis et élever nos ennemis. Au reste, n'est-il pas curieux que l'on fasse tenir au roi, dans un discours[1], mon propre langage, — *sur l'accord des libertés publiques et de la royauté,* — et qu'on m'en ait tant voulu pour avoir tenu ce langage? Et les hommes qui font parler ainsi la couronne étaient les plus grands partisans de la censure !

« Au surplus, je vais voir l'élection du chef de la chrétienté ; ce spectacle est le dernier grand spec-

---

1. L'ouverture des Chambres avait eu lieu le 27 janvier. Le discours du trône, remarquable par une sage modération, contenait en effet cette phrase : « L'expérience a dissipé le prestige des théories insensées; la France sait bien, comme vous, sur quelles bases son bonheur repose, et ceux même qui le chercheraient ailleurs que dans l'union sincère de l'autorité royale et des libertés que la Charte a consacrées seraient hautement désavoués par elle. »

tacle auquel j'assisterai dans ma vie; il clora ma carrière, et je rentrerai, avec une joie que je ne puis dire, dans ma petite maison de la rue d'Enfer.

« Maintenant que les plaisirs de Rome sont finis, les affaires commencent. Je vais être obligé d'écrire d'un côté au gouvernement tout ce qui se passe, et de l'autre de remplir les devoirs de ma position nouvelle. Il faut complimenter le sacré collége, assister aux funérailles de ce pauvre pape que je regrette et auquel je m'étais attaché, précisément parce qu'on l'aimait peu, et d'autant plus qu'ayant craint de trouver en lui un ennemi, j'ai trouvé un ami qui, du haut de la chaire de Saint-Pierre, a donné un démenti formel à mes calomniateurs *chrétiens*. Puis vont me tomber sur la tête les cardinaux de France. J'ai écrit pour faire des représentations au moins sur l'archevêque de Toulouse.

« Au milieu de tous ces tracas, le monument du Poussin s'exécute. La fouille réussit: j'ai trouvé trois belles têtes, un torse de femme, drapé, une inscription funèbre d'un frère pour une jeune sœur, ce qui m'a attendri. A propos d'inscription, je vous ai dit que le pauvre pape avait fait la sienne, la veille du jour où il est tombé malade, prédisant qu'il allait bientôt mourir. Il a laissé un écrit où il recommande sa famille indigente au gouvernement romain : il n'y a que ceux *qui ont beaucoup aimé* qui aient de pareilles vertus.

« La poste arrive, et n'apporte rien de vous. Ma cousine *Bonne*[1] seulement me mande qu'elle vous a vu et que vous avez été souffrante. Reprenez pour moi de la santé et de la vie. »

LE MÊME.

« Rome, 17 février 1829.

« Maintenant que tous mes premiers courriers sont partis, examinons pour vous et pour moi ma nouvelle position.

« Le conclave, en supposant toutes les chances contraires, ne peut pas durer plus de trois mois, et vraisemblablement il sera beaucoup plus court. Trois mois à partir d'aujourd'hui nous porteraient au 12 mai. Je comptais partir après Pâques qui tombe cette année le 19 avril : ainsi tout calculé, l'événement ne changera rien à mes mouvements, qui se trouvent renfermés dans la limite du conclave. C'est là l'essentiel pour nous. Changera-t-il quelque chose à ma destinée politique ?

« Ma mission sans doute augmente aujourd'hui mon importance, mais ne fournira-t-elle pas le prétexte de compléter le ministère, sans savoir si cela me convient, et en me donnant un ministre quel-

---

1. Mlle d'Acosta.

conque, sûr alors qu'on serait que je ne donnerais pas ma démission pendant un conclave, et que mon devoir m'obligerait de rester, en enrageant, à mon poste? Qu'y gagnerait-on pourtant ? Ne donnerais-je pas ma démission le lendemain de l'élection du pape ; et ayant peut-être rendu quelque service essentiel, en éloignant un pape autrichien ou fanatique, n'aurais-je pas augmenté ma considération publique? Mme de Chateaubriand est orageuse plus que jamais. Je suis aujourd'hui dans des scènes pour des domestiques, et cela au milieu de mes dépêches, de la mort du pape et des agitations politiques de Paris !

« J'ai assisté à la première cérémonie funèbre pour le pape dans l'église de Saint-Pierre. C'était un étrange mélange d'indécence et de grandeur. Des coups de marteau qui clouaient le cercueil d'un pape, quelques chants interrompus, le mélange de la lumière des flambeaux et de celle de la lune, le cercueil enfin enlevé par une poulie et suspendu dans les ombres, pour le déposer au-dessus d'une porte dans le sarcophage de Pie VII, dont les cendres faisaient place à celle de Léon XII. Vous figurez-vous tout cela, et les idées que cette scène faisait naître?

« Je vous prie d'envoyer chercher Bertin, et de lui lire toute la première partie de cette lettre : il faut qu'il sache ce que je pense, et je n'ai pas le temps de lui écrire en détail.

« Du Viviers arrive avec vos deux petites lettres du 7; grand merci. Bertin m'écrit que *je suis ministre*, et Hyde de Neuville presque la même chose. Le roi a lu le grand *Mémoire*, il a lu aussi ma grande dépêche sur ma conversation avec le pape; il est *enchanté*. Le courrier qui vous porte cette lettre porte au gouvernement une longue dépêche qui m'a d'autant plus amusé à faire que je l'ai faite avec la correspondance que M. de Laval eut avec moi, lors du dernier conclave, et avec les fragments de mes *propres instructions*. Elles sont d'une modération très-remarquable, et comme je les ferais aujourd'hui. Je demande à Portalis si *je dois suivre aujourd'hui l'esprit de ces instructions?* Jugez comme cela sera *agréable* au conseil, mais jugez aussi combien cela m'a diverti.

« On vient de m'apporter le chat du pauvre pape; il est tout gris, et fort doux comme son ancien maître. »

LE MÊME.

« Rome, samedi 21 février 1829.

« Je vous parlerais longuement de la profession de foi de Polignac, si je n'avais l'imagination préoccupée de ce qui va m'arriver de Paris, et du changement brusque que la mort de cet excellent pape va encore apporter dans ma vie. Le bruit est ici que le conclave sera extrêmement court; il commence après-demain. J'espère, moi, sans trop me flatter, qu'il sera fini pour la semaine sainte. On parle beaucoup des cardinaux Pacca, Capellari, Gregorio : ce seraient d'excellents choix, et des papes qui suivraient le système modéré et conciliant de Léon XII; mais vous savez qu'on ne peut rien prévoir; et que nos amis de toutes les sortes n'aillent pas surtout se figurer que *je puis faire un pape !* Ni moi, ni personne, ne pouvons rien à cette affaire que par des vœux et des prières.

« La fouille va bien ; je trouve de très-belles choses. Vous ne sauriez croire l'intérêt que le public de Rome porte à cette fouille, et le bien qu'il me souhaite. Quand je suis un grand jour sans rien trouver, les artistes sont désolés. J'ai le torse le plus élégant d'une jeune femme drapée d'une manière toute nouvelle, trois têtes d'homme du meilleur temps de la sculpture, et des fragments d'architecture de marbre admirables. Comme le torse de la jeune femme a été trouvé près du tombeau où nous avons trouvé l'inscription funèbre du frère pour sa sœur, âgée de vingt-cinq ans, ce torse est peut-être le reste de la statue de cette sœur. — Ne me trouvez-vous pas bien *stupide* de vous parler de cela, au milieu de mes affaires de Rome et de Paris?

« On dit que M. de Blacas est *très-jaloux* de mes

fouilles. Je crains d'avoir persécuté mes prédécesseurs, l'un par mes bals, l'autre par mes fouilles et mes monuments; en vérité je ne l'ai pas fait exprès.

« Je songe déjà à disposer les courriers qui vous apprendront la nomination d'un Pape et mon retour en France. Si j'ai eu l'immense gloire d'avoir averti le premier le gouvernement de la mort de Léon XII, il ne me manquera plus rien comme ambassadeur. »

* LE MÊME.

« Rome, lundi 23 février 1829.

« Je vous dirai qu'hier ont fini les obsèques du pape. La pyramide *de papier* et les quatre candélabres étaient assez beaux, parce qu'ils étaient d'une proportion immense et atteignaient à la corniche de l'église. Le dernier *Dies iræ* était admirable; il est composé par un homme inconnu qui appartient à la chapelle du pape. Aujourd'hui nous passons de la tristesse à la joie. Nous chantons le *veni Creator* pour l'ouverture du conclave qui a lieu ce soir, puis nous irons voir tous les soirs si les scrutins sont brûlés, si la fumée sort d'un certain poêle, et le jour où il n'y aura point de fumée, le pape sera nommé, et j'irai vous retrouver. Voilà tout le fond de mon affaire.

« Le discours du roi d'Angleterre est bien insolent pour la France! Quelle déplorable expédition que cette expédition de Morée! Commence-t-on enfin à le sentir? Guilleminot m'a écrit une lettre à ce sujet, qui me fait rire, parce qu'il n'a pu m'écrire ainsi que parce qu'il me présumait ministre.

« Écoutez bien ceci : si par hasard on offrait de me rendre le portefeuille des Affaires étrangères, — ce que je ne crois nullement, — *je ne le refuserais pas.* J'irais à Paris, je parlerais au roi ; *j'arrangerais* un ministère dont *je ne serais pas*, et je proposerais. pour moi et pour m'attacher à *mon ouvrage*, une position qui vous conviendrait. Je pense, vous le savez, qu'il convient à mon honneur *ministériel*, et pour laver l'insulte que m'a faite Villèle, que le portefeuille des Affaires étrangères me soit un moment rendu : c'est la seule manière honorable que j'aie de rentrer dans l'administration; mais cela fait, je me retire aussitôt, à la grande satisfaction de tous les prétendants, et je passe en paix auprès de vous le reste de ma vie. »

* LE MÊME.

« Rome, le 25 février 1829.

« Je suis sans nouvelles de Paris, depuis le départ de mon premier courrier, porteur de l'annonce de la mort du pape : jugez de mon impatience. J'ignore ce que l'on veut, et si les cardinaux français viendront; en attendant, je fais ce que je puis, et les choses vont leur train. Tout fait espérer une élection prompte et un pape modéré : c'est tout ce que je puis désirer; mes courriers sont déjà prêts.

« La mort est ici. Torlonia est mort hier au soir, après deux jours de maladie. C'est une grande perte pour Rome. C'était, comme vous le savez, la seule maison de *prince* ouverte aux étrangers. Au surplus, tout annonce la séparation du printemps : on commence à se disperser; on part pour *Naples*. On reviendra un moment à la semaine sainte, et puis on se quittera pour toujours. L'année prochaine, ce seront d'autres voyageurs, d'autres visages, une autre société : j'espère que je ne la verrai pas. Il y a quelque chose de trop triste dans cette course sur des ruines.

« Les Romains sont comme les débris de leur ville : ils voient le monde passer à leurs pieds; mais moi, qui ne veux ni ne puis arrêter le monde, c'est auprès de vous que j'irai trouver quelque chose qui ne passe point et qui me restera. Je me figure toutes ces personnes que je viens de voir, rentrant dans les diverses contrées de l'Europe, toutes ces jeunes *misses*, si fraîches, si blanches, si roses, retournant au milieu de leurs brouillards. Si par hasard, dans trente ans d'ici, quelqu'une d'entre elles est ramenée en Italie, qui la reconnaîtra? Qui se souviendra de l'avoir vue danser dans tels palais dont les maîtres ne seront plus? Saint-

Pierre et le Colisée, voilà tout ce qu'elle même reconnaîtra. Je griffonne plus mal que jamais, car je suis extrêmement souffrant.

« J'attends d'heure en heure un courrier de Paris. Il devrait déjà être arrivé, et on m'a déjà laissé trop longtemps sans instructions. Vous savez que le duc de Laval ne m'apprit la mort de Pie VII, que lorsque j'en avais déjà la nouvelle par M. de La Tour-du-Pin. Je fus obligé de le gronder. Portalis n'aura pas à venger sur moi mon prédécesseur, et il aura vu que mes courriers vont vite.

« Il est certain que le pape sera au moins élu pour la semaine sainte, s'il ne l'est beaucoup plus tôt. Cette époque coïncide avec l'expiration du congé de La Ferronnays, et avec la demande de mon congé pour Pâques. Mme de Chateaubriand est bien souffrante, et parle déjà de me devancer. Le climat de Rome lui fait peur. Il est vrai qu'on ne voit que des morts que l'on promène tout habillés dans les rues : régulièrement, il en passe un sous nos fenêtres quand nous nous mettons à table pour dîner. »

*LE MÊME.

« Rome, ce 5 mars 1829.

« Je n'ai point voulu vous parler de ma santé, parce que cela est extrêmement ennuyeux ; mais elle n'est pas bonne depuis que je suis à Rome. J'y suis arrivé souffrant, et mes souffrances ont augmenté. Ce matin je vous dis tout cela, parce que j'ai peur d'être obligé d'abréger ma lettre.

« Tandis que je souffre, on me dit que La Ferronnays se guérit : il fait de longues courses à cheval, et sa guérison passe dans ce pays pour un miracle. Dieu veuille qu'il en soit ainsi, et qu'il reprenne le portefeuille au bout de *l'intérim :* que de questions cela trancherait! et comme notre affaire serait simplifiée! Tout se réduirait à un congé pour aller vous voir et vous chercher.

« Maintenant, nos cardinaux vont arriver. Descendront-ils à l'ambassade, comme je le leur propose? vous voyez quel dérangement encore dans mes habitudes et la paix intérieure de ma vie. J'espère une lettre de vous ce matin par la poste. Croiriez-vous que, depuis dix-huit jours que l'on sait la nouvelle de la mort de Léon XII aux Affaires étrangères, je n'ai pas encore reçu un mot du gouvernement? Ce n'est que par les journaux que j'ai appris l'arrivée exacte de mes courriers.

« Midi.

« Voici votre lettre du 20. Je ne suis pas étonné de toutes les merveilles que promet Bertin : je connais sa tête; mais vous verrez que je me trouverai *Gros Jean comme devant.* Une illusion dont il faut bien se défendre, c'est celle qui mènerait à croire que je puis faire un pape à ma guise : *on ne fait plus les papes*. On peut en *écarter* un, mais on ne peut en faire un. J'ai pourtant bon espoir, parce qu'il y a cinq ou six hommes excellents sur l'un desquels le choix peut tomber.

« En vérité, je ne sais pourquoi vous êtes si triste; si c'est mon absence, elle va cesser. C'est moi, je vous assure, qui voudrais souvent mourir. Que fais-je sur la terre? Hier, mercredi des cendres, j'étais à genoux seul dans cette église de *Santa-Croce*, appuyé sur les murailles en ruine de Rome, près de la porte de Naples : j'entendais le chant monotone et lugubre des religieux dans l'intérieur de cette solitude ; en vérité, je crois que j'aurais voulu être aussi sous un froc, chantant parmi ces débris. Quel lieu pour mettre en paix l'ambition et contempler les vanités de la vie et de la terre ! »

LE MÊME.

« Rome, jeudi 12 mars 1829.

« Tous mes cardinaux arrivent successivement ; je les loge tous. Samedi, ils seront enfermés dans le conclave et, Dieu aidant, la semaine prochaine nous pourrons avoir un bon pape. Cette union va bien désappointer les furibonds de la *Gazette de France*.

Il est certain qu'ils comptaient sur des divisions hautement annoncées, et ils m'ont fait passer de bien mauvaises nuits. Quel bonheur, si ce petit billet ne vous arrivait qu'après l'élection !

« Si nous avions un pape dans huit jours, vous voyez que rien ne serait changé dans mes projets, et que je serais parfaitement libre à Pâques ; on ne refuserait pas un congé à un homme arrivant un rameau d'olivier à la main. »

*LE MÊME.

« Rome, ce 14 mars 1829.

« Je suis plongé ici dans des affaires qui augmentent tous les jours d'importance. J'ai découvert bien des choses graves dont j'ai fait part au gouvernement. Je ne sais si le roi sera content de mes services, mais je n'ai jamais eu tant d'embarras politiques dans ma vie, tant d'inquiétudes et de succès. Nous touchons à un dénoûment quelconque. Les cardinaux français sont entrés au conclave très-bien disposés. J'ai fait du moins ce qu'il était possible de faire pour les instruire et les réunir à l'ambassadeur du roi.

« Le roi de Bavière est venu me voir *en frac*. Nous avons causé une heure ensemble, *nous avons parlé de vous*. Je suis ravi de ce souverain *grec*, *libéral*, qui, en portant une couronne, sait ce qu'il a sur la tête, et qui comprend qu'on ne cloue pas le temps au passé. Il dîne chez moi jeudi et ne veut personne.

« Je reçois votre lettre du 2 mars. Mille grâces à M. Royer-Collard. Nous verrons tout cela dans un mois, et avant.

« 17 mars.

« Tous les matins nous espérons un pape, et tous les soirs nos espérances s'évanouissent ; cependant il est impossible que nous n'en ayons pas un, au moins pour la semaine sainte. Or nous toucherons à cette semaine, quand cette lettre vous arrivera. Au reste, nous voilà au milieu des plus grands événements de ce bas monde. Un pape à faire : qui sera-t-il? L'émancipation des catholiques passera-t-elle? Une nouvelle campagne en Orient : où sera la victoire? Profiterons-nous de cette position? Qui conduira nos affaires? Y a-t-il une tête capable d'apercevoir tout ce qu'il y a là dedans pour la France, et pour en profiter selon les événements? Je suis persuadé qu'on n'y pense seulement pas à Paris, et qu'entre les salons et les chambres, les plaisirs et les lois, les joies du monde et les inquiétudes ministérielles, on se soucie de l'Europe comme de Colin-Tampon. Il n'y a que moi qui, dans mon exil, ai le temps de songer creux du haut de mes ruines, et de regarder autour de moi.

« Hier, je suis allé me promener, par une espèce de tempête, sur le chemin de Tivoli. Je suis arrivé à l'ancien pavé romain, si bien conservé qu'on croirait qu'il a été posé nouvellement. Horace avait pourtant passé par là et foulé les pierres que je foulais ; et où est Horace ? Allons vite vous retrouver pour ne plus vous quitter : c'est le résultat de toutes mes réflexions. A jeudi. »

* LE MÊME.

« Rome, ce 21 mars 1829.

« Eh bien ! belle dame. j'ai raison contre vous ! Je suis allé hier entre deux scrutins, et en attendant un pape, à Saint-Onufre ; ce sont bien deux *orangers* qui sont dans le *cloître*. et point un *chêne vert* : je suis tout fier de cette fidélité de ma mémoire. J'ai couru. presque les yeux fermés. à la petite pierre qui couvre votre ami ; je l'aime bien mieux que le grand tombeau qu'on va lui élever. Quelle charmante solitude ! quelle admirable vue ! quel bonheur de reposer là entre les fresques du Dominiquin et celles de Léonard de Vinci ! Je voudrais y être ; je n'ai jamais été plus tenté. Vous a-t-on laissé entrer dans l'intérieur du couvent ? avez-vous vu. dans un long corridor, cette tête ravissante, quoiqu'à moitié effacée, d'une Madonne de Léonard de Vinci ? Avez-vous vu dans la bibliothèque, le masque du Tasse, la couronne de laurier flétrie, un miroir dont il se servait, et la lettre écrite de sa main. collée sur une planche qui pend au bas de son buste? Dans cette lettre d'une petite écriture raturée mais facile à lire, il parle d'amitié et du *vent de la fortune;* celui-là n'avait guère soufflé pour lui, et l'autre lui avait souvent manqué.

« J'oubliais la politique. Point de pape encore; nous l'attendons d'heure en heure; cependant j'en viendrai à bout. Il semble que tout le monde veut être en paix avec moi. Le cardinal de Clermont-Tonnerre lui-même vient de m'écrire qu'il m'arrive, qu'il réclame mes *anciennes bontés* pour lui, et après tout cela, il descend chez moi, résolu à voter pour le pape le plus modéré. Allons! comme il plaira à Dieu qui fait tous les miracles!

« Vous aurez lu mon second discours. Remerciez pour moi Kératry qui a parlé si obligeamment du premier; j'espère qu'il sera encore plus content de l'autre. Nous tâcherons tous les deux de rendre la liberté *chrétienne*, et nous y parviendrons. Que dites-vous de la réponse que le cardinal Castiglioni m'a faite? suis-je assez loué en plein conclave? Vous n'auriez pas mieux dit dans vos jours de gâterie et d'adulation. Que vont dire les congréganistes et leur gazette?

« Vous voyez que je vous priais de remercier Kératry. La querelle de Bertin m'avait fait peine; De Vaux est bien chatouilleux. J'ai supporté deux ans la responsabilité des articles de Salvandy, de peur, en les démentant, de nuire à la prospérité des *Débats*.

« Il est certain que je ne songe point au ministère ; c'est ce qui me rend si tranquille et si indifférent sur tout ce qui se passe. Je prendrai les chances comme elles viendront. Je n'ai qu'une idée : celle de vous retrouver; peu importe le reste.

* LE MÊME.

« Rome, 24 mars 1829.

« Si j'en croyais les bruits de Rome, nous aurions un pape demain ; mais je suis dans un moment de découragement. et je ne veux pas croire à un tel bonheur. Vous comprenez bien que ce bonheur n'est pas le bonheur politique, la joie d'un triomphe, mais le bonheur d'être libre et de vous retrouver enfin. Au surplus, quand je vous parle tant de conclave, je suis comme les gens qui ont une idée fixe, et qui croient que le monde n'est occupé que de cette idée. Et pourtant, à Paris. qui pense au conclave. qui s'occupe d'un pape et de mes tribulations? La légèreté française, les intérêts du moment, les discussions des chambres. les ambitions émues. ont bien autre chose à faire. Quand le duc de Laval m'écrivait aussi ses soucis, tout préoccupé de la guerre d'Espagne, je disais, en ouvrant ses dépêches : *Eh bon Dieu! il s'agit bien de cela!* Portalis doit aujourd'hui me faire subir la peine du talion.

« Il est vrai de dire cependant que les choses à cette époque n'étaient pas ce qu'elles sont aujourd'hui : les idées religieuses n'étaient pas mêlées aux idées politiques, comme elles le sont aujourd'hui dans toute l'Europe. La querelle n'était pas là; la nomination d'un pape ne pouvait pas, comme aujourd'hui, troubler ou calmer les États.

« Thierry m'a écrit d'Hyères une lettre touchante. Il dit qu'il se meurt, et pourtant il veut une place à l'Académie des Inscriptions, et me demande d'écrire pour lui; je vais le faire. Ma fouille continue à me donner des sarcophages; la mort ne peut fournir que ce qu'elle a. Le monument du Poussin avance; il sera noble et élégant. Vous ne sauriez croire combien le tableau des *Bergers d'Arcadie* était fait pour un bas-relief, et convient à la sculpture. Mais ce n'est pas tout cela : il faut vous voir, il faut que nous nous retrouvions, et que vous perdiez à jamais toutes vos tristesses ! A bientôt ! »

LE DUC DE LAVAL MONTMORENCY A Mme RÉCAMIER.

« Vienne, 24 mars 1829.

Vous venez de rompre le silence d'une façon charmante, en vous laissant entraîner un peu plus que généralement vous ne le faites la plume à la main. Ce ne sont pas là les armes que vous aimez; et cependant je vous l'atteste, quand vous le voulez, quand vous osez vous livrer à votre inspiration, vous avez un charme sur le papier, comme vous en avez un, plus vanté, plus reconnu, plus puissant encore lorsque vous causez. Je ne saurais vous dire à quel degré je suis touché de votre dernière lettre, et de cette grâce de m'avoir copié ce fragment de votre lettre de Rome. Lorsqu'on connaît votre aversion d'écrire, on peut apprécier cet acte de bonté. Il est vrai que ce n'était pas sans douceur, de relire et de copier ce que vous savez si bien inspirer.

« Il me prend parfois quelque dépit de vous savoir si contente, et je vous proteste que ce n'est pas par mauvais cœur. Écoutez : si, comme c'est très-probable, et comme ma tante me le mande de votre part, si M. de Chateaubriand est arrivé ou au moment d'arriver, c'est alors qu'il n'y a pas à hésiter de faire en sorte que je retourne d'où j'étais parti. Cet hiver a été affreux, cinq pieds de neige sur la terre pendant trois mois. Je ne veux plus d'hiver du nord, j'en périrais ; et certainement je n'en recommencerais pas un second. Tant mieux que l'on ait été jusqu'ici content et satisfait de mon travail, au point de m'envoyer des éloges à chaque occasion d'un courrier ; c'est un motif de plus d'être écouté dans ma réclamation.

« Causez de cet intérêt avec ma tante, vous avez, mieux que presque tout le monde, le talent de faire valoir vos amis et de les servir à l'occasion.

Mes deux tantes raffolent de vous ; c'est un charme que personne de mon sang n'a jamais pu éviter : trois générations ont été sous le joug. »

M. DE CHATEAUBRIAND A Mme RÉCAMIER.

« Rome, le 31 mars 1829.

« M. de Montebello est arrivé et m'a apporté votre lettre avec une lettre de Bertin et de Villemain. Je ne suis pas frappé autant que vous paraissez l'être de ce qui est arrivé à la Chambre sur cette question de priorité [1]. C'est une défaite sans doute dans un combat intempestivement engagé, mais le fond de la question est si douteux, on se partagera tellement sur cette question, qu'il reste une chance de succès au ministère ; et puis, si l'amendement principal de Sébastiani passe, le ministère l'acceptera tout bonnement, quoiqu'il ait dit qu'il ne l'accepterait pas, et tout sera fini. Que ne ferait-on pas pour rester ministre?

« Au surplus, de quoi vous parlé-je? d'une vieil-

1. A propos de la loi sur l'administration communale et départementale. La priorité fut accordée à la loi communale dont M. Dupin était le rapporteur.
Le général Sébastiani était rapporteur de la loi sur l'administration départementale et proposait de rendre à tous les électeurs de la Chambre le droit de concourir à l'élection des conseils ; la commission proposait en outre de substituer au double degré l'élection directe.

lerie qui sera passée depuis un mois, quand vous recevrez ma lettre, et que vous ne comprendrez même plus. Disons donc des choses qui sont de tous les moments ; ces choses-là, c'est que je vous aime plus que jamais, que je vais vous revoir : car enfin, cette lutte des rivaux au conclave ne peut guère se prolonger; elle peut m'enlever une quinzaine de jours plus ou moins, mais quand on touche au terme, on est plus résigné à un sacrifice.

« Ce qui m'afflige surtout, c'est le départ de votre nièce ; j'arriverai du moins pour la remplacer auprès de vous, et si rien ne s'arrange en France, nous reviendrons ensemble à Rome.

« Mes fouilles vont bien : je trouve force sarcophages vides ; j'en pourrai choisir un pour moi, sans que ma poussière soit obligée de chasser celle de ces vieux morts que le vent a déjà emportée. Les sépulcres dépeuplés offrent le spectacle d'une résurrection, et pourtant ils n'attestent qu'une mort plus profonde ; ce n'est pas la vie, c'est le néant qui a rendu ces tombes désertes.

« Pour achever mon petit journal du moment, je vous dirai que je suis monté avant-hier à la boule de Saint-Pierre, pendant une tempête. Vous ne sauriez vous figurer ce que c'était que le bruit du vent au milieu du ciel, autour de cette coupole de Michel-Ange, et au-dessus de ce temple des chrétiens qui écrase la vieille Rome. A bientôt ! à bientôt ! »

* LE MÊME.

« Rome, ce 31 mars 1829.

« Victoire enfin ! J'ai, après bien des combats, un des papes que j'avais mis sur ma liste. C'est le cardinal Castiglioni, sous le nom de Pie VIII : le cardinal même que je portais à la papauté en 1823, lorsque j'étais ministre; celui qui m'a répondu dernièrement au conclave de 1829, en me donnant de si grandes louanges. Castiglioni est modéré, anti-jésuite, favorable aux ordonnances et tout dévoué à la France. Enfin, c'est un triomphe complet.

« Quelques mots que je fais jeter à la poste à Lyon disent tout cela à Bertin; mais envoyez-le toujours chercher, en cas que ces mots, par un hasard quelconque, ne lui fussent pas parvenus : car il faut tout prévoir. Envoyez aussi, je vous prie, chercher le bon Kératry pour le *Courrier*. Donnez-lui les renseignements : cela peut lui être agréable, et cela me sera utile. Je suis certain que le conclave, avant de se séparer, a ordonné d'écrire au nonce à Paris pour lui dire d'exprimer au roi la satisfaction que le sacré collége a éprouvée de ma conduite. Que dira la *Gazette?* Que vais-je maintenant devenir? Qu'importe ! Je vais vous revoir : voilà ma récompense et ma joie.

« Au surplus, je n'ai jamais été si malheureux et si tourmenté que pendant la durée de ce conclave. Tout était d'abord contre moi. Les cardinaux français arrivaient hostiles, résolus à ne pas mettre les pieds à l'ambassade ; j'avais découvert des intrigues et des correspondances odieuses ; je me croyais véritablement battu. Eh bien ! les cardinaux sont venus descendre chez moi ; ils ont voté comme je l'ai voulu ; ils chantent mes louanges : voilà ce que c'est que d'être sous l'influence de votre étoile.

« J'expédierai Givré à Paris, dans un ou trois jours, avec des dépêches ; je vous écrirai par lui. Ne perdez pas un moment pour envoyer chercher Bertin et Kératry. Vous serez assez *intelligente* pour ne pas les mettre ensemble. Si Bertin était à la campagne, il faudrait envoyer chercher son fils *Armand*, et au défaut de celui-ci, *Bertin de Vaux*. De même pour Kératry, en cas d'absence, vous pourriez vous adresser à Chatelain ou La Pelouse, *Messieurs du Courrier*. »

LE MÊME.

« Rome, 4 avril 1829.

« Je reçois votre lettre du 23 mars. Je vois en même temps, dans le *Constitutionnel*, toute sa bataille avec le *Messager* sur mon discours ; puis sera survenue la réponse toute en louanges du cardinal Castiglioni, puis la nomination de ce même cardinal pour pape. Il ne s'agit pas de tout cela à présent, mais de vous voir. Vous allez perdre votre nièce ; vous me retrouverez : sera-ce une compensation ?

« Le congé est demandé. Quant aux projets de ministère, je n'y ai pas du tout le cœur. Mon goût décidé est le repos, et s'il me passe encore quelquefois des rêves de puissance par la tête, je ne les dois qu'aux inspirations étrangères à mon état naturel. Laissons tout cela. Je vous verrai bientôt ; bientôt vous serez ici, ou je serai à l'Abbaye-au-Bois.

« Ma santé n'est pas bonne : je ne me promène pas du tout le soir ; je me soigne comme si j'étais un autre ; je prends deux fois le jour le lait d'ânesse ; je marche deux heures avant mon dîner par régime, je ne veille qu'à mon corps défendant, et, malgré tout, je souffre. Avant-hier, dans la nuit, j'ai cru que j'étoufferais ; ma goutte ou mon rhumatisme était remonté dans mon estomac et de là dans ma tête. Je ne suis plus qu'un invalide dont le cœur reste tout entier pour vous.

« Demain on couronne mon pape, mais le temps est affreux ; il pleut à verse depuis cinq ou six jours. Mercredi, je donne à dîner à tout le conclave, et jeudi à la grande-duchesse Hélène de Russie.

« J'oubliais de vous dire que le cardinal Fesch s'étant très-bien conduit dans le conclave et ayant voté avec nos cardinaux, j'ai franchi le pas et je l'ai invité à dîner. Il a refusé par un billet plein de mesure, auquel j'ai répondu par le billet ci joint. »

M. DE CHATEAUBRIAND AU CARDINAL FESCH.

« J'aurais voulu, Monsieur le cardinal, répondre plutôt au billet que vous m'avez fait l'honneur de m'écrire. Il augmente infiniment mes regrets et ceux de Mme de Chateaubriand. Espérons que le temps viendra où tous les obstacles seront levés. Grâce à la magnanimité de son roi, la France est assez forte désormais pour braver des souvenirs : la liberté doit vivre en paix avec la gloire.

« Je prie Votre Éminence de croire à mon dévouement, et d'agréer l'assurance de ma haute considération. »

En même temps, M. de Chateaubriand envoyait à Mme Récamier le billet suivant destiné au jeune Canaris.

M. DE CHATEAUBRIAND A NICOLAS CANARIS

« Rome, 9 avril 1829.

« Mon cher Canaris, je vous dois depuis longtemps une réponse. Vous m'excuserez, parce que j'ai eu beaucoup d'affaires. Voici mes recommandations :

« Aimez-bien Mme Récamier. N'oubliez jamais que vous êtes né en Grèce ; que ma patrie devenue libre a versé son sang pour la liberté de la vôtre ; soyez surtout bon chrétien, c'est-à-dire honnête homme, et soumis à la volonté de Dieu. Avec cela, mon cher petit ami, vous maintiendrez votre nom sur la liste de ces anciens fameux Grecs, où l'a déjà placé votre illustre père.

« Je vous embrasse.

« Chateaubriand. »

M. DE CHATEAUBRIAND A Mme RÉCAMIER.

« Samedi. Rome, 11 avril 1829.

« Nous voilà au 11 avril : dans huit jours, nous aurons Pâques, dans quinze jours mon congé, et puis vous voir ! Tout disparaît dans cette espérance : je ne suis plus triste, je ne songe plus aux ministres et à la politique. Nous retrouver, voilà tout : je donnerais le reste pour une obole.

« Demain nous commençons la semaine sainte. Je penserai à tout ce que vous m'en avez dit. Que n'êtes vous ici pour entendre avec moi les beaux chants de douleur ! Et puis nous irions nous promener dans les déserts de la campagne de Rome, maintenant couverts de verdure et de fleurs. Toutes les ruines semblent rajeunies avec l'année. Je suis du nombre.

« Mon gros ami Bertin a profité de l'à-propos. Il a très-bien fait ressortir les éloges donnés par le cardinal *Castiglioni*, et quatre jours après vous aurez appris que ce cardinal était *pape*, comme récompense de ses éloges. J'attends pour fermer cette lettre l'arrivée de la poste.

« Je tiens une bonne lettre de vous du 30. Je regrette comme vous Rayneval, mais nous ne serons pas assez heureux pour l'obtenir. Je ferai ce que je pourrai pour Andryane. Je vois par la discussion que tout le monde est contre la loi. Que me fait tout cela? Je serai à l'Abbaye-au-Bois dans un mois, ou même avant.

« Voilà un portrait de *mon pape* par Cottreau. Il est frappant. »

LE MÊME.

« Rome, mercredi 15 avril 1829.

« Je commence cette lettre le mercredi saint au soir, au sortir de la chapelle Sixtine, après avoir assisté à ténèbres et entendu chanter le *Miserere*. Je me souvenais que vous m'aviez parlé de cette belle cérémonie, et j'en étais à cause de cela cent fois plus touché. C'est vraiment incomparable : cette clarté qui meurt par degré, ces ombres qui enveloppent peu à peu les merveilles de Michel-Ange; tous ces cardinaux à genoux, ce nouveau pape prosterné lui-même au pied de l'autel où quelques jours avant j'avais vu son prédécesseur; cet admirable chant de souffrance et de miséricorde, s'élevant par intervalles dans le silence et la nuit; l'idée d'un Dieu mourant sur la croix pour expier les crimes et les faiblesses des hommes; Rome et tous ses souvenirs sous les voûtes du Vatican : que n'étiez-vous là avec moi! J'aime jusqu'à ces cierges dont la lumière étouffée laissait échapper une fumée blanche, image d'une vie subitement éteinte. C'est une belle chose que Rome pour tout oublier, pour mépriser tout et pour mourir.

« Au lieu de cela, le courrier demain m'apportera des lettres, des journaux, des inquiétudes, il faudra vous parler de politique. Quand aurai-je fini de mon avenir, et quand n'aurai-je plus à faire dans le monde qu'à vous aimer et à vous consacrer mes derniers jours?

« Jeudi saint 16.

« Voici votre lettre du 3 : Elle est bien triste. Votre nièce va vous quitter [1] : mais songez que dans quel-

---

1. On se rappelle peut-être que M. Lenormant était parti le 31 juillet de l'année précédente pour l'Égypte, avec l'expédition scientifique que dirigeait Champollion : une exploration de la Morée faite au point de vue de la science et des arts ayant été organisée en 1829,

ques mois elle vous reviendra, et que je vais la remplacer tant bien que mal. Vous ne m'écrivez que par nécessité, dites-vous ? C'est aussi par *nécesité* que je vous écris, mais elle est plus pressante pour moi : car elle m'oblige à vous envoyer trois grandes lettres par semaine. Voilà comment nos attachements sont faits : j'aime mieux le mien.

« Je ferai ce que Mme de Montmorency[1] désire. Quant à M. de Laval, son lit est tout prêt; il n'a qu'à revenir s'y coucher.

« Je connaissais la suppression de la *Gazette*. Cela lui sera plus commode pour parler du pape Castiglioni. Je vous ai tant rabâché de ma position que je ne vous en parlerai plus. Tenons-nous-en là : à la fin du mois, j'aurai mon congé, et nous sommes au 16. Je partirai, ou vous viendrez; voilà tout : vous n'aurez pas reçu cette lettre que la chose sera décidée.

« La *Quotidienne* du 6, que j'ai reçue, dit que l'ordonnance pour la nomination de M. de Rayneval sera le 7 dans le *Moniteur*. Nous verrons bien; mais je n'y crois pas. »

M. Lenormant avait été désigné pour en faire partie, et sa femme se disposait à le rejoindre.

1. La duchesse Mathieu de Montmorency, par l'intermédiaire de Mme Récamier, demandait à l'ambassadeur de France de solliciter du souverain pontife des indulgences pour la chapelle de l'hospice de *la Croix* qu'elle venait de fonder à Bonnétable, en mémoire de la mort de son mari.

LE MÊME.

« Rome, 18 avril 1829.

« Le courrier extraordinaire, parti avant-hier 16, vous a porté une lettre bien triste. J'étais découragé par la vôtre. Hier, vendredi saint, j'ai cru que j'allais mourir, comme votre meilleur ami. Vous m'auriez trouvé du moins ce trait de ressemblance avec lui, et peut-être vous nous auriez aimés ensemble. Aujourd'hui je suis très-bien; je ne puis rien concevoir à cet état de santé. Est-ce une humeur de goutte vague? Est-ce un avertissement de me préparer, et la mort me touche-t-elle de temps en temps avec la pointe de sa faux? Vous me trouverez bien changé. J'ai pris cent ans, et c'est un siècle d'attachement que je mets à vos pieds.

« Il y aura déjà longtemps quand vous recevrez cette lettre, que tous mes courriers seront arrivés à Paris. Vous aurez vu Givré et Boissy. Vous savez tout. Tout aussi sera décidé *provisoirement* sur mon sort, car je ne crois pas que le ministère soit de nature à prendre un parti définitif, tant qu'il pourra reculer. Vos lettres me décideront à partir ou à vous attendre ici. Les choses vont si vite en France, que je suis persuadé qu'au moment où je vous écris, personne ne pense plus à *mon* pape, que tout est dit à ce sujet, que toute la controverse des journaux est finie.

« *Messieurs du Courrier* ont été bien peu raisonnables sur le discours du cardinal Castiglioni : un vieux prêtre, un cardinal romain pouvait-il dire autre chose, sinon que tout pouvoir vient de Dieu — ce qui d'ailleurs est vrai, — et devait-il parler comme moi? On gâte bien des choses par ces exagérations. C'est vouloir que tous les hommes, quelles que soient leurs habitudes, leurs mœurs, leurs patries, leurs années, aient le même langage. Tout pouvoir vient de Dieu, sans doute; celui des *républiques* comme des *monarchies*, celui de la *liberté* comme de la *royauté*. Messieurs du *Courrier* n'ont pas été cette fois bons logiciens. Ce n'en sont pas moins de très-honnêtes gens que j'aime et estime.

« Pie VIII, vous pouvez le leur dire, est plus *constitutionnel* que Léon XII. Il m'a dit en toutes lettres qu'il fallait obéir à la *monarchie selon la Charte :* vérité qui renfermait un compliment; et quant à nos divisions religieuses, il ne s'en mêlera d'aucune sorte et les renverra, pour être jugées, à la piété du roi.

« J'attends un courrier extraordinaire la semaine prochaine. Grâce, indifférence ou disgrâce, il faut bien qu'on me dise quelque chose et qu'on m'envoie un congé. Avant quinze jours, Rome ne sera plus qu'une vaste solitude. J'aimerais à me trouver alors dans ce désert avec vous.

« Je reçois votre petit mot du 3. Vous êtes mille fois trop bonne de tant vous occuper de mon *ministère*. Le 3, vous ne saviez pas la nomination de *mon pape*, qui devrait hâter le projet de Hyde de Neuville, si quelque chose marchait naturellement dans ce monde. Mais qui sait si la chose qui devrait me couronner ne sera pas ce qui me rendra à ma pauvre petite infirmerie ! Je ne rêve plus que mon jardin, bien que je ne sois pas Dioclétien. Je vois dans les journaux du 8, que l'amendement de la commission a été rejeté : j'avais toujours cru à cette victoire du ministère qui, loin de le fortifier, l'affaiblira, parce qu'il l'a remportée par le secours de ses ennemis. »

LE MÊME.

« Rome, ce 20 avril 1829.

« Vous jugez bien quelle a été ma surprise à la nouvelle du *retrait* des deux lois [1] : l'amour-propre blessé rend les hommes enfants, et les conseille bien mal. Maintenant que va devenir tout cela? Les ministres essaieront-ils de rester? S'en iront-ils partiellement ou tous ensemble? Qui leur succédera? Comment composer un ministère? etc. Je vous assure qu'à part la peine cruelle de ne pas vous voir,

---

1. Après une longue et orageuse discussion des projets de loi sur l'administration des communes et des départements, le ministère crut devoir le 8 avril les retirer tous les deux.

je me réjouirais d'être ici à l'écart, de n'être pas mêlé dans toutes ces inimitiés, dans toutes ces déraisons : car je trouve que tout le monde a tort.

« Au milieu de cette bagarre, Boissy et Givré seront arrivés avec des dépêches qui auraient été dans un temps ordinaire de la plus haute importance, et qui auront paru bien peu de chose à des hommes qui s'en vont. Qu'importe un conclave passé, un pape nommé, à M. Portalis et à M. de Martignac aujourd'hui ? Et à propos de cela, j'ai vu de bien grandes niaiseries dans le *Constitutionnel* [1], au sujet de moi et d'Albani. Il annonce que je suis *parti*, que Rome est consternée, etc.

« Le nouveau secrétaire d'État est un vieillard de quatre-vingts ans, très-peu *fanatique en quoi que ce soit*, avec lequel je suis en très-bonne intelligence, et qui abonde dans le sens français, précisément parce qu'il est accusé d'être Autrichien.

« Mais laissons cela; que vais-je devenir? J'attends d'heure en heure un courrier. Aurai-je un congé? dois-je en profiter ou rester ici en attendant les événements? m'appellera-t-on? si on m'appelle, puis-je entrer sans conditions d'hommes et de choses? Et tandis que je m'épuise en conjectures, il y a déjà douze jours que la loi a été retirée, et il y en aura vingt-quatre, quand cette lettre vous arri-

---

1. Dans un article du 24 mars.

vera ! Tout sera décidé depuis longtemps. Je perds mon temps et le vôtre à vous conter toutes ces inutilités.

« Il serait bien mieux de vous dire ce que le temps ne peut changer, ce qui est vrai à toutes les minutes, ce qui est à l'abri de tous les événements, de tous les caprices et de toutes les volontés des hommes : c'est que je vous aime, et que je n'ai besoin que de votre attachement pour être heureux. Je vais sans doute recevoir bientôt des lettres de vous, soit par la poste, soit par quelque courrier extraordinaire. Hier, nous avons eu l'illumination de la coupole de Saint-Pierre, aujourd'hui la girandole au château Saint-Ange. Vous voyez que le monde va son train, et que le Tibre continue de couler, malgré le ministère, le côté gauche et le côté droit. »

LE MÊME.

« Samedi. Rome, le 25 avril 1820.

« Tandis que j'attends le courrier extraordinaire qui doit décider de mes résolutions, je m'occupe de donner à la grande-duchesse Hélène, mardi prochain, une petite fête dans les jardins de l'*Académie*. Ces jardins sont déjà à eux seuls une fête, et surtout dans cette saison. Nous aurons un déjeuner, de la musique dans les bosquets, les dames du pays, une improvisatrice, des proverbes, et un ballon. Vous voyez que le temps sera rempli. Après quoi, le rideau s'abaisse; je ferme ma porte et je vous attends dans ma solitude, ou je vais vous retrouver.

« J'attends aujourd'hui M. de Blacas qui va en France; nous aurons une querelle : je ne permets pas qu'on se mêle de mes affaires, et je suis le maître à Rome; M. de Laval était trop bon. M. de Blacas m'écrivait des lettres pour faire élire le cardinal *de Gregorio*, et il veut se donner l'air d'avoir dirigé l'élection du cardinal *Castiglioni*. Il voulait voir Pie VIII en secret, pour aller ensuite conter de belles choses : j'y ai mis bon ordre.

« La poste aujourd'hui n'a rien de vous. Une lettre embrouillée de Givré, datée du 13, me dit que le 16 il devait y avoir décision sur *l'intérim;* je n'en crois rien, car j'aurais déjà reçu le courrier qui m'annoncerait l'événement. Givré, excellent garçon et garçon de mérite, m'instruira mal, et vous instruira plus mal encore. Il n'y a pas de tête plus embarrassée; il a toujours l'air de garder un secret, de ne s'expliquer qu'à moitié et de faire des réticences. Il paraît croire à Rayneval : Dieu l'entende! Quel bon débarras pour moi, et quelle admirable occasion de rentrer pour jamais dans ma solitude! Allons, attendons un mot de vous pour vivre, lundi. »

LE MÊME.

« Mardi, le 5 mai 1829.

« Il faut que chacun subisse sa destinée. La vôtre est d'avoir toujours un de vos amis pour ministre. Voilà M. de Laval nommé [1], malgré le faible démenti du *Messager* du 24 avril. Si la nomination n'est pas dans le *Moniteur*, c'est qu'il faut sans doute attendre le retour du courrier envoyé à Vienne. M. de Laval acceptera-t-il ? Ce n'est pas là la question pour moi. Le choix est très-honorable. Je désire que M. de Laval en soit content et s'en tire bien.

« A présent, j'espère que vous verrez que j'ai eu raison de ne pas faire trop tôt usage de mon congé. Cette impatience, peu digne de ma position, ne m'aurait mené dans tous les cas à Paris que quand la nomination était faite : j'aurais eu l'air pour les uns d'un intrigant trop pressé, et pour les autres d'un ambitieux *mystifié*. Maintenant, mon parti à prendre est le plus simple, le plus calme et le plus noble du monde : je n'envoie pas ma démission ; je ne fais aucun bruit ; j'ai un congé ; j'en profite pour aller paisiblement à Paris, avec ma femme, quand

---

[1]. Le duc de Laval n'accepta point le portefeuille qui lui était offert, mais il passa le 4 septembre suivant de l'ambassade de Vienne à celle de Londres.

tout est fini ; et là, je vais mettre ma démission aux pieds du roi, lui rendre ses bienfaits, dont je crois n'avoir point fait un mauvais usage pour la gloire de son service, et m'expliquer avec lui.

« Vous sentez bien que si j'ai été mécontent de la conduite de mes amis dans les chambres, de leur peu d'amour du bien public, de leur humeur, de leur esprit tracassier, je dois être d'un autre côté averti que je ne puis être utile au gouvernement. Il a pris soin de m'instruire qu'il me jugeait incapable de le servir, puisque, après m'avoir pesé un mois dans la balance avec toutes sortes de personnages — au moment même où je réussissais à faire nommer le souverain pontife désiré par S. M., — il croit devoir aller chercher un ministre hors de toutes les probabilités politiques. Il a raison : je me faisais justice, en m'excluant moi-même, vous le savez, de la candidature. Mais enfin, il me fallait peut-être cette dernière leçon, pour apaiser les dernières bouffées de mon orgueil ; je la reçois en toute humilité, et j'en profiterai.

« Je suis obligé d'attendre encore l'arrivée d'un courrier extraordinaire que M. le comte Portalis m'a annoncé par une de ses dernières lettres. J'ai présenté ce matin mes nouvelles lettres de créance à Sa Sainteté. Aussitôt le courrier annoncé arrivé, je remettrai les affaires à M. Bellocq, et je m'acheminerai pour Paris. Peut-être avant de quitter l'Italie, irai-je montrer Naples à Mme de Chateaubriand. Il y a un mal dans tout cela, c'est que la première année d'un établissement d'ambassadeur est ruineuse, et que les fêtes, que j'ai été obligé de donner à cause du conclave et de la présence de la grande-duchesse, ont achevé de m'écraser. Je sortirai de Rome pour entrer à l'hôpital. Malheureusement, mon édition complète est vendue, ma cervelle vide, et ma santé altérée; mais aussi, j'ai moins de chemin à franchir dans la vie pour arriver au bout, et je n'ai pas besoin d'embarquer tant de provisions sur un vieux vaisseau prêt à faire naufrage.

« Je ne compte plus sur vos lettres, car, bien mal à propos sans doute, vous me croyez parti. Je ne pourrai guère quitter Rome que dans une quinzaine de jours. Tout sera oublié, quand j'aurai le bonheur de vous revoir pour ne plus vous quitter. »

LE MÊME.

« Rome, ce 7 mai 1829.

« Les journaux arrivés ce matin apportent l'ordonnance qui nomme M. de Montmorency : cela tranche encore mieux la question. Je renonce à la course de Naples, et je vais faire mes dispositions pour partir pour Paris. *Pour Paris!* Cela vous fait-il autant de plaisir qu'à moi? A bientôt! mais Bertin me dit que vous êtes souffrante?

« 7 mai, au soir.

« Je pars pour la France : je vous ai écrit ce matin par la poste, et j'ai reçu ce soir votre petit mot par un courrier extraordinaire. Une dernière dépêche de Portalis m'a blessé, et il reçoit ma réponse par M. Siméon qui porte ce billet. Je serai à Paris du 20 au 25, pas avant, à cause de Mme de Chateaubriand. Envoyez, je vous prie, chercher Bertin; je ne puis répondre à ses deux dernières lettres; j'arrive, et nous causerons. Je vais vous voir; qu'importe le reste? A vous, et pour jamais! »

LE MÊME.

« Rome, samedi 9 mai 1829.

« J'ai pris congé du pape avant-hier. Je comptais pouvoir me mettre en route mardi soir 12, mais quand il faut mener une femme et des gens avec soi, les choses ne vont pas si vite. Les voitures ne seront pas prêtes mardi, et Mme de Chateaubriand a une violente attaque de ses maux. Nous serons retardés de quelques jours. Je vous ai écrit que je serais à Paris du 20 au 25 : ne m'attendez que du 25 au 30, mais songez que, quand vous recevrez ce billet, je serai parti de Rome, et que j'aurai déjà franchi la moitié de ce terrible espace qui m'a si longtemps séparé de vous !

« Vous croyez que je m'entendrai avec M. de Laval; j'en doute. Je suis disposé à ne m'entendre avec personne, étant mécontent de tout le monde, et ne demandant que le repos et l'oubli. J'arrivais dans les dispositions les plus pacifiques, et les gens s'avisent de me chercher querelle. Tandis que j'ai eu des chances de ministère, il n'y avait pas assez d'éloges et de flatteries pour moi dans les dépêches; le jour où la place a été prise, on m'annonce sèchement la nomination de M. de Laval dans la dépêche la plus rude et la plus bête à la fois. Mais pour devenir si plat et si insolent d'une poste à l'autre, il fallait un peu songer à qui l'on s'adressait, et M. Portalis en aura été averti par deux mots de réponse. Il est possible qu'il n'ait fait que signer sans lire, et cela peut être l'œuvre de Bourgeot ou de Rayneval ! N'importe, je les retrouverai. »

LA REINE HORTENSE A Mme RÉCAMIER.

« Rome, ce 10 mai 1829.

« Chère Madame, je ne veux pas qu'un de vos amis [1] quitte le lieu que j'habite, et où j'ai été heu-

---

1. M. de Chateaubriand, qui retournait en France.

reuse de vous retrouver, sans vous porter une marque de mon souvenir; je désire aussi que vous soyez auprès de lui l'interprète de mes sentiments. Les aimables procédés se montrent dans les plus petites choses et se sentent aussi par ceux qui en sont l'objet, sans pouvoir bien les exprimer; mais la bienveillance qui a pu percer jusqu'à moi m'a laissé le regret de n'avoir pu connaître celui que j'ai su apprécier, et qui, sur une terre étrangère, me représentait si bien la patrie, du moins comme j'aimerais toujours à la voir, amie et protectrice. Je vais bientôt retourner dans mes montagnes, j'espère avoir là de vos nouvelles. Ne m'oubliez pas tout à fait; songez que je vous aime et que votre amitié a contribué à calmer une des plus vives douleurs de ma vie. Ce sont deux souvenirs inséparables : aussi ne doutez jamais des tendres sentiments dont il m'est doux de vous renouveler l'assurance.

« HORTENSE. »

M. DE CHATEAUBRIAND A Mme RÉCAMIER.

« Rome, le jeudi 14 mai 1829.

« Des lettres de Vienne, arrivées ce matin ici, annoncent que M. de Laval a refusé. S'il tient à ce premier refus, qu'arrivera-t-il? Dieu le sait. J'espère que le tout sera décidé avant mon arrivée à Paris.

Il me semble que nous sommes tombés en paralysie, et que nous n'avons plus que la langue de libre. Attendez-moi toujours vers le 30. C'est toujours samedi prochain, après-demain 16, que je pars. Ce mot-là dit tout pour moi, puisque c'est vous voir ! Je vous écrirai samedi un *dernier mot* par la poste, en partant. »

LE MÊME.

« Rome, ce 16 mai 1829.

« Cette lettre partira de Rome quelques heures après moi, et arrivera quelques heures avant moi à Paris. Elle va clore cette correspondance qui n'a pas manqué un seul courrier, et qui doit former un volume entre vos mains. La vôtre est bien petite; en la serrant hier au soir, et voyant combien elle tenait peu de place, j'avais le cœur mal assuré.

« J'éprouve un mélange de joie et de tristesse que je ne puis vous dire. Pendant trois ou quatre mois, je me suis déplu à Rome; maintenant, j'ai repris à ces nobles ruines, à cette solitude si profonde, si paisible et pourtant si pleine d'intérêt et de souvenir. Peut-être aussi le succès inespéré que j'ai obtenu ici m'a attaché; je suis arrivé au milieu de toutes les préventions suscitées contre moi, et j'ai tout vaincu : on paraît me regretter vivement.

« Que vais-je retrouver en France ? Du bruit au

lieu de silence, de l'agitation au lieu de repos, de la déraison, des ambitions, des combats de place et de vanité. Le système politique que j'ai adopté est tel que personne n'en voudrait peut-être, et que d'ailleurs on ne me mettrait pas à même de l'exécuter. Je me chargerais encore de donner une grande gloire à la France, comme j'ai contribué à lui faire obtenir une grande liberté; mais me ferait-on table rase? me dirait-on : Soyez le maître, disposez de tout au péril de votre tête? Non; on est si loin de vouloir me dire une pareille chose, que l'on prendrait tout le monde avant moi, que l'on ne m'admettrait qu'après avoir essuyé les refus de toutes les médiocrités de la France, et qu'on croirait me faire une grande grâce, en me reléguant dans un coin obscur d'un ministère obscur.

« Chère amie, je vais vous chercher, je vais vous ramener avec moi à Rome; ambassadeur ou non, c'est là que je veux mourir auprès de vous. J'aurai du moins un grand tombeau en échange d'une petite vie. Je vais pourtant vous voir. Quel bonheur! »

LE MÊME.

« Lyon, dimanche 3 heures 1/2, 24 mai 1829. »

« Lisez bien cette date. Elle est de la ville où vous êtes née ! Vous voyez bien qu'on se retrouve, et que j'ai toujours raison. C'est Hyacinthe que j'envoie en avant, qui vous remettra ce billet. Maintenant, est-ce moi qui vous emmènerai à Rome, ou vous qui me garderez à Paris? Nous verrons cela. Aujourd'hui, je ne puis vous parler que du bonheur de vous revoir jeudi.

« Au surplus, si l'on m'attend avec impatience, j'ai bien peur de tromper tout le monde, car je ne suis content de personne. J'ai de dures vérités à dire; je les dirai d'autant plus aisément, que je ne demande et ne veux rien. Ma position est bonne. J'ai rendu un grand service; j'ai fait, dans un lieu où l'on croyait au repos absolu, une campagne difficile et glorieuse. On voulait m'oublier, et cela n'a pas été possible. Mon congé, — qui me laisse dans une indépendance absolue, et qui m'a été accordé avant que M. Portalis fût ministre, — me donne tout le temps de me prononcer à loisir et de prendre tel parti que je voudrai.

« Enfin, à jeudi. Le cœur me bat à la pensée de vous retrouver dans votre petite chambre. J'ai une lettre de la reine de Hollande pour vous. A jeudi : je n'ose croire à ce mot. Il n'y a que huit jours que je voyais encore les montagnes de la Sabine, et je vois celles du Bourbonnais ! Du Tibre au Rhône, au Rhône dont vos premiers regards ont embelli les ondes ! A jeudi !

LIVRE VIII

M. de Chateaubriand arriva à Paris le 27 mai 1829; sa joie fut vive en se retrouvant à l'Abbaye-au-Bois. Il développait à Mme Récamier avec tout l'éclat, toute la séduction de sa belle imagination, un plan de vie que rempliraient la religion, l'amitié, les arts; il transportait à Rome, il établissait au Capitole, dans une habitation qui l'avait charmé (le palais Caffarelli), Mme Récamier, M. Ballanche, M. Ampère, toute l'Abbaye-au-Bois.

M. Lenormant voyageait en Grèce, et sa jeune femme attendait à Toulon un bâtiment qui la transportât auprès de lui : raison de plus pour aller passer le temps de leur absence dans la ville des grands souvenirs et des beaux horizons; on serait sûr leur route au retour. Quel admirable cadre à donner aux dernières scènes de sa vie que le séjour de la ville éternelle !

M°ᵉ Récamier écoutait ces projets sans y croire, mais ce rêve plaisait à sa pensée, et le bon Ballanche s'y laissait bercer comme elle.

C'est sous l'empire de ces impressions que Mme Récamier écrivait à sa nièce :

Mme RÉCAMIER A Mme LENORMANT.

1er juin 1829.

« Tu sais tous les détails de l'Abbaye, chère petite ; M. Ballanche, Paul, M. Récamier, ont dû t'écrire de longues lettres. M. de Chateaubriand est arrivé depuis jeudi ; j'ai été heureuse de le retrouver, plus heureuse encore que je ne le croyais ; il ne me manque pour jouir de ce bonheur que de te savoir satisfaite ; ton isolement pèse sur mon cœur. Je ne puis te donner de conseils dans l'incertitude où je suis moi-même. Si M. de Chateaubriand retourne à Rome, il est probable que j'y passerai l'hiver. Ma santé me forcera peut-être aussi d'aller cet été à Dieppe, pour les bains de mer. Mais, d'ici là, je serai fixée sur ton sort.

« J'attends ce matin M. de Chateaubriand, qui a une audience du roi et qui doit venir me donner tous les détails de cet entretien. Je vois assez de monde, M. Villemain que je trouve bien aimable, M. de Sainte-Aulaire, etc.; mais c'est l'arrivée de M. de Chateaubriand qui ranime ma vie, qui me semblait prête à s'éteindre. Mes impressions encore si jeunes me font mieux comprendre les tiennes; c'est une manière de plus d'être en sympathie avec toi, et c'est à moi que tu dois toutes les confidences de ton pauvre cœur. »

Le roi reçut M. de Chateaubriand à merveille, mais il lui demanda s'il comptait retourner bientôt à Rome. L'*intérim* du ministère des affaires étrangères durait toujours; il était évident que le roi ne disposerait de ce portefeuille qu'en remaniant le cabinet tout entier; mais il était tout aussi évident que M. de Chateaubriand ne serait pas appelé à concourir à la formation d'un nouveau ministère.

En attendant qu'il retournât dans sa chère Rome, il résolut d'aller prendre les eaux des Pyrénées.

Avant son départ, Mme Récamier, qui savait avec quel regret il avait renoncé à faire jouer sa tragédie de *Moïse*, arrangea, pour l'en dédommager, une lecture de cette pièce, à laquelle on se plut à donner quelque solennité. La société la plus brillante fut convoquée, et se rendit avec empressement à une invitation qui faisait bien des envieux. Lafond, de la Comédie-Française, devait lire, et reçut, deux jours à l'avance, le manuscrit qu'on le pria d'étudier. Ce public d'élite étant réuni, la lecture commença, et Lafond, malgré les défauts de son accent gascon, se tira convenablement du premier acte : on pouvait donc espérer que tout irait bien jusqu'au bout, la pièce renfermant de grandes beautés, et la versification étant pleine de vrai talent et de poésie. Mais Lafond n'avait étudié, n'avait regardé que ce premier acte ; dès le second, il ânonne, hésite, se trouble, dit que le manuscrit est mauvais. Impatience de l'auditoire, supplice parfaitement dissimulé de M. de Chateaubriand, désespoir de Mme Récamier. M. de Chateaubriand, avec beaucoup de goût, de savoir-vivre et de sang-froid, excuse Lafond, ne laisse pas percer la moindre nuance d'humeur, et, accusant seulement l'incorrection du manuscrit, le prend et lit lui-même les deux derniers actes.

M. Ballanche faisait le récit de cette aventure à Mme Lenormant, retenue à Toulon par l'annonce de la prochaine arrivée en France de son mari, qu'elle avait dû rejoindre en Grèce.

M. BALLANCHE A Mme LENORMANT.

« 28 juin 1829.

. . . .

« Hier, il y a eu l'assemblée la plus brillante à

l'Abbaye-au-Bois. C'était pour la lecture de *Moïse*. Lafond lisait fort mal, parce que le manuscrit était mauvais ; mais M. de Chateaubriand s'est mis à lire lui-même : ainsi l'intérêt a bien compensé ce qui pouvait manquer à la lecture. Toutefois, madame votre tante était sur les épines ; mais soyez certaine que tout a été très-bien, que l'impression a été ce qu'elle devait tout naturellement être, c'est-à-dire une impression de complète admiration. Parmi les auditeurs, je me bornerai à vous citer MM^{mes} Appony, de Fontanes et Gay ; MM. Cousin, Villemain, Lebrun, Lamartine, Latouche, Dubois, Saint-Marc-Girardin, Valery, Mérimée, Gérard, les ducs de Doudeauville, de Broglie, MM. de Sainte-Aulaire, de Barante, David ; Mme de Boigne, Mme de Gramont, le baron Pasquier, Mme et Mlles de Barante et Mlle de Sainte-Aulaire, Dugas-Montbel, etc. J'aurais aussitôt fait de vous donner la liste complète, car elle était fort belle. M. de Chateaubriand a été d'une grande perfection. Il n'a point eu de mauvaise humeur de ce que ses beaux vers étaient quelquefois estropiés, et il a mis beaucoup de complaisance à en lire quelques morceaux et un acte tout entier. Il a reçu, comme vous pensez, beaucoup de compliments mérités sous tous les rapprots. . . . .
. . . . »

La saison des eaux étant arrivée, Mme Récamier

partit avec M. Ballanche pour Dieppe, et M. de Chateaubriand pour Cauterets.

Elle écrivait de Dieppe à sa nièce :

Mme RÉCAMIER A Mme LENORMANT.

« Dieppe, 10 août 1829.

« Tu es encore seule, ma pauvre enfant, mais c'est pour bien peu de temps. J'ai écrit à ton mari, en lui envoyant une lettre que j'avais reçue de M. de La Rochefoucauld ; il en sera sûrement content, et nous touchons à une décision quelconque. On parle d'un nouveau ministère, il serait complétement *ultra :* dans cette supposition, M. de Chateaubriand donnerait, je pense, sa démission, et il serait possible que cette circonstance fît échouer aussi la demande de M. Lenormant ; voilà ce que nous avons à craindre, et cette mauvaise chance nous réunirait tous à Paris. Si je n'y voyais pas des dangers pour la France, ou du moins une direction inquiétante, j'aurais bien de la peine à ne pas m'en réjouir ; enfin, encore quelques jours, et nous saurons notre sort.

« Je suis ici au milieu des fêtes, des princesses, des illuminations, des spectacles ; deux des fenêtres de ma chambre sont en face de la salle de bal et les deux autres vis-à-vis du théâtre. Au milieu de tant de fracas, je suis dans une parfaite solitude ; je vais m'asseoir et rêver au bord de la mer, je repasse toutes les circonstances tristes et heureuses de ma vie : j'espère que tu seras plus heureuse que moi!

« Je suis profondément touchée de la tendresse que tu m'as gardée, quand il serait si naturel que tu fusses absorbée par un autre sentiment. Ton image vient se mêler à toutes mes rêveries ; c'est par toi que j'ai un avenir. Si tu fais ce voyage [1], nous nous résignerons par l'idée de l'influence qu'il peut avoir sur toute la carrière de M. Lenormant. Si nous ne réussissons pas, la résignation me semble encore plus facile, et nous nous retrouverons tous dans quelques semaines.

« J'ai rencontré ici Léonie de B. : elle croyait que tu avais épousé un vieux savant, un pédant ; tu juges si j'ai eu plaisir à lui dire que ce vieux savant avait vingt-cinq ans et la conversation la plus spirituelle. Je crois cette pauvre Léonie fort ennuyée de rester fille. Sa mère est très-aimable pour moi. Je vois aussi Mme Anisson [2], qui me fait beaucoup de coquetteries et qui me plaît pour elle-même, et surtout à cause de son frère ; mais je passe presque tout mon temps à lire et à causer avec M. Ballanche, qui

---

1. M. Lenormant demandait à être autorisé à retourner en Grèce, et sa femme devait l'y accompagner
2. Sœur de M. de Barante.

s'arrange parfaitement de notre solitude. Il s'est logé dans une espèce de tour où il a la vue de la mer, il travaille à sa *Palingénésie* et me paraît le plus content du monde.

« Le pauvre Ampère est parti pour Lyon; son père donne de vives inquiétudes; on lui ordonne l'air natal. Le fils doit revenir à la fin du mois. Il est bien touchant dans ses soins pour son père; il m'a accompagnée, quand je suis partie pour Dieppe, jusqu'à la première couchée. Comme je voyageais seule et à petites journées, nous sommes arrivés de très-bonne heure, nous nous sommes promenés, nous avons soupé, nous avons lu, puis il m'a quittée pour rejoindre son père. Il a voyagé la nuit, dans une mauvaise voiture, mais il était ravi de notre petit voyage, qui lui a fait une distraction au milieu de tous ses ennuis.

« Voilà bien des détails, mais je pense que tu es désœuvrée; si M. Lenormant était près de toi, je ne t'écrirais pas si longuement. Je compte sur ton talent pour déchiffrer mon griffonnage. Je t'embrasse et je t'aime. »

Quand Mme Récamier écrivait cette lettre, on ignorait encore à Dieppe la formation du ministère Polignac qu'une ordonnance royale avait institué la veille, mais l'opinion s'alarmait vivement de la possibilité de cette combinaison. M. de Chateaubriand apprit aux Pyrénées la formation du nouveau cabinet, et en comprit à l'instant toutes les conséquences. Revenu à Paris, il eut le désir de voir le roi et de lui parler des dangers que pouvait faire courir à la France et à lui-même l'impopularité de ses nouveaux ministres. Il ne fut point admis, et donna sa démission, comme Mme Récamier l'avait prévu.

En présence de la nouvelle administration dont il ne devait attendre aucune faveur, M. Lenormant, venu à Paris pour solliciter une prolongation de séjour en Grèce, renonça même à la demander, et Mme Récamier vit de nouveau tous les siens groupés autour d'elle : c'est ainsi que se passa l'hiver.

M. Récamier, malgré la force de sa constitution, commençait à sentir l'atteinte des années ; depuis la mort de son beau-père, il était venu demeurer chez Mme Lenormant, sa nièce, et chaque jour toute la famille, y compris le jeune ménage et M. Ballanche, se réunissait à dîner à l'Abbaye-au-Bois. Fidèle jusqu'au bout à la bienveillance parfaite de son caractère, à la bonté de son cœur, aux habitudes mondaines de sa vie, à l'insouciance de son humeur, malgré les quatre-vingts ans qu'il allait accomplir, M. Récamier continuait de passer toutes ses soirées dehors. Ses matinées s'écoulaient à la Chaussée-d'Antin, dans l'ancien quartier de ses affaires, où il avait conservé une espèce de petit salon qui lui servait à recevoir la visite d'anciens et de nouveaux amis, d'anciens et de nouveaux clients que, malgré ses revers, il trouvait encore moyen d'obliger et de servir.

Il fut saisi, dans le courant d'avril, d'une de ces fluxions de poitrine auxquelles il était sujet. Au milieu de la suffocation qu'il éprouvait, M. Récamier témoigna le désir d'être transporté à l'Abbaye-au-Bois, se flattant d'y respirer plus librement; on céda à ce vœu, et on l'établit dans le salon même du grand appartement que sa femme habitait. C'est là qu'entouré de tous les siens, et gardant sa sérénité jusqu'au dernier moment, il succomba, malgré les secours les plus éclairés que lui prodigua son cousin et bien tendre ami, le docteur Récamier, le 19 avril 1830.

Il était difficile de rencontrer moins de rapports de goût, d'humeur, d'esprit et de caractère que n'en avaient entre eux M. et Mme Récamier; une seule qualité leur était commune, c'était la bonté; et néanmoins, dans le lien singulier qui les unit trente-sept ans, la bonne harmonie ne cessa jamais de régner. En le perdant, Mme Récamier crut perdre une seconde fois son père. Dans cette douloureuse circonstance, elle reçut de Mme de Chateaubriand le billet suivant:

LA VICOMTESSE DE CHATEAUBRIAND A Mme RÉCAMIER.

« 22 avril 1830.

« Que je suis triste de vous savoir malheureuse ! Dites, je vous en supplie, à M. de Chateaubriand quand vous voudrez me recevoir, je serai toute à vous. C'est au moment de la peine que je voudrais ne pas quitter mes amis, et j'espère que vous ne doutez pas de mes tendres sentiments ; c'est bien aujourd'hui que j'en éprouve toute la sincérité. »

A plus forte raison, un des plus anciens amis de sa jeunesse ne pouvait-il rester étranger à ce chagrin ; Adrien de Montmorency lui écrivait :

LE DUC DE LAVAL MONTMORENCY A Mme RÉCAMIER.

« Londres, 8 avril 1830.

« Quel que soit le silence qui règne entre nous depuis quelques mois, ma vieille amitié ne saurait le supporter dans un moment où vous venez d'éprouver un coup très-sensible.

« La perte que vous avez faite, tous les souvenirs qu'elle soulève dans ma pensée, m'engagent à vous entretenir de mes impérissables sentiments. Il y a en vous quelque chose d'élevé, de délicat, de généreux, qui aura vivement agité votre cœur dans ces dernières circonstances.

« J'espère aller avant un mois à Paris, si les affaires me le permettent, ce qui est une incertitude jusqu'aux derniers instants. Nous nous reverrons, chère amie, nous rafraîchirons, nous ranimerons cette amitié, cette intimité de tant d'années. Il n'y a de doux, de consolant, et je dirais même d'honorable, que la suite et la persévérance des sentiments. On m'arracherait plutôt le cœur que le souvenir de vous avoir tant et si longtemps aimée. J'ai pu, je pourrais encore me plaindre, par la raison que j'attache une importance extrême à toutes les impressions que je reçois par vous.

« J'ai eu de vos nouvelles par ma tante et par notre commune amie, Mme de Boigne.

« Je n'ai sur tous vos amis, sur ce qui vous apprécie, vous admire et vous entoure, qu'un seul avantage, c'est celui de vous avoir aimée avant qu'ils vous connussent.

« Un petit mot de réponse bien aimable, délicat, mais aussi bien réservé, comme vous écrivez; et ne doutez jamais de mon inaltérable intérêt. »

La colonie de l'Abbaye-au-Bois s'était transportée de nouveau à Dieppe, dont les bains étaient ordonnés à Mme Récamier; celle-ci y retrouva un homme bien jeune encore avec lequel on l'avait depuis peu mise en relation, et dont les brillantes facultés faisaient déjà pressentir la prochaine renommée. L'abbé Lacordaire n'avait point encore révélé le don de sublime éloquence que le Ciel a mis dans son âme ; mais ardent, plein de foi, joignant la plus noble figure aux plus rares qualités de l'esprit, il était impossible d'être plus aimable que ne l'était alors celui auquel une célébrité éclatante devait s'attacher sous la robe de dominicain. Sa conversation parfaitement libre, souvent paradoxale, toujours brillante, était remarquable par la grâce et la gaieté. Il était extrêmement apprécié par Mme Récamier et par tout son entourage.

M. de Chateaubriand vint à son tour rejoindre son amie au bord de la mer. Il y était arrivé depuis quelques heures seulement, lorsque la nouvelle des funestes ordonnances, rendues le jour même où il avait quitté Paris, lui fut annoncée par M. de Boissy. Il revint immédiatement à Paris, et peu d'heures après, Mme Récamier, inquiète des amis dont elle était séparée, de sa nièce accouchée depuis quelques semaines et demeurée dans la capitale, convaincue, comme M. de Chateaubriand, qu'un mouvement terrible, une révolution peut-être, allait éclater dans Paris, en reprit sans hésiter le chemin.

Elle y rentra le 30, et fut obligée de laisser sa voiture à La Chapelle-Saint-Denis et de traverser à pied, avec sa femme de chambre et M. Ampère, toute la distance qui sépare La Chapelle-Saint-Denis de l'Abbaye-au-Bois. Les barricades debout à tous les coins de rue rendaient ce trajet encore plus fatigant.

Avant de savoir qu'elle avait quitté Dieppe, M. de Chateaubriand lui avait écrit dans cette ville une lettre qui, par suite de l'interruption des courriers, ne parvint que bien des jours après à sa destination. M. de Chateaubriand l'ayant reproduite dans ses Mémoires, nous n'en donnerons ici qu'un extrait.

* M. DE CHATEAUBRIAND A Mme RÉCAMIER.

« Jeudi matin, 29 juillet 1830.

« Je vous écris sans savoir si ma lettre vous arrivera, car les courriers ne partent plus. Je suis entré dans Paris au milieu de la canonnade, de la fusillade et du tocsin. Ce matin le tocsin sonne encore, mais je n'entends plus les coups de fusil : il paraît qu'on s'organise et que la résistance continuera tant que les ordonnances ne seront pas rappelées. Voilà le résultat immédiat — sans parler du résultat définitif — du parjure dont les ministres ont donné le tort, au moins apparent, à la couronne.

« La garde nationale, l'école Polytechnique, tout

s'en est mêlé. Vous jugez dans quel état j'ai trouvé M™ de Chateaubriand. Les personnes qui, comme elle, ont vu le 10 août et le 2 septembre, sont restées sous l'impression de la terreur. Un régiment, le 5ᵉ de ligne, a déjà passé du côté de la Charte. Certainement M. de Polignac est bien coupable : son incapacité est une mauvaise excuse; l'ambition dont on n'a pas les talents est un crime. On dit la cour à Saint-Cloud et prête à partir.

« Je ne vous parle pas de moi; ma position est pénible, mais claire. Je ne trahirai pas plus le roi que la Charte, pas plus le pouvoir légitime que la liberté. Je n'ai donc rien à dire ni à faire, attendre et pleurer sur mon pays.

« Midi.

« Le feu recommence : il paraît qu'on attaque le Louvre, où les troupes du roi se sont retranchées. Le faubourg que j'habite[1] commence à s'insurger. On parle d'un gouvernement provisoire dont les chefs seraient le général Gérard, le duc de Choiseul et M. de Lafayette.

« Il est probable que cette lettre ne partira pas, Paris étant déclaré en état de siége. C'est le maréchal Marmont qui commande pour le roi. On le dit tué, mais je ne le crois pas. Tâchez de ne pas trop vous inquiéter. Dieu vous protége ! nous nous retrouverons!

1. Rue d'Enfer.

« Vendredi.

« Cette lettre était écrite d'hier; elle n'a pu partir... Tout est fini : la victoire populaire est complète; le roi cède sur tous les points : mais j'ai peur qu'on n'aille maintenant bien au delà des concessions de la couronne. J'ai écrit ce matin à Sa Majesté. Au surplus, j'ai pour mon avenir un plan complet de sacrifices qui me plaît; nous en causerons quand vous serez arrivée. Je vais moi-même mettre cette lettre à la poste et parcourir Paris. »

Averti de l'arrivée de Mme Récamier à l'Abbaye-au-Bois et des fatigues inouïes de son voyage, M. de Chateaubriand lui écrivait :

LE MÊME.

« 31 juillet 1830.

« Je venais d'écrire à votre nièce que vous arriveriez *au moment le plus inattendu :* vous voyez comme je vous connais. J'ai été *traîné hier en triomphe par les rues;* je n'ose plus sortir aujourd'hui. Venez donc quand vous aurez dormi. Malheureusement on ne peut aller qu'à pied. J'ai les choses les plus importantes à vous dire. J'espère que je vais jouer un rôle digne de vous et de moi, mais qui me fera peut-être massacrer. Vous sentez ce que j'ai à souffrir des terreurs de Mme de Chateaubriand.

Dormez, et ne venez que quand vous serez bien reposée. »

Nous n'avons nullement la prétention de faire le récit de la révolution de Juillet. En recueillant ces souvenirs, nous ne nous sommes jamais occupé des événements politiques que dans la mesure de l'influence qu'ils ont exercée sur la vie de Mme Récamier et sur celle de ses amis.

Dominée par ses affections et méprisant l'intrigue, dépourvue d'ambition, mais animée du plus sincère amour de son pays, Mme Récamier avait un vif sentiment de la liberté. Son caractère, dont la douceur et la bonté formaient la base, ne savait pactiser avec aucune injustice. On l'a vue repousser les faveurs qui lui furent offertes par le premier empire, et bannie par ce régime dont la persécution s'étendait à tous ses amis. Le gouvernement avec lequel elle se sentit le plus en sympathie, parce qu'il garantissait à la fois la liberté du peuple, la dignité du pouvoir et l'ordre de la société, fut celui de la Restauration; cette époque fut celle où Mme Récamier vit arriver d'intimes amis au pouvoir. Éprouvée par des revers de fortune auxquels son opposition au régime impérial n'avait pas été tout à fait étrangère, elle ne profita jamais, ni pour elle-même, ni pour les siens, du crédit de ces mêmes amis, ni du souvenir de l'exil qu'elle avait subi.

On ne saurait porter plus haut qu'elle ne le fit l'indépendance et la fierté; la liberté dont elle fut toujours jalouse, celle dont elle fit constamment usage, c'était le droit de rester fidèle à tous les vaincus, de reconnaître et de respecter la sincérité et la bonne foi dans les opinions les plus opposées à la sienne. Avec des principes arrêtés, elle sut être indulgente pour les personnes.

La chute de la branche aînée des Bourbons condamnait à la vie privée M. de Chateaubriand et la plupart des amis de Mᵐᵉ Récamier; elle renversait l'édifice auquel ils avaient coopéré avec patriotisme et dévouement : on ne serait donc pas sincère, si l'on ne disait que la révolution de Juillet parut, à Mᵐᵉ Récamier et à ceux qui formaient le cercle d'élite qu'on désignait par le nom l'*Abbaye-au-Bois*, un événement douloureux et fatal : mais on espérait encore qu'il en sortirait du bonheur et du repos pour la France.

Le bon Ballanche, si ardent dans ses rêves de perfectionnement moral, si sincère dans sa passion de voir s'opérer l'alliance de l'ancien régime et du monde nouveau, ne pouvait sans chagrin en perdre l'espérance, après y avoir travaillé dans ses divers écrits politiques.

Il s'exprimait ainsi dans une lettre de cette époque :

« Quant à moi, ma thèse est bien faite, j'ai re-

« noncé à une de mes idées, celle qui a rempli ma
« vie. J'ai cru à la possibilité du progrès par la
« voie d'*évolution*, mais je vois bien à présent qu'il
« n'en est point ainsi dans les choses humaines, et
« qu'elles procèdent par voie de *révolution*. Ainsi
« les cataclysmes ne peuvent s'éviter dans le monde
« social, pas plus que dans le monde physique. »

La partie plus jeune de la société de l'Abbaye-au-Bois ne jugeait point la révolution au même point de vue. M. Ampère, ami de Carrel, lié avec MM. Thiers et Mignet, avait adopté sans restriction les tendances réputées alors les plus libérales; M. Lenormant, qui avait travaillé au *Globe*, mais dont les opinions étaient plus exactement représentées par la *Revue française*, recueil qui ne fit jamais d'opposition systématique aux Bourbons, était d'ailleurs uni par une vive admiration et une affection vraie à M. Guizot. Son respect était grand pour le vieux roi et sa famille; mais il accueillait, avec tout l'entrain de la jeunesse, la perspective d'un ordre de choses où la part serait plus largement faite à liberté.

Mme Récamier, avec son impartialité ordinaire, restait l'arbitre et le lien entre ces opinions opposées.

On sait quel fut le noble langage de M. de Chateaubriand à la Chambre des Pairs ; et maintenant que nous sommes hors du mouvement, des illusions, des violences et des ambitions des partis, il faut reconnaître que lui seul avait raison. Il protesta en termes admirables pour les droits méconnus d'un enfant, et après s'être dépouillé de tous les titres, honneurs et pensions qu'il ne pouvait tenir que de la monarchie légitime, il publia sa brochure : *De la Restauration et de la Monarchie élective;* puis il partit pour la Suisse avec Mme de Chateaubriand.

Le duc de Laval se trouvait à Paris au moment des trois journées; placé dans une position moins éclatante aux yeux du public que l'illustre écrivain dont il partageait les convictions, il fit son renoncement avec plus de modestie, et ne le fit pas moins complet : lui aussi il abandonna promptement Paris pour s'en aller aux Eaux d'Aix. De cette ville, il écrivait à Mme Récamier :

LE DUC DE LAVAL MONTMORENCY A Mme RÉCAMIER.

« Aix en Savoie, 5 septembre 1830.

« Me voici dans ce lieu que nous avons habité ensemble il y a vingt-un ans passés. Quels souvenirs et quel avenir! Quelle confusion d'idées et de sentiments! Il faut refouler dans son cœur tout ce que le passé, et le présent, et cet avenir redoutable, m'inspirent.

« Avec de la générosité dans l'âme, et peut-être de la justice, vous m'écririez quelquefois, vous sauriez vaincre cette répugnance à ouvrir votre pensée par lettres. Cette pensée, partout où elle se porte, est toujours si juste, si bien appliquée aux circonstances que vous traitez, aux personnes à qui vous vous adressez, que ce serait merveille que de recevoir de cette main une lettre tous les quinze jours. Le joug ne serait pas lourd, que de faire cet effort deux fois par mois. Pourquoi ne le feriez-vous pas?

« M. de Lamartine était parti d'ici trois jours avant mon arrivée ; c'est dommage. Nous nous connaissions par lettres ; il avait désiré servir avec moi, sous moi, celui [1] qui n'est plus à servir, mais qui sera toujours à respecter ; il avait parlé d'une certaine lettre [2] qu'il a lue ici avec une bienveillance, une exaltation de poëte ; il comptait en imiter la conduite et l'esprit. Il est allé en Bourgogne où les séductions viendront le chercher. Je ne connais pas la force de son bouclier.

« M. Frayssinous, l'homme de sa robe le plus modéré, le plus consciencieux, le plus appréciateur des temps et des nécessités, est ici. Nous sympathisons beaucoup. Ce n'est pas non plus de l'opposi-

---

1. Le roi Charles X.
2. Une lettre du duc de Laval qui abandonnait la carrière diplomatique pour refus de serment.

tion, c'est le respect de soi-même, c'est la reconnaissance, et avant tout l'effroi de l'ingratitude, qui ont porté ses pas jusqu'ici.

« Adieu ! Soyez heureuse, si vous le pouvez. Répondez-moi à Genève, où je serai de retour dans une douzaine de jours. Mes bons souvenirs à M. Ballanche et à ce qui est bienveillant pour moi autour de vous. »

Les lettres que M. de Chateaubriand, pendant son séjour en Suisse, écrivit à Mme Récamier, ont été imprimées dans le 10e vol. des *Mémoires d'Outre-Tombe*. « Je n'avais pas copie de ces lettres, dit l'illustre écrivain : Mme Récamier a eu la bonté de me les prêter. » Nous les avons collationnées sur les originaux, et, cette fois, nous les trouvons reproduites avec une fidélité scrupuleuse. Il n'y a donc pas lieu, comme pour les lettres de Rome, à une comparaison intéressante entre le premier jet et l'arrangement postérieur. C'est ce qui nous décide à les omettre ici, malgré l'intérêt qu'elles présentent. D'autres lettres de la même époque, et notamment celles de M. de Chateaubriand à M. Ballanche, pourront, jusqu'à un certain point, en tenir lieu.

M. BERTIN L'AÎNÉ A Mme RÉCAMIER.

« Aux Roches, 19 juin 1831.

« Madame,

« J'ai reçu hier votre lettre de samedi matin : mon fils viendra passer aujourd'hui quelques heures aux Roches, je lui remettrai l'article de Nodier, avec *injonction* de le donner à l'impression demain lundi ; il paraîtra mardi matin. Si j'avais été à Paris, vous l'auriez lu ce matin.

« Soyez bien convaincue, Madame, que je ne perdrai jamais un instant pour faire ce que vous désirez.

« Je n'ai encore reçu qu'une lettre de Genève[1] ; elle est, comme celles que vous avez reçues, fort triste, mais pas plus que les affaires publiques, qui me paraissent tout à fait désespérées.

« Dieu veuille que juillet et le retour des immortelles journées n'amènent point l'effroyable dénoûment que je redoute !

« J'irai mardi passer quelques heures à Paris. Je descendrai des Roches à l'Abbaye-au-Bois. Je reçois, Madame, avec bonheur, avec fierté, l'expression du sentiment que voulez bien me témoigner. J'en suis

---

1. De M. de Chateaubriand.

digne, s'il ne faut, pour le mériter, qu'un dévouement absolu.

« Je suis avec respect, Madame, votre très-humble et très-obéissant serviteur.

« BERTIN. »

M. DE CHATEAUBRIAND A M. BALLANCHE.

« Genève, 12 juillet 1831.

« L'ennui, mon cher et ancien ami, produit une fièvre intermittente; tantôt il engourdit mes doigts et mes idées, et tantôt il me fait écrire, écrire comme l'abbé Trublet. C'est ainsi que j'accable Mme Récamier de lettres et que je laisse la vôtre sans réponse. Voilà les élections, comme je l'avais toujours prévu et annoncé, *rentrues* et *rerentrues*. La France est à présent toute en bedaine, et la fière jeunesse est entrée dans cette rotondité. Grand bien lui fasse! Notre pauvre nation, mon cher ami, est et sera toujours au pouvoir : quiconque régnera l'aura; hier Charles X, aujourd'hui Philippe, demain Pierre, et toujours bien, *sempre bene*, et des serments tant qu'on voudra, et des commémorations à toujours pour toutes les glorieuses journées de tous les régimes, depuis les *sans-culottides* jusqu'aux 27, 28 et 29 juillet. Une chose seulement m'étonne, c'est le manque d'honneur du moment. Je n'aurais jamais imaginé que la jeune France pût vouloir la paix à tout prix et qu'elle ne jetât pas par la fenêtre les ministres qui lui mettent un commissaire anglais à Bruxelles et un caporal autrichien à Bologne. Mais il paraît que tous ces braves contempteurs des perruques, ces futurs grands hommes, n'avaient que de l'encre au lieu de sang sous les ongles. Laissons tout cela.

« L'amitié a ses cajoleries comme un sentiment plus tendre, et plus elle est vieille, plus elle est flatteuse ; précisément tout l'opposé de l'autre sentiment. Vous me dites des choses charmantes sur ma *gloire*. Vous savez que je voudrais bien y croire, mais qu'au fond je n'y crois pas, et c'est là mon mal : car, si une fois il pouvait m'entrer dans l'esprit que je suis un chef-d'œuvre de nature, je passerais mes vieux jours en contemplation de moi-même. Comme les ours qui vivent de leur graisse pendant l'hiver en se léchant les pattes, je vivrais de mon admiration pour moi pendant l'hiver de ma vie ; je me lécherais et j'aurais la plus belle toison du monde. Malheureusement je ne suis qu'un pauvre ours maigre, et je n'ai pas de quoi faire un petit repas dans toute ma peau.

« Je vous dirai, à mon tour de compliment, que votre livre m'est enfin parvenu, après avoir fait le voyage complet des petits cantons, dans la poche de votre courrier. J'aime prodigieusement vos siècles écoulés dans le temps qu'avait mis *la sonnerie de l'horloge à sonner l'air de l'Ave-Maria.* Toute votre exposition est magnifique, jamais vous n'avez dévoilé votre système avec plus de clarté et de grandeur. A mon sens votre *Vision d'Hébal* est ce que vous avez produit de plus élevé et de plus profond. Vous m'avez fait réellement comprendre que tout est contemporain pour celui qui comprend la notion de l'éternité; vous m'avez expliqué Dieu avant la création de l'homme, la création intellectuelle de celui-ci, puis son union à la matière par sa chute, quand il crut se faire un destin de sa volonté.

« Mon vieil ami, je vous envie; vous pouvez très-bien vous passer de ce monde dont je ne sais que faire. Contemporain du passé et de l'avenir, vous vous riez du présent qui m'assomme, moi chétif, moi qui rampe sous mes idées et sous mes années. Patience! je serai bientôt délivré des dernières; les premières me suivront-elles dans la tombe? Sans mentir, je serais fâché de ne plus garder une idée de vous. Mille amitiés.

« CHATEAUBRIAND. »

LE MÊME AU MÊME.

« 31 juillet 1831.

« Votre lettre, mon cher et vieil ami, est venue à la fois me tirer de mon inquiétude et m'y replonger.

Je ne cessais d'écrire lettre sur lettre à l'Abbaye-au-Bois, pour demander compte du silence. Cette fois, je n'écris pas directement à notre excellente amie; mais dites-lui, de ma part, que je compte aller la rejoindre à Paris du 15 au 20 de ce mois, pour m'entendre avec elle et vendre ma maison. Sa maladie me fera hâter mon voyage; je partirai d'ici aussitôt que me le permettra la santé de Mme de Chateaubriand, qui souffre aussi beaucoup en ce moment. J'aurai soin de vous en mander le jour et l'heure. Voilà bien des épreuves! Mais, si nous pouvons jamais nous rejoindre, elles seront finies et nous ne nous quitterons plus.

« Je vous embrasse. Mme Lenormant a dû être bien tourmentée. Au moins, si tous ces rhumatismes étaient tombés sur moi!

« Ne manquez pas de m'écrire. »

LE MÊME AU MÊME.

« 3 août 1831.

« Dieu vous bénisse pour votre bonne nouvelle, mon cher ami. Notre amie voulait m'écrire; je la supplie de n'en rien faire; je serai bientôt à Paris. Mais vous, écrivez-moi de temps à autre: je ne puis encore fixer le jour de mon départ, Mme de Chateaubriand étant malade; je vous l'écrirai. Me voilà heureux, et bien plus heureux que si c'était moi qui renaissais à la vie. Je vous embrasse tendrement et cordialement.

« CHATEAUBRIAND. »

« Mᵐᵉ Salvage est arrivée; je l'ai reçue le mieux que j'ai pu. »

M. de Chateaubriand revint à Paris le 11 octobre 1831, et publia à son retour de Suisse sa brochure en réponse à la proposition Baude et Briqueville, relative au bannissement de Charles X et de sa famille.

Le premier cabinet du roi Louis-Philippe n'avait pu que refléter fidèlement le pêle-mêle de la situation et le trouble des esprits. MM. de Broglie, Guizot et Périer, y siégeaient à côté de MM. Dupont de l'Eure et Laffitte; une semblable alliance ne devait pas durer longtemps, et bientôt une administration prise tout entière dans la nuance du mouvement remplaça le ministère qui avait dès le premier jour arboré le drapeau de la résistance à l'esprit révolutionnaire. M. Guizot, pendant ce premier et rapide passage au ministère, avait appelé M. Lenormant à le seconder dans la direction des beaux-arts. Lorsque M. Guizot et ses amis crurent devoir abandonner les affaires, M. Lenormant rentra, pour n'en plus sortir, dans la carrière scientifique et littéraire que Mme Récamier préférait infiniment lui voir suivre. Il fut nommé conservateur de la bibliothèque de l'Arsenal.

Nous devons rendre ici témoignage à la vérité : la tolérance dont M. de Chateaubriand fit preuve envers ses jeunes amis fut sans réserve. Jamais, malgré la divergence de leurs opinions et en présence même des événements qui excitèrent le plus la désapprobation et la violence de son langage imprimé, la bienveillance qu'il daignait montrer à M. et à Mme Lenormant et à M. Ampère ne fut, je ne dirai pas moindre, mais attiédie.

En se reportant par la pensée aux années qui suivirent immédiatement la révolution de Juillet, on peut se rappeler quelle était la vivacité des opinions, combien la société était divisée, quelles inimitiés et quelle aigreur y régnaient. On comprendra sans peine tout ce que l'âme équitable et bienveillante de Mme Récamier devait souffrir : malgré ses efforts pour concilier, elle ne réussissait qu'imparfaitement à modérer dans son salon les vivacités de l'esprit de parti. Tandis que M. de Chateaubriand et plusieurs autres de ses amis les plus intimes avaient rompu avec le régime issu de la révolution, d'autres personnes, chères aussi à Mme Récamier, avaient embrassé la cause du nouveau gouvernement. De ce nombre était la comtesse de Boigne, pour laquelle Mme Récamier avait une affection profonde, et dont l'amitié, mêlée aux souvenirs de tant d'années écoulées, de tant d'amis disparus, prenait chaque jour plus de force dans le cœur de l'une et de l'autre.

Mme de Boigne était intimement liée depuis l'enfance avec Mme la duchesse d'Orléans, devenue la reine Marie-Amélie. Au moment de l'émigration, le marquis et la marquise d'Osmond avaient trouvé à la cour de Naples l'accueil le plus bienveillant, et la reine Caroline, séduite par la grâce et la beauté enfantine de Mlle d'Osmond, avait assuré à sa famille, privée de ses biens et forcée de vivre hors de France, une pension destinée à l'éducation de la jeune personne, pension qui cessa lorsqu'elle atteignit ses dix-huit ans. Ce lien de reconnaissance explique du reste une intimité qu'auraient suffi à faire naître des rapports de goûts, et que justifiaient les rares et hautes vertus de la princesse, fille de la reine Caroline.

M. de Chateaubriand voyait aussi ses amis les Bertin et le *Journal des Débats* soutenir le nouveau trône. On comprend, en effet, que de bons esprits songeassent à défendre la cause de la France, et, dans le naufrage commun, se ralliassent pour sauver le pays de plus grands maux. Casimir Périer s'était noblement dévoué à cette tâche, et l'amitié très-vraie, l'estime profonde que Mme Récamier et M. Ballanche avaient vouées à Augustin Périer, frère aîné de cet homme d'État illustre, leur faisaient suivre avec

un intérêt plus particulier les efforts courageux de sa politique. Mais, comme l'a très-bien dit un homme [1] d'un esprit supérieur, ami comme nous de la Restauration, « M. Périer mort, on put apprécier ce que
« vaut un homme, même dans une société aussi profondément démocratique que la nôtre. Dès que cette
« forte main cessa de peser sur les ressorts de cette
« grande machine qu'on nomme l'administration, ils
« se détendirent d'eux-mêmes. Tout s'en fut à la
« dérive. Une insurrection légitimiste éclata dans la
« Vendée, une insurrection républicaine dans les
« rues de Paris. La révolte vaincue, le gouvernement crut se donner de la force en mettant Paris
« en état de siége, et MM. de Chateaubriand et
« Berryer en prison. Le gouvernement ne pouvait
« mieux afficher sa faiblesse. »

L'arrestation de M. de Chateaubriand causa un grand trouble à Mme Récamier; en recevant cette nouvelle, elle courut chez sa femme et la trouva dans un état d'exaspération et d'inquiétude inouï. Elle portait à M. de Chateaubriand une affection passionnée et n'avait jamais su dominer sa très-vive imagination : elle ne doutait pas que *Philippe ne voulût faire empoisonner son mari*. Elle aurait désiré qu'il ne prît d'aliments que ceux qu'elle lui aurait fait porter à la préfecture de police, où il était

---

[1] M. Foisset.

détenu. Le calme de M. de Chateaubriand finit par lui rendre sa raison, et la détention, d'ailleurs fort adoucie par les égards de la famille Gisquet, ne fut pas longue ; mais un semblable procédé à l'égard d'hommes tels que MM. de Chateaubriand, de Fitz-James, Hyde de Neuville et Berryer, était une faute et une maladresse.

M. de Chateaubriand avait été arrêté le 16 juin ; le lendemain 18 le *Journal des Débats* contenait l'article que voici :

« On annonce que MM. de Chateaubriand, Hyde de
« Neuville et de Fitz-James ont été arrêtés ce matin.
« Rien au monde ne saurait nous forcer à dissimuler
« notre surprise et notre douleur. L'amitié de M. de
« Chateaubriand a fait la gloire du *Journal des Dé-*
« *bats*. Cette amitié, nous la proclamerons aujour-
« d'hui plus haut que jamais. La France tout entière,
« nous n'en doutons pas, se joindra à nous pour ré-
« clamer la liberté de M. de Chateaubriand ; la
« France, qui depuis longtemps a placé M. de Cha-
« teaubriand au nombre de ses écrivains les plus
« illustres, la France, dont M. de Chateaubriand a
« défendu les droits avec une ardeur de génie et
« d'éloquence qu'on ne surpassera jamais. Quelles
« que soient les opinions de M. de Chateaubriand
« sur la forme actuelle du gouvernement, son amour
« pour la gloire et la liberté n'en est ni moins vif
« ni moins pur. M. de Chateaubriand est assez fort

« de son génie et de son éloquence ; il écrit, il ne
« s'abaisse pas à conspirer.

« Sans doute le gouvernement n'a pu se résoudre
« à ordonner l'arrestation de M. de Chateaubriand
« que sur des dépositions judiciaires aussi graves
« qu'infidèles ; mais nous sommes convaincus que,
« dès les premiers éclaircissements, il sera rendu à
« la liberté. Chaque jour de plus qu'il passerait en
« prison serait un nouveau jour de deuil pour nous,
« pour tous les bons citoyens, pour quiconque res-
« pecte la gloire, le génie des lettres et la liberté.

« Nous affirmons aussi sans crainte que M. Hyde
« de Neuville ne conspire pas. Dans sa prospérité,
« M. Hyde de Neuville, comme M. de Chateau-
« briand, a été notre ami. Nous ne l'abandonnerons
« pas dans son malheur. Est-il besoin de rappeler
« l'admirable loyauté de caractère de M. Hyde de
« Neuville ? Y a-t-il un homme qui se soit montré plus
« passionné pour la gloire et le bonheur de la France,
« pour toutes les idées nobles et généreuses ? M. Hyde
« de Neuville a fait partie de ce ministère, le dernier
« sous lequel la Restauration ait vu luire de beaux
« jours, et qui avait entrepris la patriotique et glo-
« rieuse tâche de réconcilier le trône avec la liberté.
« Il fut disgracié dès que la royauté voulut sérieu-
« sement renverser la Charte. Le despotisme n'aurait
« pas eu d'ennemi plus mortel. Quels que puissent
« être les regrets, les vœux même de M. Hyde

« de Neuville, certainement, il ne conspire pas.

« Nous n'avons pas l'honneur de connaître inti-
« mement M. le duc de Fitz-James, mais l'élévation
« de son caractère, que révèlent ses discours, nous
« persuade qu'il ne peut pas plus être coupable que
« ses deux compagnons de captivité.

« Le gouvernement a ordonné que ces illustres
« prisonniers fussent traités avec tous les ménage-
« ments convenables, et nous savons que M. de Cha-
« teaubriand, en particulier, a obtenu, sans les
« demander, les égards, les respects même, dus à
« un homme dont le nom est une des gloires natio-
« nales. Mais ce n'est pas assez : il faut que justice
« leur soit rendue, et que la France n'ait pas à gémir
« en pensant que le plus grand de ses écrivains, le plus
« illustre défenseur de ses libertés, l'homme qui a
« tant fait pour sa gloire et qui ne respire que pour
« elle, n'a plus dans sa patrie d'autre asile qu'une
« prison. »

M. Bertin se trouvait, par le fait de cette arrestation, dans une situation extrêmement délicate. Il
était loin, on vient de le voir, d'abandonner l'homme
éminent, objet de cette étrange persécution ; mais il
ne voulait pas davantage déserter le nouveau drapeau qu'il avait adopté, et le combat de ces deux
sentiments, également vifs dans son âme, le mettait
à la torture.

Il craignait de ne satisfaire qu'à demi son ancien

ami, et adressait, le 18 au matin, le billet suivant à Mme Récamier, sur la raison et l'équité de laquelle il comptait pour adoucir M. de Chateaubriand :

M. BERTIN L'AÎNÉ A Mme RÉCAMIER.

« 18 juin 1832.

« Madame,

« J'ai eu tout le temps de réfléchir pendant cette longue nuit au parti que j'ai pris ; je suis convaincu que j'ai agi selon le devoir et l'amitié. Mais cela ne me console pas ; et si M. de Chateaubriand ne partage pas ma conviction, je suis le plus malheureux des hommes.

« Je n'espère qu'en vous, en vous seule !

« Vive reconnaissance, respectueux dévoûment.

« BERTIN. »

« *P. S.* Je serai à dix heures à la préfecture. Mon fils n'a pas vu M. de Montalivet. La lettre n'est pas dans le *National.* »

La lettre dont il est fait ici mention était de M. de Chateaubriand. M. Bertin la trouvait trop vive ; il l'inséra dans les *Débats,* où on pourrait la voir, mais en y faisant quelques retranchements dont l'auteur ne se montra pas satisfait.

Cette terrible année 1832 devait être signalée par tous les fléaux. L'insurrection ensanglanta les rues de Paris après l'explosion du choléra et ses effrayants ravages. Le faubourg Saint-Germain, dans la rue de Sèvres en particulier, fut un des quartiers les plus ravagés par l'épidémie. Par un pressentiment que la mort n'a que trop justifié, Mme Récamier, dont l'âme était inébranlable devant le danger, que l'on a vue prodiguer sans effroi ses soins à des personnes atteintes de maladies contagieuses, avait une terreur invincible et presque superstitieuse du choléra. Elle quitta momentanément l'Abbaye-au-Bois à la reprise du fléau, et s'établit vers la fin de juillet chez Mme Salvage, rue de la Paix. Toute cette partie de la ville, par un caprice inexplicable de ce mystérieux fléau, avait été beaucoup plus épargnée que la rive gauche de la Seine.

Après des secousses et des calamités de tant d'espèces, l'âme et la santé également ébranlées, Mme Récamier se décida, au mois d'août et avant de rentrer à l'Abbaye-au-Bois, à faire un voyage en Suisse. Elle devait y retrouver M. de Chateaubriand, qui déjà parcourait les montagnes, et elle se rendit à Constance avec Mme Salvage.

Le château d'Arenenberg, que la duchesse de Saint-Leu avait acheté et arrangé, qu'elle habitait pendant la belle saison, et dont il a été plusieurs fois question dans les lettres que nous avons citées,

domine le lac de Constance. Il était impossible à
Mᵐᵉ Récamier de voyager en Suisse sans accorder
quelques jours à une personne aimable et bonne, à
laquelle on était d'autant plus tenu de témoigner des
égards que sa position était plus difficile, et dont on
pouvait sans arrière-pensée courtiser l'infortune, car
rien alors n'était plus improbable qu'un retour de
l'héritier de Napoléon à la suprême puissance.

La duchesse de Saint-Leu avait, l'année précédente, perdu son fils aîné, Napoléon : celui-là même qui, en 1824, avait épousé à Florence sa cousine, la princesse Charlotte, seconde fille du comte de Survilliers, Joseph Bonaparte. On se rappelle que, lors du mariage de sa sœur aînée en 1822, l'intervention de Mᵐᵉ Récamier avait été invoquée afin d'obtenir du gouvernement français, en faveur du jeune ménage, une prolongation de séjour à Bruxelles. M. de Montmorency avait mis une grande courtoisie à se prêter à ce désir. M. de Chateaubriand, à son tour, soit comme ministre, soit comme ambassadeur, eut plusieurs fois l'occasion de montrer sa bienveillance à la reine Hortense et à d'autres membres de la famille proscrite.

On sait que les deux fils de la duchesse de Saint-Leu prirent une part active au soulèvement qui troubla la Romagne en 1831, et c'est au moment où cette tentative d'insurrection était réprimée par les Autrichiens, que le prince Charles-Napoléon mourut à Forli, le 17 mars, d'une rougeole, dont son plus jeune frère Louis fut lui-même atteint. Pour soustraire ce fils aux dangers qui le menaçaient, la reine Hortense l'enleva malade de l'Italie, et, traversant la France, malgré l'interdiction faite aux Bonaparte d'en fouler le sol, vint à Paris, vit le roi Louis-Philippe et son ministre M. Périer. Elle trouva dans le roi d'abord, et dans son gouvernement, tous les égards dus au malheur et au dévouement d'une mère. Elle reçut même du roi toutes les offres personnelles de service, mais le ministre ne consentit pas à ce que le séjour de la duchesse et de son fils se prolongeât au delà d'une semaine. Mme Récamier ne vit pas la reine Hortense pendant son séjour à Paris en 1831 ; elle n'en fut même avertie que plus tard par Mme Salvage.

Quoi qu'il en soit, la situation de la duchesse de Saint-Leu s'était aggravée par l'immixtion de ses fils aux troubles des Légations, et la douloureuse circonstance de la mort du prince Charles, que Mme Récamier avait connu à Rome en 1824, jeune, généreux et enthousiaste, était un motif de plus pour la déterminer à donner quelques jours à l'exilée d'Arenenberg.

M. de Chateaubriand, qui rejoignit son amie à Constance, accepta avec elle un dîner chez la duchesse de Saint-Leu. Il a raconté cet incident de son voyage en Suisse dans ses *Mémoires d'Outre-Tombe*.

La reine Hortense mit une gracieuse coquetterie dans l'hospitalité d'un moment que le hasard lui faisait offrir au fidèle serviteur des Bourbons, à l'ancien ministre de Louis XVIII, à l'auteur de l'immortel pamphlet qui avait si puissamment aidé à la chute du premier empire. Elle lut à Mme Récamier et à M. de Chateaubriand quelques fragments de ses propres Mémoires. Son établissement à Arenenberg était élégant, large sans faste, et ses manières à elle, simples et caressantes. Elle affichait, trop peut-être pour qu'on y ajoutât une foi entière, le goût de la vie retirée, l'amour de la nature et l'aversion des grandeurs. Ce ne fut pas sans quelque surprise, après toutes ces protestations de renoncement aux illusions de la fortune, que les visiteurs s'aperçurent du soin que la duchesse de Saint-Leu et toutes les personnes de sa maison mettaient à traiter son fils, le prince Louis, en souverain ; il passait partout le premier.

Le prince, poli, distingué, taciturne, parut à Mme Récamier tout différent de son frère aîné. Il fit pour elle à la *sépia* une vue du lac de Constance dominé par le château d'Arenenberg. Le premier plan est occupé par un pâtre adossé à un arbre, qui garde son troupeau et joue de la flûte.

Ce dessin, gracieux souvenir du passage de Mme Récamier chez la reine Hortense, emprunte un intérêt historique aux circonstances de la destinée du prince Louis-Napoléon. La signature de l'auteur a été apposée, depuis dix ans, à toute autre chose qu'à des bergeries.

A la fin de 1833, la duchesse de Saint-Leu se décida à publier sous ce titre : *La reine Hortense en Italie, en France et en Angleterre pendant l'année 1831*, un fragment de ses Mémoires. Tandis qu'elle s'occupait à en revoir l'impression, elle écrivait à Mme Récamier :

LA REINE HORTENSE A Mme RÉCAMIER.

« Ce 27 octobre 1833.

« Je ne veux pas laisser partir notre amie commune[1] sans vous parler de mes sentiments pour vous et du plaisir que j'aurais à vous revoir ici. J'espère que ce sera chez moi que vous viendrez dorénavant. Mme Salvage vous dira que j'ai pris mon grand parti de faire publier mon triste voyage en France. Je l'ai écrit cet hiver pour moi seule. Depuis que je l'ai lu, on me force à le rendre public ; j'ai cédé, non sans peine, car je vous ai dit l'effet que je ressens lorsque je mets tout le monde dans la confidence de mes idées et de mes impressions. Il me semble que ce soit voler aux personnes que j'aime et que je distingue une confiance qui ne doit pas être jetée à chacun ; c'est m'ôter aussi le plaisir des *a-parte*.

1. Mme Salvage.

« J'éprouve d'avance un si grand embarras de cette publication, que je ressemble assez à une personne qui se déciderait à se montrer toute nue, sans se croire positivement bossue. Vous m'avouerez qu'il faut du courage, car la position est gênante. Enfin j'ai dit oui, et je dois supporter tous les inconvénients attachés au titre d'auteur. Je n'ai rien composé pourtant, et je me mets en danger d'être sifflée. Ce ne sera pas par vous, j'en suis bien sûre, et il m'est doux au contraire de penser que votre cœur comprendra le mien, et que vous porterez de l'intérêt à des douleurs que vous connaissez déjà.

« Grâce à vous, vos amis seront indulgents : voilà déjà bien de quoi me rassurer. Parlez-leur de moi, je vous prie, et recevez l'assurance de mes tendres sentiments.

« HORTENSE. »

M. Ballanche, resté à Paris avec M. et Mme Lenormant, était condamné à tous les ménagements d'une convalescence : car, sans avoir subi l'épidémie régnante, sa santé, toujours extrêmement frêle, avait été fort mauvaise toute cette année là.

Il adressait à la personne dont il lui était si pénible de ne point accompagner les pas des lettres fréquentes ; nous citerons celle qui suivit immédiatement le départ.

M. BALLANCHE A Mme RÉCAMIER.

« 18 août 1832.

« Onze heures sonnent, je n'ai point encore de vos nouvelles : demain les inquiétudes commenceraient. Mme Lenormant vous a écrit hier et vous a donné des nouvelles de toute sa famille. Quant à moi, le mieux continue ; je commence à marcher, mais je ne veux pas abuser de ces premiers essais de mes forces.

« J'ai vu hier au soir M. de Latouche, nous avons beaucoup parlé de vous, nous avons aussi parlé de M. de Chateaubriand. Il m'a dit combien il préférerait que, sûr de sa renommée, M. de Chateaubriand l'acceptât purement et simplement. Il pense que Paris est encore la meilleure des retraites ; que là il est mieux à sa place, beaucoup mieux, qu'il ne le serait partout ailleurs ; qu'on lui saurait gré d'y consacrer son temps à sculpter en silence le dernier monument qu'il prépare, etc., etc.

« Il désire, et en cela je le crois l'expression du grand nombre, il désire que lui et vous, on vous sache à Paris cet hiver : lui, faisant ses Mémoires, vous, conciliant tous les partis, poétisant tous les sentiments.

« Le poëme de Sigour[1] est dans la *Revue des*

---

1. Imitation en vers des *Poésies scandinaves*, par M. Ampère.

Deux Mondes; je suis bien curieux de savoir l'effet que produira cette lecture sur les personnes qui ne connaissent pas encore le poëme.

« Un article sur l'*Homme sans nom* vient de paraître dans la *Quotidienne*. Ce qu'on y dit de plus remarquable, c'est que je ne suis pas de nature à être compris par beaucoup de gens. On renvoie l'auteur d'*Antigone*, d'*Orphée*, de l'*Homme sans nom*, par-devant M. Cousin.

« Hier, j'ai passé la soirée chez M. et Mme Lenormant avec Ampère. Nous nous sommes entretenus de vous, de vos bonnes pensées de retour. Mais ne nous laissez pas sans nouvelles.

« Nous nous désolions d'être sans lettre, au moment où je reçois la vôtre. Mille et mille actions de grâces! Nous sommes d'autant plus reconnaissants que nous savons toute la peine que vous avez à écrire; c'est du dévouement. J'en prends bien ma bonne part, puisque c'est à moi que vous avez écrit le premier.

« Vous êtes mille fois trop bonne de vous occuper de ma réclusion. Ce n'est pas là le fâcheux de mon affaire : ce qui est triste, c'est la pensée de vous savoir si loin. Enfin toute cette complication d'exil finira, et nous nous retrouverons dans cette Abbaye qui est le centre du monde, comme on le disait, vous savez, du temple de Delphes. »

Après sa visite au lac de Constance, Mme Récamier se rendit avec M. de Chateaubriand à Genève. Elle fit un pieux et douloureux pèlerinage au château de Coppet et au tombeau de Mme de Staël, et revint à Paris au mois d'octobre. M. et Mme de Chateaubriand, encore incertains s'ils abandonneraient la France, ou reviendraient à leurs pénates de la rue d'Enfer, étaient restés à Genève.

Le cabinet qu'on a nommé le ministère du 11 octobre venait de se former ; après les hésitations et les dangers d'une direction qui, depuis la mort de Casimir Périer, inquiétait tous les bons esprits, il donnait enfin au gouvernement nouveau l'appui de talents éclatants, et, dans la personne de MM. de Broglie et Guizot, une garantie de durée au principe monarchique.

M. Guizot, en prenant le portefeuille de l'instruction publique, entreprit de réorganiser les établissements scientifiques placés sous sa direction, et notamment la bibliothèque royale. Tout en respectant le privilége que les traditions du passé et les décrets de la Convention avaient accordé aux grands établissements scientifiques, tels que le Muséum d'histoire naturelle, le Collége de France et la Bibliothèque, de se gouverner eux-mêmes, il introduisit dans leurs règlements d'utiles et nécessaires réformes. Ce fut à ce moment que M. Lenormant reçut le titre de conservateur adjoint au cabinet des médailles. Il alla donc, avec sa femme et sa jeune famille, prendre possession du logement auquel ce poste lui donnait droit dans les bâtiments de la Bibliothèque. C'était un avantage de position considérable, mais en même temps un sacrifice, profondément senti des deux côtés, que l'abandon de ces douces habitudes de tous les instants entre Mme Récamier et sa nièce, habitude que le mariage de celle-ci n'avait point interrompues. Mme Récamier fut pourtant la première à le conseiller; mais à partir de cette époque et comme compensation, chaque été réunit à la campagne, soit dans les environs de Paris, dans quelque habitation louée par Mme Récamier, soit en Normandie dans une modeste propriété de M. Lenormant, le cercle intime de l'Abbaye-au-Bois.

Si Mme Récamier mettait, dans ses moindres rapports avec les étrangers, dans ses relations les plus passagères, une grâce et une bonté sans égales, c'était surtout dans les habitudes de la vie intérieure et de famille que le charme de son caractère, l'enjouement de son esprit, l'égalité de son humeur et son désir constant de plaire lui assuraient un empire absolu. Avec un extrême abandon, elle avait horreur de la familiarité, et sa politesse ne l'abandonnait jamais, même avec ses domestiques; elle était à la fois très-discrète et parfaitement sincère, très-indulgente mais très-ferme; et lorsqu'un intérêt important, un sentiment de justice ou de devoir, la forçait à sortir de sa douceur accoutumée, personne ne savait donner une leçon d'une façon plus nette, plus directe et plus vive.

L'incertitude qui pesait sur la destinée de M. de Chateaubriand, ce qu'il y avait de précaire dans son avenir, la douleur si naturelle qu'il éprouvait à survivre à l'ordre de choses auxquelles il avait dévoué sa vie entière et son génie, oppressaient tristement Mᵐᵉ Récamier. En reportant sa pensée vers le saint ami de sa jeunesse, vers celui dont l'amitié et les conseils faisaient un si grand vide dans son âme, elle ne pouvait s'empêcher de trouver que la Providence, en rappelant M. de Montmorency avant la catastrophe de juillet, lui avait épargné une bien poignante déception. M. Ballanche, confident de ses inquiétudes, lui écrivait :

« Si M. de Chateaubriand pouvait prendre les
« choses générales en les dominant, je crois qu'il
« ferait beaucoup pour le bien de tous et pour son
« propre bien. Je persiste à croire qu'il faut se
« mettre au service des idées, et non au service des
« choses. Je trouve très-bien que M. de Chateau-
« briand abdique sa part dans l'action, mais je trouve
« qu'il a tort d'abdiquer sa part dans la spéculation. »

Mais M. de Chateaubriand était essentiellement un homme d'action, et un événement imprévu devait presque aussitôt l'y faire rentrer. Il était encore à Genève, lorsqu'il apprit l'arrestation de Mme la duchesse de Berry : cette nouvelle fit cesser ses irrésolutions ; il accourut à Paris, sollicita des ministres l'honneur d'être un des défenseurs de la princesse captive, et ne pouvant défendre une femme qu'on ne voulait pas juger, mais qu'on espérait déshonorer, il publia son *Mémoire sur la captivité de madame la duchesse de Berry*. Tout le monde se souvient de l'éloquente péroraison qui termine cet écrit : « Madame, votre fils est mon roi. »

Cette brochure valut à M. de Chateaubriand un procès de presse, mais le jury rendit un verdict d'acquittement. Après sa sortie de Blaye, Mme la duchesse de Berry écrivit à M. de Chateaubriand, et lui demanda d'aller à Prague en son nom, de voir ses enfants, et d'annoncer au roi Charles X son mariage avec le comte Lucchesi Palli. Il n'avait garde de refuser la mission que lui confiait une femme malheureuse, et il partit pour la Bohême le 14 mai. Il écrivait de la route :

M. DE CHATEAUBRIAND A Mme RÉCAMIER.

« 14 mai 1833.

« Écrivez toujours poste restante, et puis, si vous vous informez bien, vous trouverez quelques banquiers qui feront passer vos lettres par leurs correspondants.

« Dites à Mme de Boigne que je suis parti dans les idées *les plus pacifiques*, voulant empêcher toutes les petites intrigues, et arriver, s'il est possible, à des arrangements éventuels pour l'avenir, pourvu que le juste-milieu n'aille pas m'attaquer et se montrer ennemi personnel.

« Quand la nouvelle de mon départ éclatera, que les journaux disent tout net et sans commentaire que je suis en effet allé à Prague, chargé d'une mission de la part de Mme la duchesse de Berry : veillez bien à cela.

« Que je suis malheureux de vous quitter! mais je serai revenu vite, et je vous écrirai de la chute du Rhin. A vous pour la vie! à vous, à vous! »

LE MÊME.

« Bâle, 17 mai 1833.

« Me voilà à Bâle sans accident. Vous y étiez l'année dernière. Vous avez vu passer ce beau fleuve qui va vous porter en France, un moment, de mes nouvelles.

« Les voyages me rendent toujours force, sentiment et pensée; je suis fort en train d'écrire le nouveau prologue d'un livre. J'ai lu Pellico[1] tout entier en courant. J'en suis ravi; je voudrais rendre compte de cet ouvrage, dont la sainteté empêchera le succès auprès de nos révolutionnaires, libres à la façon de Fouché. N'êtes-vous pas enchantée de la *Zanze sotto i Piombi?* et le petit sourd-muet? et le vieux geôlier Schiller, et les conversations religieuses par la fenêtre, et notre pauvre Maroncelli? et cette pauvre jeune femme du *sopr'intendente*, qui meurt si doucement? et le retour dans la belle Italie?

« Pellico avait des visions; je crois que le diable lui a montré quelques pages de mes Mémoires. Au surplus, son génie est peu italien, et il parle une langue différente de celle des anciens classiques de l'Italie. J'ai de la peine à lui passer ses gallicismes, ses *chi che si fosse*, ses désagréables *parecchi*, etc. Mais, bon Dieu! que vous dis-je là et quel rapport cela a-t-il au but de mon voyage? C'est ce maudit Rhin, qui a vu César, et qui rit de me voir courir après des empires.

« Ne m'oubliez pas; n'oubliez pas de me rappeler à la mémoire de mes amis, et surtout de M. Ampère.

« J'écrirai de je ne sais où, car je ne sais plus par où je dois aller. A bientôt. »

---

1. *Le Mie Prigioni.*

LE MÊME.

« Schaffhouse, samedi 18.

« Je viens de voir la chute du Rhin à cause de vous. Je n'ai pu que la regarder un moment, penser à vous et partir. Je n'ai pas couché une seule nuit. J'arriverai à ma destination lundi 20. Je n'espérais pas arriver avant le 24 ; c'est quatre jours gagnés sur mon retour. Mme de Sainte-Aulaire[1] passe aujourd'hui ici ; nous n'allons pas au même roi. A bientôt. N'oubliez pas le souvenir aux amis de la petite chambre.

« Waldmünchen, 22 mai 1833.

« J'ai été arrêté ici faute de chevaux à cinquante lieues du but de mon voyage. J'ai perdu vingt-quatre heures ; elles m'ont été bien utiles pour prendre un peu de repos. j'étais accablé de fatigues et de veilles. Je ne puis vous écrire que quelques mots en courant. Ce qu'il y a de sûr, c'est que je ne veux plus quitter mes amis, et qu'en voilà assez et trop de voyages. Je ne songe qu'à vous revoir : je compte les heures. A bientôt, j'espère. Mais quand saurai-je de vos nouvelles ! que le temps est long !

« Parlez de moi à la petite société de l'Abbaye. »

1. M. le comte de Sainte-Aulaire était ambassadeur du roi Louis-Philippe à Vienne.

M. de Chateaubriand arriva à Prague le 24 mai, il y passa trois jours. Il faut relire dans ses *Mémoires* le récit de sa visite au vieux roi exilé, *aux enfants* dont il parle avec un respect attendri et une grâce toute particulière. Ce récit restera comme un des morceaux les plus achevés de ces *Mémoires*, si diversement et si injustement appréciés, et qui renferment pourtant des beautés du premier ordre. La postérité, plus équitable que les contemporains, rendra à cet ouvrage son véritable rang.

Au moment de partir pour Carlsbad où se trouvait Mme la Dauphine, M. de Chateaubriand écrit à Mme Récamier.

27 mai.

« C'est mercredi 29 que je pars pour Carlsbad.
« On me désire à Vienne; mais j'ai une telle envie
« de vous revoir avec la France, que je ne sais si je
« ferai cette course qui me retarderait de dix à
« onze jours. Dans tous les cas, j'espère ne pas pas-
« ser mon *mois*. Il ne faut plus vous quitter. »

Mme Récamier passa l'été de 1833 à Passy où M. de Chateaubriand trouva la société de l'Abbaye-au-Bois réunie; mais lui-même ne tarda pas à repartir, appelé cette fois en Italie par la royale cliente qui avait placé sa cause entre ses fidèles mains.

Nous allons le suivre dans cette nouvelle excursion, grâce aux lettres qu'il adressait de la route à Mme Récamier.

M. DE CHATEAUBRIAND A Mme RÉCAMIER.

« Paris, lundi soir 2 septembre 1833.

« Ne pouvant vous voir demain matin, je vous écris ce soir pour vous dire adieu. Je suis bien moins ferme que dans le dernier voyage, bien qu'allant sous un plus beau ciel. Je vous laisse souffrante, et je n'ai pas de courage contre cela. Mme de Chateaubriand aussi n'est pas bien; enfin je suis tout troublé. Je me rassure en pensant qu'avant un mois je serai revenu auprès de vous.

« Je vous écrirai, je vous rapporterai des notes. Mais c'est un grand malheur de vivre ainsi toujours dans l'avenir, quand il reste si peu de présent.

« Ce qui me désole encore plus, c'est que je serai bien longtemps sans recevoir de vos nouvelles. Risquez toujours quelques mots, poste restante, à Venise et à Milan. Si je n'y suis plus, je les ferai retirer.

« Aimez-moi un peu, pensez à moi. Vous savez que c'est toute ma vie et toute ma protection.

LE MÊME.

« Saint-Marc près Dijon, 4 septembre 1833.

« Le hameau où je suis arrêté pour dîner est solitaire et a une belle vue au soleil couchant, sur une campagne assez triste. C'est aujourd'hui, 4 septembre et non 4 octobre, que je suis né, il y a bien des années ! Je vous adresse le premier battement de mon cœur ; il n'y a aucun doute qu'il ne fût pour vous, quoique vous ne fussiez pas encore née.

« Je voudrais vous écrire longtemps ; mais le pavé, sur cette route, m'a ébranlé la tête, et je souffre. Soyez en paix, vous me reverrez bientôt et tout sera fini.

« Je jetterai ce billet à la poste en passant cette nuit à Dijon. Je serai après-demain matin, vendredi, à Lausanne, et dimanche à Milan.

LE MÊME.

« Domo d'Ossola, samedi soir 7 septembre.

« Je veux vous saluer en mettant le pied dans la belle Italie. Après-demain matin, je serai à Venise. J'ai eu un temps affreux et il pleut encore à verse. Je ne songe qu'à vous revoir. Pour des détails, n'en

espérez pas ; je tombe de sommeil et de lassitude.
A la rapidité de ma marche, vous voyez que je n'ai
pas couché. J'ai pourtant pris quelques notes, et j'ai
eu dans le Jura, et ensuite sur le Simplon, un coup
de vent que je ne donnerais pas pour cent écus. Je
vous écrirai de Venise, de cette Venise où je me
suis embarqué, il y a un siècle, pour Jérusalem.
Pensez à moi, et guérissez-vous[1], pour vous promener avec moi dans le bois de Boulogne. »

LE MÊME.

« Venise, 10 septembre 1833.

« Je voudrais bien que vous fussiez ici. Le soleil,
que je n'avais pas vu depuis Paris, vient de paraître.
Je suis logé à l'entrée du grand canal, ayant la mer
à l'horizon et sous ma fenêtre. Ma fatigue est extrême,
et pourtant je ne puis m'empêcher d'être sensible à
ce beau et triste spectacle d'une ville si charmante
et si désolée, et d'une mer presque sans vaisseaux.
Et puis, les vingt-six ans écoulés à compter du jour
où je quittai Venise, pour aller m'embarquer à Trieste
pour la Grèce et Jérusalem ! Si je ne vous rencontrais pas dans ce quart de siècle, que je dirais des
choses rudes au siècle ! Je n'ai rien trouvé pour me

---

1. Mme Récamier s'était fait une légère écorchure à la jambe ; cette blessure s'envenima et la fit souffrir plusieurs semaines.

diriger ici : *on* est bien bon, mais bien étourdi. Je vais être obligé d'attendre des réponses de Florence. C'est donc huit jours à courir Venise : je les mettrai à profit, et à la Saint-François je vous montrerai tout cela. A vous, avec toute la douceur de ce climat si différent de celui des Gaules!

« Je ne suis point encore sorti de mon auberge. On faisait des prières pour la cessation de la pluie ; elle a cessé à mon arrivée : c'est de bon augure. A bientôt. »

LE MÊME.

« Venise, 12 septembre 1832.

« J'ai fait hier une bien bonne journée, s'il y a de bonnes journées sans vous. J'ai visité le Palais Ducal, revu les palais du Grand Canal. Quels pauvres diables nous sommes, en fait d'art, auprès de tout cela! J'ai toutes sortes de projets dans la tête ; je prends des notes, et c'est à cause de ces notes que je ne vous mande aucun détail, ne voulant point me répéter.

« Le *Valery*[1] est un très-bon guide, mais quand on est sur les lieux, on voit qu'il ne vous a rien fait voir. Ma mémoire, au reste, avait été si fidèle, qu'après

1. *Voyage en Italie*, 5 vol. in-8º.

vingt-six ans. je ne me trompe pas d'un pas ou d'un jugement sur un monument. Je conçois que lord Byron ait voulu passer de longues années ici. Moi, j'y finirais volontiers ma vie, si vous vouliez y venir. Mᵐᵉ de Chateaubriand aime Venise.

« Je suis toujours attendant des nouvelles [1]. J'en ai d'indirectes qui me font espérer être arrivé à temps. Dans quelques jours mon sort sera éclairci, et je retournerai vers vous.

« Aujourd'hui, je vais continuer mes courses : il me tarde de voir l'*Assomption* du Titien. On marche ici sur ses chefs-d'œuvre ; sa lumière est si juste, que, quand on regarde un de ses tableaux et ensuite le ciel, on ne s'aperçoit pas d'avoir passé de l'image à l'objet même. J'ai vu les bibliothécaires Betti et Gamba. Je ne sais si le comte Cicognara est ici. La *Gazette de Venise* ayant annoncé mon arrivée, je m'attends à faire quelque connaissance nouvelle. Êtes-vous retournée à vos bois et êtes-vous sur vos *deux pieds?* Je suis mangé ici des mêmes bêtes qui n'ont fait que vous piquer; Hyacinthe est presque aveugle. A bientôt. Je mets à vos pieds la plus belle aurore du monde qui éclaire le papier sur lequel je vous écris.

« N'oubliez pas tous nos amis. »

1. De la princesse.

LE MÊME.

Venise, 15 septembre 1833.

« J'ai reçu hier votre lettre du 5. Je vous en rends un millions de grâces ; elle m'aurait encore fait plus de plaisir, si elle ne m'apprenait que vous souffrez. Je ne puis m'habituer à cette continuation de douleur pour un si petit accident. J'espère pourtant qu'à la date de ma lettre, vous êtes guérie, et peut-être retournée dans votre bois [1].

« Je vous ai écrit souvent, et même assez longuement ; je vous ai dit que les notes que je prenais m'empêchaient d'entrer dans les détails. Je cours partout ; je vais dans le monde : qu'en dites-vous ? Je passe des nuits dans des cercles de dames : qu'en dites-vous ? Je veux tout voir, tout savoir. On me traite à merveille ; on me dit que je suis *tout jeune*, et l'on s'ébahit de mes mensonges sur mes cheveux gris. Jugez si je suis tout fier et si je crois à ces compliments ! l'amour-propre est si bête ! Mon secret est que je n'ai pas voulu garder ici ma sauvagerie, quand j'ai appris celle de lord Byron. Je n'ai pas voulu passer pour être la copie de l'homme dont je suis l'original. Je me suis refait *ambassadeur*.

« J'ai pris Venise autrement que mes devanciers ;

[1]. Le bois de Boulogne.

j'ai cherché des choses que les voyageurs, qui se copient tous les uns les autres, ne cherchent point. Personne, par exemple, ne parle du cimetière de Venise; personne n'a remarqué les tombes des juifs au Lido ; personne n'est entré dans les habitudes des gondoliers, etc. Vous verrez tout cela.

« Je suis toujours sans nouvelles[1] ; j'en attends le 18 ou le 19. Arrive ce que pourra, j'ai fait mon devoir. La Saint-François me verra auprès de vous.

« Toujours des souvenirs autour de vous. Toujours à vous et à jamais. »

LE MÊME.

« Ferrare, mercredi 18 septembre 1833.

« J'ai fait une course pour rencontrer la pauvre voyageuse. Arrivé cette nuit, je retourne ce soir à Venise, d'où je partirai enfin pour vous revoir. Vous sentez que j'ai à peine le temps de vous écrire un mot, pour vous avertir de mes mouvements, et pour vous dire que partout je pense à vous. Je suis ici auprès des amours, de la folie et de la prison de votre poëte. Priez pour moi. Peut-être trouverai-je quelques lignes de vous à Venise avant de quitter cette ville, où je voudrais que l'on m'exilât avec vous.

---

1. De Mme la duchesse de Berry.

« Jeudi 19.

« Tout est changé. *On* veut absolument que j'aille jusqu'au terme du voyage où l'*on* n'ose arriver sans moi. Toutes mes résistances ont été inutiles; il a fallu me résigner. Je pars donc. Cela prolongera mon absence d'un mois. Je vais envoyer Hyacinthe à Paris, qui vous portera une longue lettre et des détails. Rien ne m'a plus coûté dans ma vie que ce dernier sacrifice, si ce n'est celui de ma démission de Rome. »

LE MÊME.

« Padoue, ce 20 septembre 1833.

« Je vous ai écrit hier de Ferrare le changement survenu dans ma marche. Je voulais envoyer Hyacinthe à Paris vous porter des détails, mais je serais resté tout seul, et j'ai besoin de lui pour mille choses. Vous n'aurez donc que cette lettre. *On* ne voulait pas faire le grand voyage sans moi, *on* n'osait pas se présenter seule; *on* m'a supplié d'achever mon œuvre de réconciliation. Tant de malheur, de courage et de grandeur déchue, se réfugiant dans ma chétive vie, ont vaincu ma résistance; après avoir montré tous les inconvénients pour moi et pour les autres de cette résolution, *on* s'est obstiné, et je n'ai plus eu qu'à obéir. J'ai mis dans mes conditions que je serais libre aussitôt que j'aurais touché le but, et que je pourrais à l'instant retourner à Paris, c'est-à-dire auprès de vous. Vous me reverrez le 15 d'octobre. C'est bien dommage ! J'espérais faire la Saint-François dans mon infirmerie avec mes vieux prêtres et recevoir de vous ma bonne fête. J'étais assez content de ma course italienne. A Venise, imaginez-vous que j'avais retrouvé *la Zanze* ! et que j'étais à la découverte du plus beau roman du monde ! L'histoire est venue l'étrangler ; enfin, vous en verrez le premier chapitre.

« Écrivez-moi, je vous en supplie, un mot poste restante *où*[1] vous m'écriviez au mois de mai. Je voudrais vous savoir guérie. Je n'ai pas besoin de vous recommander mes intérêts ou plutôt les *nôtres*, et de veiller aux interprétations, sans les prévenir.

« Toujours souvenirs à nos jeunes amis ; à vous des hommages qui sont un culte.

« Je pars ce soir de Padoue. Je devance mon illustre suppliante, avec une lettre pour le terrible tuteur. Je vous écrirai quelques lignes de la route. »

LE MÊME.

« Willach en Carinthie, 22 septembre.

« Me voilà au tiers de ma route. Je vous ai écrit de Ferrare et de Padoue. On a ignoblement empê-

---

1. A Prague.

ché ma malheureuse cliente de passer. Je vais embrasser son fils pour elle et porter une lettre de plainte. Le beau rôle me reste toujours ; j'en suis bien aise pour vous.

« J'aurais bien des choses curieuses à vous dire. A bientôt. »

« Prague, 26 septembre.

« J'arrive. Mme de Berry est restée en Italie *faute de passe-port*. Les affaires vont mal ici ; je vais voir si je ne les rétablirai pas. A bientôt. A vous, à vous. »

LE MÊME.

« Prague, 29 septembre 1833.

« Me voilà échappé aux honneurs, aux dévouements et à l'absence. Dès le 12 du mois prochain, je serai rendu à notre petite société, à nos habitudes, à nos travaux, et à vous que l'absence me rend toujours plus chère, et plus impatient de retrouver. J'ai été un moment au désespoir. Je ne voyais plus de terme au voyage ; il a fallu tout un roman pour amener un dénoûment si brusque. Attendez-vous à des merveilles. Ce soir même, je pars pour l'Abbaye-au-Bois. Comme je suis très-fatigué de la rapidité et de la longueur de mes courses, je serai obligé de m'arrêter à présent la nuit, ce qui me retiendra quelques jours de plus sur les chemins.

« J'espère vous trouver délivrée de vos maux. Si vous n'êtes pas tout à fait guérie, nous vous soignerons comme ce que nous avons de plus précieux au monde. A bientôt. N'oubliez pas nos jeunes amis. A vous. Vous le savez bien, tout à vous. »

LE MÊME.

« Paris, dimanche 6 octobre 1833.

« Si je pouvais faire un pas au delà de mes quinze cents lieues, je le ferais pour vous et j'irais à Passy, mais je suis au bout de mes forces. Le voyage a fixé mes incertitudes. Je ne puis rien pour ces gens-là. Prague proscrit Blaye, et moi, pauvre serviteur, je suis obligé d'employer ma petite autorité pour faire lever des ordres odieux. Les pauvres jeunes gens légitimistes, qui ont été pour complimenter Henri, ont été reçus comme des chiens. Enfin j'ai des milliers de choses étranges à vous dire. Demain, j'irai vous voir.

« Mme de Chateaubriand m'a dit que les journaux avaient parlé de *mes voitures* et de *ma suite* en traversant la Suisse, d'où ils concluaient *mes richesses*. Vous les connaissez : mon trésor, c'est vous, et ma suite votre souvenir.

« Quel misérable pays pourtant, que celui où un honnête homme ne peut être à l'abri, même de sa pauvreté! Ces messieurs supposent que je me vends comme eux.

« A demain ; vous revenez mardi, nous voilà encore réunis ! »

Ce second voyage de M. de Chateaubriand à Prague marque le terme de sa vie politique. Désormais rentré dans la carrière littéraire, spectateur quelquefois sévère, jamais indifférent, des destinées de son pays, il achèvera sa noble existence dans une retraite où le travail, l'amitié, les espérances religieuses de plus en plus puissantes sur son cœur, l'aideront à supporter la servitude de l'âge et des infirmités.

Neuf ans plus tard, en 1843, obéissant à la voix de son jeune *roi*, il quittera la France et ira saluer à Londres l'héritier de tant de siècles glorieux; mais alors le poids de l'âge se fera péniblement sentir, et dans la personne du plus illustre défenseur de sa maison, M. le comte de Chambord ne devra trouver d'intacts que le génie et le dévouement.

De 1834 jusqu'à sa mort, M. de Chateaubriand ne s'éloigna donc, pour ainsi dire, plus de Mme Récamier, ou du moins ses absences furent de très-courte durée. Le nombre des lettres qu'il lui adressa pendant ces quatorze années fut pourtant considérable; on y remarque une affection toujours croissante, un mouvement d'esprit plus libre, plus d'abandon que jamais, et dans les jugements qu'il porte sur les événements et sur les personnes, beaucoup moins d'amertume et de sévérité qu'il n'en a mis dans ses *Mémoires*. C'est qu'il se laissait aller à la pente naturelle de son caractère, dans lequel, à travers une disposition à l'ennui et une mélancolie qui lui revenait sans cesse, il y avait néanmoins un fonds de sérénité et de bonhomie.

L'admiration, l'adulation de ses contemporains, en faisant passer M. de Chateaubriand à l'état d'idole, et en le plaçant sur un piédestal, eurent pour lui le grand inconvénient de le faire souvent *poser*. Lorsque libre de tout regard étranger, entouré seulement des personnes pour lesquelles il avait de la bienveillance et dont l'affection lui était connue, il se livrait à sa vraie nature et devenait tout à fait lui-même, l'entrain de sa conversation, qui souvent touchait à l'éloquence, la gaieté de ses saillies, ses bons rires, donnaient à son commerce habituel un incomparable agrément.

Personne, si j'osais employer ce mot en parlant d'un homme dont le génie et le caractère inspiraient et méritaient tant de respect, personne n'était plus que M. de Chateaubriand, dans l'intimité, simple et bon enfant. Mais il suffisait de la présence d'un étranger, et quelquefois d'un mot seulement, pour lui faire reprendre son masque de grand homme et sa roideur.

Qu'on nous permette de retourner un peu en arrière, pour introduire dans la société de l'Abbaye-au-Bois un personnage nouveau qui dorénavant y tiendra une grande place.

C'est au printemps de 1832, au plus fort de l'invasion du choléra, que le duc de Noailles fut présenté à Mme Récamier. Elle l'avait rencontré à Rome chez le duc de Laval en 1825, mais ce rapport passager n'avait laissé qu'une trace fugitive ; cependant le passé et le présent de l'Abbaye-au-Bois comptaient tant de personnes unies au duc de Noailles, soit par le sang, soit par les liens de l'amitié, qu'on serait disposé à s'étonner que lui-même n'eût pas toujours appartenu à cette société.

« Quoi qu'il en soit, du moment où le duc de Noailles parut chez Mme Récamier, il fut aussitôt adopté par elle et par M. de Chateaubriand, et reçut, sans subir l'épreuve du temps, le droit de bourgeoisie dans ce cercle d'élite où la bienveillance était générale, mais dans l'intimité duquel un bien petit nombre a pénétré. M. de Chateaubriand prisait très-haut le jugement et le sens politique, la raison et la droiture de M. de Noailles, et Mme Récamier eut bien vite démêlé, sous l'enveloppe un peu froide dont il les recouvre, une constance, une délicatesse et une tendresse de cœur, fort en sympathie avec sa propre nature.

« Je l'ai déjà dit, malgré la différence des âges,

elle accorda au duc de Noailles le rang et le titre d'*ami*, chose sérieuse pour elle qui, plus qu'aucune personne au monde, pratiqua et inspira l'*amitié* dans la plus parfaite acception du mot.

Le duc de Noailles amena à l'Abbaye-au-Bois la duchesse sa femme, personne accomplie, dont l'esprit délicat, cultivé, doucement moqueur, dépourvu de toute prétention, s'intéresse à tout et garde, sous la teinte de gravité et comme de recueillement qu'une ineffaçable douleur maternelle a imprimée à sa vie, un charme singulier. Sa cousine, la vicomtesse de Noailles, dont la brillante conversation faisait voir tant d'esprit argent comptant; le beau-frère de celle-ci, l'aimable et excellent marquis de Vérac; le duc et la duchesse de Mouchy, venaient aussi avec assiduité à l'Abbaye-au-Bois. Que puis-je dire? grâce au soin que le duc de Noailles mit à entourer Mme Récamier de tous les siens, sa famille et lui prirent, dans sa société et dans son intimité, une position assez analogue à celle que les Montmorency y avaient si longtemps occupée.

M. de Chateaubriand, revenu à ses travaux littéraires, préparait son *Essai sur la littérature anglaise*, sa traduction de Milton, et son *Histoire du congrès de Vérone*. Pour se délasser un moment, il fit en 1834 une course de quelques jours à Fontainebleau; le sentiment des beautés de la nature restait chez lui vif et puissant, et, au bout de quelque temps de séjour à Paris, il éprouvait le besoin impérieux de se retremper par la vue de la mer ou en allant respirer le parfum des bois. Il écrit de Fontainebleau :

« Le château, ou les châteaux, c'est l'Italie dans
« un désert des Gaules. J'étais si en train et si triste
« que j'aurais pu faire une seconde partie à *René*;
« un vieux *René!* Il m'a fallu me battre avec la Muse
« pour écarter cette mauvaise pensée; encore, ne
« m'en suis-je tiré qu'avec cinq ou six pages de
« folies, comme on se fait saigner quand le sang
« porte au cœur ou à la tête. Les *Mémoires*, je n'ai
« pu les aborder; *Jacques*[1], je n'ai pu le lire : j'avais
« bien assez de mes rêves.

« A vous seule appartient de chasser toutes ces
« fées de la forêt, qui se sont jetées sur moi pour
« m'étrangler. »

L'année suivante 1835, ce fut Mme Récamier qui s'éloigna : elle alla pour quelques semaines à Dieppe, et s'y trouvait encore au moment de l'attentat de Fieschi. M. de Chateaubriand, après huit jours passés au bord de la mer avec son amie, revint précisément à Paris le jour de cette odieuse catastrophe; il en parlait en ces termes à Mme Récamier :

1. De George Sand.

M. DE CHATEAUBRIAND A Mme RÉCAMIER.

« Paris, 29 juillet 1835.

« Je ne devais vous écrire que demain, mais je veux vous dire aujourd'hui que, dans mon faubourg, je n'ai appris l'événement dont les journaux vous ont donné la nouvelle, que par un cocher de fiacre. Vous voyez que je suis chanceux : j'arrive en 1830 aux journées qui voient tomber la branche aînée; j'arrive en 1835 aux journées qui ont pensé voir disparaître la branche cadette. Le mal de cela, outre le crime, est de rendre incertaine à tous les yeux l'existence de la monarchie nouvelle, et de porter peut-être le gouvernement à des mesures contre la liberté ; et par ces mesures mêmes, il augmentera son péril. Après ce petit mot de nouvelles, je n'ai plus qu'à vous dire que je vous regrette, vous, la mer et votre solitude. »

Le surlendemain, il écrit de nouveau :

LE MÊME.

« 31 juillet.

« J'attends ce matin un petit mot de vous. Je n'ai pas beaucoup travaillé. Cette aventure sanglante m'a distrait. Le duc de Noailles ne viendra-t-il pas à ce nouveau procès?

« Si l'on propose quelque loi contre la liberté de la presse, je serai obligé d'écrire. Voilà ma grande peine.

« La chaleur est affreuse ici. et bien qu'il m'en coûte. je suis bien aise que vous receviez ces bonnes brises de mer qui vous font respirer ; et comme je vis de votre vie. il me semble qu'elles me font du bien à cinquante lieues de distance. »

LE MÊME.

« Paris, 2 août 1835.

« Vous me demandez des détails ; je n'en sais pas plus que les journaux. Je ne suis guère en train d'aller à Maintenon. mais j'irai, puisque vous y serez. Je suis bien triste ici ; j'erre sur mes boulevards solitaires. pour passer mes heures de l'Abbaye ; je rentre ; je soigne Mme de Chateaubriand qui est malade, et je me couche, et je ne dors point, et puis je fais du Milton.

« L'*hiérophante* [1] est venu hier au soir ; ne vous effrayez pas de sa tristesse. Il est fort animé de sa gloire. et se passe de vous à merveille, toute réserve faite à son attachement pour vous.

1. M. Ballanche.

« Je suppose que vous partirez jeudi ou vendredi prochain de Dieppe, si vous voulez être à Maintenon le 10. Mandez-moi bien votre marche.

« Enfin, il n'y aura de bonheur pour moi, que quand vous serez revenue, quoi que vous en pensiez dans vos jours d'ingratitude et de calomnie. Où pourrions-nous donc aller mourir en paix? Je ne m'intéresse plus à une société apathique et légère, qui s'en va au milieu des crimes, qu'elle prend pour de purs accidents. Elle se joue dans les abîmes qu'elle ouvre et où elle tombe; elle ne sera pas demain, ou sera tout autrement qu'elle est. »

Le *Milton* parut au printemps de 1836. Quoi qu'on puisse penser du système de traduction littérale adopté par M. de Chateaubriand dans ce travail, c'est une œuvre d'un grand caractère, la seule peut-être qui puisse donner dans notre langue une idée juste du grand poëte de la révolution anglaise.

L'*Essai sur la littérature anglaise* sert, comme on sait, d'introduction au *Milton*. Béranger reçut de l'auteur le présent de ces deux ouvrages; le célèbre chansonnier, en remerciant M. de Chateaubriand, lui écrivit une lettre que celui-ci apporta et donna à Mme Récamier.

Nous l'insérons ici; elle a le double mérite d'être inédite, et de faire apprécier dans sa vérité le rapport qui a existé entre deux hommes éminents par le talent; représentants de deux ordres d'idées ennemies, ils recevaient leurs inspirations de muses parfaitement dissemblables, et furent néanmoins rapprochés par la séduction mutuelle de l'esprit et par un sentiment commun d'indépendance. Je tiens à constater que le poëte populaire n'était pas en reste de flatteries.

BÉRANGER A M. DE CHATEAUBRIAND.

« Fontainebleau, 27 juin 1836.

« Quoi ! Monsieur, vous ne m'avez pas tout à fait oublié ! Quoi ! vous avez encore des éloges à donner au chantre des rues? Je ne puis vous dire combien je suis heureux de l'envoi que vous voulez bien me faire, et de la lettre qui l'accompagne. On a beau avoir rompu avec le monde, il a des voix puissantes qu'on entend toujours avec un nouveau charme.

« Comme vous le deviez bien croire, Monsieur, je ne m'en suis pas tenu à la lecture des seules pages que vous m'indiquiez. Quel admirable résumé de vastes et consciencieuses études que cet *Essai!* Ce n'est qu'avec vous que j'ai appris quelque chose. Dans ma jeunesse, le *Génie du Christianisme* me donna le sentiment des chefs-d'œuvre antiques; aujourd'hui, grâce à vous encore, je pénètre dans la littérature anglaise et je me réconcilie avec Milton.

Quand j'appris que vous vous occupiez de cette traduction, je prédis l'immortel honneur qui en rejaillirait sur le *Paradis perdu*, dont la France, peut-être jusqu'à ce jour, n'avait pu bien apprécier les beautés.

« Vous dites dans l'*Essai*, Monsieur, que nous nous enthousiasmons trop facilement pour les littérateurs étrangers, qui presque toujours paient nos éloges en injures. Les Anglais vous doivent une belle couronne, et ils devraient saisir l'occasion qui leur est offerte de réparer l'oubli affecté de cet ensorcelé de lord Byron. Que de grâces nouvelles ils ont à vous rendre ! mais je crains que leur égoïsme ne trouve plus fructueux d'imiter l'auteur de *Childe Harold*.

« La cause futile que vous croyez avoir découverte, de l'affectation de celui-ci à n'écrire votre grand nom dans aucun de ses ouvrages, m'a rappelé une circonstance particulière dont je ne vous ai jamais fait part.

« A l'apparition du *Génie du Christianisme*, la tête pleine de magnifiques projets, je pris la liberté de vous écrire une énorme, énormissime lettre, où je ne vous parlais de rien moins que d'un long plan de poëme épique, et d'un nombre infini de poésies pastorales faites ou à faire. Il y avait dans mes confidences des choses merveilleuses qui, selon moi, devaient vous ravir, à l'orthographe près peut-être, sur laquelle je n'étais pas encore très-fort. Rien qu'à lire ma lettre, vous auriez perdu le temps de faire un volume : vous préférâtes, je pense, l'intérêt du public, et ma lettre resta sans réponse, comme elle le méritait.

« Heureusement que, même dans ma jeunesse, je n'ai eu que de courtes illusions : moi qui ne suis né, ni irascible, ni pair d'Angleterre, je m'expliquai bientôt votre silence, et mon admiration pour vous alla son train comme devant. Seulement je me disais tout bas : il ne me dédaignera peut-être pas toujours ainsi. Et voilà que, quelques trente ans plus tard, vous faites tout ce que l'obligeance inspire pour assurer le renom du chansonnier. N'est-ce pas bien heureux, Monsieur, de n'avoir eu qu'une ambition, et qu'elle ne soit pas déçue?

« Vous parlez dans votre lettre d'aller chercher un autre soleil : je voudrais que ce fût celui de Fontainebleau, que je ne quitte plus. Il n'est pas bien chaud, mais il est assez pur; et puis ici vous auriez les souvenirs qui plaisent le plus à votre génie. Point de nouvelles de la cour, quand on vit comme moi, à moins de lire les journaux. En fait d'ombrages, vous devez être bien difficile; pourtant elle est bien belle et bien silencieuse, ma forêt! car elle est à moi; mais je vous en ferai bonne part, quand vous voudrez y fonder un ermitage.

« Si vous saviez comme ici l'on oublie Paris, sans cesser de penser à la France! Pour vous et pour moi, Monsieur, cette pensée est une des conditions de notre existence. Cette passion de la patrie ne vieillit pas plus en vous que le talent, et, dans votre nouvel ouvrage, combien de fois n'a-t-elle pas dirigé votre plume ! Soyez-en sûr, avec un pareil sentiment, vous finirez votre vie où vous avez appris à bégayer la langue que vous deviez tant illustrer un jour, et qui attend de vous encore un chef-d'œuvre.

« Adieu, Monsieur ; gardez quelque souvenir à un homme qui pense à vous chaque jour, et qui ne cessera jamais de vous souhaiter autant de bonheur que vous avez de gloire.

« Votre reconnaissant et dévoué serviteur,

« BÉRANGER. »

Après la publication de son *Milton*, M. de Chateaubriand était parti avec sa femme pour aller faire une visite à son fidèle ami M. Hyde de Neuville, au château de l'Étang, dans le département du Cher ; et Mme Récamier, de son côté, s'était établie à La Chapelle-Saint-Éloi, chez sa nièce, où M. de Chateaubriand formait le projet de la retrouver. Il lui écrivait de Sancerre le 2 août 1836 :

« Nous partons décidément samedi prochain ;
« nous serons à Paris le dimanche 7. Attendez à
« Saint-Éloi ; si j'ai l'espérance d'aller vous cher-
« cher, je vous le manderai ; car, pour votre santé,
« je crois que le séjour dans ces riantes vallées vous

« fera du bien. Si je ne puis obtenir ma liberté, vous
« reviendrez me rendre la vie. Je ne fais rien ici, je
« ne lis pas un journal, je ne me soucie de rien que
« de vous. Vous êtes désormais tout ce qui me reste
« d'avenir et de jours.

« Priez pour le pèlerin de Terre Sainte à votre
« petite chapelle. »

Quelques jours après il lui écrivait encore :

M. DE CHATEAUBRIAND A Mme RÉCAMIER.

« Paris, 8 août 1836.

« Tandis que vous vous fâchiez si mal à propos,
que vous vous plaigniez de n'avoir pas de longues
lettres pour avoir un prétexte de n'écrire que deux
mots, ou ne pas écrire du tout, moi je mourais d'ennui, de contrariétés de toutes les sortes, afin d'obtenir
la permission d'aller vous retrouver, pour que vous
ne reveniez pas trop vite à Paris, de peur que votre
santé ne souffrît de ce retour que vous ne désirez
pas. Je l'ai obtenu ce congé, à force de patience. Il
faut maintenant que je fasse raccommoder ma voiture qui est toute brisée; elle sera prête à la fin de
la semaine. Je pourrai partir dimanche ou lundi 15.

« Voulez-vous que j'aille directement à la Rivière-

Thibouville[1], en finissant par Dieppe; ou voulez-vous que je commence par Dieppe en finissant par Saint-Éloi? Vous avez le temps de me tracer mon voyage, en me répondant tout de suite.

« Voilà comme je réponds à vos fâcheries; et je vous jure que, pour personne au monde que vous, je ne courrais les grands chemins à présent. Je suis las de tout mouvement; je veux définitivement fixer et terminer ma vie, ne plus reparaître d'aucune façon sur la scène du monde, pas même en explorateur des grandes chutes.

« Hyacinthe est revenu de Genève; il m'a rapporté mes papiers, et quoique je n'aie pas le cœur aux *Mémoires*, quand j'aurai fini ce qui vous regarde, je ferai une ou deux pages par jour tant que je vivrai, pour remplir ces tristes conditions de mon marché, et pour atteindre les deux heures où je vous vois, qui sont toute ma vie.

« Voyez comme tout passe. Qui pense aujourd'hui à ce pauvre Carrel? Et il y a à peine quinze à seize jours qu'il était tout vivant au milieu de nous! Cet homme-là valait pourtant mille fois mieux que les trois quarts des hommes qui lui survivent.

« Je ne sais si je verrai vos amis, et s'ils sont à Paris; hors M. Ampère, je ne me soucie de voir personne. Si vous avez des commissions, donnez-les-

---

1. Relais de poste le plus voisin de la propriété de M. Lenormant.

moi. Adieu, la plus ingrate et la plus gâtée des femmes.

« J'aurai pourtant du bonheur à voir cette chapelle et à y prier pour vous.

« Hommages toujours à votre nièce, et souvenir à M. Lenormant. »

M. de Chateaubriand vint passer quelques jours auprès de Mme Récamier, chez sa nièce, puis toute la colonie de l'Abbaye se transporta au château de Maintenon.

Charmé de l'aspect de ces beaux lieux tout pleins encore des souvenirs de Louis XIV, et non moins touché de la noble et gracieuse réception de ses hôtes, M. de Chateaubriand avait dit qu'il consacrerait quelques pages à ce séjour. Mais il lui était impossible de se plaire longtemps hors de ses habitudes casanières ; il partit le premier, et, revenu à Paris sans y retrouver le bon génie qui charmait et remplissait ses journées, il écrit :

LE MÊME.

« Paris, 15 octobre 1836.

« Me voilà loin de vous, et vous serez longtemps sans me revenir. Oh ! ne tardez pas trop, je vous prie ; c'est votre faute de m'avoir habitué à ne pouvoir me passer de vous. Le beau temps est revenu ; je regrette de n'avoir pas fait la course de Malesherbes [1]. Savez-vous pourquoi ? c'est qu'en courant les chemins, je me serais moins aperçu du vide que me fait votre absence : vous avez l'esprit si mal fait, que vous prendrez peut-être ceci de travers.

« J'ai été charmé de vos hôtes, je vous prie de leur dire tous mes regrets ; Mme de Noailles m'a permis de revenir, et m'a promis de ne rien changer du tout à ma chambre. J'ai pris mes *vues* du château ; M. de Noailles en sera content, du moins je ferai de mon mieux.

« Mille choses à mon vieil et à nos jeunes amis. A jeudi donc ! Revenez ; j'écrirai demain à Montigny, mais il faudra que j'envoie chercher l'adresse : je ne la sais pas.

17 octobre 1836.

« Je suis bien malheureux ici sans vous ; je ne sais que faire. Hier, j'ai passé la journée assis sur des pierres, sur la place Louis XV, à regarder l'obélisque, ou plutôt à ne rien regarder.

« Mais enfin vous revenez ici jeudi ; je regrette toujours de n'être pas allé à Malesherbes. Je ne sais plus ce que je fais, car je n'ai rien à faire ; il est bien temps que nous partions pour l'Italie.

« *La Revue de Paris* contient ce matin un article

---

1. Terre de son neveu, le comte Louis de Chateaubriand, dans le département du Loiret.

de Nisard fort rude; voilà Sainte-Beuve à l'aise : il ne sera pas arrêté, s'il le veut, par les louanges de Nisard.

« Revenez, revenez. »

M. de Chateaubriand tint la promesse qu'il avait faite à la duchesse de Noailles, et qu'il rappelle dans sa lettre à Mme Récamier, quand il dit qu'il a pris *ses vues* du château. Il data de Maintenon un chapitre qu'il destinait à ses Mémoires. Ce chapitre cependant n'y fut pas inséré; le manuscrit en fut donné par l'auteur à Mme Récamier. Nous l'insérons ici à la date de l'année où il fut écrit.

FRAGMENT DATÉ DU MOIS DE SEPTEMBRE 1836.

INCIDENCES. — JARDINS.

« Je reprends la plume au château de Maintenon dont je parcours les jardins à la lumière de l'automne: *peregrinæ gentis amœnum hospitium*.

« En passant devant les côtes de la Grèce, je me demandais autrefois ce qu'étaient devenus les quatre arpents du jardin d'Alcinoüs, ombragés de grenadiers, de pommiers, de figuiers et ornés de deux fontaines? Le potager du bonhomme Laërte à Ithaque n'avait plus ses vingt-deux poiriers, lorsque je naviguai devant cette île, et l'on ne me sut dire si

Zante était toujours la patrie de la fleur d'hyacinthe. L'enclos d'Académus, à Athènes, m'offrit quelques souches d'oliviers, comme le jardin des douleurs à Jérusalem. Je n'ai point erré dans les jardins de Babylone, mais Plutarque nous apprend qu'ils existaient encore du temps d'Alexandre. Carthage m'a présenté l'aspect d'un parc semé des vestiges des palais de Didon. A Grenade, au travers des portiques de l'Alhambra, mes regards ne se pouvaient détacher des bocages où la romance espagnole a placé les amours des Zégris. Du haut de la tour de David à Jérusalem, le roi prophète aperçut Bethsabée se baignant dans les jardins d'Urie; moi, je n'y ai vu passer qu'une fille d'Ève : pauvre Abigaïl, qui ne m'inspirera jamais les magnifiques psaumes de la pénitence.

« Pendant le conclave de 1828, je me promenais dans les jardins du Vatican. Un aigle, déplumé et prisonnier dans une loge, offrait l'emblème de Rome païenne abattue; un lapin étique était livré en proie à l'oiseau du Capitole, qui avait dévoré le monde. Des moines m'ont montré à Tusculum et à Tibur les vergers en friche de Cicéron et d'Horace. Je suis allé à la chasse aux canards sauvages dans le Laurentinum de Pline; les vagues y venaient mourir au pied du mur de la salle à manger, où, par trois fenêtres on découvrait comme trois mers, *quasi tria maria.*

« A Rome même, couché parmi les anémones sauvages de *Bel Respiro*, entre les pins qui formaient une voûte sur ma tête, se déroulait au loin la chaîne de la Sabine ; Albe enchantait mes yeux de sa montagne d'azur, dont les hautes dentelures étaient frangées de l'or des derniers rayons du soleil : spectacle plus admirable encore, lorsque je venais à songer que Virgile l'avait contemplé comme moi, et que je le revoyais, du milieu des débris de la cité des Césars, par-dessus le pampre du tombeau des Scipions.

« Beau parc et beaux jardins, qui dans votre clôture
Avez toujours des fleurs et des ombrages verts,
Non sans quelque démon qui défend aux hivers
D'en effacer jamais l'agréable peinture.

CHATEAU ET PARC DE MAINTENON. — LES AQUEDUCS. — RACINE. — Mme DE MAINTENON. — LOUIS XIV. — CHARLES X.

« Si de ces Hespérides de la poésie et de l'histoire je descends aux jardins de nos jours, quelle multitude en ai-je vue naître et mourir? Sans parler des bois de Sceaux, de Marly, de Choisy, rasés au niveau des blés, sans parler des bosquets de Versailles que l'on prétend rendre à leurs fêtes! J'ai aussi planté des jardins ; ma petite rigole, passage des pluies d'hiver, était à mes yeux les étangs du *Prædium rusticum*.

« Vu du côté du parc, le château de Maintenon,

entouré de fossés remplis des eaux de l'Eure, présente à gauche une tour carrée de pierres bleuâtres, à droite une tour ronde de briques rouges. La tour carrée se réunit, par un corps de logis, à la voûte surbaissée qui donne entrée de la cour extérieure dans la cour intérieure du château. Sur cette voûte, s'élève un amas de tourillons ; de ceux-ci part un bâtiment qui va se rattacher transversalement à un autre corps de logis venant de la tour ronde. Ces trois lignes d'architecture renferment un espace clos de trois côtés et ouvert seulement sur le parc.

« Les sept ou huit tours, de différentes grosseur, hauteur et forme, sont coiffées de bonnets de prêtre, qui se mêlent à la flèche d'une église placée en dehors, du côté du village.

« La façade du château du côté du village est du temps de la Renaissance. Les fantaisies de cette architecture donnent au château de Maintenon un caractère particulier. On dirait d'une petite ville d'autrefois, ou d'une abbaye fortifiée, avec ses flèches, ses clochers, groupés à l'aventure.

« Pour achever le pêle-mêle des époques, on aperçoit un grand aqueduc, ouvrage de Louis XIV; on le croirait un travail des Césars. On descend du salon du château dans le jardin par un pont nouvellement établi qui tient de l'architecture du *Rialto*. Ainsi l'ancienne Rome, le *cinque cento* de l'Italie se trouvent associés au XVIe siècle de la France. Les souvenirs de

Bianca Capello et de Médicis, de la duchesse d'Etampes et de François Iᵉʳ s'élèvent à travers les souvenirs de Louis XIV et de Mᵐᵉ de Maintenon ; tout cela dominé et complété par la catastrophe récente de Charles X.

« Ce château a été rebâti par Jean Cottereau, argentier de Louis XII. Marot, dans son *Cimetière*, prétend que Cottereau avait été trop honnête homme pour un financier. Une des filles de Cottereau porta la terre de Maintenon dans la maison d'Angennes. En 1675, cette terre fut achetée par Françoise d'Aubigné, qui devint Mᵐᵉ de Maintenon. Maintenon est tombé, en 1698, dans la famille de Noailles, par le mariage d'une nièce de la femme de Louis XIV avec Adrien Maurice, duc de Noailles.

« Le parc a quelque chose du sérieux et du calme du grand roi. Vers le milieu, le premier rang des arcades de l'aqueduc traverse le lit de l'Eure et réunit les deux collines opposées de la vallée, de sorte qu'à Maintenon une branche de l'Eure eût coulé dans les airs au-dessus de l'Eure. *Dans les airs* est le mot : car les premières arcades, telles qu'elles existent, ont quatre-vingt-quatre pieds de hauteur, et elles devaient être surmontées de deux autres rangs d'arcades.

« Les aqueducs romains ne sont rien auprès des aqueducs de Maintenon ; ils défileraient tous sous un de ces portiques. Je ne connais que l'aqueduc de

Ségovie, en Espagne, qui rappelle la masse et la solidité de celui-ci; mais il est plus court et plus bas. Si l'on se figure une trentaine d'arcs de triomphe enchaînés latéralement les uns aux autres, et à peu près semblables par la hauteur et par l'ouverture à l'arc de triomphe de l'Étoile, on aura une idée de l'aqueduc de Maintenon; mais encore faudra-t-il se souvenir qu'on ne voit là qu'un tiers de la perpendiculaire et de la découpure que devait former la triple galerie, destinée au chemin des eaux.

« Les fragments tombés de cet aqueduc sont des blocs compacts de rochers; ils sont couverts d'arbres autour desquels des corneilles de la grosseur d'une colombe voltigent : elles passent et repassent sous les cintres de l'aqueduc, comme de petites fées noires, exécutant des danses fatidiques sous des guirlandes.

« A l'aspect de ce monument, on est frappé du caractère imposant qu'imprimait Louis XIV à ses ouvrages. Il est à jamais regrettable que ce conduit gigantesque n'ait pas été achevé : l'eau transportée à Versailles en eût alimenté les fontaines et eût créé une autre merveille, en rendant leurs eaux jaillissantes perpétuelles; de là on aurait pu l'amener dans les faubourgs de Paris. Il est fâcheux, sans doute, que le camp formé pour les travaux à Maintenon en 1686 ait vu périr un grand nombre de soldats; il est fâcheux que beaucoup de millions aient été dépensés pour une entreprise inachevée. Mais certes, il est encore plus fâcheux que Louis XIV, pressé par la nécessité, étonné par ces cris d'économie avec lesquels on renverse les plus hauts desseins, ait manqué de patience : le plus grand monument de la terre appartiendrait aujourd'hui à la France.

« Quoi qu'on en dise, la renommée d'un peuple accroît la puissance de ce peuple, et n'est pas une chose vaine. Quant aux millions, leur valeur fût restée représentée à gros intérêts dans un édifice aussi utile qu'admirable ; quant aux soldats, ils seraient tombés comme tombaient les légions romaines en bâtissant leurs fameuses *voies*, autre espèce de champ de bataille, non moins glorieux pour la patrie.

C'est dans cette allée de vieux tilleuls, où je me promenais tout à l'heure, que Racine, après le triomphe de la *Phèdre* de Pradon, soupira ses derniers cantiques.

> « Pour trouver un bien facile
> Qui nous vient d'être arraché,
> Par quel chemin difficile
> Hélas! nous avons marché !
> Dans une route insensée,
> Notre âme en vain s'est lassée,
> Sans se reposer jamais,
> Fermant l'œil à la lumière
> Qui nous montrait la carrière
> De la bienheureuse paix !

« Mme de Maintenon, parvenue au faîte des grandeurs, écrivait à son frère : « Je n'en puis plus, je

« voudrais être morte. » Elle écrivait à Mᵐᵉ de La Maisonfort : « Ne voyez-vous pas que je meurs de « tristesse... j'ai été jeune et jolie ; j'ai goûté des « plaisirs... et je vous proteste que tous les états « laissent un vide affreux. » Mᵐᵉ de Maintenon s'écriait : « Quel supplice d'avoir à amuser un homme « qui n'est plus amusable ! » On a fait un crime à la fille d'un simple gentilhomme, à la veuve de Scarron, de parler ainsi de Louis XIV, qui l'avait élevée jusqu'à son lit ; moi, j'y trouve l'accent d'une nature supérieure, au-dessus de la haute fortune à laquelle elle était parvenue. J'aurais seulement préféré que Mᵐᵉ de Maintenon n'eût pas quitté Louis XIV mourant, surtout après avoir entendu ces tendres et graves paroles : « Je ne regrette que vous ; je ne vous ai pas « rendue heureuse, mais tous les sentiments d'estime « et d'amitié que vous méritez, je les ai toujours eus « pour vous ; l'unique chose qui me fâche, c'est de « vous quitter[1]. »

« Les dernières années de ce monarque furent une expiation offerte aux premières. Dépouillé de sa prospérité et de sa famille, c'est de cette fenêtre qu'il promenait ses yeux sur ce jardin. Il les fixait sans doute sur ce conducteur des eaux déjà aban-

---

1. Le reproche que M. de Chateaubriand, après tant d'autres, adresse ici à Mᵐᵉ de Maintenon, a cessé de peser sur la mémoire de cette femme illustre, depuis qu'on a publié la *Relation de la dernière maladie de Louis XIV* par le marquis de Dangeau.

donné depuis vingt ans; grandes ruines, images des ruines du grand roi, elles semblaient lui prédire le tarissement de sa race et attendre son arrière-petit-fils. Le temps où Le Nôtre dessinait pour M*** de La Vallière les jardins de Versailles n'était plus; ils étaient aussi passés, plus d'un siècle auparavant, les jours d'Olivier de Serres, lequel disait à Henri IV, projetant des jardins pour Gabrielle : « On « peut cultiver les cannes du sucre, afin qu'accou- « plées avec l'oranger et ses compagnons, le jardin « soit parfaitement anobli et rendu du tout magni- « fique. »

« Dans l'absorption de ces rêves qui donnent quelquefois la seconde vue, Louis XIV aurait pu découvrir son successeur immédiat hâtant la chute des portiques de la vallée de l'Eure, pour y prendre les matériaux des mesquins pavillons de ses ignobles maîtresses. Après Louis XV, il aurait pu voir encore une autre ombre s'agenouiller, incliner sa tête et la poser en silence sur le fronton de l'aqueduc, comme sur un échafaud élevé dans le ciel. Enfin, qui sait si, par ces pressentiments attachés aux races royales, Louis XIV n'aurait pas une nuit, dans ce château de Maintenon, entendu frapper à sa porte : « Qui va là? — Charles X, votre petit-fils. »

Louis XIV ne se réveilla pas pour voir le cadavre de M*** de Maintenon traîné la corde au cou autour de Saint-Cyr.

MANUSCRIT. — PASSAGE DE CHARLES X A MAINTENON.

« Maintenon, septembre 1836.

« Mon hôte m'a raconté la demi-nuit que Charles X. banni, passa au château de Maintenon. La monarchie des Capets finissait par une scène de château du moyen âge; les rois du passé avaient remonté dans leurs siècles pour mourir. *Les dieux*, comme au temps de César, *nous promettent une grande mutation et grand changement de l'état des choses qui sont à présent, en un autre tout contraire.* (PLUTARQUE.)

« Le manuscrit d'une des nièces de M. le duc de Noailles, et qu'il a bien voulu me communiquer, retrace les faits dont cette jeune femme avait été le témoin. Il m'a permis d'en extraire ces passages :

« Mon oncle, prévoyant que le roi allait venir (à
« Maintenon) lui demander asile, donna des ordres
« pour qu'on préparât le château. . . . . Nous
« nous levâmes pour recevoir le roi, et, en attendant
« son arrivée, j'allai me placer à une fenêtre de la
« tourelle qui précède le billard, pour observer ce
« qui se passait dans la cour. La nuit était calme
« et pure, la lune à demi voilée éclairait d'une lueur
« pâle et triste tous les objets, et le silence n'était
« encore troublé que par le pas des chevaux de deux

« régiments de cavalerie qui défilaient sur le pont ;
« après eux défila sur le même pont l'artillerie de la
« garde, mèche allumée. Le bruit sourd des pièces
« de canon, l'aspect des noirs caissons, la vue des
« torches au milieu des ombres de la nuit, serraient
« horriblement le cœur et présentaient l'image, hé-
« las! trop vraie, du convoi de la monarchie.

« Bientôt les chevaux et les premières voitures arri-
« vèrent, ensuite M. le Dauphin et Mme la Dauphine,
« Mme la duchesse de Berry, M. le duc de Bordeaux
« et Mademoiselle, enfin le roi et toute sa suite. En
« descendant de voiture, le roi paraissait extrême-
« ment accablé; sa tête était tombée sur sa poitrine,
« ses traits étaient tirés, et son visage était décom-
« posé par la douleur. Cette marche presque sépul-
« crale de quatre heures, au petit pas et au milieu
« des ténèbres, avait contribué aussi à appesantir
« ses esprits, et dans ce moment d'ailleurs la cou-
« ronne ne pesait-elle pas assez sur son front? Il eut
« quelque peine à monter l'escalier. Mon oncle le
« conduisit dans son appartement qui était celui de
« Mme de Maintenon ; il y resta quelques moments
« seul avec sa famille, puis chacun des princes se
« retira dans le sien. Mon oncle et ma tante entrèrent
« alors chez le roi. Il leur parla avec sa bonté ordi-
« naire, leur dit combien il était malheureux de
« n'avoir pu faire le bonheur de la France, que
« c'avait toujours été son vœu le plus cher: « Tout

« mon désespoir, ajouta-t-il, est de voir dans quel
« état je la laisse ; que va-t-il arriver? le duc d'Or-
« léans lui-même n'est pas sûr d'avoir dans quinze
« jours sa tête sur ses épaules. Tout Paris est là sur
« la route marchant contre moi : les commissaires
« me l'ont assuré. Je ne m'en suis pas entièrement
« fié à leur rapport ; j'ai appelé Maison quand ils ont
« été sortis, et je lui ai dit : — je vous demande sur
« l'honneur de me dire, foi de soldat, si ce qu'ils
« m'ont dit est vrai? — Il m'a répondu : ils ne vous
« ont dit que la moitié de la vérité. »

« Après la retraite du roi, chacun rentra successi-
« vement dans sa chambre. Je ne voulus pas me cou-
« cher, et je me mis de nouveau à la fenêtre à con-
« templer le spectacle que j'avais sous les yeux. Un
« garde à pied était en faction à la petite porte du
« grand escalier, un garde du corps était placé sur le
« balcon extérieur qui communique de la tour carrée
« à l'appartement où couchait le roi. Aux premiers
« rayons de l'aurore, cette figure guerrière se des-
« sinait d'une manière pittoresque sur ces murs
« brunis par le temps, et ses pas retentissaient sur
« ces pierres antiques, comme autrefois peut-être
« ceux des preux bardés de fer qui les avaient
« foulées.. . . . .

« A sept heures et demie, j'allai faire ma toilette
« chez ma tante, et à neuf heures je descendis avec
« Mme de Rivera chez M. le duc de Bordeaux où Ma-

« demoiselle vint peu après. M. le duc de Bordeaux
« s'amusait, avec les enfants de ma tante, à jeter du
« pain aux poissons, et se roulait avec eux sur des
« matelas étendus dans la chambre. Rien ne déchirait
« le cœur comme la vue de ces enfants, riant ainsi aux
« malheurs qui les frappaient. A dix heures, le roi se
« rendit à la messe dans la chapelle du château. Ce
« fut dans cette petite chapelle que l'infortuné mo-
« narque fit son sacrifice à Dieu, et déposa à ses pieds
« cette couronne brillante qui lui était si douloureuse-
« ment arrachée, avec cette admirable, mais inutile
« vertu de résignation, héroïsme héréditaire dans sa
« malheureuse famille.

« En effet, ce fut à Maintenon que Charles X cessa
« véritablement de régner; ce fut là qu'il licencia la
« garde royale et les cent Suisses, ne gardant pour
« son escorte que les gardes du corps. De ce mo-
« ment il ne donna plus d'ordre et se constitua en
« quelque sorte prisonnier; les commissaires réglè-
« rent sa route jusqu'à Cherbourg.

« Après la messe, le roi remonta un instant dans
« sa chambre, puis le sinistre cortége se remit en
« route à dix heures et demie. Le départ fut déchi-
« rant : tous les malheurs et la plus noble résigna-
« tion se peignaient sur le visage de Mme la Dauphine
« si habituée à la douleur. Elle m'adressa quelques
« mots, puis s'avançant vers les gardes qui étaient
« rangés dans la cour, elle leur présenta sa main

« sur laquelle ils se précipitèrent en versant des
« larmes ; ses propres yeux en étaient remplis, et
« elle répétait ces paroles d'une voix émue : « Ce
« n'est pas ma faute, mes amis, ce n'est pas ma
« faute. »

« M. le Dauphin embrassa M. de Diesbach qui
« commandait la compagnie des gardes, et monta à
« cheval. M. le duc de Bordeaux et Mademoiselle
« montèrent chacun dans une voiture séparée. Le roi
« partit le dernier ; il parla quelque temps à mon
« oncle d'une manière pleine de bonté, et le remercia
« de l'hospitalité qu'il avait trouvée chez lui ; puis il
« s'avança vers les troupes et leur fit ses adieux avec
« cet accent du cœur qui lui appartient : « J'espère,
« leur dit-il, que nous nous reverrons bientôt. » Un
« gendarme des chasses se jeta à ses pieds et lui
« baisa la main en sanglotant ; il la donna à plu-
« sieurs autres, et se tournant vers le garde à pied
« qui était de faction, et qui lui présentait les
« armes : « Allons, dit-il, je vous remercie, vous
« avez fait votre devoir. Je suis content ; mais vous
« devez être bien fatigué ! — Ah ! sire, répondit le
« vieux soldat en laissant couler de grosses larmes
« sur sa moustache blanchie, la fatigue n'est rien :
« encore si nous avions pu sauver Votre Majesté. »
« Un grenadier perça la foule et vint dans ce mo-
« ment se placer devant le roi : « Que voulez-vous ? »
« lui dit Sa Majesté. « Sire, répondit le soldat en

« portant la main à son bonnet, je voulais vous voir
« encore une fois. »

« Le roi, profondément attendri, se jeta dans sa
« voiture, et toute cette scène disparut. »

L'AUTEUR DU MANUSCRIT. — MES HÔTES.

« Maintenon, septembre 1836.

« Les calamités accroissent leur effet du sort de celui qui les raconte : ce récit est l'ouvrage de Mme de Chalais-Périgord, née Beauvillier-Saint-Aignan. Le duc de Beauvillier fut, sous Louis XIV, gouverneur du prince, tige de la race aujourd'hui proscrite. La dernière fille de l'ami de Fénelon s'est rencontrée sur le chemin du duc de Bordeaux, et elle s'est hâtée d'aller dire à son père qu'elle avait vu passer le dernier héritier du duc de Bourgogne. La jeune princesse réunissait beauté, nom et fortune; elle avait d'abord envoyé ses pensées dans le monde à la recherche des plaisirs; son espérance, comme la colombe après le déluge, trouvant la terre souillée, est rentrée dans l'arche de Dieu.

« Lorsqu'en 1816 je passai par ici pour aller écrire à Montboissier le onzième livre de la première partie de ces *Mémoires*, le château de Maintenon était délaissé; Mme de Chalais n'était pas encore née : depuis elle a étendu et compté sa vie entière sur vingt-six années de la mienne. Les lambeaux de mon existence ont ainsi composé les printemps d'une multitude de femmes tombées après leurs mois de mai. Montboissier est à présent désert, et Maintenon est habité : ses nouveaux maîtres sont mes hôtes.

« M. le duc de Noailles, qui, si rien ne l'arrête, remplira une brillante carrière, n'avait pas voix délibérative lorsque j'étais à la chambre des pairs : je ne l'ai point entendu prononcer ces discours où il a plaidé, avec l'autorité de la raison et la puissance de la parole, la cause de la gloire de la France et celle des royales infortunes. Son rôle a commencé quand le mien a fini : il a prêté serment au malheur d'une manière plus utile que moi.

« Mme la duchesse de Noailles est nièce de M. le marquis de Mortemart, mon ancien colonel au régiment de Navarre ; elle a une triste et douce ressemblance avec ma sœur Julie.

« La Fontaine disait à Mme de Montespan :

« Paroles et regards, tout est charme dans vous,
Olympe ; c'est assez qu'à mon dernier ouvrage
Votre nom serve un jour de rempart et d'abri.
Protégez désormais le livre favori
Par qui j'ose espérer une seconde vie.

Dans le mariage de M. le duc de Noailles et de Mlle de Mortemart, sont venues se perdre les rivalités de Mme de Maintenon et de Mme de Montespan. A la présente heure, qui se trouble la cervelle à propos du cœur d'un souverain? Ce cœur est glacé depuis cent vingt ans, et, dans le décri et l'abaissement des monarchies, les attachements d'un roi, fût-il Louis XIV, sont-ils des événements? Sur l'échelle énorme des révolutions modernes, que peut-on mesurer qui ne se contracte en un point imperceptible? Les générations nouvelles s'embarrassent-elles des intrigues de Versailles, qui n'est plus qu'une crypte? Que fait à la société transformée la fin des inimitiés du sang de quelques femmes, jadis destinées, sous des berceaux ou dans des palais, à la couche de duvet ou de fleurs?

« Cependant, autour des intérêts généraux de l'histoire, ne serait-il pas des curiosités historiques? Si quelque Aulu-Gelle, quelque Macrobe, quelque Stobée, quelque Suidas, quelque Athénée du v⁵ ou vi⁵ siècle, après m'avoir peint le sac de Rome par Alaric, m'apprenait, par hasard, ce que devint Bérénice quand Titus l'eut renvoyée; s'il me montrait Antiochus rentré dans cette Césarée, *lieux charmants où son cœur...* avait adoré celle qui en aimait un autre; s'il me menait dans un château du Liban, habité par une descendante de la reine de Palestine, en dépit de la destruction de la ville éternelle et de l'invasion des Barbares, il me plairait encore de rencontrer dans l'*Orient désert* le souvenir de Bérénice. »

L'absence de Mme Récamier se prolongea quelques

jours de plus que M. de Chateaubriand ne l'avait craint. Au lieu de revenir à Paris en quittant Maintenon, elle alla visiter, avec M. Ballanche et M. Ampère, un ancien et fidèle ami, le duc de Laval, dans sa terre de Montigny, que depuis la révolution de Juillet il se livrait avec passion à embellir.

Il lui écrivait pour lui rappeler l'engagement pris d'aller à Montigny :

LE DUC DE LAVAL-MONTMORENCY A Mme RÉCAMIER.

« Montigny, 26 juin 1836.

« Je vous prie de me confirmer par un mot direct, si vous en avez la bonne grâce, ou indirectement par un de vos compagnons de voyage, vos dispositions de campagne. Ne me laissez pas dans le vague sur des projets qui me tiennent si vivement au cœur.

« Le duc de Noailles doit être à Paris, ou bien près de s'y rendre, et c'est avec lui que vous dessinerez votre plan de campagne.

« Ce n'est pas peu de chose que d'avoir perdu l'habitude presque journalière de l'Abbaye-au-Bois, et d'une conversation si charmante, si variée, si piquante par la diversité des esprits, et les nuances, et même les oppositions d'opinion.

« Depuis mon départ, deux lectures[1] ont dû avoir

---

1. Des Mémoires de M. de Chateaubriand.

lieu; je les avais vu concerter la veille, et j'enrageais intérieurement de mes engagements. Eh bien ! malgré ces regrets, et encore d'autres regrets au fond du cœur qui vous sont personnels, je suis forcé d'avouer que mon temps s'écoule ici avec la plus incroyable rapidité. C'est attachant de voir tous ces ouvriers à l'ouvrage, surtout quand cela réussit bien. On vient de poser dix colonnes pour former une tonnelle à l'italienne sur cette terrasse si magnifique, mais qui ne sera dans tout son charme pour moi que lorsque vous y aurez marché, que lorsque vous aurez promené vos regards sur cette admirable vue de la rivière, et des prairies, et de la grande route au second plan.

« Croiriez-vous que je n'ai pas encore achevé le *Milton ?* Mais c'est d'ajuster Montigny, de faire sa dernière toilette qui m'occupe, pour vous y voir, vous et mes amis. Je n'aurais jamais cru que ce fût aussi attachant; et alors, pour m'excuser de mes dépenses, de cette espèce d'absorbement, de dévouement, non à une personne, mais à une chose, je me mets à chercher dans ma mémoire les hommes des temps anciens et modernes qui, à la fin de leur carrière et retirés des affaires, et sans doute dévorés de chagrins, d'ennuis, d'ingratitudes, se sont créé une occupation de ce genre. J'en trouve beaucoup, après les grandes disgrâces, les bouleversements, les guerres civiles, depuis Rome jusqu'à nos jours.

« Offrez à votre *premier* ami mes meilleures et vieilles amitiés, et mon sincère regret de n'entendre plus cette voix qui me charmait tous les jours.

« Dites ensuite à votre *nouvel* ami, le duc de Noailles, que le plus ancien des vôtres compte sur sa parole de venir à Montigny où sa chambre est toute prête.

« Tendres hommages de la plus ancienne de vos amitiés. Vous savez qu'en amitié comme en généalogie, j'aime les dates : cela fixe les préséances. »

Lorsqu'enfin le duc de Laval apprit qu'il allait recevoir Mme Récamier, et qu'elle se dirigerait de Maintenon sur Montigny, sa joie fut très-vive, et il l'exprima avec une grâce affectueuse.

« La malle-poste avec ses quatre chevaux au ga-
« lop, écrit-il à son amie, ne court pas assez vite
« pour vous porter à mon gré l'expression de mon
« plaisir. Il est à son comble, je vous assure, par
« l'espérance de vous voir, de vous recevoir ici, de
« vous serrer la main sous mes vieilles tours et sur
« mon jeune gazon, et au milieu de mes jolies fleurs
« d'automne. Enfin je suis charmé, vous dis-je; et
« de toutes les déclarations qui ont jamais été mises
« à vos pieds, c'est la plus sincère.

« Votre séjour ici sera une des meilleures récom-
« penses de tous les soins infatigables que je me suis

« donnés, depuis vingt-huit mois, pour embellir,
« pour orner cette retraite. »

Cette visite à Montigny laissa à Mᵐᵉ Récamier un très-doux souvenir; l'année précédente, elle en avait formé le projet, et n'était point parvenue à le réaliser. Pour elle en effet, tout déplacement qui n'était pas un établissement de quelque durée, tout arrangement dans lequel ne pouvaient pas être comprises toutes les personnes qui, groupées autour d'elle, faisaient dépendre leurs existences de la sienne, était très-difficile, pour ne pas dire impossible. Aussi le duc de Laval lui écrivait-il à ce propos « qu'il était plus difficile de la déplacer que de mettre une armée en mouvement. »

 Heureux de la présence d'une femme à laquelle il avait voué une des affections les plus profondes qui aient rempli sa vie, le duc de Laval tout enorgueilli du succès de ses embellissements de Montigny, où à force de goût, de dépenses et de peines, il était parvenu à créer, sous le ciel gris de notre France septentrionale, une sorte de *villa* italienne, ne se montra jamais plus gai, plus jeune, plus excellent ni plus aimable.

Huit mois après, cet ami si parfait, cet esprit si facile, cette âme si haute avait disparu de la terre; sa mort rouvrit pour Mᵐᵉ Récamier la plaie toujours vive que lui avait laissée la perte de Mathieu de Montmorency.

Mais nous devançons le temps. En rentrant à la fin d'octobre à l'Abbaye-au-Bois, Mme Récamier apprit, comme toute la France, le mouvement tenté à Strasbourg par le prince Louis Bonaparte. Cette échauffourée fut aussitôt réprimée que tentée; et le prince Louis, après son arrestation, fut conduit à Paris pour y subir son jugement. La duchesse de Saint-Leu ne tarda point à y arriver elle-même, mais secrètement. Craignant que sa présence à Paris n'indisposât le gouvernement, elle s'était arrêtée à Viry, chez la duchesse de Raguse, d'où il lui était facile d'agir pour obtenir un adoucissement au sort de son fils.

Quant à Mme Salvage, son fidèle garde du corps, elle arriva droit à l'Abbaye-au-Bois, et demanda asile à Mme Récamier. Sa présence inattendue, et dans des circonstances de cette nature, causa le soir une vive surprise parmi les habitués de tous les jours. Mme Récamier lui avait cédé sa propre chambre, et s'était fait dresser pour elle-même un lit dans le salon. Je n'ai pas besoin de dire que tous les amis de Mme Récamier, quel que fût leur peu de goût pour Mme Salvage, et le jugement qu'ils portaient sur l'aventure qui l'amenait à Paris à la suite de la reine Hortense, étaient pénétrés de respect pour son dévouement, et d'intérêt pour la duchesse de Saint-Leu. Mme Salvage, très-sérieusement et justement préoccupée, se retira de bonne heure, en laissant sur un canapé, entre M. Ampère et M. Lenormant qui s'y étaient assis selon leur habitude, un gros portefeuille. Au bout d'un instant, la grande figure de Mme Salvage reparut : « J'oubliais mes valeurs, » dit-elle, et elle emporta le portefeuille auquel jusque-là personne n'avait pris garde. On rit de la bonne prise qu'on aurait pu faire.

Mme Récamier alla le lendemain voir à Viry la reine Hortense; elle la trouva dans une grande angoisse. Délivrée de ses premières craintes sur le sort de son fils, elle s'épouvantait d'autant plus de l'idée de le voir partir pour l'Amérique, qu'elle était et qu'elle se sentait gravement, mortellement atteinte. Mme Récamier fut très-émue de l'excessif changement qu'elle remarqua dans ses traits, et la quitta en formant pour elle des vœux dont elle sentait bien l'impuissance : elle ne la revit plus.

La reine Hortense retourna avec Mme Salvage au château d'Arenenberg. Mais dans l'état de maladie très-avancée où elle était, ce voyage précipité, et les inquiétudes terribles que lui avaient causées l'arrestation et le procès de son fils, lui firent un mal affreux. Mme Salvage donnait fréquemment de ses nouvelles à Mme Récamier. En reproduisant ici une de ses nombreuses lettres, nous croyons qu'elle ne semblera pas dépourvue d'intérêt.

Mme SALVAGE A Mme RÉCAMIER.

« Arenenberg, ce 13 avril 1837.

« Je vous ai écrit il y a quatre jours, chère amie, une longue lettre qui vous disait combien je suis malheureuse. J'ai reçu hier la vôtre du 7, et je vous en remercie ; elle m'était bien nécessaire, elle est pour moi une consolation.

« J'ai fait part à Mme la duchesse de Saint-Leu du vif intérêt que vous prenez à ses maux; je lui ai transmis tout ce que vous m'avez dit pour elle. Elle en a été vivement touchée, elle en a été émue jusqu'aux larmes, et elle m'a priée à plusieurs reprises de vous bien exprimer combien elle y a été sensible.

« Je ne vous ai pas répondu plus tôt, parce que j'espérais pouvoir vous donner de meilleures nouvelles. Hélas! c'est tout le contraire! A la suite d'une consultation des médecins de Constance et de Zurich avec le docteur Conneau, médecin ordinaire, le professeur Lisfranc de Paris a été appelé ici, comme le plus habile et d'une spécialité reconnue pour l'opération que deux de ces messieurs croyaient nécessaire.

« Eh bien, après un examen scrupuleux et trois fois renouvelé, l'opinion de M. Lisfranc, et celle des trois autres médecins appelés à consulter avec lui, a été qu'il n'était pas possible de faire l'opération, et ils ont été unanimes pour prononcer une sentence irrévocable; enfin ils ne nous ont laissé aucune espérance dans les ressources humaines. J'aime encore à en placer dans la bonté infinie de Dieu que j'implore par de bien ardentes prières.

« L'état moral de Mme la duchesse est aussi calme qu'on peut le désirer dans une position comme la sienne. On lui a dit qu'on ne faisait pas l'opération, parce qu'elle n'était pas nécessaire, et parce qu'un traitement suffirait, avec du temps et de la patience, pour la conduire à une parfaite guérison. Elle était toute résignée, avec un courage admirable, à se laisser opérer; maintenant elle se trouve heureuse de n'avoir pas à la subir, et elle est remplie de bonnes espérances.

« Dans l'attente de l'opération, — que contre mon avis on lui avait annoncée quinze jours avant que M. Lisfranc pût être ici, — elle avait fait ses dévotions et son testament.

« Le 30 mars au matin, une heure environ après qu'elle a eu communié, elle a eu la joie, qu'elle a rapportée à Dieu, de recevoir un gros paquet contenant des nouvelles — les premières depuis le départ de Lorient — écrites de la main de son fils. Sa lettre, qui est très-longue, contient la relation de tout ce qu'il a fait, de tout ce qui lui est arrivé, et de la plupart de ses émotions, depuis qu'il a quitté Arenenberg jusqu'au moment où il écrit, le 14 janvier, à bord de la frégate *l'Andromède*, en rade devant Rio-Janeiro où on ne lui permet pas de descendre. Il y avait à bord les ouvrages de M. de Chateaubriand; il les a relus, pendant une affreuse tempête qui a duré quinze jours et qui ne permettait aucune autre occupation que la lecture, et encore à grand'peine. Dites-le à M. de Chateaubriand, je vous prie, en me rappelant personnellement à son bienveillant souvenir.

« Pensez quelquefois à moi, pensez à ma cruelle position. Donner à une personne qu'on aime, qu'on sait que l'on va perdre, des soins impuissants, chercher à alléger, sans y réussir que bien imparfaitement, des souffrances aiguës et presque continuelles, montrer un visage calme quand on a le cœur déchiré, tromper, chercher à inspirer sans cesse des espérances qu'on n'a pas : ah! croyez-moi, cela est affreux, et l'on donnerait volontiers sa propre vie. Adieu, adieu, chère amie; vous savez combien je vous aime. »

Cet horrible état de souffrances se prolongea près d'une année : la reine Hortense ne succomba que le 5 octobre 1837.

Depuis quelque temps déjà, la santé de Mme Récamier s'altérait visiblement : par suite d'une espèce de fièvre nerveuse qui lui donnait une agitation fort pénible, elle avait presque perdu le sommeil; mais elle redoutait à tel point de déranger les habitudes de ses amis, et surtout celles de M. de Chateaubriand, elle aimait si peu à s'occuper d'elle-même et à en occuper les autres, que rien dans sa vie n'était changé par cet état de souffrance. Cependant, en 1837, il vint se joindre à ces accidents fâcheux des symptômes beaucoup plus alarmants : une toux opiniâtre, une extinction de voix subite qui durait souvent plusieurs heures, enfin une sorte de spasme nerveux du larynx qui amenait des étouffements, firent sérieusement craindre une affection des organes de la voix. Les plus habiles médecins, appelés en consultation, croyaient à cette affection, ils avaient recommandé le plus absolu silence, et parlaient de la nécessité de ne point affronter à Paris les rigueurs de l'hiver. Le docteur Récamier seul persistait à affirmer que tous ces symptômes, si alarmants en apparence, étaient nerveux. Ce fut lui, heureusement, qui eut raison ; mais ce cruel état de maladie se prolongea presque toute une année; et malgré les assurances de l'habile et illustre praticien, dont l'avis avait d'autant plus d'autorité qu'il connaissait depuis plus longtemps la santé de sa cousine et qu'il avait pour sa personne un profond attachement, les amis et la famille de Mme Récamier ne parvenaient point à se tranquilliser.

M. de Chateaubriand écrivait le 4 novembre 1837:

« J'apporte ce billet à votre porte. J'ai besoin

« pour me rassurer de me dire que tout est malade
« autour de moi. Vous m'avez glacé d'une telle ter-
« reur en ne me recevant pas, que j'ai cru déjà que
« vous me quittiez. C'est moi, souvenez-vous-en
« bien, qui dois partir avant vous. »

Et quelques jours plus tard :

« Ne parlez jamais de ce que je deviendrais sans
« vous; je n'ai pas fait assez de mal au ciel pour
« qu'il ne m'appelle pas avant vous. Je vois avec
« plaisir que je suis malade, que je me suis trouvé
« mal encore hier, que je ne reprends pas de force.
« Je bénirai Dieu de tout cela, tant que vous vous
« obstinerez à ne pas vous guérir. Ainsi, ma santé
« est entre vos mains, songez-y. »

Mme Récamier ne passa point l'hiver de 1837 à 38 à l'Abbaye-au-Bois : dans le découragement extrême que lui causait sa santé, elle avait pris son appartement, et même l'Abbaye-au-Bois, en déplaisance ; elle accepta avec empressement la proposition que lui fit le baron Pasquier de lui prêter, pour quelques mois, le petit hôtel qu'il avait habité dans la rue d'Anjou, avant d'aller s'établir comme chancelier de France au palais du Luxembourg.

Depuis la révolution de 1830, la comtesse de Boigne, gênée, comme je l'ai déjà dit, dans ses rapports avec une partie de son ancienne société par le dévouement qu'elle professait pour la famille d'Orléans et par la vivacité de l'opposition du faubourg Saint-Germain, s'était liée de plus en plus intimement avec M. Pasquier. Cette relation dut naturellement opérer un rapprochement entre Mme Récamier et lui.

M. de Chateaubriand et M. Pasquier s'étaient connus, dans leur commune jeunesse, chez Mme de Beaumont. Plus tard, sous la Restauration, le premier, comme ambassadeur, eut le second pour ministre. Le mouvement de la vie parlementaire, en les plaçant soit en concurrence d'ambition, soit en opposition de vues politiques, ne put effacer le souvenir de leurs anciennes relations. Aussi M. de Chateaubriand, malgré le peu de goût qu'il avait pour les personnes qui s'étaient dévouées au roi Louis-Philippe, et en dépit des situations si diverses que la révolution de Juillet avait faites à l'un et à l'autre, éprouva-t-il un certain plaisir à retrouver son contemporain à l'Abbaye-au-Bois. Quoique les hasards politiques qui ont troublé la France depuis soixante ans aient fait passer M. Pasquier par bien des régimes différents, son caractère et sa vie ne manquent point d'unité. Une modération singulière que l'emportement des partis n'a jamais troublée, un dévouement absolu à la cause de l'ordre et à la chose publique, une bienveillance vraie pour les personnes, l'ont constamment distingué dans sa longue carrière administrative. En un mot, l'*équité* me paraît être la qualité qui domine sa vie, et le trait qui caractérise cette noble figure. C'est ce sentiment de l'*équité* porté à sa suprême puissance qui donnait à M. Pasquier une si haute autorité dans les nombreux procès politiques qu'il eut à diriger comme président de la cour des pairs. Il s'était ainsi placé lui-même au-dessus de tous les partis.

Ce fut par l'intermédiaire de Mme de Boigne que la maison de la rue d'Anjou fut mise à la disposition de Mme Récamier. Elle y passa quatre mois; au printemps, souffrante encore, mais dans un état relativement très-amélioré, elle rentra à l'Abbaye-au-Bois.

La comtesse de Lipona, Mme Murat, vint à Paris dans l'été de 1838, pour y suivre elle-même les réclamations qu'elle adressait depuis bien des années au gouvernement français relativement au domaine de Neuilly. On l'avait enfin autorisée à vivre en Italie; elle s'était fixée à Florence. Mme Récamier, cela se comprend, la vit beaucoup pendant le séjour qu'elle fit en France.

A la fin de juin, M. de Chateaubriand partit pour faire une course dans nos provinces méridionales, à Toulouse, à Marseille, à Cannes; et Mme Récamier s'établit pendant son absence à Châtenay, chez Mme de Boigne, où elle trouvait, à la porte de Paris et, pour ainsi dire, sans se séparer de ses autres amis, un air excellent, les soins de la plus parfaite amitié et la conversation la plus attachante.

La vicomtesse de Laval, qui depuis la mort de M. de Montmorency avait pris une vive affection pour Mme Récamier, et que celle-ci entourait de témoignages de respect et d'attachement, survivait depuis douze ans à son fils. Elle avait vu disparaître dans ce fils, dont l'austérité offrait un contraste frappant et complet avec son propre caractère, l'objet d'une tendresse passionnée. Après lui, la mort l'avait successivement privée de tous les amis de sa jeunesse, la duchesse de Luynes, M. de Talleyrand, etc. Celui qu'elle regardait comme un second fils, son neveu le duc de Laval, l'avait aussi quittée; en un mot, famille, amis, société, dynastie, elle survivait à tout, et conservait, par un rare privilége, la jeunesse de son esprit, la séduction irrésistible de ses manières, et une certaine légèreté d'humeur qui ne refroidissait pas ses sentiments.

La vicomtesse de Laval était déjà malade, quand Mme Récamier s'établit à Châtenay : son grand âge donnait de la gravité à la moindre indisposition. M. Ballanche s'était chargé d'apporter ou de transmettre chaque jour le bulletin de sa santé. Il écrivait le 27 juin :

M. BALLANCHE A Mme RÉCAMIER.

« Mme de Montmorency n'a point donné de bulletin aujourd'hui, elle s'est bornée à faire dire que la situation est loin d'être satisfaisante. Elle donnera demain un bulletin explicatif.

« Mme de Lipona se prépare à partir, mais elle ne veut pas partir sans vous voir. Elle désire vous trouver seule. Cependant elle ne craindrait pas une occasion de faire ses adieux à M. de Chateaubriand. Elle tâchera d'aller à Châtenay sur les deux heures, à moins que M. Molé ne vienne la voir à cette heure-là ; alors ce serait un peu plus tard. La lettre qu'elle vous a écrite a été adressée, par inadvertance, à Fontenay-aux-Roses ; vous pourriez la faire réclamer là.

« Les journaux de ce matin vous ont appris que la brochure de M. Laity était déférée à la chambre des pairs. Tous les journaux de l'opposition blâment le gouvernement : ils prétendent qu'il eût été suffisant de la faire juger par la cour d'assises et le jury. Je suis de même avis, s'il ne s'agit que de la brochure elle-même ; il y a sans doute quelque chose de plus. Trop de solennité a bien quelques inconvénients.

« J'ai fait mes adieux à la comtesse de Lipona qui est très-contrariée de la brochure[1]. »

---

1. Elle mourut l'année d'après, à Florence, le 18 mai.

Le 6 juillet un billet de M. Ballanche apprit à Mme Récamier que tout était fini, et que la mort venait de lui enlever son dernier lien terrestre avec son saint ami, dans la personne de la vicomtesse de Laval.

« Aujourd'hui, je n'ai malheureusement point de
« bulletin à attendre. Elle est morte pleine de jours,
« hélas! et de chagrins, survivant à tout ce qu'elle
« eut de plus cher, et pourtant laissant après elle
« d'aimables traces et de doux souvenirs. Depuis
« bien des jours, elle ne vivait que pour achever de
« souffrir. Vous le savez : l'hiver dernier, déjà, on
« ne croyait pas qu'elle pût vivre encore. C'est
« inutilement que les jours s'ajoutent aux jours : il
« faut qu'enfin le dernier arrive. Je me suis informé
« des funérailles, elles auront lieu demain matin. »

Le voyage de M. de Chateaubriand dans le Midi était un véritable triomphe; il était partout accueilli avec enthousiasme.

Il jouissait des témoignages de sympathie qui lui étaient offerts, et les raconte avec entrain ; nous nous contenterons de citer un des billets qu'il écrivit alors :

M. DE CHATEAUBRIAND A Mme RÉCAMIER.

« Cannes, 28 juillet 1838.

« J'ai quitté à Marseille mon *bruit* pour venir voir le lieu où Bonaparte, en débarquant, a changé la face du monde et nos destinées. Je vous écris dans une petite chambre, sous la fenêtre de laquelle se brise la mer. Le soleil se couche ; c'est l'Italie tout entière que je retrouve ici. Dans une heure, je vais partir pour aller à deux lieues d'ici, au *Golfe Juan;* j'y arriverai de nuit, je verrai cette grève déserte où cet homme aborda avec sa petite flotte. Je m'arrangerai de la solitude, des vagues et du ciel : l'homme a passé pour toujours.

« Il faut vous revenir. Femmes, hommes, ciel, palmiers, tout ce que j'ai vu, ne vaut pas un moment passé dans votre douce présence. Il n'y a de repos pour moi que là.

« Mais, bon Dieu ! que de choses j'ai aperçues partout ! j'en étouffe ; je ne sais si je m'en souviendrai. Je vous conterai ce que j'ai fait à Marseille au tombeau du père de notre jeune ami [1].

« Adieu, je tombe de lassitude, et je vais recommencer ma course. Je serai le 31 à Lyon. »

Pendant les premières années qui suivirent la révolution de Juillet, l'incertitude des choses générales, l'irrésolution des projets de M. de Chateaubriand, qui annonçait sans cesse la pensée de se fixer hors de France ; la pénible nécessité où se voyait réduit

---

[1]. M. Ampère de l'Académie des sciences, mort à Marseille en 1836. On remarquera ce pieux respect de M. de Chateaubriand pour les tombeaux.

cet homme, le premier écrivain de son temps, de ne vivre que de son travail, et de n'avoir par conséquent qu'une existence toujours précaire et nulle sécurité pour l'avenir ; enfin, l'animosité des partis, furent autant d'obstacles à ce que Mme Récamier étendît ses relations hors du cercle de ses anciennes amitiés.

Mais lorsque les événements qui avaient amené la chute de la branche aînée des Bourbons, en s'éloignant, permirent qu'une trêve se fît entre les partis ; lorsque M. de Chateaubriand, renonçant à toute vie politique, uniquement livré à des travaux littéraires, eut conclu le marché qui répugnait tant à sa fierté, et auquel il ne se fût peut-être pas résolu s'il n'eût été question que de lui seul, mais qu'il accepta parce qu'il fallait assurer la vie présente et l'avenir de Mme de Chateaubriand ; en un mot, lorsqu'il eut vendu ses Mémoires, Mme Récamier, qui suivait avec une extrême anxiété toutes les impressions que son ami pouvait recevoir du dehors, voulut remplir auprès de lui une double tâche. Rendre à cette noble vie tout le calme, toute la sérénité que peuvent donner des affections vraies et profondes ; l'entourer en même temps des hommages, de l'admiration, du respect de ses contemporains ; maintenir la royauté du génie que son siècle lui avait décernée : telle fut la mission que Mme Récamier assuma avec ardeur, et le but qu'elle sut atteindre au prix de son propre repos, par le sacrifice de ses goûts, de sa liberté et de sa santé. Aussi lui était-elle à ce point devenue nécessaire, que la plus courte de ses absences le mettait au désespoir. Quand M*me* de Chateaubriand apprenait que M*me* Récamier devait quitter Paris, on la voyait accourir; elle s'informait de l'époque probable de son retour : « Mais que voulez-vous donc, disait-elle, que devienne M. de Chateaubriand? Que pourra-t-il faire, si vous vous en allez pour longtemps? »

Dès ce moment, M*me* Récamier, en donnant plus d'extension, plus de mouvement à sa vie extérieure, dut la séparer davantage de ce que j'appellerai sa vie intime. Pour le public, ce salon où se pressaient les illustrations de tous les genres, dont les fêtes littéraires excitaient l'envie, cette considération, cet empressement de la foule, étaient le but atteint, le triomphe d'un calcul habile et d'un rare esprit de conduite; dans la réalité, c'était le dévouement de l'amitié.

Ce que j'ai dit du regret amer avec lequel M. de Chateaubriand avait aliéné ses *Mémoires d'Outre-Tombe* et du sentiment pénible qu'il conservait d'avoir ainsi escompté sa mort, n'est ignoré d'aucune des personnes qui l'ont approché. La lettre du 8 août 1836, que nous avons citée plus haut, en donne la preuve.

Enfin, lorsque la société à laquelle il avait cédé la propriété de son œuvre posthume, lasse de payer les arrérages de la rente viagère stipulée, vendit au journal la *Presse* le droit de faire paraître les *Mémoires d'Outre-Tombe* dans son feuilleton. M. de Chateaubriand, instruit de cet arrangement par une visite de M. Dujarrier, l'associé de M. Émile de Girardin, lui en exprima son mécontentement, et lui dit que jamais il ne donnerait son consentement à un pareil mode de publication. En effet, dans la crainte que sa signature apposée au reçu de la rente viagère ne parût la sanction d'un marché qui lui répugnait, il refusa six mois d'en toucher les arrérages. Mme de Chateaubriand, effrayée d'une résolution qui menaçait de la réduire au dénûment, elle et son mari, en parla à M. Mandaroux-Vertamy, son conseil, lequel intervint et rédigea pour M. de Chateaubriand une quittance dont les termes réservaient son opposition.

Au premier rang, parmi les nouveaux venus de cette époque dans le salon de l'Abbaye-au-Bois, je dois placer M. Alexis de Tocqueville. L'éclatant succès de son beau livre de *la Démocratie en Amérique* l'avait mis fort à la mode. Allié à M. de Chateaubriand, il réunissait tout ce qui devait lui plaire : un talent réel et élevé, les manières et les goûts aristocratiques, avec des opinions infiniment libérales et généreuses. Il venait en outre de faire un mariage d'inclination; c'était plus qu'il n'en fallait, avec l'agrément de sa personne et la finesse de son esprit, pour le faire réussir auprès de Mme Récamier.

Vers le même temps, un très-jeune homme, qui cachait sous le pseudonyme trop humble ou trop orgueilleux d'un *homme de rien* une naissance distinguée et le début d'un vrai talent, envoyait à M. de Chateaubriand le récit de sa vie qu'il venait de publier dans la *Galerie des Contemporains illustres*. Cette biographie, où une admiration sincère n'avait rien ôté à la liberté du jugement, plut à M. de Chateaubriand par sa liberté même ; il voulut en connaître l'auteur, et ce fut ainsi que M. Louis de Loménie se trouva introduit à l'Abbaye-au-Bois.

En le lisant, on avait été très-frappé de la mesure et de l'impartialité de ses arrêts. Cette qualité, rare chez un homme de son âge, est une de celles qui dominent dans cette nombreuse collection de portraits historiques. L'indépendance du caractère de M. de Loménie, la verve et le mouvement de sa conversation ne furent pas moins appréciés, et il devint bientôt un visiteur assidu de Mme Récamier, également agréable à M. de Chateaubriand et à elle-même.

Frédéric Ozanam, présenté par M. Ampère plusieurs années auparavant, vers 1833, alors qu'il n'était encore qu'un obscur étudiant, avait tout de suite touché M. de Chateaubriand par la candeur et la fermeté de sa foi.

Accueilli avec la plus entière bienveillance, admis à plusieurs des lectures que M. de Chateaubriand fit à l'Abbaye-au-Bois, encouragé à y venir souvent, il n'usa que rarement de l'autorisation qui lui avait été donnée, et quand M. Ampère lui en demandait la raison, il répondait : « C'est une réunion de personnes trop illustres pour mon obscurité. Dans sept ans, quand je serai professeur, je profiterai de la bienveillance qu'on me témoigne. »

Le terme de sept ans que la modestie de ce jeune homme se fixait à lui-même, ajournant la renommée à ce délai, amusa et charma la société de l'Abbaye.

La réputation, on pourrait dire la gloire, fut exacte à l'échéance qu'Ozanam lui avait marquée. Il revint chez Mme Récamier sept ans plus tard, professeur, entouré de l'auréole d'une célébrité naissante que justifiaient de très-hautes facultés, époux heureux et passionné d'une femme charmante.

Aussi éminent par les vertus que par l'intelligence, Frédéric Ozanam offrait un type parfaitement original. Extrêmement timide et presque gauche, enthousiaste quoique érudit, il sortait de la réserve qui lui était habituelle, par des éclairs d'éloquence, et alors il était facile de comprendre, à la chaleur et à la sorte d'entraînement de sa parole, quelle puissance il devait exercer, dans sa chaire, sur un auditoire jeune et ardent.

M. Sainte-Beuve était déjà depuis longtemps en relation avec Mme Récamier et avec M. de Chateaubriand ; il inspirait à l'un et à l'autre un goût très-vif, qu'on lui témoignait ouvertement; mais les rapports de société avec ce spirituel écrivain ont toujours un caractère intermittent. Vous vous laissez prendre à la grâce presque caressante de ses manières, au naturel charmant, à la finesse dégagée de toute afféterie de sa conversation, vous le voyez souvent, et vous vous flattez qu'il y trouve lui-même quelque plaisir; mais tout à coup, vous le perdez, il vous échappe. Quoi qu'il en soit, l'époque dont je m'occupe est une de celles où M. Sainte-Beuve vint le plus assidûment à l'Abbaye-au-Bois.

M. Charles Brifaut, présenté à Mme Récamier à cette époque, fut bientôt admis au nombre des habitués les plus fidèles et les plus aimables de son intérieur. C'était un des hommes dont la société offrait le plus de sécurité et de douceur. Il avait concentré sa vie dans des relations de salon qu'il mettait beaucoup de soin et d'étude à entretenir. Malade depuis vingt ans, le savoir-vivre lui avait appris l'héroïsme, et sa politesse dominait de continuelles souffrances avec une sérénité stoïque.

Parmi toutes les femmes-auteurs qui furent alors reçues dans le salon de Mme Récamier et qu'elle accueillait avec tant d'intérêt, de grâce et même d'indulgence, une seule est entrée dans son intimité. Mme Amable Tastu méritait cette exception par l'admirable élévation de son caractère, par la sûreté, la discrétion, l'exquise délicatesse de son commerce.

M. de Chateaubriand, qui avait horreur des *bas-bleus* et qui ne pardonnait guère aux femmes de se mêler de littérature, faisait, comme son amie, un cas tout particulier de Mᵐᵉ Tastu; le bon sens aimable et ferme qui caractérise son talent lui plaisait fort.

M. Léonce de Lavergne n'était point à l'Abbaye-au-Bois un nouveau venu. Depuis plusieurs années déjà, il était lié avec M. Ballanche, M. de Chateaubriand l'avait distingué, et Mᵐᵉ Récamier le comptait au nombre des jeunes gens dont la conversation et la société lui plaisaient le plus. Dans les lettres que M. de Chateaubriand adressait à son amie, pendant son voyage à Toulouse et dans le midi de la France, il est plusieurs fois question de lui d'une façon gracieuse. Il avait beaucoup d'esprit, un vrai talent de style, la passion de la politique; on ne se doutait guère alors, et il ne se doutait pas lui-même, qu'il deviendrait le grand orateur de l'agriculture.

Malgré l'amélioration qui s'était produite dans sa santé, il restait à Mᵐᵉ Récamier une telle susceptibilité des organes de la voix, que les médecins l'envoyèrent aux eaux d'Ems. Ce voyage, qu'elle devait faire sans y être accompagnée d'aucun de ses amis, lui coûtait fort à entreprendre: mais sa santé était trop nécessaire à ces mêmes amis, et surtout à M. Ballanche et à M. de Chateaubriand que les infirmités commençaient à gagner, pour que Mme Récamier ne mît pas à la recouvrer une volonté inébranlable. Elle partit donc le 18 juillet 1840, laissant Mme Lenormant à la campagne avec ses enfants, M. de Chateaubriand à Paris, et M. Ballanche établi à Saint-Vrain chez la comtesse d'Hautefeuille.

Quelques lettres prises dans la correspondance de ses deux amis initieront suffisamment le lecteur aux idées, aux intérêts et aux petits événements qui occupaient alors leurs esprits.

M. DE CHATEAUBRIAND A Mme RÉCAMIER.

« Paris, dimanche 19 juillet 1840.

« Vous êtes partie : je ne sais plus que faire. Paris est le désert, moins sa beauté. Nous n'avons pris aucun parti, et il est probable que nous n'en prendrons pas. Où vous manquez, tout manque, résolution et projets. Si du moins j'avais encore quelque chose sur le métier ! Mais les *Mémoires* sont finis : vie passée comme vie présente.

« Savez-vous que la duchesse de Cumberland m'écrivait d'Ems? Vous ne m'écrirez pas; moi je vous écrirai, quoique pouvant à peine former une lettre. Le vieux chat ne peut plus jeter sa griffe qui se retire. Je rentre en moi, mon écriture diminue,

mes idées s'effacent; il ne m'en reste plus qu'une,
c'est vous. Tenons bon pour l'Italie. Les intelli-
gences, à quelque opinion qu'elles appartiennent,
sont presque toutes au service du mensonge. Du
moins, le soleil ne trompe pas; il réchauffera mes
vieilles années qui se gèlent autour de moi. »

LE MÊME A M. BALLANCHE.

« Paris, 7 août 1840.

(*Dictée.*) — « Je me suis trop bien aperçu, mon cher
et vieil ami, que vous n'êtes plus ici depuis huit jours.
Mme de Chateaubriand et moi, nous vous regrettons
sans cesse, et pourtant nous nous soumettons un peu
à votre absence, puisque la campagne, le grand air
et surtout les soins de vos aimables hôtes, vous font
du bien. Remerciez mille fois, je vous prie, M. et
Mme d'Hautefeuille : je profiterais avec le plus vif
plaisir de leur offre obligeante, si je n'étais forcé de
garder ma pauvre malade, et si je n'étais moi-même
très-souffrant. Vous voyez que je ne puis écrire de
ma propre main. Il me faut vivre maintenant, en enrageant, avec la goutte et les années; ce sont deux
sottes choses.

« Les nouvelles d'Ems n'étaient pas aussi bonnes
hier au soir. Mon incrédulité des remèdes et des
médecins m'a empêché de détourner notre amie de

son voyage; mais je n'ai jamais compté que sur le fond de sa santé qui n'est point altéré. Désormais nous ne serons pas longtemps sans revoir la voyageuse qui manque tant à la société et au cœur de ses amis.

« C'est aujourd'hui que se décide l'affaire de M. Ampère[1]. J'ai écrit à trois académiciens; je tremble et j'espère.

« Je vous embrasse, mon vieil ami. Tous mes hommages à Mme et à M. d'Hautefeuille.

« CHATEAUBRIAND. »

LE MÊME A Mme RÉCAMIER.

« Paris, 8 août 1840.

« Je vous ai écrit avant-hier. Votre lettre aujourd'hui me fait un extrême plaisir. Vous allez continuer les eaux, vous faites bien; prenez courage, n'ayez rien à vous reprocher, de sorte que nous n'ayons plus aucun scrupule de vous retenir parmi nous. Mais revenez et ne voyagez plus. Je vous espère dans la première quinzaine de septembre.

« Vous écrivez comme un charme; je vous lis tout couramment. Moi je vous prouve en griffonnant que

---

[1]. M. Ampère avait envoyé son *Histoire de la Littérature française avant le* XIIIe *siècle*, pour le concours du prix Gobert, à l'Académie des inscriptions.

ma pauvre personne s'en va, mais que mes sentiments demeurent ; ils ne sont pas diminués comme mon écriture, et ils sont plus fermes que ma main. Rien de nouveau pour moi, sinon que je suis allé dîner à Saint-Cloud avec Mme de Chateaubriand et Hyacinthe. Je me suis un peu promené dans ces grands bois où j'ai perdu, il y a longtemps, bien des années ; je ne les y ai pas retrouvées.

« Hier M. Ampère a eu un bon commencement de succès. Nous espérons réussite complète pour vendredi prochain. Je suis toujours à la paix. Le prince Louis Bonaparte vient de tenter un coup de main sur Boulogne. Il a été pris avec tous ses amis.

« Mais où avez-vous pris que je me plaignais de votre silence ? Je n'ai pas dit un mot de cela. Je suis le plus soumis, le plus dompté de tous ceux qui vous aiment. »

M. BALLANCHE A Mme RÉCAMIER.

« Me voilà établi chez Mme d'Hautefeuille. Ce petit voyage m'avait un peu fatigué ; une nuit de repos m'a tout à fait remis. Maintenant je n'ai plus d'autre souci que d'avoir des nouvelles de votre arrivée à Ems.

« Depuis vous, il m'a pris une fièvre d'histoire ; sitôt que ma *Théodicée* sera finie, je veux écrire un morceau d'histoire, mais tout à fait d'histoire. Soit dit entre nous, quant à présent, je ne reconnais qu'à trois hommes de ce temps ce que j'appelle le sens historique, ce sont MM. de Chateaubriand, Guizot et Augustin Thierry ; Sismondi n'a que ce que l'étude et le travail peuvent donner, le *don* lui manque. Le sens historique vient de naître en moi ; c'est un peu tard. Peut-être sera-ce assez tôt pour qu'il produise un pauvre petit fruit d'arrière-saison.

« J'ai vu M. et Mme de Chateaubriand. Il avait eu, lui, la bonté de venir me voir. Comme il vous a écrit, je ne vous parlerai ni de leurs santés, ni de leurs projets, au reste, toujours peu assurés.

« Vous ne sauriez croire le chagrin que j'aurais eu si vous n'étiez pas allée à Ems. J'aurais toujours craint que vous n'eussiez manqué votre santé. Revenez bien portante, trouvez-moi rétabli ; que M. et Mme de Chateaubriand mènent avec nous une douce vie ; laissez-moi faire quelques morceaux d'histoire pour clore ma carrière, que le prix Gobert soit donné à qui le mérite, et tout sera pour le mieux.

« M. et Mme d'Hautefeuille sont d'une perfection d'hospitalité, d'attentions et de prévenances dont on ne peut se faire une idée.

« Je me couche de très-bonne heure, on se tient dans ma chambre, M. et Mme d'Hautefeuille reçoivent leurs visites chez moi, autour de mon lit. Je ne me suis point encore remis au travail, mais je ne tarderai pas. »

M. DE CHATEAUBRIAND A Mme RÉCAMIER.

« 10 août 1840.

« M. Ampère vous a écrit sur Mme Salvage. J'avais demandé un *permis* pour la voir, lorsque je la croyais arrêtée; je l'ai vue, elle est triste, mais elle est sans inquiétude. Nous voilà revenus à la paix : vous voyez que j'ai toujours raison. Ce temps est magnifique, vous jugez si j'en suis heureux pour vous; si les eaux vous guérissent, j'aurai foi aux remèdes. J'aurais grand besoin d'une fontaine de Jouvence, mais le temps en est passé. Non que mes sentiments pour vous vieillissent jamais; mais le temps me ravit chaque jour un œil, une oreille, une main; si ce n'était votre belle et chère personne, je m'en voudrais d'avoir traînassé si longtemps sous le soleil. Ne précipitez pas votre retour, le plus fort est fait; encore quelques jours de patience. J'espérais écrire un peu mieux ce matin, m'y étant pris de bonne heure; mais le matin se moque de moi comme le soir.

« On va juger le prince Louis; il a été bien insensé, mais a montré bien du courage. Son entreprise a ôté à l'arrivée des cendres une partie de son danger. Venez, vous serez reçue. Dieu sait ! »

On voit combien Mme Récamier avait raison de se

sentir nécessaire aux deux amis dont la santé allait s'altérant de plus en plus.

M. de Chateaubriand, atteint par une goutte molle, perdait avec rapidité l'usage de ses mains et de ses jambes. M. Ballanche ne vivait plus que de lait et de légumes; ce régime pythagoricien, le seul que pût supporter son estomac, suffisait à le soutenir, mais le laissait dans un grand état de faiblesse.

Il fallait des efforts de tous les instants, un dévouement persévérant et renouvelé chaque jour, pour relever le courage de M. de Chateaubriand de plus en plus envahi par la tristesse, et c'est pour cela que Mme Récamier faisait appel à tous les jeunes esprits; elle en faisait à leur insu ses complices dans la tâche de distraire un noble génie.

A son retour, elle trouva que le prix Gobert avait été donné par l'Académie des inscriptions à M. Ampère, et que le procès du prince Louis Napoléon allait être jugé par la chambre des pairs. Mme Récamier, quoiqu'elle n'eût gardé aucune relation personnelle avec le prince Louis depuis son voyage à Arenenberg, fut mandée à comparaître et interrogée par le juge d'instruction. Ce petit ennui ne l'empêcha pas de s'occuper du prisonnier. Elle sollicita l'autorisation de communiquer avec le prince Louis Bonaparte, et l'alla voir à la Conciergerie. Le *permis de communiquer* avec *l'inculpé Charles-Louis Napoléon Bonaparte* que j'ai sous les yeux porte la date du 12 septembre ; il autorise *deux visites :* Mme Récamier n'en fit qu'une. Le prince parut touché de la sympathie qu'elle témoignait à son malheur, et la reconduisit aussi loin que le permirent les sentinelles. Condamné à une détention perpétuelle, et enfermé au château de Ham pour y subir sa peine, il n'oublia pas la visite qu'il avait reçue.

Deux ans après, il envoya à Mme Récamier une brochure qu'il venait de faire imprimer, comme un gage du souvenir reconnaissant qu'il lui gardait. Elle l'en remercia et reçut en retour le billet suivant :

LE PRINCE LOUIS NAPOLÉON, DEPUIS NAPOLÉON III,
A Mme RÉCAMIER.

« Ham, le 9 juin 1842.

« Madame,

« Vous êtes bien bonne de vous être donné la peine de m'accuser réception de la brochure[1] que j'ai pris la liberté de vous envoyer. Il y a longtemps, Madame, que j'éprouvais le besoin de vous remercier de l'aimable visite que vous avez bien voulu me faire à la Conciergerie : j'en ai conservé un souvenir plein de reconnaissance, et je suis heureux de trouver ici l'occasion de vous exprimer mes sentiments de gratitude.

1. Fragments historiques. 1688 et 1830.

« Ayez l'extrême bonté, Madame, de remettre la lettre ci-jointe à M. de Chateaubriand, dont le bienveillant intérêt m'a profondément touché.

« Vous êtes si habituée à rendre heureux tous ceux qui vous approchent, que vous ne serez pas étonnée de tout le plaisir que j'ai ressenti, en recevant une preuve de votre sympathie, et en apprenant que vous vouliez bien compatir à mes chagrins.

« Recevez, Madame, l'assurance de mes sentiments respectueux.

« Napoléon Louis B. »

LE PRINCE LOUIS NAPOLÉON A M. DE CHATEAUBRIAND.

« Citadelle de Ham, le 28 juin 1841.

« Monsieur le vicomte,

« Il y a environ douze ans que, me promenant un jour hors de la *Porta Pia* à Rome, je suivais silencieusement l'ambassadeur de Charles X, regrettant que la froide politique m'empêchât de témoigner à l'illustre auteur du *Génie du christianisme* toute mon admiration pour lui. J'étais loin de penser alors que la puissance qu'il représentait serait bientôt abattue, que le drapeau tricolore serait aussi hostile à ma famille que le drapeau blanc, et que ce noble représentant d'une cour ennemie serait dans quelques années le seul homme important qui viendrait, dans ma captivité, me donner des marques de sympathie.

« Si ce souvenir rappelle la vicissitude des choses humaines, il prouve aussi que les sentiments élevés restent toujours les mêmes. Dans toutes les positions de votre vie, vous avez sans cesse, Monsieur le vicomte, cherché à consoler le malheur, et certainement vous avez su inspirer aux hommes même qui étaient opposés à vos opinions une admiration sincère pour le grand écrivain et une profonde estime pour l'homme politique.

« Je n'ai pas besoin de vous dire, Monsieur le vicomte, combien votre lettre m'a touché ; et je vous aurais exprimé ma reconnaissance plus tôt, si je n'avais reçu plusieurs visites qui ont absorbé tout mon temps.

« Afin d'occuper mes loisirs, je compte entreprendre un grand travail pour lequel j'oserai, plus tard, vous demander quelques conseils. Je veux écrire l'histoire de Charlemagne, et montrer toute l'influence qu'a exercée ce grand homme, pendant sa vie et après sa mort, sur la destinée du monde. Quand j'aurai rassemblé tous les matériaux nécessaires, j'espère que ce ne sera pas abuser de votre extrême bonté que de vous soumettre quelques questions.

« Recevez, Monsieur le vicomte, l'assurance de ma haute estime et de mes sentiments distingués.

« NAPOLÉON LOUIS BONAPARTE. »

Lorsqu'en 1848 le prince Louis Napoléon, nommé représentant du peuple, rentra en France et arriva à Paris, je dois dire qu'un de ses premiers soins fut de se présenter à l'Abbaye-au-Bois. Le hasard fit qu'il ne rencontra pas Mme Récamier chez elle. C'était après les journées de juin, M. de Chateaubriand venait de mourir, Mme Récamier était plongée dans la douleur ; elle ne vit pas, et ne chercha pas à revoir le prince, tout absorbé dans les combinaisons politiques qui devaient l'amener au pouvoir souverain.

J'ajoute ici deux billets échangés à la fin de 1840. l'année même qui vit juger le prince Louis Bonaparte, entre un poëte éminent, aujourd'hui proscrit, et M. de Chateaubriand.

VICTOR HUGO A M. DE CHATEAUBRIAND.

« 16 décembre 1840.

« Monsieur le vicomte,

« Après vingt-cinq ans, il ne reste que les grandes choses et les grands hommes, Napoléon et Chateaubriand.

« Trouvez bon que je dépose ces quelques vers à votre porte. Depuis longtemps vous avez fait une paix généreuse avec l'ombre illustre qui les a inspirés.

« Permettez-moi, Monsieur le vicomte, de vous

les offrir comme une nouvelle marque de mon ancienne et profonde admiration.

« Victor Hugo. »

M. DE CHATEAUBRIAND A VICTOR HUGO.

« Paris, 18 février 1840.

« Je ne crois point à moi. Monsieur, je ne crois qu'en Bonaparte. C'est lui qui a fait et écrit la paix qu'il a bien voulu me donner à Sainte-Hélène. Votre dernier poëme est digne de votre talent. Je sens, plus que personne, l'immensité du génie de Napoléon, mais avec ces réserves que vous avez faites vous-même dans deux ou trois de vos plus belles odes. Quelle que soit la grandeur d'une renommée, je préférerai toujours la liberté à la gloire.

« Vous savez, Monsieur, que je vous attends à l'Académie.

« Dévouement et admiration.

« Chateaubriand. »

L'hiver de 1840 à 1841 fut signalé par un grand désastre ; on n'a point encore oublié la destruction et les ravages que les eaux débordées du Rhône et de la Saône portèrent au milieu de la population désolée de notre industrieuse ville de Lyon. Le gouvernement, la France entière, la charité publique et la charité privée, émus au récit de tant de misères et de deuil, rivalisèrent d'efforts et de sacrifices pour leur venir en aide. M™e Récamier s'attendrit sur sa ville natale, et voulut contribuer pour sa part au soulagement de tant d'infortunes. Dans cette intention, elle organisa une soirée par souscription au profit des inondés. Elle avait le don d'exciter le zèle de ses amis ; d'ailleurs, les généreuses pensées sont contagieuses. Sitôt que le projet de M™e Récamier fut connu, il fut adopté avec empressement par toutes les personnes qui l'entouraient : on se disputait l'honneur de placer les billets. Le prix, d'abord fixé à vingt francs par personne, fut presque toujours dépassé ; c'était une émulation de charité et de curiosité, très-amusante et très-profitable aux inondés. En moins de dix jours 4,390 francs étaient recueillis.

La société russe, nombreuse à Paris cet hiver-là, contribua pour une large part à la bonne œuvre de M™e Récamier. Un homme excellent, d'un esprit supérieur et de l'âme la plus haute, dont j'ai plaisir à inscrire ici le nom, M. de Tourguénieff était le *placeur* des billets pour les Russes.

Il rendait ainsi compte de sa mission :

« Ce 4 février 1841.

« J'ai reçu trente-huit billets : voici 1,140 francs.
« Les trois billets de M™e la comtesse de Kisseleff et

« les trois de la comtesse de Nesselrode, pour lesquels
« je n'ai pas encore reçu l'argent, y sont compris.
« On m'en demande encore, je n'en ai plus. Si vous
« pouviez m'en envoyer un, vous obligeriez toute
« une famille.

« Tourguénieff. »

Lady Byron, de passage à Paris, paya cent francs
le billet qu'elle sollicita avec instance; elle n'en profita point, au moins pour assister à la soirée, mais
elle s'en fit un titre pour être reçue à l'Abbaye.
Mme Récamier, qu'elle vint voir deux fois, trouva un
très-vif intérêt dans la conversation de cette personne, à laquelle un lien malheureux avec un poëte
de génie avait valu une célébrité importune.

La société française ne mettait pas moins de vivacité dans son empressement, et les amis intimes de
Mme Récamier, heureux de s'associer à sa charitable
pensée, se distribuèrent les rôles, pour assurer le
succès d'une soirée dont ils voulaient tous être solidaires. Le duc de Noailles se chargea de la partie
des rafraîchissements, et envoya son maître d'hôtel
et ses gens pour en ordonner le service. Le marquis
de Vérac fournit les voitures et les domestiques qui
devaient être mis à la disposition des artistes. Il
écrivait à Mme Lenormant :

« Jeudi soir, 4 février.

« Vous pouvez assurer à madame votre tante
« que les voitures et les domestiques seront à sept
« heures précises chez M. Lablache, pour aller *en-*
« *suite* (ce qui d'après M. le maréchal Soult veut
« dire *simultanément*) chez M. Rubini et Mlle Leroy.
« Je vous prie d'agréer mes respectueux hom-
« mages.

« Le marquis de VÉRAC. »

M. de Chateaubriand lui-même, sortant de toutes ses habitudes, non-seulement veilla jusqu'à la fin de la soirée, mais dès huit heures il avait pris son poste à la porte du premier salon et en faisait les honneurs avec un entrain très-aimable.

La réunion qui s'était ainsi formée à la voix d'une femme offrait assurément tout ce qui pouvait exciter la curiosité, charmer les regards et mériter l'admiration. Dans ces salons dont le seul luxe consistait en objets d'art qui révélaient le goût exquis, mais un peu grave, de la maîtresse de la maison, se pressaient une foule de femmes jeunes, belles, élégantes, et des hommes qui presque tous portaient des noms illustres à des titres divers. Une estrade avait été placée pour les artistes, en face du tableau de *Corinne*. L'assemblée était compacte, et ce n'était qu'avec une extrême difficulté qu'on parvenait dans le grand salon. L'ambassadeur turc, Reschid-Pacha arrive; dans l'impossibilité de lui fournir une autre place, on lui indique la première marche de l'estrade où il s'asseoit, entouré, pressé et comme enseveli au milieu d'un flot de dentelles, de fleurs et de blanches épaules. Un étranger, qui se faisait nommer tous les personnages célèbres réunis à la fois chez Mᵐᵉ Récamier, avise cette longue barbe et cette belle tête de Reschid-Pacha; il demande quel est cet homme dont la figure le frappe. C'était le moment où Mˡˡᵉ Rachel se faisait entendre dans le rôle d'Esther qu'elle n'avait point encore abordé au théâtre. Impatientée de la question, la personne interpellée répond : « Hé, vous voyez bien que c'est Mardochée. » Cela fit rire.

Mᵐᵉ Pauline Viardot-Garcia, Rubini et Lablache s'étaient prêtés avec une grâce charmante à concourir à cette bonne œuvre. Électrisés par l'attention et les applaudissements d'un public d'élite, ils se surpassèrent. Pour Mˡˡᵉ Rachel, ce n'était point la première, et ce ne fut pas la dernière fois qu'elle fit entendre ses tragiques accents dans le salon de la vieille Abbaye. Elle y avait été présentée dans l'année qui suivit ses débuts à la Comédie française, et son jeune talent y fut accueilli par la plus vive admiration. Qui n'a point vu et entendu Mˡˡᵉ Rachel dans un salon, n'a qu'une idée incomplète de ses agréments de femme et de son talent d'actrice. Ses traits, un peu trop fins pour la scène, gagnaient beaucoup à être vus de plus près; sa voix avait bien quelque chose d'un peu dur, mais son accent était enchanteur. Elle proportionnait ses effets à la perspective d'un salon avec un merveilleux instinct ; il y avait dans sa mise un goût irréprochable, et certainement le comble de l'art fut la souplesse et la promptitude avec laquelle cette jeune fille sans éducation, étrangère au monde, dont elle ignorait les formes et les délicatesses, avait saisi les manières et le ton de la meilleure société.

Déférente avec dignité, naturelle et facile avec la plus gracieuse modestie, elle parlait de son art et de ses études d'une façon intéressante. Au reste, son succès dans le monde était immense; jamais actrice ne fut traitée par les femmes de la société avec plus de bienveillance et de prédilection. Mais elle se lassa de ces succès dans la bonne compagnie, et disparut des salons où elle avait été le plus gâtée. Elle ne cessa pourtant pas de venir à l'Abbaye-au-Bois, et témoigna toujours à Mme Récamier une profonde reconnaissance.

Nous nous sommes un peu étendu sur le récit de cette soirée donnée au profit des inondés de Lyon, parce que ce fut un des derniers rapports de Mme Récamier avec le monde et le public. L'année suivante, elle renouvela, mais pour ainsi dire sans sortir du cercle de ses relations personnelles, cet appel à la charité, et ne le fit pas avec une moindre réussite. Il s'agissait de rebâtir une portion du village de Cressin, — le berceau des Récamier, — détruite par un incendie.

M. Ballanche se chargea de faire passer au maire de Lyon le produit de la première soirée. En accusant réception du mandat de 4,390 francs qui lui était transmis, le maire voulut se rendre l'organe de la reconnaissance de la ville; il annonçait à M. Ballanche « qu'il s'était fait désigner par les curés les soixante familles les plus pauvres parmi celles qui avaient déjà été secourues comme victimes de l'inondation, et qu'il leur remettrait lui-même, au nom de Mᵐᵉ Récamier, les sommes de cent ou de cinquante francs qui leur étaient destinées. » Le vœu de Mᵐᵉ Récamier avait été en effet que la distribution de l'offrande de l'Abbaye-au-Bois fût concentrée dans un petit nombre de mains, et non point distribuée en fractions tout à fait insignifiantes; on s'y était religieusement conformé.

Après tout ce que j'ai dit de cette soirée, me sera-t-il permis de constater un petit fait d'un intérêt bien frivole peut-être et tout féminin? C'est le singulier succès de beauté que Mᵐᵉ Récamier eut dans cette brillante réunion de jeunes femmes : on trouva qu'elle les éclipsait toutes encore.

M. de Chateaubriand, que les médecins avaient déjà envoyé aux eaux de Néris en 1841, y retourna en 1842, et, comme l'année précédente, Mᵐᵉ Récamier passa le temps de son absence à la campagne, d'abord à Saint-James, dans le bois de Boulogne, puis à Maintenon où M. de Chateaubriand vint passer quelques heures au retour de Néris. Mais l'absence devenait d'autant plus pénible que M. de Chateaubriand ne pouvait presque plus écrire lui-même ; condamné à dicter, il était fort importuné de ce tiers que la nécessité plaçait entre sa pensée et son amie. Le ton de sa correspondance en est attristé, et malgré l'intérêt que présentent ses lettres, nous n'en citerons qu'un petit nombre.

M. DE CHATEAUBRIAND A Mme RÉCAMIER.

« Néris, 20 juillet 1842.

« Je fais ma dernière épreuve de voyage ; je m'attendais aux mécomptes. Il m'est inutile désormais de changer de gîte. Je rabâche à mes années ce que je leur rabâchais hier, et ces parentes sur l'âge me redisent ce qu'elles m'ont radoté cent fois ; puis nous nous tairons. La seule chose qui m'a fait plaisir a été de retrouver les hirondelles de la Loire ; mais elles ne sont pas restées, elles sont revenues ; dans l'intervalle de deux printemps, elles ont fait usage du ciel. Je ne sais pas ce qui se passe ; je m'arrangerais de cette ignorance, si je savais des nouvelles de votre santé.

« Je n'ai rencontré personne sur les chemins, hormis quelques cantonniers solitaires occupés à effacer sur les ornières la trace des roues des voitures; ils me suivaient comme le temps qui marche derrière nous en effaçant nos traces.

« Je voulais vous écrire de Briare, de Moulins, *car je ne sais où me sauver de vous*. Du moins, M⁽ᵐᵉ⁾ de Sévigné était heureuse de rencontrer M. Bascle dans la rue pour lui recommander sa fille. Mes recommandations, qui s'en soucierait? Mais priez vous-même pour votre serviteur, Dieu vous écoutera: j'ai foi dans ce repos intelligent et chrétien qui nous attend au bout de la journée. Que le jeune professeur auquel je suis tant attaché ne m'oublie pas; souvenir à M. Brifaut. Je ne parle point de mon ami M. Ballanche: il vit content, retiré dans sa gloire; il a au fond de *l'hermitage le vivre et le couvert*.

« Sachez-moi gré de vous avoir écrit de ma propre main. J'ai voulu voir si le voisinage de la fontaine me ferait déjà quelque chose. M. de Mortemart et M. de Castellane, le fils, sont ici. J'espère un tout petit mot de vous.

« Nous entendons parler de vos douleurs de Paris: pauvre duc d'Orléans! A quoi bon la jeunesse?

« Je parle comme le renard mutilé. »

Au milieu des tristesses qui environnaient M⁽ᵐᵉ⁾ Récamier, une joie lui était réservée dans cette même année : M. Ballanche avait inutilement sollicité une première fois les suffrages de l'Académie française ; à la mort d'Alexandre Duval, en 1842, il se présenta de nouveau, mais avec moins d'ardeur et un désir un peu attiédi de réussir ; cette fois il fut élu. Sa réception fut la dernière séance publique où M. de Chateaubriand consentit à paraître. M. Ballanche ne lut pas lui-même son discours de réception, c'est M. Mignet qui le prononça à sa place ; le bon Ballanche assistait à la séance avec le plus admirable sang-froid, et ce jour qui, pour le cercle de l'Abbaye-au-Bois, était un véritable événement, le laissa dans une parfaite indifférence. Debout à son banc avant la séance, il promenait ses regards sur la salle et sur le public, à travers son lorgnon, de l'air d'un homme absolument désintéressé de ce qui allait se passer.

Mme Récamier ne partageait pas son insouciance et jouit vivement de son succès.

Ce n'était pas que M. Ballanche, malgré sa candeur et sa simplicité, fût dépourvu d'intérêt pour sa gloire et sans désir de renommée. Il connaissait très-bien sa propre valeur, et la confiance qu'il avait dans le rang que lui assignerait la postérité le laissait fort calme sur les jugements des contemporains. D'ailleurs, ce qu'il mettait bien au-dessus d'un succès littéraire, c'était l'influence morale et philosophique qu'il voulait exercer. Entouré d'une sorte de petite église, il avait des adeptes, et M. de Chateaubriand l'avait surnommé l'*hiérophante*, en le badinant sur la petite secte politique et religieuse qui le reconnaissait pour chef.

Le fait est que, dominé par son amour de l'humanité, l'esprit rempli des plus nobles abstractions, obéissant, sans jamais calculer ses ressources, à une générosité qui ne connaissait pas de bornes, il avait petit à petit dissipé toute sa médiocre mais honorable fortune.

En 1833, M. Guizot, ministre de l'instruction publique, de son propre mouvement et sans aucune sollicitation, avait donné à M. Ballanche une pension littéraire de 1.800 francs; il était impossible de mieux placer une récompense de ce genre. Cependant M. Ballanche se résignait avec beaucoup de peine à la recevoir, et sans l'autorité de Mme Récamier, il eût abandonné cette pension qui pesait, disait-il, à sa conscience, parce que d'autres gens de lettres en avaient encore plus besoin que lui.

On le voit, cet admirable esprit, fait pour concevoir les plus belles théories de la métaphysique, qui devinait les règles de l'histoire et savait revêtir sa pensée d'une poésie si élevée, était hors d'état de diriger sa propre existence.

Outre le laisser aller de sa générosité, M. Ballanche avait encore un moyen infaillible de se ruiner: il était possédé de la passion des inventions en mécanique, et les essais en ce genre lui coûtaient fort cher. Pour donner une idée des illusions dont il pouvait se bercer en se livrant à son goût pour les machines, je vais copier une lettre qu'il écrivait à Mme Récamier, dont l'amitié et la raison s'inquiétaient également sur l'avenir de cet aimable, excellent et imprudent philosophe :

M. BALLANCHE A Mme RÉCAMIER.

« D'ici à la fin de l'année je serai dans une situation excellente, vous pouvez en être certaine. Je me trouve associé pour une assez bonne part dans une affaire très-considérable qui va enfin aboutir.

« Voici le fait :

« Nous sommes trois qui avons fourni à un ingénieur, dont le nom ne vous est point connu, M. de Précorbin, les moyens de parvenir à la solution du problème dont tant de gens s'occupent sans avoir pu encore le résoudre. Aujourd'hui il est parfaitement résolu. Il s'agit du plus grand pas qu'on ait fait faire jusqu'ici à la vapeur. Vous pouvez être certaine qu'il va résulter de cette nouvelle invention une amélioration immense dans tous les services où la vapeur est employée. Le système des chemins de fer va complétement changer et la navigation en recevra une notable amélioration. Nous sommes arrivés au point où les capitalistes n'ont plus qu'à s'occuper de l'exploitation. Ces capitalistes sont tout trouvés.

« Je ne me mêlerai en aucune façon de l'exploitation ; je ne serai là que pour participer aux bénéfices dans la proportion des avances que j'ai faites ; je suis même resté étranger au traité fait avec les capitalistes.

« Ce que je voulais, c'était de faire éclore une invention à laquelle j'ai cru, dès qu'elle m'a été expliquée.

« Quant à l'invention qui m'est personnelle, j'en crois le succès assuré. Comme invention, ce sera une fort belle chose, et elle aura je crois de très-grands résultats.

« En fin de compte, j'aurai accompli trois choses :

« Un monument littéraire qui sera ce que Dieu voudra ;

« Un appui utile donné à une sorte de régénération dans l'emploi de la vapeur ;

« Enfin, l'invention d'une machine qui sera un jour le point de départ de beaucoup d'autres inventions utiles : car c'est un moteur nouveau que j'introduis dans le monde industriel.

« Ma vie n'aura pas été sans importance. Prenez, je vous en conjure, patience jusqu'à la fin de l'année, et surtout ne vous inquiétez point de ma situation gênée en ce moment, pour être plus tard aisée. »

On comprend que les lettres ou les conversations dans lesquelles M. Ballanche croyait, par de semblables explications, tranquilliser Mme Récamier, étaient loin de rassurer son amitié.

En 1843, on fit faire à M. de Chateaubriand un nouvel essai des eaux : on l'envoya à Bourbonne-les-Bains; il se soumit, sans croire à l'efficacité du remède. Il écrivait de cette ville :

M. DE CHATEAUBRIAND A Mme RÉCAMIER.

« 30 juin 1843.

« J'ai fait mon voyage comme tout ce qu'on fait à regret en vous quittant. J'ai revu ce qui se voit partout, des champs d'une terre qui ne m'intéresse plus et des moissons qui ne seront plus pour moi : il y a bien longtemps que j'ai vu tout cela, et je n'aime à voir que vous. Sous un monceau de jours, on n'aperçoit l'horizon que sur des temps où l'on a passé. Me guérirai-je ici? Je l'écris rue du Bac [1]; mais on ne guérit point des années. J'en suis toujours à la même chanson. Nous sommes toute une bande de blessés ici, mais enfin je ne tarderai pas à vous revoir.

« Je vais aller me promener avec l'alouette, elle

1. A Mme de Chateaubriand.

vous chantera de mes nouvelles, puis elle se taira pour toujours sur le sillon où elle sera descendue. Voilà tout ce que ma pauvre main me permet d'écrire aujourd'hui. Mille choses à nos amis.

« Ne m'écrirez-vous pas un petit mot? Il me fera grand plaisir. Mon écriture s'est rapetissée, comme ma personne, je tiendrai bien peu de place. Gardez bien mon souvenir; il ne vous gênera pas. Si par hasard vous vous avisiez de m'écrire, c'est à *Bourbonne-les-Bains*. Que faites-vous, où avez-vous passé vos jours? Je me baigne demain pour la première fois. Est-ce un garçon ou une fille qu'aura eu Mme Lenormant? Je sais bien mes souhaits. »

LE MÊME.

« Bourbonne, 1er juillet 1843.

(*Dictée*). « Vous avez donc la pensée de m'écrire de votre propre main, lorsque de mon côté je griffonnais la petite lettre que vous avez reçue. N'est-il pas merveilleux de s'entendre ainsi? Je pense tout ce que vous pensez. Je ne pense plus qu'à Venise : c'est là qu'il nous faut finir, dans une ville qui nous appartient. Nous ne trouverons aucune résistance pour ce projet dans la rue du Bac; alors, faites provision de santé et de courage.

« Je n'essaierai les eaux ici que lundi prochain;

à la vérité, je n'en espère rien du tout. Je n'ai qu'un seul espoir gravé dans le cœur : celui de vous revoir. Aujourd'hui je n'ai rien fait ; j'ai voulu aller voir le cimetière pour me divertir ; je n'ai pas pu y parvenir, et pour avoir marché une trentaine de pas, je suis rentré chez moi mourant de fatigue. Voilà où j'en suis ; mais peu importe, le cœur me reste, et c'est la seule bonne chose que je possède ; vous savez s'il est à vous.

« Le maréchal Oudinot sort de chez moi avec sa femme ; il a été remplacé par le maréchal Bourmont avec son fils. Ces deux mondes n'ont point de répugnance pour moi, parce que je n'ai rien à leur demander. Il y a ici une Mme de Menou : je croyais que Mme de Menou venait de mourir dernièrement en Italie ; c'est là aussi que j'espère que nous irons mourir.

« 2 juillet.

« Je reçois ce matin une lettre de Mme de Chateaubriand ; vous lui avez parlé trop tôt de Venise et comme si vous vouliez y consentir. Je veux quitter la France pour toujours, cela ne s'exécute pas dans les vingt-quatre heures. Le temps a mis des réflexions dans ma vie : je ne puis ni être prêt, ni décider ma femme, pourtant très-consentante, avant l'année prochaine. Il faut que l'hiver passe encore sur nous. Nous nous envolerons à travers les Alpes au retour du rossignol.

« C'est demain décidément que je commence à me baigner, chose la plus inutile du monde. »

LE MÊME.

« Bourbonne, 6 juillet.

(*Dictée*). « C'est encore moi pour vous dire d'aller voir Mme de Chateaubriand qui se plaint de ne pas vous voir. Que voulez-vous ? puisque vous vous êtes associée à ma vie, il faut la partager tout entière. Que faites-vous ? Où êtes-vous allée ?

« Ma mauvaise santé a bien dérangé notre année, mais c'est aussi la dernière fois. Il me restait quelque chose à essayer : maintenant j'aurai la conscience aussi nette, que je savais d'avance l'inutilité de ma course. Ne dites pas cela rue du Bac ; on rabâcherait des Pyrénées où tout se serait passé exactement comme ici. C'est beaucoup que de m'en tirer tout juste comme je m'en tire, sans avoir à supporter les maux que la pauvre vicomtesse de Noailles avait attrapés à Carlsbad.

« Je ne fais rien du tout ici, il ne m'est pas venu la moindre inspiration ; je suis seulement persécuté et enchanté des fables de La Fontaine qui me reviennent incessamment à l'esprit :

« Passe encore de bâtir, mais planter à cet âge !

« Je vais profiter ce matin de la clef du cimetière que l'on m'a prêtée. Je suis du reste traité ici comme partout, beaucoup trop bien. Ce qui m'a le plus touché, ce sont neuf collégiens qui sont venus me visiter du collège de La Marche, à quatre lieues d'ici, et auxquels j'ai été obligé de donner un billet pour affirmer qu'ils étaient bien venus me voir, afin de leur éviter une pénitence.

« Quand vous viendrez me chercher, je vous donnerai aussi un petit mot pour vous excuser auprès de vos amis.

« Mon bain ce matin m'a fait assez de bien; c'est le quatrième, mais ils me semblent encore affaiblir mes pauvres jambes. Nous irons chercher une gondole à Venise.

« Je suis charmé de ce que vous me dites de M. de Noailles, car je lui suis très-réellement attaché. Ne m'oubliez pas auprès de tous nos amis; Ballanche le philosophe n'a besoin que de lui, mais je tiens à M. Lenormant et à M. Ampère par ma faiblesse.

(*Et de sa main.*) — « Je veux finir par deux mots de mon écriture pour vous prouver que je vis encore pour vous. Il est bien fâcheux d'en être réduit là. »

LE MÊME.

« Bourbonne, 12 juillet 1843.

(*Dictée.*) — « Je comptais vous écrire de ma main, mais j'avais compté sans mon hôte. Les douches, qui me fatiguent horriblement, ont enlevé le reste de ma force. Vos jugements sont bien sévères sur la rue du Bac, mais songez aux différences d'habitudes. Si vous jugez comme des niaiseries ce qui occupe de ce côté-là, on juge aussi comme des niaiseries ce qui vous occupe de votre côté : il ne faut que changer de point de vue.

« Rien, je vous assure, ne m'intéresse ici. Il m'est venu hier des collégiens qui m'ont fait de la musique dans la rue. Je ne sais, du reste, s'il existe quelques personnes ici : ce qu'il y a de sûr, c'est que j'ai fermé ma porte, et que je ne vois pas un chat. *Votre heure* ne sera jamais employée que pour vous. Hélas! que votre vie ne soit pas dérangée par mon absence : j'approche du terme où vous n'aurez plus qu'à penser à moi pour toujours.

« Je suis à ma troisième douche. Elles m'accablent; mais je ne veux pas qu'on ait rien à me reprocher : on ne dira plus que je ne fais rien, parce que je ne crois à rien.

« Que vous êtes bonne de m'écrire! et je suis si

touchée de votre écriture lassée, que je veux vous en remercier par un mot de la mienne

« Quand donc Amélie aura-t-elle un successeur de plus? Il faut être bien jeune pour se tromper d'un si grand nombre de jours. Vous allez revoir les Noailles, je vous en félicite.

(*Et de sa main.*) — « Conservez-moi bien votre attachement, c'est toute ma vie. Vous voyez comme ma pauvre main tremble, mais j'ai le cœur ferme. »

LE MÊME.

« Bourbonne, 14 juillet.

(*Dictée.*) — « Grand merci mille fois de votre petit mot du 12, toujours de votre propre main : cette religion des souvenirs me ravit. Ah! la pauvre Vallée[1]! il n'y a plus assez de hauts sentiments dans le monde pour me la rendre jamais. Au reste, qu'y ferais-je sans vous? Ce ne serait ni Châtenay ni Aunay où je retrouverais ce que j'ai perdu. Là commence aujourd'hui un monde que je méprise et avec lequel je n'ai rien de commun.

« J'en suis toujours à ma petite fumée du soir sur la cheminée d'une chaumière et à deux ou trois

---

1. La Vallée-aux-Loups, près de Sceaux, charmante solitude que M. de Chateaubriand, au retour de la Terre Sainte, s'était plu à arranger, et où il écrivit *les Martyrs*.

hirondelles qui sont, comme moi, ici en passant.

« Les collégiens sont revenus en masse avec leurs professeurs à leur tête. Ils ont exécuté eux-mêmes, sous mes fenêtres, des airs sur des instruments à vent. Ils jouaient réellement à ravir. De mon temps, nous autres grimauds, nous chantions à l'unisson :

> « Quand le roi partit de France,
> En malheur il partit.
> Il en partit le dimanche,
> Et le lundi il fut pris.

La rime n'était pas riche, mais la France était là tout entière. Des grimauds s'attendrissant sur la bataille de Pavie, qui s'était donnée deux cent vingt ans avant eux, cela vaut mieux que la chapelle élevée à la mémoire de M. le duc d'Orléans, surtout quand on a abattu avec tant de courage la chapelle commencée en souvenir de la mort du duc de Berry. Que nous sommes pleins de conséquence, nous autres Français! que nous sommes dignes de la liberté, et quels nobles transports nous animent contre l'esclavage où nous vivions il y a cinquante ans!

« Eh! bon Dieu, que vous dis-je là? pourquoi viens-je mêler des choses si étrangères à votre mémoire? C'est qu'elle me reporte naturellement à tout ce qu'il y a de bon et de beau.

« Bonsoir pour aujourd'hui. Je vais aller voir un pinson de ma connaissance qui chante quelquefois dans les vignes qui dominent mon toit.

« Vers la fin du mois j'espère être auprès de vous.

« Vous me contez gaiement que vous ne voyez plus que des femmes qui ne vous plaisent guère : moi, j'en suis aux curés qui m'envoient des framboises ; si du moins je vous les pouvais porter !

« Je vis ici sur mon passé : il n'est question que du *Génie du christianisme*, que je barbouillais il y a plus de quarante ans.

(*Et de sa main.*) — « Mon petit mot maintenant, c'est ma signature. Ma main tremble fort du choc de la douche. A bientôt. »

LE MÊME.

« 19 juillet 1843.

« Ma main allait mieux hier, parce que j'avais eu une nuit plus tranquille : n'importe, je tiens à vous écrire ce matin. Je vous remercie de votre lettre du 16, mais je crains que vous ne vous fassiez mal en vous fatiguant pour m'écrire. J'étais bien sûr que c'était vous qui aviez poussé M. Ampère, et je vous en remercie. Je me remettrai en route pour vous revoir la semaine prochaine, vers la fin. Il nous restera bien des jours à l'automne, nous verrons ce que nous en ferons. Pouvez-vous me lire ? J'en doute. Mais aimez-moi un peu du plaisir que j'ai à causer, même de loin, avec vous. Votre lettre était un peu rude, mais elle m'allait au cœur par l'intérêt que vous prenez à ma triste vie. A vous et à bientôt.

« Mme de Chateaubriand de son côté me dit mille biens de vous : voilà comme vous me tenez enchaîné de toutes parts. »

(*P.-S. dicté.*) — « Mais vous ne m'avez rien dit de Mme Lenormant : est-elle enfin accouchée ? se porte-t-elle bien ? le nouveau-né est-il Mlle ou M. Lenormant ? Vous savez combien je tiens à ce dernier par ses chrétiennes opinions. »

A son retour des eaux de Bourbonne, au mois d'octobre 1843, M. de Chateaubriand reçut de M. le comte de Chambord la lettre qu'on va lire. Accablé par les infirmités dont le poids se faisait cruellement sentir à cette imagination restée si poétique et si vive, il se rendit néanmoins avec empressement à l'appel de son jeune prince.

M. LE COMTE DE CHAMBORD A M. LE VICOMTE DE CHATEAUBRIAND.

« Magdebourg, le 30 septembre 1843.

« Vous savez, Monsieur le vicomte, que je désire depuis longtemps vous voir pendant quelque temps auprès de moi. Des obstacles qui m'ont vivement contrarié s'y sont opposés jusqu'ici, mais une circonstance, qui me paraît favorable, s'offrant à moi, je m'empresse d'en profiter pour faire appel à votre dévouement. Après y avoir mûrement réfléchi, je me suis décidé à aller en Angleterre. Sans doute on peut faire des objections contre ce voyage, surtout dans le moment présent ; mais il m'a paru que je devais avant tout chercher à me rapprocher de la France, et à entrer en relation avec les hommes qui peuvent le plus m'aider de leurs bons conseils et de leur influence.

« Je serai à Londres dans la première quinzaine de novembre, et je désire bien vivement qu'il vous soit possible de venir m'y rejoindre : votre présence auprès de moi me sera très-utile et expliquera mieux que toute autre chose le but de mon voyage. Je serai heureux et fier de montrer auprès de moi un homme dont le nom est une des gloires de la France, et qui l'a si noblement représenté dans le pays que je vais visiter.

« Venez donc, Monsieur le vicomte, et croyez bien à toute ma reconnaissance et au plaisir que j'aurai à vous parler de vive voix des sentiments de haute estime et d'attachement dont j'aime à vous renouveler ici la bien sincère assurance.

« HENRY.

« Mes compliments affectueux, je vous prie, à Mme la vicomtesse de Chateaubriand. »

M. DE CHATEAUBRIAND A Mme RÉCAMIER.

« Boulogne, ce 21 novembre 1843.

(*Dictée.*) — « Je voulais vous écrire de ma propre main, mais je suis si las que je suis forcé de dicter à M. Daniélo. Je pars demain matin à sept heures pour l'Angleterre. J'ai reçu il y a trois jours votre excellente lettre; tout va bien jusqu'ici. Une députation de la ville est venue me voir.

« Adieu, conservez-moi bien votre amitié, pour que je la retrouve tout entière à mon retour. Que j'aurai de choses à vous dire! J'ai vu la *Gazette*. Remerciez pour moi M. Genoude, si vous le voyez.

« Mille choses à mes jeunes et à mes vieux amis.

« CHATEAUBRIAND. »

LE MÊME.

« Boulogne, 22 novembre 1843.

(*De sa main.*) — « Je suis encore ici retenu par le vent, mais je ne voudrais pas vous sacrifier pour obtenir ce que le ciel me dénie. Les autorités m'ont comblé ici, et je pourrais les emmener avec moi. Vous voyez par mon écriture combien je souffre en vous écrivant. Aimez-moi un peu malgré les vents et les orages. Je vous écrirai de Londres. Le temps est affreux : ne le dites pas à Mme de Chateaubriand.

« Mes souvenirs aux amis. »

Mme DE CHATEAUBRIAND A M{mè} RÉCAMIER.

« Lundi, 1843.

« Voici, Madame, l'adresse de M. de Chateaubriand : 35, Belgrave square. Je viens de recevoir une lettre du voyageur, la plus triste du monde ; je ne sais à quoi attribuer ce changement dans ses idées depuis hier : s'il vous écrit, veuillez être assez bonne pour me faire dire s'il vous parle de sa santé.

« Je n'ai pas besoin de vous renouveler, Madame, la tendre expression de tous mes sentiments.

« La vicomtesse DE CHATEAUBRIAND. »

M. DE CHATEAUBRIAND A Mme RÉCAMIER.

« Londres, vendredi 24 novembre 1843.
Albemarle street, York's hotel.

(*Dictée.*) — « Me voilà rassuré ! j'ai une lettre du jeune prince qui malheureusement ne revient que lundi. Il se dit disposé à prendre mes conseils. Hélas ! le pauvre exilé ne peut attendre de moi que mon dévouement inutile. Londres, du reste, me semble triste à la mort : c'est toujours ce brouillard permanent, mais auquel je m'étais fait, lorsque je me nourrissais de chimères. Tout en détestant ce pays, je n'ai pu m'empêcher d'admirer cette puissance créée par des vaisseaux qui transportent sur toutes les mers l'industrie et le pavillon britanniques. Il ne restera de tout ceci qu'une lettre de change non acquittée.

« Je n'écris pas moi-même ce matin, parce que hier j'ai écrit trop mal pour me risquer à ce que vous ne puissiez pas encore me lire aujourd'hui. Je ne possède plus qu'une pensée toujours fidèle à vous, le reste me manque. Si je pouvais décider le jeune prince à retourner promptement dans une autre terre étrangère, ce changement d'exil me conviendrait autant que malheur peut convenir.

« Je ne puis vous dire les soins que l'on a pour moi. J'en suis ravi, mais j'en pleure. Demain j'irai revoir les jardins tristes où j'ai tant rêvé ! et pourtant je ne vous connaissais pas. Je ne sais encore ce que l'on dit dans les journaux, si par hasard on parle de moi. Sur ce grand chemin du monde, le voyageur passe et n'est pas aperçu : tant mieux, le bruit m'est à présent antipathique. Vous voyez, j'espère, Mme de Chateaubriand, elle vous dira ce que je lui ai écrit. Vous ne lui direz pas que je suis très-souffrant ; ce ne sera rien : c'est la fatigue de la mer et l'effet de la saison. Ne m'oubliez pas : écrivez-moi à l'adresse que vous trouverez au-dessous de la date de cette lettre.

« Chateaubriand. »

LE MÊME.

« Londres, dimanche 26 novembre 1843.

(*Dictée.*) — « C'est aujourd'hui dimanche, et le courrier ne part que demain lundi. J'habite maintenant l'appartement que Mme de Lévis m'avait préparé, par ordre, chez le prince, qui arrive demain. Je suis allé promener ma tristesse dans Kensington, où vous vous êtes promenée comme la plus belle des Françaises. J'ai revu ces arbres sous lesquels René m'était apparu : c'était une chose étrange que cette résurrection de mes songes au milieu des tristes réalités de ma vie. Quand je rêvais alors, ma jeunesse était devant moi, je pouvais marcher vers cette chose inconnue que je cherchais. Maintenant je ne puis plus faire une enjambée sans toucher à la borne. Oh! que je me trouverai bien couché, mon dernier rêve étant pour vous! Je suis inquiet de mon entrevue de demain, je vous en parlerai mardi. Soignez bien, je vous prie, Mme de Chateaubriand. J'espère toujours me mettre en route pour vous rejoindre à la fin de cette semaine.

« Lundi 27.

« Je reçois à l'instant votre petite lettre du 25. Le prince arrive ce soir, je vous en dirai un mot demain.

« CHATEAUBRIAND. »

LE MÊME.

« Londres, ce 28 novembre 1843.

(*Dictée.*) — « Je voudrais vous donner beaucoup de détails ce matin; mais je suis trop ému par la confusion de mes sentiments et de mes pensées. Qu'est-ce que c'est qu'un jeune prince de vingt-trois ans, le dernier d'une race la plus longue qui ait jamais passé sur la terre? A notre première entrevue, qui, je l'espère, aura lieu à la fin de cette semaine ou au commencement de l'autre, je vous dirai tout ce que j'ai observé. Dites, je vous prie, à tous nos amis que rien n'est changé dans mes dispositions pour eux, et qu'au moment où la toile se baisse sur le dernier acte de ma vie, où je me retire de ce spectacle qui a commencé pour moi il y a cinquante ans dans ce pays, c'est toujours la même chose : les décorations sont toujours à peu près les mêmes, les machinistes seuls ont changé.

« Le prince me presse beaucoup de rester, je lui obéirai tant qu'il croira que je suis pour lui un abri.

« Bonjour à vous et à tous les amis. Je suis bien mauvais nouvelliste : je suis si vieux qu'il n'y a plus rien à attendre de moi. J'aurais bien à vous rendre compte d'une séance d'aujourd'hui, où le jeune homme s'est montré admirablement, où il n'a pas commis une seule faute ; mais peu vous importe à vous, habitants de la France ; je ne vous demande qu'un souvenir.

« Chateaubriand. »

LE MÊME.

« Londres, 29 novembre 1843.

(*Dictée.*) — « Je n'ai pu vous écrire hier : la journée a été si variée que je n'ai pu qu'en dire un mot en courant à Mme de Chateaubriand. Le fait est que l'on veut bien me garder comme un bouclier, et que toutes les fois que je parle de partir, on en appelle à mon dévouement. Il paraît en définitive que je pourrai me mettre en route du 10 au 20, et que je pourrai avoir le bonheur de célébrer les fêtes de Noël avec vous. Le jeune prince me comble, et, pour dire la vérité, je ne connais pas de jeune homme plus gracieux. Malheureusement je réponds mal à tant de bontés : je suis si souffrant que je n'ai pu dîner encore avec mon hôte du VIIIe siècle. Je contemple avec une vénération attendrie ce vieux temps déguisé sous la figure du printemps.

« Au reste, les parades ici seraient à crever de rire, si ce n'était à mourir de honte[1] : tout se cache, tout a fui. Malgré les gardes et une énorme puissance, on n'a pas cru devoir attendre la peste sous la figure d'un pauvre orphelin de vingt-trois ans. Aussi pourquoi ce voyageur n'avait-il pu essuyer ses pieds empreints de la poussière de Versailles?

« L'Angleterre n'entre pas dans toutes ces misères : elle salue l'héritier de Louis XVI, comme je l'ai vu ôter son chapeau à de vieux prêtres catholiques, mes compagnons d'exil : tant la liberté donne de noblesse !

« On m'a dit que, quand je serais parti, le *Journal des Débats* se préparait à une attaque; j'en suis fâché, mais je ne pourrais qu'écraser Armand Bertin avec le cercueil de son père[2].

« Voilà tout ce que j'ai à vous dire ce matin en me levant; avec ce qu'aura pu vous dire Mme de Chateaubriand, vous savez toute notre histoire. Hier, le prince a reçu une multitude de Français de tous les rangs accourus pour le voir. Je conçois que l'on doit trouver cela bien insolent de votre côté de la Manche. Empêcher les gens de dormir n'est pas bon : on devrait respecter le sommeil de l'innocence.

« Hélas ! tout cela sont des paroles; c'est du

---

1. La cour avait quitté Londres.
2. Les craintes de M. de Chateaubriand n'étaient pas fondées.

roman qui n'empêche pas le monde de marcher : c'est juste, mais je voudrais qu'on ne fût pas tant en colère contre de vieux souvenirs.

« On aurait pu saluer le jeune fantôme des temps écoulés, et les rois n'auraient pas dû insulter sur son passage un voyageur qui n'a pour appui qu'un sceptre cassé dans sa main. Ils rient, et ils ne voient pas qu'on ne veut plus d'eux, et que le temps les obligera bientôt à prendre la route de cette grande race royale qui les protégeait et qui leur donnait une vie qu'ils n'ont plus.

« Adieu pour ce matin. Vous voyez que je vous suis fidèle. Je ne sais ce qu'on dit de *nous* : ce qu'il y a de sûr, c'est qu'il ne nous est pas échappé une faute ; ce qu'il y a de très-bon, c'est que les voyageurs ne sont pas gentilshommes : c'est de la bonne bourgeoisie, qui tient les marquis en respect, s'il y a des marquis.

« Une heure et demie.

« Je viens de recevoir la récompense de toute ma vie : le prince a daigné parler de moi, au milieu d'une foule de Français, avec une effusion digne de sa jeunesse. Si je savais raconter, je vous raconterais cela ; mais je suis là à pleurer comme une bête.

« Protégez-moi de toutes vos prières.

« CHATEAUBRIAND. »

LE MÊME.

(*Dictée.*) — « Je reçois votre lettre du 30, et je pars mercredi ou jeudi pour vous rejoindre. N'est-ce pas là la meilleure réponse que je vous pouvais faire? Vous aurez la déclaration de mon prince dans les journaux; je m'en vais ravi et plein d'espoir, si, à mon âge, on pouvait encore être à l'espérance. Je vais me retrouver dans votre salon avec nos bons amis.

« Chateaubriand. »

En avançant dans ce récit, en évoquant par le souvenir les années qui ont mesuré la fin de ces nobles existences, nous sommes saisi d'une telle tristesse, que si nous n'étions pas soutenu par le sentiment de grandeur morale que présente un tel spectacle, le courage nous manquerait à le retracer.

Témoins de l'empire qu'elle a exercé pendant un demi-siècle sur la société française, les contemporains de Mme Récamier se sont plus d'une fois demandé quelle était la magie qui avait pu maintenir dans ses mains un sceptre incontesté, alors que la beauté, la jeunesse, la fortune, tous les dons éclatants qui donnent l'influence, lui avaient successivement été enlevés. La puissance de Mme Récamier lui venait de son âme : elle a régné par la bonté, par l'oubli d'elle-même, par le dévouement absolu à ses affections; elle a commandé par la douceur autant que par cette rectitude, ce sentiment intime du devoir, dont elle n'appliquait la rigueur qu'à elle-même.

La santé de Mme Récamier était restée très-affaiblie depuis l'année 1839, et vers la même époque, on s'aperçut qu'une cataracte se formait sur ses yeux. Cette cécité commençante, dont le voile allait s'épaissir assez rapidement, l'inquiétait d'autant plus qu'elle craignait de se trouver par là moins en état d'être utile à M. de Chateaubriand, et de perdre ainsi les moyens de le distraire. Déjà elle ne lisait plus qu'avec beaucoup de difficulté et de fatigue, quoiqu'elle écrivît encore, et pût parfaitement se conduire seule.

Au reste, ayant l'ouïe d'une remarquable finesse, et craignant par-dessus tout d'occuper les autres de ses infirmités, Mme Récamier, même lorsque sa cécité fut complète, la dissimula bien longtemps aux indifférents. Ses yeux n'avaient pas sensiblement perdu leur éclat, et avec un tact sans égal, elle reconnaissait, à l'instant même et à la première inflexion de voix, les personnes qui s'approchaient d'elle. Son valet de chambre avait le soin de ranger dans un ordre toujours le même les meubles de son salon, ce qui permettait qu'elle y circulât, parce qu'elle savait les obstacles qui se rencontraient sur sa route, et bien des gens, en l'entendant parler de ses « pauvres yeux, » imaginaient seulement que sa vue était moins bonne que par le passé.

Mais elle n'en était pas là encore au printemps de 1844, lorsque le désir de faire changer d'air aux enfants de Mme Lenormant qui venaient d'avoir la rougeole, décida Mme Récamier à s'établir de trèsbonne heure à la campagne. Pour ne pas déranger les habitudes de M. de Chateaubriand, et ne pas s'éloigner de ses autres amis, elle loua à Auteuil une maison où la colonie de l'Abbaye-au-Bois se transporta dès le 1er mai. La maison voisine, qui était celle même du célèbre peintre Gérard, était habitée par M. Guizot, avec sa mère et ses trois enfants. Le lien de la plus étroite et respectueuse amitié unissait Mme Lenormant à Mme Guizot, et depuis longtemps il s'était formé un rapport indirect de bienveillance et d'intérêt entre cette vénérable amie de sa nièce et Mme Récamier. Mais on en restait à cet échange de bons procédés, retenu qu'on était de part et d'autre par la position délicate d'un ministre du roi Louis-Philippe, vis-à-vis d'une opposition aussi prononcée que celle de M. de Chateaubriand.

M. Guizot mettait une grâce fort aimable à entretenir cette sorte de relation, en permettant à ses enfants, qu'il n'accordait à personne, de prendre leur part de toutes les fêtes où Mme Récamier se plaisait chaque année à réunir les jeunes amies de ses petites nièces.

Le voisinage amena naturellement à Auteuil des rapports directs et personnels. Mme Récamier reçut, et devait recevoir, une impression très-vive de la présence de Mme Guizot. Il est bien rarement donné, en effet, de rencontrer une nature plus distinguée. Austère et passionnée, cette âme héroïque avait toutes les délicatesses de la sensibilité, et gardait à quatre-vingts ans une vivacité d'esprit, une chaleur d'enthousiasme, une grâce de bonté merveilleuses. La rigidité de son costume qu'elle avait adopté dans la fleur de sa jeunesse, au moment où son mari avait péri sur l'échafaud, ajoutait à l'éclat de ses beaux yeux, limpides et brillants comme à vingt ans. Mme Guizot exprima à Mme Récamier une admiration très-sentie pour le talent de M. de Chateaubriand, et, à quelques jours de là, on s'arrangea pour que la visite quotidienne de l'auteur de tant de chefs-d'œuvre si bien loués et si bien appréciés se passât dans le jardin où Mme Guizot vint aussi. Cette entrevue de la mère de M. Guizot et de M. de Chateaubriand fut extrêmement courtoise, intéressante, et leur avait laissé à l'un et à l'autre un sentiment d'attrait et de sympathie.

M. de Chateaubriand apporta même peu de temps après le manuscrit de la première partie de ses

Mémoires, pour que Mme Lenormant en fît la lecture à Mme Guizot.

Après trois mois de séjour à Auteuil, Mme Récamier retourna à Paris, Mme Lenormant partit pour le département de l'Eure où sa tante la rejoignit le 1er septembre.

Mme Récamier lui écrivait le 27 août 1844 :

« Je te remercie de ta lettre, ma chère enfant,
« elle m'a rassurée. J'ai fait une visite à Auteuil;
« j'ai demandé un secours pour la vieille dame de
« mon couvent de Versailles. Deux jours après,
« Henriette[1] m'a écrit que le secours était obtenu.
« Tout cela s'est fait avec une obligeance, une grâce
« charmantes. J'irai incessamment la remercier, mais
« il me semble que c'est toi aussi que je dois remer-
« cier. Il faut regarder comme un bonheur d'avoir
« rencontré dans sa vie une personne aussi parfaite
« que ta vieille et sainte amie. Je la trouve si bonne
« et si aimable que j'ai pour elle autant de goût que
« de vénération. Les jeunes personnes étaient dans
« l'atelier de Mlle Godefroid[2] occupées à peindre des
« fleurs pour la fête de leur père.

« A présent, chère enfant, je rêve de te faire au
« moins une visite de quelques jours. Bientôt, j'an-

---

1. Fille aînée de M. Guizot.
2. L'amie et l'élève favorite de Gérard, enlevée par le choléra en 1849.

« noncerai à mes amis que je pars pour la Nor-
« mandie. »

Le goût que Mme Récamier avait toujours eu pour la campagne devenait plus vif avec les années ; retenue à Paris par la présence de M. de Chateaubriand qu'elle ne voulait point abandonner au découragement, ces courts intervalles de repos, loin de toute espèce de monde, de bruit, de contrainte, étaient pour elle une vraie jouissance ; elle y puisait des forces pour la vie si fatigante qu'elle s'était imposée. Elle exprimait ce sentiment à sa nièce dans le billet que nous transcrivons :

« Versailles, 5 octobre 1844.

« Paul a dû t'écrire, ma chère enfant ; mais je
« veux te dire moi-même le souvenir si doux que
« je garde de mon séjour auprès de toi. Tout mon
« désir serait de recommencer ; j'ai mieux joui de
« toi dans cette solitude que je ne l'avais fait depuis
« longtemps ; tes enfants aussi ont été charmants.
« Jamais je n'ai tant désiré ce qui peut nous réunir. »

A l'exception de M. Ampère, qui voyageait en Égypte, l'hiver rassembla de nouveau autour de Mme Récamier tous les amis dont les existences identifiées avec la sienne formaient cet ensemble qui empruntait d'elle l'âme et la vie.

L'emploi des journées de Mme Récamier était invariablement réglé ; eût-elle été par caractère moins disposée qu'elle ne l'était à des habitudes méthodiques, la ponctuelle régularité de M. de Chateaubriand eût entraîné la sienne. Il arrivait tous les jours chez elle à deux heures et demie ; ils prenaient le thé ensemble, et passaient une heure à causer en tête à tête. A ce moment, la porte s'ouvrait aux visites : le bon Ballanche venait le premier, et d'ordinaire avait déjà vu Mme Récamier ; puis un flot plus ou moins nombreux, plus ou moins varié, plus ou moins animé d'allants, de venants, au milieu desquels se retrouvait le groupe des personnes accoutumées à se voir chaque jour, quelques-unes plusieurs fois par jour, et, comme le disait M. Ballanche, à *graviter vers le centre* de l'Abbaye-au-Bois.

Avant l'*heure* de M. de Chateaubriand, Mme Récamier faisait une promenade en voiture, quelques courses de charité, ou l'une de ces rares visites qui ne la conduisaient plus guère, dans les dernières années, que chez Mme de Boigne ou chez sa nièce. Réveillée de fort bonne heure, et ayant toujours donné beaucoup de temps à la lecture, sa première matinée était consacrée à se faire lire rapidement les gazettes, puis les meilleurs parmi les livres nouveaux, enfin à relire : car peu de femmes ont eu, au même degré, le sentiment vif des beautés de notre littérature, et une connaissance plus variée des littératures modernes.

On peut se rappeler quelle importance M. de Montmorency avait attachée à faire adopter à son amie l'usage d'une lecture quotidienne de piété. C'était au moment où la jeunesse, la mode, l'encens des hommages les plus enivrants formaient autour d'elle une atmosphère de dissipation que, pour se conformer au désir d'un homme qu'elle vénérait, Mme Récamier avait contracté cette habitude ; elle ne la négligea à aucune époque, et y puisa tour à tour la force et la résignation dont elle eut besoin.

Au printemps de 1845, M. de Chateaubriand voulut revoir une dernière fois *son jeune roi*. Il se rendit donc à Venise à la fin de mai, et passa quelques jours auprès de M. le comte de Chambord ; mais c'était l'effort suprême de sa fidélité.

En le voyant partir dans l'état de faiblesse où le réduisaient les infirmités, Mme Récamier s'était fort inquiétée du voyage.

M. de Chateaubriand le supporta beaucoup mieux qu'on ne l'avait espéré.

Il dicta de Venise la lettre suivante :

« Venise, juin 1845.

(*Dictée.*) — « J'allais partir : les embrassements et les prières du jeune prince me retiennent. Mes jours sont à lui, et quand il ne demande qu'un sacrifice de vingt-quatre heures, où sont mes droits pour le refuser? C'est vous, si vous m'aimez réellement, qui avez le droit de vous plaindre.

Je vais passer cette journée à revoir ces îles que j'ai déjà vues. Quand je passai par ici, il y a quelques années, on montrait encore, au milieu du grand canal, un écriteau qui portait que lord Byron avait passé là. L'écriteau a déjà disparu, et il n'est pas plus question du grand voyageur insulaire que d'un pauvre pêcheur des lagunes.

« Adieu ; je vous aime, vous le savez bien. Permettez-moi de vous le redire une dernière fois.

« CHATEAUBRIAND. »

Revenu à Paris, il écrivait :

LE MÊME.

« Dimanche matin.

(*Dictée.*) — « J'étais si horriblement fatigué de mes quarante lieues de pavé, en arrivant hier, que je n'avais point lu les journaux du matin : c'est tout à l'heure, en m'éveillant, que je vois que vous avez perdu votre ami le prince Auguste de Prusse. J'irai à notre heure, si vous comptez encore notre heure pour quelque chose, causer de votre ami avec vous.

« J'ai trouvé ma pauvre femme bien changée : c'est elle qui ne marche plus. A quoi bon mes jambes si elles revenaient, si mes amis n'en ont plus?

« C'est pourtant une grande joie d'être si près de vous et de vous revoir.

« Chateaubriand. »

Une lettre de M. Alexandre de Humboldt avait annoncé, en effet, à Mme Récamier la mort du prince Auguste de Prusse, et l'instruisait des dernières volontés de cet ami aussi fidèle que loyal et profondément dévoué; d'après l'ordre du prince, on renvoya à Mme Récamier son beau portrait de Gérard et ses lettres.

Il vient ainsi un âge douloureux où chaque année marque sa trace par la perte d'un des compagnons de notre jeunesse, où chacune de ces pertes, en nous apportant sa douleur propre, s'envenime de toutes les douleurs dont elle réveille l'écho dans nos âmes. Mme Récamier était arrivée à cet âge cruel, et ne s'en attachait qu'avec plus de tendresse aux affections que la providence lui laissait encore. Comme l'année précédente, elle alla prendre quelque repos à la campagne. Mais ce repos, de plus en plus nécessaire à sa santé, n'était qu'imparfaitement accordé à son esprit. La pensée de l'isolement de M. de Chateaubriand, lorsqu'elle s'éloignait, la poursuivait sans cesse et troublait ses plus douces jouissances. Elle commença par un court séjour à Maintenon, et vint ensuite en Normandie chez sa nièce; elle était accompagnée de M. Ampère, tout récemment arrivé d'Égypte et assez gravement malade par suite des fatigues de ce voyage. M. Ballanche était avec sa gouvernante *Dragonneau* à Saint-Vrain, chez Mme d'Hautefeuille : il datait ses lettres de l'ère de la *dispersion*, et, quoique comblé par ses hôtes, ne s'accommodait pas du tout de l'absence.

Il écrivait à Mme Récamier, le 29 août 1845.

« 6e jour de la dispersion.

« Madame la duchesse de Noailles m'a écrit une
« lettre charmante que j'ai reçue hier ; je vous prie
« de lui en exprimer toute ma reconnaissance. Je la
« lui exprimerai moi-même aujourd'hui, si le facteur
« me laisse le temps d'écrire une seconde lettre. En
« attendant, je vous prie de vouloir bien lui dire
« tous mes regrets de ne pas partager cette royale
« hospitalité de Maintenon. Hélas ! je sens trop, et
« de plus en plus, mon incapacité de prendre ma
« place dans les charmes d'une telle réunion. Ici,
« j'ai deux hommes qui se regardent comme mes
« fils, M. Guillemon et Justin Maurice ; Mme d'Haute-
« feuille elle-même se considère comme la fille
« d'Hébal ; ceci ne me console point de n'être pas
« auprès de vous et me laisse tous mes regrets. Hier
« soir, nous étions seuls, Mme d'Hautefeuille et moi ;
« nous n'avons parlé que de vous, elle vous aime

« tendrement. Une partie de notre journée d'hier a
« été consacrée à saint Louis[1]. Je me suis fait une
« idée assez exacte de l'ouvrage qu'elle médite. Je
« le crois dans la juste mesure de son talent. Elle se
« circonscrit bien à Blanche et à Marguerite, en
« laissant la grande figure de Louis IX dans la
« perspective de l'histoire. Son plan est très-bien
« conçu à cet égard, et je m'en rapporte à elle pour
« l'exécution.

« Mᵐᵉ la duchesse de Noailles me donne de bonnes
« nouvelles de votre santé, de vos promenades aux-
« quelles ne peut participer le pauvre Ampère.

« Toutes mes tendresses les plus tendres, quoique
« un peu tristes. »

Il écrit encore :

« Second jeudi de la dispersion.

« Mᵐᵉ Lenormant vous possède, je prends bien
« part à son bonheur.

« Je me suis promené en calèche dans le parc de
« M. de Mortemart; j'y traçais par la pensée la cir-
« conscription de la *Ville des expiations*. Je sais bien
« que je ne serai fondateur que de cette manière.

---

[1]. Un roman historique de saint Louis, dont Mᵐᵉ la comtesse d'Hautefeuille n'a publié que les premiers chapitres; ils ont paru dans le
Correspondant.

« J'ai été quelques jours un peu languissant ; mes
« bains m'ont redonné du ton. Je suis à présent
« comme j'étais en quittant Paris, de plus avec
« l'espérance que le moment approche de la fin de
« la dispersion.

« Vous avez su par les journaux la mort de
« M. Royer-Collard; le siècle s'en va. »

M. de Chateaubriand ne supportait pas la *dispersion* avec plus de patience que le doux Ballanche, et chaque jour une lettre désolée venait hâter le retour de Mme Récamier, en protestant qu'on ne voulait être compté pour rien dans ses projets.

Il dictait au 7 septembre quelques lignes qu'il terminait ainsi :

« Je suis fâché au reste, et à cause de vous, que
« ce beau temps-là, loin de me faire du bien, me
« fasse du mal. Jouissez bien de ces derniers soleils,
« et souhaitez toutes sortes de bonheur à cette jeune
« famille. Elle vient, c'est pour cela qu'elle est si
« gaie. Quand vous reviendrez, je reprendrai de la
« vie. Ne vous hâtez pas : je passe ici mon temps à
« Notre-Dame; il est bien rempli, il est à vous et à
« Dieu. »

Enfin un dernier billet plus triste que les autres décida le retour de Mme Récamier.

Il était ainsi conçu :

M. DE CHATEAUBRIAND A Mme RÉCAMIER.

« Paris, 14 septembre 1845.

(*Dictée.*) — « Votre lettre ou plutôt votre billet de ce matin me consterne ; j'ai plus besoin de vous voir que vous n'en avez : je vais bientôt quitter la terre, il est temps que je mette à profit mes derniers moments ; ces moments sont à vous et je voudrais vous les donner. Je ne vous dis pas : revenez ; à quoi bon revoir un homme qui n'a plus que quelques instants de vie ? mais enfin, ces instants sont à vous, et tant que j'aurai quelque battement de cœur, vous pouvez les compter comme des restes de vie qui vous appartiennent. J'espère que vous vous êtes trop effrayée, et que demain vous m'apprendrez que vous êtes en route et que vous me revenez. Adieu et à bientôt, du moins je l'espère. Mille choses à votre nièce et à M. Lenormant.

« CHATEAUBRIAND. »

Mme RÉCAMIER A Mme LENORMANT.

« 23 septembre 1845.

« Quel doux souvenir j'ai emporté de Saint-Éloi ! Que je me trouvais bien au milieu de vous ! Avec

quelle impatience j'attends le 10 octobre! J'ai lu à
M. de Chateaubriand l'article très-aimable du pèlerinage à Combourg [1]; la lettre de Juliette était charmante. J'ai vu Mme Guizot et les jeunes personnes
qui vous attendent avec une grande impatience.

« M. Guizot qui s'est trouvé chez sa mère a été
très-aimable. J'ai profité de l'occasion pour lui faire
une toute petite demande pour Mlle Robert; il a mis
l'empressement le plus gracieux à me remettre pour
elle un bon de 200 fr. M. de Salvandy est venu me
voir le même jour; il était encore rayonnant des
quinze jours qu'il a passés à Eu. J'ai été fort contente de Mlle Godefroid. M. Ballanche est assez bien;
le pauvre M. Brifaut souffre beaucoup, mais son
courage ne se dément pas; ce qui pourrait paraître
frivole dans son esprit devient admirable dans sa
triste situation. Mme et Mlle Delfaudis viennent tous
les soirs, elles me font de la musique : la voix de Camille est charmante. Voilà une bien longue lettre
pour mes pauvres yeux; j'écris comme avec de l'encre
blanche, sans voir ce que j'écris. Pourras-tu me
lire? Adieu, mon Amélie, adieu. »

Le voile qui obscurcissait la vue de Mme Récamier
allait s'épaississant : l'idée d'une opération, sans
l'effrayer, lui apparaissait cependant dans un avenir

---

1. Que M. Lenormant avait visité en parcourant la Bretagne.

assez rapproché pour lui causer quelque trouble. On lui parla d'un médecin, le docteur Drouot, qui guérissait les cataractes sans opération, au moyen de certaines frictions : elle se soumit tout l'hiver à ce traitement dont le résultat définitif fut absolument nul. Mais l'emploi de la belladone, qui certainement entrait pour une notable portion dans ce remède, en dilatant la pupille, rendit souvent, pour quelques heures, la vue à Mᵐᵉ Récamier, et lui donna encore quelques vives jouissances.

Ce fut ainsi qu'elle put voir et admirer, au mois de mai 1846, le beau tableau de *Saint Augustin*, qu'Ary Scheffer eut la bonne grâce de faire porter à l'Abbaye-au-Bois, lorsqu'il le retirait de l'exposition, afin que Mᵐᵉ Récamier et M. de Chateaubriand le pussent contempler. C'est la dernière et une des plus profondes émotions que je leur ai vu éprouver à l'un et à l'autre devant un chef-d'œuvre des arts.

Il ne pouvait plus être question, avec la cécité presque absolue de Mᵐᵉ Récamier et l'affaiblissement de ses deux amis, de s'éloigner de Paris. On loua à Beau-Séjour deux appartements, l'un pour Mᵐᵉ Récamier, l'autre pour Mᵐᵉ Lenormant et sa jeune famille. M. de Chateaubriand venait à son *heure;* la distance était si peu considérable de la rue du Bac qu'il habitait jusqu'à Passy, que lui-même y voyait l'avantage d'une promenade en voiture.

M. Ballanche arrivait aussi tous les jours à trois heures, et *assistait* au dîner de famille; je n'ose dire qu'il y prenait part, son repas à lui se composant d'une tasse de lait et d'un échaudé; il retournait à Paris le soir avec M. Paul David. M. Ampère s'était logé à Passy.

La nécessité reconnue de l'opération causait aux amis de Mme Récamier une préoccupation que chacun s'efforçait de dissimuler, dans le désir tacite et unanime de distraire d'une telle pensée l'objet de la commune anxiété. L'été s'écoula ainsi, non sans douceur, dans cette dernière réunion complète des amis de Mme Récamier. L'automne était la saison fixée pour l'opération qui devait se faire à Passy, lorsqu'un matin M. de Chateaubriand ne parut point à son *heure*. Le lendemain un petit mot, dicté par lui et non signé, vint annoncer l'accident qu'il avait éprouvé.

« Jeudi matin, 17 août 1846. »

« Me voilà arrêté; j'étais descendu hier au Champ
« de Mars, quand mes deux rosses faisant les frin-
« gantes se sont emportées et m'ont un peu traîné.
« Je ne puis donc aller vous voir aujourd'hui. Adieu
« donc, jusqu'à demain, si je me trouve un peu bien,
« et si je puis remuer. »

En voulant descendre de voiture, le pied avait

manqué à M. de Chateaubriand, et il s'était cassé la clavicule. La fracture ne présentait aucune gravité, mais elle devait le retenir pour quelque temps chez lui ; Mme Récamier résolut à l'instant d'ajourner l'opération qui l'aurait privée du bonheur de lui donner des soins, et toute la colonie retourna précipitamment à Paris.

Cet accident marqua un nouveau degré de décadence physique pour M. de Chateaubriand : à partir de cette époque il ne marcha plus. Lorsqu'il venait à l'Abbaye-au-Bois, son valet de chambre et celui de Mme Récamier le portaient de sa voiture jusqu'au seuil du salon ; on le plaçait alors sur un fauteuil que l'on roulait jusqu'à l'angle de la cheminée. Ceci se passait en présence de la seule Mme Récamier, et les visites qu'on admettait après le thé trouvaient M. de Chateaubriand tout établi ; mais, pour le départ, il fallait qu'il s'opérât devant les étrangers présents, et c'était toujours un moment cruel : l'imagination de M. de Chateaubriand souffrait à laisser voir ses infirmités. Par respect, on semblait ne pas s'apercevoir du moment où on l'emportait du salon.

Il arriva aussi fréquemment depuis lors, qu'au lieu de réunir chez elle les personnes dont la présence l'aidait à distraire M. de Chateaubriand, Mme Récamier leur donnait rendez-vous rue du Bac; mais là même, c'était sous sa douce et protectrice influence que s'écoulaient ces heures dans lesquelles se résumait maintenant l'existence du grand génie qu'il fallait aider à vivre. Lorsque Mme de Chateaubriand venait, avec sa politesse enjouée, faire une apparition dans ce cercle, elle y semblait en visite.

L'hiver de 1846 à 1847 fut donc extrêmement triste, et pour inaugurer cette nouvelle et fatale année, au mois de février, Mme de Chateaubriand fut enlevée en quelques jours à son mari, à sa famille, à ses amis, à ses pauvres.

Sa mort ouvrit la procession funèbre dont la marche rapide, en moins de deux années, a fait disparaître ces nobles existences et ces saintes amitiés.

Peu de semaines après cette mort, Mme Récamier subit pour la première fois l'opération de la cataracte. Cette opération qui fut pratiquée par un très-habile chirurgien, M. Blandin, ne rendit pas la vue à Mme Récamier. Il est bien vrai que les circonstances semblaient se conjurer pour en entraver le succès. Pressée de reprendre les habitudes qu'elle savait si chères à ses amis, Mme Récamier se hâta trop de renoncer à la vie exceptionnelle et aux précautions nécessaires après une secousse de ce genre. On recommande en pareil cas un grand calme d'esprit, et le sort ne lui envoyait que des inquiétudes.

Le bon Ballanche très-faible déjà, très-épuisé, ne

put supporter l'angoisse que lui avaient causée l'attente de l'opération et la crainte qu'elle ne réussît pas. Un mois après, une pleurésie, qui d'abord n'avait paru qu'une indisposition légère, mit sa vie en danger. Il logeait en face de l'Abbaye-au-Bois, les fenêtres de sa chambre dominaient l'appartement de Mme Récamier, et de son lit, il pouvait voir les préparatifs d'un reposoir disposé dans la cour du couvent, car c'était le jour de la Fête-Dieu. Sans présenter encore de danger, son état devenait beaucoup plus grave; mais il n'eut certes pas consenti à ce que Mme Récamier traversât la rue, bravât l'éclat de la lumière si redoutable à ses pauvres yeux, pour venir s'asseoir auprès de lui. Seulement il s'agitait beaucoup à la pensée du mal que l'inquiétude de son état pouvait faire à son amie en un pareil moment. Tout à coup, le cortége du saint sacrement vint à sortir, et l'on entendit les chants sacrés qui accompagnaient la procession. M. Ballanche, frappé de ces chants, se recueillit et pria. Cette émotion religieuse fut très-vive et précéda de bien peu de jours la fin de cet homme admirable.

Mme Récamier, instruite de son état, et oubliant toutes les précautions qui lui étaient recommandées, vint s'installer à son chevet; elle ne le quitta plus, mais elle perdit dans les larmes toute chance de recouvrer la vue.

Le curé de l'Abbaye-au-Bois, M. Hamelin, ap-

porta au malade les consolations et les secours de la
religion ; il fut très frappé et très-ému du degré de
foi avec lequel M. Ballanche acquiesçait aux mystères du christianisme. Pour lui, en effet, une vérité
dans l'ordre intellectuel était mille fois plus certaine
que le fait attesté par ses sens.

Il m'a été donné, hélas! de voir souvent mourir, et
jamais ce redoutable spectacle n'a offert à mes yeux
plus de grandeur. L'âme était si présente et si ferme,
la sérénité et la confiance dans la miséricorde céleste si absolues, qu'en se séparant de celle qu'il
avait aimée sans réserve et d'une tendresse angélique, M. Ballanche est mort avec joie.

La dépouille mortelle de cet incomparable ami
reçut, dans le tombeau de famille de Mme Récamier,
la suprême hospitalité ; il y repose auprès de celle
qu'il a tant aimée.

La douleur que Mme Récamier ressentit de cette
perte, toute cruelle qu'elle fût au premier moment,
eut cela de particulier, qu'elle sembla, loin de s'a-
doucir, pénétrer de jour en jour plus profondément
dans son cœur. Et pouvait-il en être autrement?
Comment cette âme, écho de son âme, ce cœur
qu'elle remplissait tout entier, cette admirable intelligence qui se subordonnait avec tant de joie,
jusqu'à n'avoir de volonté que la sienne, n'auraient-
ils pas laissé, en disparaissant, un vide immense?

Je doute que Mme Récamier eût supporté l'isolement de cœur où la laissa la mort du bon Ballanche, si elle n'avait eu à exercer auprès de M. de Chateaubriand la mission de dévouement, de plus en plus difficile, qui absorbait son temps et ses facultés.

Peu de mois après la mort de sa femme, M. de Chateaubriand, en exprimant à celle qui s'était faite le bon ange de ses derniers jours son ardente reconnaissance, la supplia d'honorer son nom en consentant à le porter. Il mit dans l'expression de ses désirs de mariage une insistance qui toucha profondément Mme Récamier; mais elle fut inébranlable dans son refus.

« Un mariage, pourquoi? à quoi bon? disait-elle. A nos âges, quelle convenance peut s'opposer aux soins que je vous rends? Si la solitude vous est une tristesse, je suis toute prête à m'établir dans la même maison que vous. Le monde, j'en suis certaine, rend justice à la pureté de notre liaison, et on m'approuverait de tout ce qui me rendrait plus facile la tâche d'entourer votre vieillesse de bonheur, de repos, de tendresse. Si nous étions plus jeunes, je n'hésiterais pas, j'accepterais avec joie le droit de vous consacrer ma vie. Ce droit, les années, la cécité me l'ont donné ; ne changeons rien à une affection parfaite. »

Mme Récamier avait raison, mais tout en le reconnaissant, son ami ne se consolait point, disait-il, qu'elle n'acceptât pas son nom.

Vers le 15 juillet, Mme Récamier, les nerfs ébranlés par l'opération, épuisée de tristesse et d'efforts, consentit à partir avec sa nièce pour la campagne. M. de Chateaubriand quitta Paris en même temps, en compagnie de M. Mandaroux-Vertamy; il voulait aller respirer l'air de la mer et revoir une dernière fois les flots qui l'avaient bercé. Mais il ne resta qu'une semaine à Dieppe, et revenu à Paris, il n'y trouva que la solitude.

Mᵐᵉ Lenormant lui ayant écrit la surprise pénible que ce retour imprévu avait causée à Mᵐᵉ Récamier, il lui répondit :

M. DE CHATEAUBRIAND A Mᵐᵉ LENORMANT.

« Paris, ce 22 juillet 1847.

(*Dictée.*) — « La promptitude de mon retour, Madame, s'explique par mon ennui, il ne faut pas y attacher d'autre cause. Je suis revenu comme j'étais parti; après avoir vu passer quelques vaisseaux sur la mer, je me suis ennuyé et je suis revenu, sans autre raison que mon impossibilité de tenir à quelque chose. Dites bien, je vous en prie, à votre tante de compter pour rien tout ce que je fais.

« Je n'aime point du tout votre *admiration respectueuse*; un petit mot de tendresse comme celle que je vous envoie est bien mieux mon affaire, et cette tendresse est toujours à vos pieds, ainsi qu'à ceux de M. Lenormant. Mais je suis revenu, vous reviendrez aussi, et je n'aurai plus qu'à me féliciter de mon bonheur. Signer est une grande difficulté.

« Chateaubriand. »

Mme Récamier voulait repartir, et les prières de sa nièce la retinrent à grand'peine. Elle éprouvait cependant une sorte de soulagement à s'occuper sans contrainte, avec des personnes en complète sympathie de regrets et d'affection, du souvenir de M. Ballanche.

M. Ampère préparait le volume qu'il a consacré à la mémoire de ce philosophe au talent si poétique et trop peu connu ; on choisissait ensemble les morceaux possibles à extraire pour donner une idée du génie particulier de Ballanche. Assise dans une allée de hêtres qu'on avait appelée l'*Allée d'Orphée*, Mme Récamier se faisait relire aussi par les filles de sa nièce, déjà sorties de l'enfance, et dont l'aînée était sa filleule, les lettres de l'ami si tendrement pleuré. Le calme de la nature, le bon air apportaient un peu de relâche à cette âme si souvent éprouvée, mais ce ne fut que pour un moment ; la correspondance de M. de Chateaubriand témoignait d'une disposition si découragée que Mme Récamier ne pouvait le laisser plus longtemps seul. Il écrivait :

« 28 juillet.

« C'est grand dommage d'être toujours séparés.
« Hélas! quand nous reverrons-nous? Je pense tou-
« jours qu'il ne faut jamais se quitter, car on n'est
« pas sûr de se revoir. Ma santé est bonne, mais
« elle sera meilleure quand vous reviendrez. Re-
« venez donc vite, j'ai grand besoin de ne plus vous
« quitter. Adieu, adieu, et toujours adieu : c'est là
« ce dont se compose la vie. »

Vers cette douloureuse époque, la providence accorda à Mme Récamier un précieux soutien dans la personne d'une femme dont l'âme énergique et généreuse, si bien en harmonie avec la sienne, devait s'y attacher fortement.

La comtesse Auguste Caffarelli, veuve de l'illustre général de ce nom, était liée avec Mme de Chateaubriand; absente au moment de la mort de celle-ci, elle vint à son retour voir M. de Chateaubriand et trouva Mme Récamier auprès de lui. Du premier moment qu'elle la connut, invinciblement attirée par la séduction de sa bonté, elle voulut partager les soins qu'elle lui voyait prodiguer : elle devint ainsi l'amie de la dernière heure. Cette admirable personne était digne de clore la liste des attachements de Mme Récamier.

Je craindrais de lasser, en m'étendant sur les

tristesses de cette dernière année. M™° Récamier, aveugle et malade, renoua pour M. de Chateaubriand, non point des relations mondaines, mais le cercle de ses réceptions du matin. Elle eut le courage de subir une seconde fois l'opération de la cataracte sur celui de ses yeux qui n'avait pas été opéré, tant était grande la passion d'amitié qui lui faisait désirer de recouvrer la lumière, afin d'être plus utile à son ami. Ce fut M. Tonnellé, de Tours, qui l'opéra, et cette fois encore à peu près sans succès.

Puis les troubles et les malheurs publics vinrent se mêler aux douleurs privées. La révolution de février balaya le trône que la révolution de juillet avait fondé; la guerre civile ensanglanta les rues de la capitale, et l'agonie de l'auteur du *Génie du christianisme* eut pour sinistre accompagnement le canon de l'insurrection de juin.

M. de Chateaubriand, on le devine, ne donna pas de regrets à la chute de Louis-Philippe; mais si près du terme, on ne juge plus les événements avec les passions de parti : ce grand et noble cœur ne gardait qu'un sentiment, l'amour de son pays; il faisait toujours des vœux pour sa liberté. Pendant les journées de juin, il questionnait avidement tous ceux qui pouvaient lui donner des nouvelles. Le récit de la mort héroïque de l'archevêque de Paris lui causa la plus vive émotion; quelques traits de courage de ces intrépides enfants de la garde mobile lui arrachèrent des larmes ; mais déjà depuis quelque temps il était sujet à de longs silences, et, sauf dans le tête-à-tête avec Mᵐᵉ Récamier, il n'en sortait que par de bien courtes paroles. Il fut alité très-peu de jours, demanda et reçut les secours religieux, non-seulement avec sa pleine et parfaite connaissance, mais avec un profond sentiment de foi et d'humilité.

M. de Chateaubriand dans ces derniers temps s'attendrissait facilement, et se le reprochait comme une faiblesse. Je crois qu'il eut peur de se laisser aller à une émotion trop vive en adressant, la veille de sa mort, quelques paroles à son inconsolable amie ; mais depuis le moment où il eut reçu le saint viatique, il ne parla plus.

Sa fièvre était ardente et colorait ses joues, en même temps qu'elle donnait à ses yeux un éclat extraordinaire.

Je me trouvai à plusieurs reprises seule avec Mᵐᵉ Récamier, auprès du lit de ce grand homme en lutte avec la mort ; chaque fois que Mᵐᵉ Récamier, suffoquée par la douleur, quittait la chambre, il la suivait des yeux, sans la rappeler, mais avec une angoisse où se peignait l'effroi de ne plus la revoir.

Hélas ! elle qui ne le voyait pas se désespérait de ce silence. La cécité faisait commencer la séparation entre eux avant la mort.

Mme Récamier ne voulait à aucun prix quitter la maison où M. de Chateaubriand était en proie à une lutte dont l'issue menaçait à chaque instant d'arriver : elle craignait aussi de l'inquiéter en passant la nuit dans sa chambre, chose qu'assurément il n'eût pas souffert, à cause de l'état de santé où elle était elle-même. Elle s'agitait dans cette pénible perplexité, lorsqu'une Anglaise aimable, spirituelle, bonne, qui avait habité l'Abbaye-au-Bois, que M. de Chateaubriand y avait connue et qu'il voyait avec plaisir, Mme Mohl lui offrit, avec un élan plein de sensibilité, l'hospitalité chez elle pour cette nuit. Elle logeait à l'étage supérieur, dans la même maison et dans le même escalier que M. de Chateaubriand. Mme Récamier accepta sa proposition avec reconnaissance et se jeta toute habillée sur un lit ; au jour, elle revint auprès de son ami dont l'état s'était encore aggravé.

M. de Chateaubriand rendit son âme à Dieu le 4 juillet 1848. On a dit que Béranger était présent à ce dernier moment, c'est une erreur ; quatre personnes seulement assistaient à cette mort : le comte Louis de Chateaubriand, l'abbé Deguerry, une sœur de charité et Mme Récamier.

En perdant M. de Chateaubriand, Mme Récamier se sentit atteinte aux sources mêmes de la vie. Sa douleur n'eut point d'éclat, point de révolte, point de larmes ; le calme du désespoir répandu sur toute sa personne témoignait de la certitude qu'elle avait de ne pas lui survivre. Son visage se couvrit d'une pâleur étrange dont je fus effrayée, et qui ne l'abandonna plus. Elle ne repoussa aucune des consolations, aucune des distractions que lui prodiguaient sa famille et ses amis; conversations ou lectures, elle s'efforçait de s'y associer et de les suivre; elle en remerciait avec la grâce qui jusqu'au bout s'attacha à ses moindres paroles, à ses plus futiles actions; mais le triste sourire qui venait alors errer sur ses lèvres était navrant.

Elle avait affligé le cœur de M. de Chateaubriand en refusant de porter son nom; elle voulut porter son deuil. Témoin de la décadence de ce noble génie, elle avait lutté avec une tendresse passionnée contre le terrible effet des années; elle eût voulu le dérober aux yeux des indifférents, le lui cacher à lui-même, et ne consentait pas à se l'avouer; ce long combat avait usé ses forces.

Lorsque la mort eut mis le sceau de l'immortalité sur la grande âme à laquelle la sienne s'était identifiée, il sembla que le mobile de sa vie eût disparu.

Mme Récamier parlait souvent de M. Ballanche et ne séparait jamais son souvenir de celui de M. de Chateaubriand. Elle s'exprimait sur eux comme s'ils eussent été momentanément absents; à l'heure où ses deux amis avaient coutume d'entrer dans son salon, si la porte s'ouvrait, je l'ai vue tressaillir; je lui en demandai la raison ; elle me dit qu'elle avait d'eux, en de certains moments, une pensée si vive, que c'était comme une sorte d'apparition. Le nuage qui enveloppait pour elle tous les objets devait favoriser ces effets d'imagination.

Peu de temps après la mort de M. de Chateaubriand, Béranger, qui n'était jamais venu à l'Abbaye-au-Bois, mais que Mᵐᵉ Récamier avait plusieurs fois rencontré chez son ami, demanda à la voir. Elle le reçut, et fut touchée de la sympathie qu'il lui exprima, et surtout de son admiration pour le génie et la personne de M. de Chateaubriand. C'est la seule fois que j'aie rencontré le célèbre chansonnier, je ne crois pas qu'il ait fait une seconde visite à Mᵐᵉ Récamier. Ce petit homme chauve, aux traits ronds, à la physionomie fine et sans noblesse, cet épicurien qui tenait du confesseur et chez lequel la bonhomie se mêlait à la malice, me frappa et me déplut.

La publication des *Mémoires d'outre-tombe* dans les feuilletons de la *Presse* fut pour Mᵐᵉ Récamier un véritable chagrin ; elle savait à quel degré M. de Chateaubriand l'avait désapprouvée, et eût voulu l'empêcher. Elle vécut assez pour voir combien ce mode de publication fut nuisible au succès des *Mémoires*. La publicité d'une feuille quotidienne ajoutait à l'impression de sévérité de quelques jugements, et par conséquent accroissait les rancunes et les inimitiés.

Huit mois se passèrent ainsi. Le samedi saint 1849, Mᵐᵉ Lenormant, en arrivant le soir chez sa tante, la trouva légèrement émue de ce qu'elle avait appris d'une nouvelle invasion du choléra; assurément, dans la disposition de son âme, elle était loin de redouter la mort, mais, sous la forme du choléra, la mort l'effrayait. On avait raconté que plusieurs accidents très-rapides avaient eu lieu à l'hospice des Ménages, dont l'abbaye-au-Bois n'était séparée que par son jardin. Il fut convenu que, si ces détails se confirmaient, Mᵐᵉ Récamier viendrait dès le lendemain s'établir à la Bibliothèque.

Il n'était que trop vrai que le fléau avait reparu, et, comme à sa première invasion, la rue de Sèvres en fut fort maltraitée. Mᵐᵉ Récamier s'installa chez sa nièce le jour de Pâques.

On l'a déjà dit, on ne saurait assez le répéter : personne n'a jamais porté dans la vie de famille, dans l'intimité des habitudes, un charme plus pénétrant, une douceur plus parfaite, avec autant de liberté; la régularité qu'elle se plaisait à établir dans l'emploi de son temps facilitait singulièrement la vie commune. Obligée de se servir d'autres yeux que les siens pour satisfaire son goût de lecture, elle s'arrangeait de manière à assortir sa lecture à son lecteur; car l'ennui d'un autre lui eût été beaucoup plus difficile à supporter que le sien. Le chagrin dans lequel elle était plongée n'avait rien fait perdre à la vivacité qu'elle savait mettre à ce qui intéressait ses amis; elle n'était indifférente qu'à elle-même, et je ne puis exprimer ce que la désolation de ce cœur, dont la douleur ne tarissait pas la tendresse, avait d'admirable et de poignant.

Les suffrages de l'Académie française avaient d'abord donné pour successeur au bon Ballanche M. Vatout. L'élection de celui-ci était à peine faite, que le souffle des révolutions emporta la monarchie élective. M. Vatout suivit son vieux roi dans l'exil, et la mort l'avait frappé au moment où il le rejoignait en Angleterre, sans avoir pris possession du fauteuil.

L'éloge de M. Ballanche n'avait donc pas été fait; le successeur de M. Vatout devait louer à la fois ses deux prédécesseurs si divers, et l'Académie avait choisi pour cette tâche le comte Alexis de Saint-Priest, homme d'un esprit très-brillant, mais assurément en contraste complet avec le génie poétique et rêveur du philosophe Ballanche.

Mme Récamier avait connu M. de Saint-Priest en Italie en 1824; il était admis habituellement chez elle, il vint la voir plusieurs fois à la Bibliothèque; cet éloge de M. Ballanche qu'il devait prononcer était pour elle l'objet d'une grande préoccupation. M. de Saint-Priest, ayant pris son jour, vint lui lire son discours de réception.

Cette lecture, qui eut lieu le 7 mai, ne précéda que de trois jours la mort de Mme Récamier.

Rien pourtant dans sa santé ne pouvait faire prévoir une semblable catastrophe. Elle était sans doute extrêmement faible, elle dormait à peine et mangeait fort peu; mais ce triste état lui était ordinaire, et, quoique fâcheux, ne pouvait inspirer de craintes prochaines. Elle sortait tous les jours en voiture; elle le fit encore le 9, et, ce jour-là, donna pour but à sa promenade une course à l'Abbaye-au-Bois : l'abbé Gerbet arrivait à Paris; Frédéric Ozanam, venu la veille chez Mme Récamier avec sa femme, lui avait parlé du désir de trouver pour ce célèbre écrivain un logement à l'Abbaye; elle voulut aller s'informer elle-même si la chose serait possible. En rentrant, elle reçut avant le dîner plusieurs visites, et le soir outre le cercle de la famille, et M. Ampère, qui avait dîné à la Bibliothèque, elle admit encore Mme Salvage. Le lendemain, elle se sentait si peu souffrante, qu'elle chargea sa femme de chambre, personne dévouée et lectrice intelligente, de quelques courses qui devaient la retenir plusieurs heures au dehors. Pendant son absence, Mme Récamier se fit achever, par sa petite-nièce Juliette (l'aînée des enfants de Mme Lenormant), les Mémoires de Mme de Motteville, dont la lecture avait repris pour elle un intérêt de nouveauté, grâce à l'impression que ce jeune esprit en recevait.

A quatre heures, la lecture et le livre terminés, et comme Mme Récamier se faisait habiller pour dîner, elle fut prise d'un malaise si étrange et si soudain qu'elle fit à l'instant avertir Mme Lenormant. Celle-ci accourut : la voix de Mme Récamier se faisait à peine entendre, quand elle dit à sa nièce l'effet extraordinaire qu'elle ressentait. Le docteur Maisonneuve lui avait donné des soins, elle continuait à en recevoir de lui, il survint ; on lui dit ce qui se passait, il recommanda de coucher la malade dans un lit bien chaud, fit quelques prescriptions insignifiantes, et en s'en allant, il répétait que cet état n'avait rien de grave, qu'on n'y prendrait pas même garde, si on ne se trouvait pas sous l'influence d'une épidémie. Il était moins rassuré cependant qu'il ne voulait le paraître : car, à sept heures, il revint de lui-même, et passa la nuit entière au chevet de la malade avec un grand dévouement.

Au moment où on la mettait au lit, Mme Récamier s'évanouit; en revenant à elle, elle exprima le désir d'être laissée seule avec sa nièce, et d'une voix éteinte, mais d'une âme ferme, lui expliqua ses dernières volontés. L'altération de ses traits était si grande, que la terreur s'empara de Mme Lenormant; le docteur Récamier était malheureusement retenu à Bièvre par la maladie; on courut chez M. Cruveilhier, qui, logé tout près de la Bibliothèque, vint aussitôt. A la première inspection, il reconnut le choléra; il ne dissimula point à M. Lenormant qu'il n'avait aucune espérance, et ajouta que l'horrible lutte serait courte.

Mon imagination recule devant le souvenir de cette nuit de tortures où, pendant douze heures, cette angélique personne, en proie à d'atroces souffrances, ne laissa pas un instant se démentir son courage, sa douceur, et la céleste tendresse de son âme.

Elle demanda son confesseur et reçut l'extrême-onction; elle avait formé le vœu de recevoir aussi le saint viatique, mais les vomissements ne permirent pas qu'on satisfît à son pieux désir. « Nous nous reverrons, nous nous reverrons, » ne cessait-elle de répéter à sa nièce, et lorsque la parole lui fut ravie, ses pauvres lèvres essayaient un dernier baiser.

M. Ampère et Paul David avaient, avec M. Lenormant, passé cette nuit d'angoisse dans un salon peu éloigné de la chambre de Mme Récamier. A minuit, dans un des moments où les convulsions lui laissaient quelque relâche, celle-ci s'informa où se trouvaient ces trois messieurs; elle désira qu'ils entrassent, et entendant leurs pas (car elle ne pouvait les voir) elle leur dit adieu, mais comme pour la nuit, tendrement, sans solennité.

La foudroyante rapidité du mal n'avait pas permis que la terrible nouvelle s'en fût encore répandue. M. l'abbé de Cazalès, ignorant quel fléau avait visité la demeure de ses amis, arrivait à la Bibliothèque ; le moment suprême allait sonner : il pénétra dans la chambre, que remplissait une scène de deuil, et, au milieu des sanglots de la famille et des serviteurs agenouillés, il se mit à réciter les prières des agonisants. M%me% Récamier expira le 11 mai 1849, à dix heures du matin.

Par une exception qu'on ne peut s'empêcher d'interpréter comme une dernière faveur du ciel, après avoir succombé à ce fléau qui laisse ordinairement sur ses victimes des traces effrayantes, M%me% Récamier prit dans la mort une surprenante beauté. Ses traits, d'une gravité angélique, avaient l'aspect d'un beau marbre ; on n'y apercevait aucune contraction, aucune ride, et jamais la majesté du dernier sommeil ne fut accompagnée d'autant de douceur et de grâce. Un dessin, transporté sur la pierre par Achille Devéria, a conservé le souvenir de cette remarquable circonstance : ce dessin, dont nous pouvons attester la scrupuleuse exactitude, prouve à son tour la fidélité de notre récit.

Au reste, M%me% Récamier n'avait pour ainsi dire pas connu la vieillesse : dans les derniers temps de sa vie, ses traits avaient commencé à se flétrir, et sa taille s'était légèrement courbée ; cependant elle conservait un grand charme dans le sourire, et sa démarche se distinguait encore par une extrême élégance. Elle cachait ses cheveux qui avaient blanchi à Rome en 1824; mais elle n'avait jamais rien fait, absolument rien, pour combattre les effets de l'âge, et cette sincérité contribua sans doute à prolonger chez elle les avantages extérieurs bien au delà des limites ordinaires.

Dix ans se sont écoulés depuis la mort de Mme Récamier. D'un moment à l'autre, le petit nombre de ceux qui gardent encore des souvenirs personnels de sa vie peuvent disparaître. Il était donc temps d'accomplir une tâche délicate, mais sacrée. Puissions-nous n'être pas resté au-dessous de nos propres sentiments!

FIN DU TOME SECOND ET DERNIER.

TABLE DES MATIÈRES

LIVRE V.

	Pages.
Des difficultés s'élèvent entre M. de Villèle et M. de Montmorency..	1
Lettre de M. de Montmorency à sa femme...............	3
Rôle de M. de Chateaubriand............................	4
Démission de M. de Montmorency........................	5
M. de Chateaubriand est ministre des affaires étrangères..	6
Lettre du duc de Laval..................................	8
Lettre du duc Mathieu de Montmorency..................	9
Lettres de M. de Chateaubriand.........................	10
Procès de Benjamin Constant. — Ses lettres à Mme Récamier.	15
Mme Joseph Bonaparte est autorisée à venir à Paris......	20
Lettre de la reine de Suède.............................	20
Guerre d'Espagne. — Lettres de M. de Chateaubriand.....	22
Rapports de Mme Récamier avec Mme de Chateaubriand....	24
Suite des lettres de M. de Chateaubriand................	27
Le *Censeur* et M. Comte................................	30
Difficulté de la situation de Mme Récamier entre M. de Chateaubriand et M. de Montmorency....................	32
Maladie de sa nièce. — Départ pour Rome...............	34

	Pages.
Lettres de M. de Chateaubriand	35
Lettre de M. de Montmorency	39
Arrivée de Mme Récamier à Rome	45
Le duc de Laval Montmorency, ambassadeur de France	47
Les artistes français	48
Guérin, Schnetz, Léopold Robert	48
M. Delécluze	49
La duchesse de Devonshire ; protection qu'elle accorde aux arts et aux lettres	50
Le cardinal Consalvi	53
Une lettre de Mme Récamier	56
L'abbé-duc de Rohan Chabot	58
Lettre du duc Mathieu de Montmorency	59
Le cordon de Saint-André envoyé par l'empereur Alexandre à MM. de Chateaubriand et de Montmorency	60
M. Dugas-Montbel	63
M. Ballanche part pour Naples. — Ses lettres	64
Carnaval à Rome	66
Lettre du duc Mathieu de Montmorency	70
La reine Hortense à Rome. — Manuscrit de Mme Récamier	71
Lettre du duc Mathieu de Montmorency	85
Deux lettres de la reine Hortense	86
Lettre de M. de Chateaubriand	89
Mort de la duchesse de Devonshire	94
Mme Récamier prolonge son séjour en Italie	101
Lettre à ce sujet	101
Mme Salvage	103
Division entre M. de Villèle et M. de Chateaubriand	104
Loi des rentes	105
Destitution de M. de Chateaubriand	106
Lettre du duc Mathieu de Montmorency	107
Lettre du duc de Laval	109
Impression que Mme Récamier reçoit de ce changement de ministère	111
Lettres du duc de Doudeauville	112

	Pages.
Lettres du duc de Laval..	116
Lettre du duc Mathieu. — Mort de Mme de Gérando......	120
Mme Récamier s'établit à Naples...........................	124
Lettre du duc de Doudeauville................................	125
Lettre du duc Mathieu. — M. et Mme de Chateaubriand partent pour la Suisse...	126
Nouveau ministère dans lequel entre le duc de Doudeauville.	129
Sa lettre...	129
Preuves de la répugnance de M. de Villèle pour M. de Chateaubriand antérieurement à son entrée au ministère..	133
Lettre de la duchesse Mathieu de Montmorency.............	134
Lettre de la reine Hortense.....................................	136

LIVRE VI

Séjour à Naples. — M. et Mme Charles Lefebvre...........	138
Pèlerinage à Baja et au cap Misène...........................	141
Mme Murat. — Une lettre d'elle à Mme Récamier...........	143
Le général Filangieri...	147
M. Charles Lenormant..	147
M. Ampère retourne en France................................	148
Lettre du duc de Doudeauville................................	149
Retour de Mme Récamier à Rome...........................	150
Lettre du duc de Laval...	150
Lettre du duc de Doudeauville................................	152
Lettre du duc Mathieu de Montmorency....................	154
L'abbé Canova...	156
Thorwaldsen et Tenerani.......................................	158
Mme Récamier commande à Tenerani le bas-relief d'Eudore et Cymodocée...	159
Hiver à Rome..	160
Les étrangers à Rome. — Le duc et la duchesse de Noailles.	160
Mme de Nesselrode. — Mme Swetchine........................	161
Lettre de Mme Swetchine.....................................	162
Lettre du duc Mathieu de Montmorency....................	165
Ouverture de l'Année sainte...................................	167

	Pages.
Lettre du duc Mathieu de Montmorency	168
Mme Récamier quitte Rome et s'arrête à Venise	170
Visite à Possagno, lieu de naissance de Canova	171
Voyage à Trieste pour voir Mme Murat	172
Lettres de la comtesse de Lipona	173
Arrivée de Mme Récamier à Paris	178
Sacre du roi Charles X	178
Lettre du duc Mathieu de Montmorency	180
Joie de Mme Récamier en se retrouvant au milieu des siens	182
Lettres de M. de Montmorency	183
Il est élu à l'Académie française	190
Pension académique offerte à Mme Desbordes-Valmore	192
M. Henri de Latouche. — Ses lettres	192
Refus de Mme Desbordes-Valmore	195
Mariage de Mme Lenormant	198
Le duc Mathieu de Montmorency est nommé gouverneur du duc de Bordeaux	198
Mort de M. de Montmorency	200
Lettre de la duchesse de Broglie	200
Lettres du duc de Laval	201
La duchesse Mathieu de Montmorency	205
Prière composée par M. de Chateaubriand	210
Lettres de Mme de Chateaubriand	212
Démission du duc de Doudeauville	218
Formation du ministère Martignac	218
M. de Chateaubriand est nommé ambassadeur à Rome	218
Mme Récamier perd son père	219
Lettre du duc de Laval	220
Lettre de M. de Chateaubriand au comte de La Ferronnays	221
Départ de M. de Chateaubriand pour Rome et du duc de Laval pour Vienne	223

LIVRE VII

M. de Chateaubriand se dirige vers son poste; lettres de la route	224

TABLE DES MATIÈRES.

	Pages.
Son arrivée à Rome	233
Guérin et l'Académie de France	234
Tenerani et le bas-relief de Cymodocée	241
Lettres du duc de Laval Montmorency	244
Monument du Tasse	247
Mme de Chateaubriand présentée au pape	251
Projet de représentation de *Moïse* au Théâtre-Français	257
Mme Salvage	258
Tombeau du Poussin	286
M. de Chateaubriand renonce à faire représenter *Moïse*	291
Une fête chez les religieuses de Saint-Louis	309
M. de La Ferronnays prend un congé	318
Fouilles entreprises dans la campagne de Rome	324
Mort du pape Léon XII	328
Funérailles du pape	334
Conclave, arrivée des prélats français	343
Élection de Pie VIII	352
Billet au cardinal Fesch	355
Billet à Canaris	355
Le *Miserere* à la Chapelle Sixtine	357
Les journaux français sur le nouveau pape	363
Le ministère des affaires étrangères offert au duc de Laval	366
M. de Chateaubriand prend congé du pape	369
La reine Hortense à Mme Récamier	370
Le duc de Laval refuse le ministère	371
M. de Chateaubriand part pour la France	372

LIVRE VIII

Arrivée de M. de Chateaubriand à Paris	375
Lettre de Mme Récamier à Mme Lenormant	376
Lecture de *Moïse* à l'Abbaye-au-Bois	377
Mme Récamier à Mme Lenormant	380
Ministère Polignac	383
Mort de M. Récamier	384
La vicomtesse de Chateaubriand à Mme Récamier	385

	Pages.
Le duc de Laval Montmorency à Mme Récamier	385
Révolution de Juillet	387
M. de Chateaubriand à Mme Récamier	388
Le duc de Laval Montmorency à la même	394
Départ de M. de Chateaubriand pour la Suisse	396
M. Bertin l'aîné à Mme Récamier	397
M. de Chateaubriand à M. Ballanche	398
Arrestation de M. de Chateaubriand	405
Article du *Journal des Débats*	406
Billet de M. Bertin l'aîné à Mme Récamier	409
Choléra, voyage en Suisse de Mme Récamier	410
Lac de Constance, château d'Arenenberg	411
La reine Hortense à Mme Récamier	414
M. Ballanche à la même	416
Ministère du 11 octobre	418
Arrestation de Mme la duchesse de Berry	421
Voyage de M. de Chateaubriand à Prague	421
Ses lettres	422
Il va à Venise	425
Ses lettres	426
M. de Chateaubriand met le terme à sa vie politique	437
Le duc de Noailles	439
Voyage à Dieppe, attentat de Fieschi	442
Publication du *Milton*	444
Lettre de Béranger à M. Chateaubriand	445
Fragment inédit, daté de Maintenon. — Incidences, jardins	453
Passage de Charles X à Maintenon	466
L'auteur du manuscrit, *Mes Hôtes*	467
Le duc de Laval Montmorency à Mme Récamier	470
Visite de Mme Récamier à Montigny	473
Entreprise de Strasbourg	474
La reine Hortense à Viry	475
Lettre de Mme Salvage à Mme Récamier	476
Maladie de Mme Récamier	478
Elle passe l'hiver rue d'Anjou	480

TABLE DES MATIÈRES.

	Pages.
M. Pasquier	481
Mort de la vicomtesse de Laval	483
Voyage de M. de Chateaubriand dans le Midi	486
Quelques nouveaux venus à l'Abbaye-au-Bois	487
Voyage de Mme Récamier à Ems	493
Lettres de M. de Chateaubriand et de M. Ballanche	494
Tentative de Boulogne	497
Mme Récamier visite le prince Louis-Napoléon à la Conciergerie	500
Lettre de ce prince à Mme Récamier	501
Le même à M. de Chateaubriand	502
Victor Hugo à M. de Chateaubriand	504
Réponse de celui-ci	505
Inondation de Lyon; concert donné par Mme Récamier au bénéfice des inondés	506
Mlle Rachel	509
M. de Chateaubriand à Néris	511
Ses lettres	512
Élection de M. Ballanche à l'Académie française	513
Son goût pour les machines	516
M. de Chateaubriand à Bourbonne-les-Bains	518
Ses lettres	518
M. Le comte de Chambord à M. de Chateaubriand	527
Voyage de M. de Chateaubriand en Angleterre	529
Ses lettres de Belgrave-Square	530
Cécité de Mme Récamier	538
Séjour à Auteuil avec Mme Lenormant	539
Mme Guizot	540
Mme Récamier à Mme Lenormant	541
Habitudes de Mme Récamier	543
M. de Chateaubriand visite M. le comte de Chambord à Venise	544
Mort du prince Auguste de Prusse	545
M. Ballanche et la *dispersion*	547
Ary Scheffer à l'Abbaye-au-Bois	552

	Pages.
M. de Chateaubriand se casse la clavicule	552
Mort de Mme de Chateaubriand	555
Mme Récamier subit une première fois l'opération de la cataracte	555
Mort de M. Ballanche	556
Mme Récamier refuse d'épouser M. de Chateaubriand	558
La comtesse Auguste Caffarelli	561
Seconde opération de la cataracte	562
Révolution de Février; journées de juin; mort de M. de Chateaubriand	562
Mme Récamier est atteinte du choléra; sa mort	566

FIN DE LA TABLE.

ERRATUM.

Tome II. — Page 412, ligne 20, *au lieu de :* prince Charles, *lisez :* prince Napoléon.

www.ingramcontent.com/pod-product-compliance
Lightning Source LLC
Chambersburg PA
CBHW070410230426
43665CB00012B/1318